2020年度

唐弢青年文学研究奖论文集

中国现代文学馆/编

长江出版传媒 | 长江文艺出版社

图书在版编目（ＣＩＰ）数据

2020年度唐弢青年文学研究奖论文集 / 中国现代文
学馆编.-- 武汉：长江文艺出版社，2021.5
　　ISBN 978-7-5702-2170-7

　Ⅰ. ①2… Ⅱ. ①中… Ⅲ. ①中国文学－现代文学－
文学研究－文集②中国文学－当代文学－文学研究－文集
Ⅳ. ①I206.6-53

　中国版本图书馆 CIP 数据核字(2021)第 105537 号

2020 年度唐弢青年文学研究奖论文集
2020 NIANDU TANGTAO QINGNIAN WENXUE YANJIU JIANG LUNWEN JI

特约编辑：李　洱　杨　帆

责任编辑：周　聪　谢　微　　　　　　　责任校对：毛　娟

封面设计：水墨方　　　　　　　　　　　责任印制：邱　莉　　王光兴

出版：长江出版传媒｜长江文艺出版社
地址：武汉市雄楚大街 268 号　　　　邮编：430070
发行：长江文艺出版社
http://www.cjlap.com
印刷：武汉市首壹印务有限公司

开本：720 毫米×1000 毫米　　　1/16　　印张：23.125　　插页：1 页
版次：2021 年 5 月第 1 版　　　　2021 年 5 月第 1 次印刷
字数：361 千字

定价：48.00 元

前言

　　唐弢先生是我国著名的作家、文学理论家、鲁迅研究家、文学史家和收藏家。

　　唐弢先生，1913年3月3日生于浙江省镇海县（今宁波市江北区甬江街道畈里塘村），1992年1月4日在北京病逝。先生逝世后他的家人将其全部藏书捐给中国现代文学馆。正如巴金先生所说"有了唐弢先生的藏书就有了中国现代文学馆的一半资料"。根据捐赠协议，中国现代文学馆决定设立"唐弢青年文学研究奖"，以弘扬先生的学术精神，鼓励青年学者的现当代文学研究。

　　2003年3月，首届唐弢青年文学研究奖颁奖仪式在北京举行。唐弢青年文学研究奖受到学术界，尤其是现代文学研究界的广泛关注。首届获奖者如今已是现当代文学研究界的重要力量。由于种种原因，唐弢青年文学研究奖未能连续举办。

　　为了展示新世纪以来中国现当代文学研究的最新成果、促进现当代文学研究界青年学者的成长，中国现代文学馆2012年决定重新启动"唐弢青年文学研究奖"，并修订了《唐弢青年文学研究奖评奖章程》。《唐弢青年文学研究奖评奖章程》规定，唐弢青年文学研究奖从2012年开始，每年评选一届，每届获奖者5人。评奖对象是中国内地正式出版发行的学术刊物发表的研究中国现当代文学的论文。论文字数不少于8000字，论文作者是国内（含香港、澳门、台湾地区）及海外45周岁以下的青年学者。

　　第九届（2019年度）唐弢青年文学研究奖启动时，中国现代文学馆对《唐弢青年文学研究奖评奖章程》做了进一步修订完善。第十届（2020年度）唐弢青年文学研究奖提名工作于2020年12月中旬启动，共收到22位提名委员会成员推荐的论文66篇。根据评奖章程规定，评奖办公室进行了认真审核和筛选，确定了20篇论文进入终评。2021年3月15日至2021年3月21日，提名论文在中国作家网、中国现代文学馆网站、中国现代文学馆微信公众号公示。2021年3月27日，评奖委员会在中国现代文学馆举行，经过多轮投票，5 篇获得第十届唐弢青年文学研究奖。

为了呈现中国现当代文学青年学者的学术研究风貌，中国现代文学馆编辑出版《第十届（2020 年度）唐弢青年文学研究奖论文集》，除获奖论文外，提名论文一并收入。

宁波市文学艺术界联合会向唐弢青年文学研究奖提供支持，特此致谢！

中国现代文学馆

2021 年 3 月 29 日

目　　录

获奖论文

李松睿 北京大学文学博士，中国艺术研究院副研究员，《文艺研究》杂志社编辑部主任。主要研究方向为中国现当代文学研究、影视与文化研究。在《文学评论》《中国现代文学研究丛刊》《文艺理论与批评》《读书》等学术刊物发表各类论文百余篇。

吞噬一切的怪兽或劳动者
——关于现实主义的思考之一

一

毫无疑问，现实主义是二十世纪最具歧义、争讼不断的文学概念之一。在它的旗帜之下，诞生了无数的经典作品，深刻地塑造了人们对于文学的理解，并成为人们情感结构中的重要组成部分；在某些特殊的社会语境下，它对其他文学形式的挤压，造成现实主义往往成了某种僵化、过时事物的象征；此外，现实主义小说以反映论的方式对社会生活进行摹仿，也使它勾连着那些逝去的年代，于人群中制造了分裂，在让很多人追怀感念的同时，也让另外一些人想起不堪回首的往事。更为重要的是，它没有像充满战乱和动荡的二十世纪所产生的大多数文学流派那样，如流星般闪亮之后，就很快沉入黑暗之中，而是始终伴随着文学的演进过程，并不时成为某个时段文学讨论的核心话题，其影响至今不绝。

现实主义文学之所以具有这些特点，当然与十九世纪那些伟大的小说家，如狄更斯、司汤达、巴尔扎克、托尔斯泰、陀思妥耶夫斯基、契诃夫（我们可以不断续写这个辉煌的谱系，将一系列伟大的小说家放入现实主义的万神殿）等人取得的文学成就有关。那些才华横溢的作品在让今天的读者不断叹服的同时，也为后辈作家留下了一个巨大的阴影，使得任何有关文学问题的讨论，都很难避开现实主义。在某种意义上，我们甚至可以把二十世纪的先锋作家在小说形式上所做的那些令人眼花缭乱的实验，理解为逃逸出现实主义"阴影"的绝望挣扎。德国语文学家奥尔巴赫在《摹仿论》中，曾描述了一个绵延数千年的摹仿现实主义的文学发展脉络，如果这样的论断是成立的，那么先锋作家的种种努力，其实永远无法撼动那个强韧、顽固的文学传统。带着后见之明回望那段历史的时候，我们会发现，伍尔夫、乔伊斯、普鲁斯特似乎只是在文学史上留下了如雷贯耳的名字，他们的著作被人们津津乐道，却很少有人真正去读完；八十年代，中国小说家在"补课"的压力下也进行了一番形式创新的狂欢，但几十年之后，现实主义风格在经历了嘲笑、讽刺，乃至颠覆后，似乎再一次在小说创作中占据了主流地位。

　　不过，现实主义所携带着的争议性与复杂性，也不能完全局限在文学内部予以解释。英国历史学家霍布斯鲍姆在《极端的年代》一书中，以"一战"爆发和冷战终结为重要的时间节点，标示出二十世纪的开端和结尾，并由此将这个多灾多难的时代定义为"短促二十世纪"[1]。而资本主义和社会主义这两种对人类发展道路的构想之间的竞争与搏战，构成了那个"极端的年代"最核心的内容。现实主义这种文学风格，就深刻地卷入了这场人类历史上最惨烈的争斗中。一方面，现实主义成了社会主义阵营内部得到大力倡导的文学风格，在某些国家甚至成了唯一被允许的写作模式。这就使得文学风格与时代、政治，乃至具体的政策纠缠在一起，并成为几代人唯一可见的文学事实。我们会看到，诸如《铁流》《青年近卫军》《钢铁是怎样炼成的》《拖拉机站站长与总农艺师》《三里湾》《创业史》以及《金光大道》这类来自社会主义阵营的现实主义小说，牢牢地镶嵌在特定的社会生活、政治理想之中，并成了人们情感结构中的内在组成部分。钱理群先生在私下里就曾透露，自己的情感世界和认知模式可以由三本书来代表，而这三本书的位置甚至与他的知识结构直接相关，它们分别是最上面的《钢铁是怎样炼成的》，中间的《牛虻》，最下面的则是《约翰·克利斯朵夫》。[2] 这样一种文学与政治制度、人的精神世界之间的深刻连接，可谓空前绝后，它在文学史上没有先例，今后也很难想象会重现这样的文学。因此，对现实主义小说进行评论和研究时，从特定年代走过来的人们其实是在反顾那些铭刻在自身生命历程中的记忆、谈论自己对作品所描绘的那个时代的看法。当有人表示自己更喜爱《钢铁

1　参见霍布斯鲍姆：《极端的年代》，郑明萱译，江苏人民出版社1998年版，前言第2页。

2　参见洪子诚、戴锦华、贺桂梅、毛尖：《当代中国人的情感结构与文学经典——以阅读为中心的对话》，《文艺研究》2019年第12期。

是怎样炼成的》中的冬妮娅，对保尔竟然粗鲁地对待自己拒绝劳动的初恋情人感到不满时，与其说是在评论小说人物，不如说是在追忆青春期的特殊往事，并表达对那个不堪回首的时代的憎恶。[1] 同样的，当有些研究者认为茅盾的《子夜》是"一部高级形式的社会文件，因而是一次不足为训的文学尝试"[2] 时，他其实并不是在客观、公正地判断小说的艺术水准，而更多地是在表达自己对作品背后隐含的政治倾向的态度。

另一方面，现实主义之后出现的种种新潮流派，如自然主义、表现主义、未来主义、象征主义、荒诞派等，往往被社会主义阵营判定为"资产阶级腐朽没落的表征"，成为被批判的对象。于是，本着"凡是敌人反对的，我们就要拥护；凡是敌人拥护的，我们就要反对"[3] 的原则，这些新潮前卫的形式实验在冷战的另一边往往获得极高的礼遇，化身为所谓"思想自由""艺术独立"的象征。较为特殊的，是《赤地之恋》《日瓦戈医生》这类有着现实主义风格的作品，特别是后者，根据有些学者的考证，其流传、翻译、出版、传播以及获诺贝尔文学奖等各个环节，都贯穿着美国 CIA 和苏联克格勃的暗中角逐。[4] 这就使得这部长篇小说和奥威尔的《一九八四》这类反乌托邦写作一样，不管它们自身如何有着异常丰富的思想面向，但在两军对垒的历史语境下，都迅速被简化成了冷战中的文化武器，一方对其毫不吝啬地褒扬有加，另一方马上就会展开全面的批判运动。

二

这一系列文学现象告诉我们，评价现实主义作品的优劣，和作品描摹现实的准确程度无关，甚至跟艺术也没有太大的瓜葛，有时与站在什么样的立场上描绘现实、所呈现的文学样貌能否在政治上发挥作用关系更大些。正像我们经常会看到的，如果现实主义小说对主题的处理不够宏大，那么批评家就会认为这部作品没有抓住所谓时代的主潮；如果作家笔下的主人公存在不少缺陷，那么必然会招

1　参见刘小枫：《记恋冬妮娅》，《读书》1996 年第 4 期。
2　蓝棣之：《现代文学经典：症候式分析》，清华大学出版社 1998 年版，第 164 页。
3　毛泽东：《和中央社、扫荡报、新民报三记者的谈话》，《毛泽东选集》第 2 卷，人民出版社 1991 年版，第 590 页。
4　参见彼得·芬恩、彼特拉·库维：《当图书成为武器——"日瓦戈事件"始末》，贾令仪、贾文渊译，北京大学出版社 2015 年版。

致诸如人物塑造不够"典型"的指责；要是小说家敢于提出抗议，认为自己的写作其实有着极为深厚的现实基础，那么评论家只需要祭起对生活提炼不够的大旗，就足以让作家百口莫辩；甚至对某些生活细节描写得过于逼真，也会被认为作品存在着"自然主义倾向"，而被予以较低的评价。这似乎印证了伊格尔顿的说法，"什么能够充当真实世界的度量衡"，其实并不是一个文学问题，而是"一个政治问题"。[1]

而由此引申出的问题是，为什么是现实主义，而不是别的文学风格，在二十世纪充当了这样特殊的角色，引发了如此持久的争论？如果从艺术史的角度来看，那么这样的问题其实也很好理解。因为在艺术史的发展历程中，现实主义的美学追求简直称得上逆潮流而动，是某种"怪胎"般的存在。艺术在漫长的人类精神生活史里始终扮演着重要的角色，并伴随着时间的流逝，其自身的形态也在不断地发生改变。而这种艺术形态演进的主要方向之一，就是艺术形式的自觉。换句话说，尽管远古时代的艺术在形式上已经达到了令人叹为观止的境界，但形式本身从来不是艺术家的终极追求，作品最终还是要与政治、宗教、史传、技术、劳作等一系列外在事物勾连在一起，发挥实际功用。类似于《诗经》这样的作品，虽然形式高度成熟，其艺术魅力也足以打动人心，但在先秦时代，无论是作者还是读者，都不会将其当作"纯文学"来欣赏，通常情况下要在祭祀、节庆、婚嫁、丧葬、日常交往乃至政治、外交等社会活动中发挥诗歌的实用性功能。然而到了今天，绝大部分诗人（除了那些秉持着现实主义文学理念的诗人和试图用诗歌换取实际利益的投机分子）恐怕都不会太关心诗歌是否能发挥实际功用，而是更关心诗歌在语言形式上的探索，把正确的语汇放置在正确的位置上，成了诗人们普遍追求的目标。这一变化的背后，正是诗人对于诗歌艺术形式的充分自觉。

其他艺术门类的演进过程，也与此极为相似。以美术为例，其主要使用的形式要素，例如线条、笔触、色彩、明暗以及光影等，在早期往往与宗教、历史、戏曲、文学、建筑、装潢等外在于美术的事物混杂在一起，成为其他艺术形式的附庸，发挥着解说宗教故事、图解文学或历史人物以及立面装饰等实用性功能。而伴随着美术的不断发展，一代又一代的画家们逐渐产生了对绘画形式要素的自觉，使得形式要素本身在绘画表意中发挥的作用越来越大。以至于到了二十世纪，当各类先锋画派纷纷涌现之时，特别是在抽象主义（诸如马列维奇的"冷抽

1　特里·伊格尔顿：《文学事件》，阴志科译，河南大学出版社 2015 年版，第 10 页。

象"或康定斯基的"热抽象")那里，画面中就只剩下了一系列色块和线条，通过将人物、风景等传统绘画题材彻底"驱逐"出画框的方式，把形式自身的特征凸显到无以复加的地位。最极端的例子，当属罗伯特·雷曼被称为"白上之白"的画作《无题》，从正面看上去，那幅1.238米乘1.238米的大尺寸画幅上除了白色之外什么也没有，人们只有从侧面去仔细分辨，才能观察到上面的纹理、笔触以及不同白色之间的细微差别。在这样的画作中，有的只是形式本身，除此之外则空无一物。

三

由此可以看出，艺术发展的"客观"规律，是不断纯化，剥离种种外在于艺术的事物，最终将形式自身凸显出来。不过，就像所有的"客观"规律在其诞生的那一刻，就呼唤着挑战与改写，十九世纪涌现出的一大批现实主义小说家，正用他们的伟大作品，宣告了对艺术发展史"铁律"的僭越和颠覆。这也使得这一艺术风格，成为文学史上异常独特的存在。之所以这么说，是因为诸如叙事技巧、结构以及语言等涉及小说形式的元素，不能说现实主义作家完全不关心，但至少从来不是他们首先要考虑的话题。英国小说家毛姆在谈到这一点时，就曾惊讶地感慨：

> 一般认为，巴尔扎克的文笔并不高雅。他为人粗俗（其实粗俗也是他的天才的一部分，是不是？），文笔也很粗俗，往往写得冗长啰嗦、矫揉造作而且经常用词不当。著名批评家埃米利·吉盖曾在一本专著中用整整一章的篇幅，专门讨论巴尔扎克在趣味、文笔和语法等方面的缺陷。确实，他的有些缺陷是相当明显的，即使没有高深的法语知识的人，也能一眼看出来。这实在令人惊讶。据说，查尔斯·狄更斯的英语文笔也不太好，而有个很有语言修养的俄国人曾告诉我，托尔斯泰和陀思妥耶夫斯基的俄语文笔也不怎么样，往往写得很随意，很粗糙。世界上迄今最伟大的四位小说家，竟然在使用各自的语言时文笔都很糟糕，真是叫人瞠目结舌。[1]

1　W. S. 毛姆：《毛姆读书随想录》，刘文荣译，文汇出版社2017年版，第288页。

其实，这些现实主义小说家不仅是对语言漫不经心，对于作品的结构、情节也缺乏全盘的考虑，让读者感到他们似乎并没有真正掌控叙事的进程，而是让生活自身"拖"着文字前行。对俄罗斯文学有着深刻理解的纳博科夫，甚至觉得托尔斯泰的小说近乎是某种自动化写作的产物，认为"托尔斯泰的小说是自己写出来的，浑然天成，是从素材中、从小说的内容中诞生的，而不是由某个特定的人拿起一支笔自左而右地书写，然后又回过头去擦掉某个词，考虑片刻，再拨开胡须挠挠下巴"[1]。

对于这样的写作风格，最直接、似乎也是最难以反驳的解释，是那批作家都是不世出的天才，他们"浑然天成"、不假思索的创作，其实来自文学天赋的自然流露。格非就认同这样的看法，觉得"托尔斯泰的作品仿佛一头大象，显得安静而笨拙，沉稳而有力。托尔斯泰从不屑于玩弄叙事上的小花招，也不热中所谓的'形式感'，更不会去追求什么别出心裁的叙述风格。他的形式自然而优美，叙事雍容大度，气派不凡，即便他很少人为地设置什么叙事圈套，情节的悬念，但他的作品自始至终都充满了紧张感；他的语言不事雕琢、简洁、朴实但却优雅而不失分寸。所有上述这些特征，都是伟大才华的标志，说它是浑然天成，也不为过"[2]。格非的这一说法当然准确地把握了托尔斯泰的叙事特征，即漠视所谓"形式感"和种种叙事上的奇技淫巧，但也很难完美解释那位伟大作家的全部创作。因为当托尔斯泰在《安娜·卡列尼娜》里，不停地中断对安娜与伏伦斯基爱情的细腻描写，转而以大量的篇幅，让列文对如何改良俄国农村土壤发表意见时，我们很难相信这些令外国读者感到冗长、厌倦的部分，都是依靠灵感自动生成的，不掺杂托尔斯泰对十九世纪中后期俄罗斯社会问题的独特思考。

从这个角度来看，现实主义作家对语言、小说形式的漫不经心，其实并不仅仅是由于他们的"伟大才华"，而是他们"所谋者大、所见者远"，不甘心单纯地耕耘文学的园地，而总是要让小说去发挥实用性功能。这样一种逆艺术发展潮流而动的文学尝试，使得现实主义成了一个几乎可以吞噬一切的怪兽。因此，一个现实主义作家会觉得对自己的最高褒扬，应该是类似于恩格斯对巴尔扎克的评价："他（指巴尔扎克——引者注）汇集了法国社会的全部历史，我从这里，甚至在经济细节方面（诸如革命以后动产和不动产的重新分配）所学到的东西，也

---

1 弗拉基米尔·纳博科夫：《俄罗斯文学讲稿》，丁骏、王建开译，上海三联书店 2015 年版，
   第 146 页。
2 格非：《列夫·托尔斯泰与〈安娜·卡列尼娜〉》，《作家》2001 年第 1 期。

要比从当时所有职业的史学家、经济学家和统计学家那里学到的全部东西还要多。"[1] 也就是说，真正的现实主义作家其实是一些"生活在别处"的人。命运让他们非常"不幸"地成了小说家，只能不断地从事文学写作，但他们的梦想与生命的寄托，始终都在文学之外的地方，只有成为其他领域的专家，对外部的社会生活发表意见，才让他们感到心满意足，获得人生的意义。

四

因此，现实主义小说家总是要将笔触伸向广阔天地，追求呈现所谓全景式的生活样貌。我们会看到，在秉持这一文学理念的批评家那里，长度不再是一个客观中性的度量单位，而是成了文学成就高低的标尺。《战争与和平》《约翰·克利斯朵夫》《静静的顿河》《大波》《上海的早晨》《李自成》这样的小说，都将情节放置在波澜起伏的时代背景下，让故事在漫长的时间架构中从容展开，并将生活的方方面面包容在小说叙事之中。如此体量的作品，单单是读完就已经会让习惯于看电视剧的当代读者暗地对自己竖起大拇指，更遑论能够将其写完的作家。我们可以想象现实主义小说家为此付出的巨大心血。于是，一般来说，只要现实主义风格的长篇小说达到类似的长度，至少会被批评家们赐予一枚名为"史诗"的荣誉勋章，作为对其艺术成就的表彰。风气所及，连鲁迅这样伟大的短篇小说家，也一直在酝酿着长篇小说的写作计划。更有大量研究者为鲁迅于生命的最后阶段，花费那么多精力在杂文写作、文学翻译上，却最终没能拿出一部长篇小说而扼腕叹息。似乎这成了他那辉煌的艺术成就中，一个不容忽视的瑕疵。以至于到了今天，年轻作家如果没有尝试过长篇小说的写作，总是会有批评家为此感到焦虑，觉得这是创作不够成熟的症候，期待着小说家能够在作品的长度上有所突破。

需要补充的是，现实主义小说家对社会生活的全景式呈现，往往还有一个前提条件，即从一定的政治立场出发设置小说叙事的视点，提出对生活的种种看法。例如，茅盾的《子夜》描绘了二十世纪二三十年代中国社会的方方面面，上至军阀、高官，下至工人、农民；从都市的繁华，到乡村的凋敝。读者仅从小说尝试以上海和农村两条线索交叉互动的方式，描写中国社会的形式结构，就能够

1　恩格斯：《致玛·哈克奈斯》，《马克思恩格斯选集》第 2 卷，人民出版社 1972 年版，第 685 页。

感受到小说家要去赢得"史诗"勋章的努力。这就是茅盾自己所说的，"打算通过农村（那里的革命力量正在蓬勃发展）与都市（那里敌人力量比较集中因而也是比较强大的）两者革命发展的对比，反映出这个时期中国革命的整个面貌，加强作品的革命乐观主义"[1]。只是这一努力的效果并不好，最后小说家不无遗憾地表示，"写下的东西越看越不好，照原来的计划范围太大，感觉自己的能力不够"[2]，只好删去农村的线索。有趣的是，尽管《子夜》在呈现"全景"的过程中，有很多非常有趣的描写，生活自身的丰富性也使得这部作品的内涵值得反复玩味，但茅盾在阐释这部作品时，却愿意将作品的意义与非常直接的政治目的联系起来，即《子夜》"当然提出了许多问题，但我所要回答的，只是一个问题，即是回答了托派：中国并没有走向资本主义发展的道路，中国在帝国主义的压迫下，是更加殖民地化了"[3]。更为极端的，是赵树理以"问题小说"命名的文学观，他甚至认为："我写的小说，都是我下乡工作时在工作中所碰到的问题，感到那个问题不解决会妨碍我们工作的进展，应该把它提出来。"[4] 在这里，现实主义要发挥的实用性功能，就是帮助政治解决实际工作中存在的问题。这样的小说自然会享受与中国共产党的农村政策文件一同下发的"待遇"，成为指导党员干部开展农村工作的业务指南。这也是现实主义文学招致很多争议的根源之一。毕竟，在政治上取得成功，需要因地制宜、随机应变，而人们对文学的期待，却是追求永恒。在转瞬即逝的时局变迁中能否诞生出不朽的文学，是一个值得思考的问题。

这种全方位囊括生活的努力，使得现实主义文学不仅要呈现波澜壮阔的时代背景、改变无数人命运的政治变迁，还要把最微小的生活细节吸纳到作品中来。在很多时候，甚至决定一部现实主义作品成败的关键，就在于细节的刻画是否到位。一部标榜现实主义风格的小说，如果在典章制度、日用器物、风物景致、礼俗习惯以及衣帽服饰等细节上存在疏漏，就很难避免读者"出戏"，进而质疑故事情节的真实性。今天重新看《创业史》这样的作品，正是其中那些精妙的细节描写，让人不由得叹服柳青深厚的创作功力，其文学史地位在很大程度上是由这些细节夯实的。例如，为了生动地刻画出富农的形象，作家毫不吝啬篇幅地描写

1 茅盾：《再来补充几句》，孙中田、查国华编：《茅盾研究资料》，知识产权出版社 2010 年版，第 476 页。
2 茅盾：《〈子夜〉是怎样写成的》，《新疆日报》1939 年 6 月 1 日。
3 茅盾：《〈子夜〉是怎样写成的》。
4 赵树理：《当前创作中的几个问题》，《火花》1959 年 6 月号。

了郭世富卖粮食的详细过程，重点是人物如何将粮食装袋运往集市。原来，郭世富装粮食时，第一个口袋要先装入一斗好麦，再装满次麦；其他的口袋则要先装次麦，最上面才放上一斗好麦。到了集市，郭世富将第一个口袋中的粮食倒入箩筐，好麦就直接到了最上面，看着他倒粮食的粮客根本想不到下面会是陈粮。[1]这段描写，一下子勾勒出了郭世富这个貌似憨厚，实在精明、狡黠的陕西农民的性格特点，堪称神来之笔，如果柳青没有长期在农村生活的经验，根本不可能写出来。正是由于拥有无数类似的精彩细节，使得不管我们如何评价农业合作化运动，《创业史》都堪称现实主义文学的典范之作。

当然，现实主义文学不仅要全方位地描绘外在的社会生活，更要将笔触伸向人物精神世界的幽微精深之处。在陀思妥耶夫斯基那里，故事情节通常都不复杂，有时甚至来自报纸上的新闻报道，人物形象也多少显得有些苍白，提起拉斯柯尔尼科夫，人们脑海中除了浮现出他那瘦弱、有些神经质的形象，并不会留下更多的东西，但杀戮在他内心世界掀起的海啸，却足以让每个读者感到震撼。拉斯柯尔尼科夫与波尔菲里、拉祖米欣、扎梅托夫关于超人哲学的争论，伊万·卡拉马佐夫与阿辽沙·卡拉马佐夫有关自由与奴役的对话，都完美地把握了俄国十九世纪中后期社会思潮的现状及发展态势。因此，有研究者就赞叹，陀思妥耶夫斯基"听到了居于统治地位的、得到公认而又强大的时代声音，亦即一些居于统治地位的主导的思想（官方的和非官方的）；听到了尚还微弱的声音，尚未完全显露的思想；也听到了潜藏的、除了他之外谁也未听见的思想；还听到了刚刚萌芽的思想、看到未来世界观的胚胎。'全部现实生活，'陀思妥耶夫斯基本人说，'不是眼下紧迫的需要所概括得了的，因为它有相当巨大的一部分，表现为尚是潜在的、没有说出的未来的思想。'"[2]。

陀思妥耶夫斯基在这里揭示出，现实生活其实包含着那些未曾到来但又已然存在的未来。而这种对未来的想象和把握，其实是现实主义文学，特别是二十世纪出现的社会主义现实主义文学的一贯追求。毕竟，如果没有对未来远景的想象，没有对生活应该怎样的理解，那么无论是对丑恶的现实进行批判，还是指出现实生活前进的方向，都是不可能的。苏联文艺理论家谢尔宾纳在指出"早在俄国社会主义革命的黎明时期，列宁就曾热烈地号召：'要幻想！'"后，认为"列

1　参见柳青：《创业史》，中国青年出版社 2009 年版，第 346-358 页。

2　巴赫金：《陀思妥耶夫斯基诗学问题》，《巴赫金全集》第 5 卷，白春仁、顾亚铃译，河北教育出版社 1998 年版，第 117-118 页。

宁的反映论全面地揭示出作为人类认识的一种有效方法的创作幻想与想像（象）的来源和本性。没有想像（象），没有幻想，科学和艺术的发展是不可能的"。因此，"在现实主义艺术中，想像（象）的勇敢奔放也有巨大意义"[1]。以最激进的形式，凸显现实主义小说对未来的构想的作品，当属赵树理的长篇小说《三里湾》。其中出现了画家老梁绘制的三幅画，分别是《现在的三里湾》《明年的三里湾》和《社会主义时期的三里湾》。在小说的叙事逻辑中，后面两幅画对于未来的描绘，成功地激发了三里湾农民建设美好家园的热情。有趣的是，画家本人最初并没有图绘未来的想法，只创作了一幅准确反映三里湾现状的画作。可是玉生却向他提出了一个问题："老梁同志！现在还没有的东西能不能画？"这个问题让老梁感到有些困惑，马上反问："你说的是三里湾没有呀，还是指世界上没有？"在明白玉生是想让他画修好了水渠的三里湾后，老梁同志欣然同意，并表示这幅画应该叫作"提高了的三里湾"。[2] 可以说，所有的现实主义小说都是以所谓"提高了的"现实为标尺，一方面对不可救药的"现实"进行批判、否弃，另一方面则"拽"着那些可堪造就的"现实"，沿着走向未来的大道一路狂奔。

需要指出的是，老梁同志的反问其实涉及较为重要的理论问题。文学中的想象可以分为两种，一是完全脱离了现实依据的空想，也就是画家所说的"世界上没有"；二是有着坚实现实基础的对未来的展望，即老梁所说的"三里湾没有"。然而具体到某一种特定的想象，它究竟算是空想，还是有着充分的现实可能性，却聚讼纷纭，在很大程度上取决于判断者的出身、知识结构以及政治立场。舍勒、马克斯·韦伯和卡尔·曼海姆等人阐述的知识社会学，就志在呈现知识生产背后隐藏的倾向性和社会学背景。例如，卡尔·曼海姆在《意识形态与乌托邦》一书中指出，统治者总是将被统治者对未来的构想，指认为"乌托邦"，以此强调其不可能在现实生活中实现；而被统治者则倾向于将统治者描绘的远景，命名为"意识形态"，以此强调其虚假性和可颠覆性。[3] 理论的命名与强调的重点，其实深刻地取决于思考者的社会位置和政治立场。于是，现实主义小说所蕴涵的对未来的畅想，究竟是"现在没有"，还是"世界上没有"，每个人都可以给出不同的答案，这成了一个永远无法讨论清楚的话题，并在历史上引发了太多太多的争

1　谢尔宾纳：《文学与现实》，硕甫译，《文艺理论译丛》第 1 辑合订本，新文艺出版社 1956 年版，第 255–256 页。

2　赵树理：《三里湾》，《赵树理全集》第 2 卷，北岳文艺出版社 1986 年版，第 167–168 页。

3　参见卡尔·曼海姆：《意识形态与乌托邦》，艾彦译，华夏出版社 2001 年版。

论。在赵树理这样有着坚定信仰的作家那里，《明年的三里湾》和《社会主义时期的三里湾》所描绘的图景，显然是通过不懈的努力可以最终实现的，但时过境迁之后，人们或许会更关注实现梦想的道路上中国农民所付出的巨大牺牲。前些年批评界有关土改题材文学的争论，就与此相关。

五

由此我们会发现，现实主义总是像一个吞噬一切的怪兽，试图把错综复杂的事物全盘吸纳到自己营造的文学世界中来，从波澜壮阔的时代变迁，到幽微精深的内心世界；从影响千万人命运的政治决断，到日常生活中的琐碎细节；从当下的现实生活，到前方的未来远景……这种全方位把握社会生活的努力，使得现实主义小说早已突破了由情节、结构、语言以及意象等构成的文学疆界，直接与社会现实勾连在一起，甚至在某种程度上，改变了我们身处其间的世界。从十九世纪到二十世纪，整个世界发生了天翻地覆的变化，而在无数读者的内心深处留下深刻印痕的现实主义文学，可以说也深度参与了这一进程。国民党将领张治中年轻时因为读了共产党作家蒋光慈的长篇小说《少年飘泊者》，才决定离家出走并最终参加国民革命，就是流传已久的文坛佳话。

因此，无限憧憬革命前的岁月静好的新批评派，始终严守着文学的城堡，敌视任何跨入现实生活的尝试，现实主义文学也就成了他们最主要的敌人。翻开有着"新批评派宝典"之称的《文学理论》，韦勒克和沃伦就不断强调文学与历史无关、文学与传记无关、文学与心理学无关、文学与社会无关、文学与思想无关、文学与政治无关，文学甚至和其他艺术形式也没有任何关联，也就是说，文学就仅仅是它本身。因此，《文学理论》在讨论文学问题时，最终将焦点放置在谐音、节奏、格律、意象、隐喻、象征以及神话等纯粹的文学形式之上。[1] 在新批评派最为推崇的小说家纳博科夫那里，这一文学观念得到了最为集中的体现。长期在大学课堂上讲授文学的纳博科夫，在长篇小说《洛丽塔》中甚至压抑不住从事文学批评的冲动，不停地中断叙述，转过身去与现实主义文学进行论战，告诫读者自己的小说不能从道德、宗教、政治、意识形态等角度进行理解，小说最

---

[1] 参见勒内·韦勒克、奥斯汀·沃伦：《文学理论》，刘象愚、邢培明、陈圣生、李哲明译，浙江人民出版社 2017 年版。

终要表达的是对单纯的美的追求。而如果有些作家居然放弃了对纯美的探寻，书写文学形式之外的东西，那么他们写下的如果"不是应时的拙劣作品，就是有些人称之为思想文学的东西，而这种东西往往也是应时的拙劣作品，仿佛一大块一大块的石膏板，一代一代小心翼翼地往下传，传到后来有人拿了一把锤子，狠狠地敲下去，敲着了巴尔扎克、高尔基、曼（指托马斯·曼——引者注）"[1]。

正是由于这种对纯美的执念、对现实的拒斥，使得英国小说家马丁·艾米斯（Martin Amis）更愿意将《洛丽塔》的风格比作一位健美运动员。他身材匀称、肌肉丰硕，有着宽阔的背肌、厚实的胸肌、粗壮的二头肌、八块腹肌以及清晰的人鱼线……这位健美运动员在身上涂满油脂，做着各种动作，不停地展示自己肌肉的力量。他的身材是如此的完美，每块肌肉、每个线条都似乎是美的化身。不过，他从不走出健身房，也不会去从事任何实际工作，唯一做的就是"展示"身体的美。[2] 如果我们沿用艾米斯的这个比喻，那么现实主义文学则是一个常年下地干活的劳动者。从美的标准来看，他不会当众裸露自己的身体，显得有些落伍保守；跟健美运动员相比，他显然也不够强壮；甚至因为长年累月地干农活，他的骨骼已经变形，肌肉也有些不平衡，比例远远谈不上标准。然而，恰恰是这个劳动者，以及无数和他一样的人，在日复一日的劳动中创造了更加美好的生活，维系了那个可以让健美运动员展示"美"的舞台。不过，这也是现实主义总是会激起人们复杂感受的根源。因为如健美运动员般的《洛丽塔》永远处于文学的内部，读者与其之间的距离，保证了我们在阅读时除了产生欣赏美的愉悦，不会有其他更为激烈的情感。而现实主义却如同那个比例失衡的劳动者，他不仅有些丑陋、粗鲁，而且总是要突破文学的疆界，走入我们的世界，告诉我们，生活应该被改变，生活也可以被改变。

（《小说评论》2020 年第 1 期）

1　弗拉基米尔·纳博科夫：《关于一本题名〈洛丽塔〉的书》，金绍禹译，《洛丽塔》，上海译文出版社 2006 年版，第 500 页。

2　See Martin Amis, "*Lolita* Reconsidered", *Atlantic*, Vol. 270, No. 3 (1992)：109–120.

    李　音　华东师范大学文学博士，南京大学博士后，海南大学人文传播学院副教授，中国现代文学研究馆特邀研究员。主要从事中国现代文学研究、鲁迅研究、当代文学批评。

用病痛创造叙事

——抑郁症的解剖、"达夫式文学"与现代情感教育

一　精神疾病的"去隐喻化"与"再隐喻化"：桑塔格与《刘晓东》

1978 年，苏珊·桑塔格的《作为隐喻的疾病》问世，这篇重要的批判文章肇始于她与癌症搏斗的亲身经验。十二年后，姊妹篇《艾滋病及其隐喻》出版，由于反响巨大，此后数年中两篇文章被多次集结成册，成为社会批判的经典之作。这部著作也陆续被翻译成多国语言，中文版由程巍翻译出版于 2003 年，该书对"疾病隐喻"的分析和批判——尤其是传染性流行病，如结核病、麻风病、梅毒、艾滋病，及恶性的肿瘤病，如癌症，如何被一步步隐喻化，从"仅仅是身体的一种病"转换成一种道德评判或者政治态度，一种疾病的隐喻又如何进入另一种疾病的隐喻[1]——已经成为人文社科的常识。对文学研究而言，说桑塔格的研究路径和观点主宰了文学中的疾病研究和想象也不为过。毫无疑问桑塔格的研究极富洞见，且有实际社会意义，她所揭开的扭曲的疾病之神话，让原本便受苦的病患免于罪恶、羞耻和恐惧。但随着思想传播的泛化和固化以及时代新状况，桑塔格的分析脱离其批判语境后，也逐渐显现出其盲视和局限。

桑塔格主要集中观察了社会文化围绕附着在结核病、癌症、艾滋病三种疾病上的隐喻及思考方式。她注意到"在二十世纪，以前附着于结核病的那一大堆隐

1　苏珊·桑塔格：《疾病的隐喻》（译者卷首语），程巍译，上海译文出版社 2003 年版，第 1 页。

喻和态度分裂开来，被分派给了两种疾病。结核病的一些特点被赋予了精神错乱：精神错乱患者被看作是一个情感大起大伏的人，狂热而不计后果，是一个太过敏感以至不能承受这个粗俗而平凡的世界的充满恐惧的人。结核病的另一些特点则被赋予了癌症"[1]。与精神错乱不同，对激情的压抑被认为是该疾病的诱因。由此，桑塔格结束了对结核病的分析，而转入对癌症的隐喻的剖析。精神疾病的分析在这里要么暗示已被结核病的话题所穷尽，要么是被悬置了。然而事实是，继结核病、麻风病、梅毒、艾滋病这样的流行病之后，20世纪晚期至今，抑郁症这种精神疾病已演变为全球性的"现代瘟疫"。有关这种流行病的各种数据报道无不骇人（美国著名的医疗记者罗伯特·惠特克 Robert Whitaker 曾作《精神病大流行》一书[2]），相关医疗信息亦唾手可得，被无远弗届地科普为大众知识。继经济文化全球化以后，人们的精神和身体也正在全球化。

2014年作家弋舟在小说《刘晓东》三部曲中刻画了一个身患抑郁症的主人公——经过二十世纪八九十年代的深刻转折，受过良好的教育，职业体面，但因明显的抑郁症或情绪原因，消沉、虚无，与世界保持一种边缘疏离状态：

> 我不知道如今这座城市有多少人通过网络接收着诸如此类的信息，有多少人通过网络自我诊断着自己罹患的疾病，有多少人通过网络在给自己开药方、找对策，同时被截然相反的答案弄得六神无主。我就是通过百度确诊了我的抑郁症。
>
> 百度上说抑郁症已成为世界第4大疾患，至少有10%的患者可出现躁狂发作，人群中有16%的人在一生的某个时期会受其影响。我觉得这个数据低估了抑郁症的发病概率，否则，我只好承认自己只是人群中的那16%之一。好在专家们预计，到了2020年，抑郁症有望成为仅次于冠心病的第二大疾病。这可真的是指日可待。我们的队伍在壮大。[3]

1　苏珊·桑塔格：《疾病的隐喻》，第34页。

2　罗伯特·惠特克在《精神病大流行》一书中说到，目前每一天都有850位成人与250位儿童因此病而失能，2007年，美国在抗抑郁剂和抗精神病剂上一共花费250亿美元；250亿美元已经超过了喀麦隆的国内生产毛额，而喀麦隆可是人口总数1800万的国家。他认为，这样的数据只是现代瘟疫的冰山一角，因为这些数字通常只计算和统计到那些病况严重到需要社会机构介入的患者。罗伯特·惠特克：《精神病大流行：历史、统计数字，用药与患者》，王湘玮、廖伟翔译，左岸文化出版社2016年版，第25-26页。

3　弋舟：《刘晓东》（之《而黑夜已至》），作家出版社2014年版。

弋舟的这部出色的小说被赞誉为"我们时代的刘晓东"。"刘晓东",像我们时代的大部分人一样,所凭借判断自己得了抑郁症并服用相关药物的百度知识,其背后的医学资源是《精神疾病诊断与统计手册》。确切说是美国医生修订的二十世纪八十年代出版的《精神疾病诊断与统计手册》第三版,自此以后该手册和精神药物治疗方式以肩并肩的方式,快速扩张到全球各地。这一版医学标准表征着精神医学基本化约为生物医学和医疗模式。哥伦比亚大学精神医学家杰若德·马克思曼(Jerrold Maxmen)称赞《精神疾病诊断与统计手册》第三版:"科学精神医学正是确立其主导地位……老式的(精神分析的)精神医学是从理论出发,而新式的精神医学是从事实出发。"[1] 所谓从事实出发,即科学家逐渐破解恐惧及焦虑的生物学原因,彻底抛弃以往弗洛伊德派的"精神官能症"之类的概念。以往的精神医学往往是门艺术,散发着巫术的气息,"今日的精神医学抵达了一个临界点,它即将称为真正的科学,精确、量化一如分子遗传学"[2]。精神医学似乎发生了革命性转变,然而事实是,其实人类还不确定精神疾病的生理成因,精神科用药反而使得精神失能的情况加速蔓延。罗伯特·惠特克这位杰出的医疗记者撰写《精神病大流行》一书的重要目的就是通过描述这一历史,对当代精神医学作出批判,说明整个社会是如何被严重误导,甚至愚弄。

或许在美国之外,像中国这样的非西方发达国家,对这一精神医学转折接受的时间有所延后,但联系桑塔格对疾病社会文化的思考,1980 年这个时间段有点像是一种反讽。桑塔格所要做的是,将鬼魅般萦绕在疾病之上的,那些充满偏见的隐喻影子进行彻底曝光,揭开疾病被当作修辞手法或隐喻加以使用的情形,还疾病以本来的面目。为的是"平息想象,而不是激发想象。不是去演绎意义,而是从意义中剥离出一些东西"[3]。"我的观点是,疾病并非隐喻,而看待疾病的最真诚的方式——同时也是患者对待疾病的最健康的方式——是尽可能消除或抵制隐喻性思考。"[4] 疾病的不可治愈性、神秘性是隐喻的滋生地,"这个科学至上的时代,又是一个强调可控制性的时代,因而对那些似乎不可控制的东西奇特地显示出一种非科学的态度"[5]。这种"科学至上"的偏执以一种奇特的悖反方式,更彻底地体现在精神医学上。桑塔格的批判如果(被我们)扩展到她悬而未论的

1 罗伯特·惠特克:《精神病大流行:历史、统计数字,用药与患者》,第 342 页。
2 罗伯特·惠特克:《精神病大流行:历史、统计数字,用药与患者》,第 346-347 页。
3 苏珊·桑塔格:《疾病的隐喻》(译者卷首语),第 2 页。
4 苏珊·桑塔格:《疾病的隐喻》,第 5 页。
5 苏珊·桑塔格:《疾病的隐喻》(译者卷首语),第 4 页。

精神医学，可谓荒谬性地"求仁得仁"。她不希望疾病被解释成一个心理事件，而反过来精神医学正是这样深深改变了我们的社会。近二三十年来，"它利用《精神疾病诊断与统计手册》，在正常与不正常之间划界线。过去，整个社会对人类心灵的认识是透过许多不同的来源，包括文学名著、科学研究、哲学及宗教作品，但今日，我们是透过《精神疾病诊断与统计手册》。精神医学所谓的'脑内化学物质失衡'，实实在在地改变了我们对人类心理运作机制的理解，也挑战了我们对自由意志的认知"[1]。罗伯特·惠特克发问：难道我们真的是神经传导物质的俘虏吗？十九世纪六十年代，精神医学界也不平静，曾风起云涌过"反精神医学"运动，米歇尔·福柯（Michel Foucault）的《疯癫与文明》、欧文·戈夫曼（Erving Goffman）的《精神病院》、R. D. 莱恩（Ronald David Laing）的《分裂的自我》以及托马斯·萨兹（Thomas Szasz）的《精神病的神话》，不约而同地对精神疾病是否可以被当作如"身体疾病"一般的疾病实体来认识和治疗，提出了来自不同思考方向的质疑。[2] 但这些质疑的思想如今在大众文化层面的影响力几乎销声匿迹。精神医学的生物化越来越深入地改变了人们对自我心理和情绪的认知，成为当今全球宰制性的日常意识形态之一。

弋舟在《刘晓东》第二部"而黑夜已至"中非常熟稔地以"客观、科学、标准化"的方式描述了抑郁症的躯体化反应，还会留心一些流行知识：

> 据一项新的研究显示，每天喝咖啡的女性得抑郁症的可能性要比不这么做的女性低。研究人员在 10 年期间跟踪 5 万余名女性后发现，与那些很少喝咖啡的女性比较，每天饮用至少 4 杯咖啡者，患抑郁症的风险减少了 20%，每天喝两三杯的则少了 15%，咖啡因能促进人体某些精神传导物质的释放，比如多巴胺等，能够帮助调节情绪和降低抑郁。
>
> 诸如此类。
>
> 茶，可乐，咖啡，10 年，5 万余名女性，20%，15%，多巴胺。[3]

"茶，可乐，咖啡，10 年，5 万余名女性，20%，15%，多巴胺。"这种并列

1　罗伯特·惠特克：《精神病大流行：历史、统计数字，用药与患者》，第 34 页。
2　罗伯特·惠特克：《精神病大流行：历史、统计数字，用药与患者》（导读：《打开潘多拉之盒》，彭荣邦撰写），第 10 页。
3　弋舟：《刘晓东》（之《而黑夜已至》）。

是一种反叙事，还有什么比这更"拒绝阐释"、拒绝隐喻的呢？"刘晓东"说，"我感到忧郁。我对'抑郁'这个词，其实有些排斥。当我感知自己的情绪时，我觉得用'忧郁'更恰当些"。"忧郁"，而不是"抑郁"，意味着个人所遭受的苦痛和病患不仅仅是一个医学事件，还需要被当作一个文学事件，一个道德事件，充满些许政治意味或社会意味的事件。"忧郁"意味着对这种病痛的理解无法被局限在"多巴胺"的事实上，而必须引入弗洛伊德。如果说桑塔格所意图达成的是——如译者程巍的精彩概括，"使词重新返回物，使现象重新返回本质"[1]。弋舟在《刘晓东》这部小说中，却反其道而行之，艰难地想要跋涉出"茶，可乐，咖啡，10 年，5 万余名女性，20%，15%，多巴胺"这个被冷酷固化的物质和事实，想要形成的一种个人和时代的叙述，给 1989 级大学生"刘晓东"的抑郁症赋予隐喻意义。不过，弋舟的这种意图体现在叙事上非常隐晦和克制，尽管"抑郁症"是第二部"而黑夜已至"明显的主题和框架，但与其说他借助抑郁症显豁地隐喻了什么，清楚地讲述了某个故事，不如说他只影影绰绰地将病患背后的历史和社会的阴影拖了出来。更普遍的一种状况是，像弋舟的《刘晓东》三部曲一样，抑郁如今更多地并不直接出场，而是化成了一种小说叙述的语调，冷漠、寡淡、沉重的文体风格，弥漫在像班宇等这样的当代青年作家小说写作中。疾病的故事支离破碎或干脆隐匿了，只有无可言明、浓郁迷茫如物质般的情绪挥之不去。

与此相比，在现代文学中，情况完全是相反的。被称为"双峰并峙"的五四大家的鲁迅与郁达夫似乎能够用一种更天然直接、澎湃激昂的方式去讲述精神疾病的故事。他们执笔伊始，便分别让"被迫害妄想症"和"忧郁症"横空出世。尤其是郁达夫，1921 年，是他在小说《沉沦》中首次将 Hypochondria 这个现代医学词汇翻译为汉语"忧郁病"，把个体的痛苦和焦虑毫不克制、洋洋洒洒地写成了轰动性的文学事件、社会事件。在郁达夫的时代，忧郁症还使用着"神经衰弱"这样的症状描述术语，与以弗洛伊德为代表的心理学话语纠缠在一起。如前所述，这些随着"抑郁症"等新术语新标准的出现，如今逐渐退出了社会文化和大众话语。从郁达夫到弋舟，笔下的患者似乎正是抑郁症这种精神医学发展历程的展现和对应："刘晓东"是第三代患者，郁达夫笔下的"郁质夫"等则是第一代患者。文学史中的具体细微的变化暂不关照，仅返回现代文学的开端——郁达夫的书写，便饶有意味。这种溯源对当下所构成的强烈的对比将说明，"现代瘟

1　苏珊·桑塔格：《疾病的隐喻》（译者卷首语），第 7 页。

疫"——抑郁症作为一种精神病痛，无论是在社会现实中，还是（尤其、首先）在文学中，真正需要的不是去除隐喻，而是冲破科学话语的限制，赋予隐喻和社会阐释。

而且，通过郁达夫这位现代文学初期重要的作家，甚至可以说开创者之一的文学写作，我们将看到，在文学或社会文化对精神疾患的讲述中，"词与物""现象与本质"非常暧昧复杂，而不是截然分明的场景。桑塔格所设想的一种完全健康的对待和谈论"疾病"的方式，在绝对意义上可能并不存在。疾病并不总是以"隐喻"的方式来言说，却从被命名被"发现"的那一刻，便用特定的科学和知识的方式在言说了。无论是生理的还是精神的（也无论是郁达夫还是弋舟的书写），作为"科学"的疾病，已经规定和型构着人的自我理解和感知——"文化概念影响着专业诊断系统；专业诊断系统也有着历史学、社会学、政治学和经济学背景"[1]。这一现象在现代中国（第三世界）跨文化语境中，因为知识和话语的旅行而变得非常显豁——在不同的文化语境中，人们对情感的体验和表达原本存在巨大差异，西方文化和知识的翻译输入，因为"科学"而变为一种强有力的现实，会改变和转译着人的传统的感知和行为。另外，像《沉沦》这样的文学创作是另一种疾病隐喻实践，不仅在民族国家文学的意义上，具有"逆写"疾病隐喻的能动性质，而且在社会意义上，与桑塔格害怕社会扭曲的隐喻加重患者的道德罪感不同，疾病也可以是一种交流的方式，是个体生理、躯体和社会之间象征的桥梁。特定的叙事不仅会追溯个人苦痛和疾病的社会性原因，而且也会产生社会性后果。[2] 这也正是回溯郁达夫的疾病书写的意义所在。

二 一种时代情绪的表达："译来对去"的"抑郁病"

1921 年，还在日本帝大读书的青年郁达夫写了三篇小说，《沉沦》《银灰色的死》《南迁》，当年 10 月结集交付国内泰东书局刊印。《沉沦》的自序申明："《沉沦》是描写着一个病的青年的心理，也可以说是青年忧郁病 Hypochondria 的解剖，里边也带叙着现代人的苦闷"。不仅主题陌生，而且中国当时还没有这种

---

1 凯博文：《苦痛和疾病的社会根源》，郭金华译，上海三联书店 2008 年版，第 2 页。
2 参考凯博文：《苦痛和疾病的社会根源》。

文体这种写法¹，但这部小说集引起了轰动："他的清新的笔调，在中国的枯槁的社会里面好象吹来了一股春风，立刻吹醒了当时的无数青年的心。他那大胆的自我暴露，对于深藏在千年万年的背甲里面的士大夫的虚伪，完全是一种暴风雨式的闪击，把一些假道学、假才子们震惊得至于狂怒了。"² 郁达夫及其所塑造的文学人物一时迅速成为青年学生的偶像，尽管这位时代"英雄"颓废、伤感、孱弱，患着忧郁病。但随后郁达夫却因书写的青年忧郁病遭遇了耐人寻味的文化反应和争议。

尽管郁达夫的小说给读者一种"自我表现"的感觉，但《沉沦》的创作其实非常有意识地具有时代普遍性的追求。郁达夫希望对"现代青年"的特征进行概括和表现，他认为文艺对病的心理的偏爱，"与神经衰弱，世纪病，有同一的原因，大凡现代的青年总有些好异，反抗，易厌，情热，疯狂，及其他的种种特征"³。二十世纪二十年代新文学批评亦有意将郁达夫的小说定位为一个具有叛逆性的"现代青年"的写照，茅盾、周作人等及时地对《沉沦》做出了肯定和反应。在这一文学共识上，二十世纪二十年代中后期，郑伯奇、黎锦明、钱杏邨等人还从时代、历史角度对郁达夫进行了长篇评述，尤其钱杏邨的《〈达夫代表作〉后序》最有代表性和理论系统性。钱杏邨认为，"近代人的病态生活，在达夫的著作里都很健全的表现了"，那些可以围绕这"忧郁症""神经衰弱"的种种特征都是"时代病的表现"。然而，1930 年舆论却遽速翻转，一度被视为表现"现代人"的郁达夫开始变为"没落的士绅阶级底最彻底最大胆的代言人"⁴。钱杏邨认为是"现代人"之生活惯例的"醇酒妇人"的刺激⁵，被华汉极端定性为：亡清以后没落的士绅阶级因为不能再得到金钱、名誉和美人而采取的唯一的消极的自杀。自此以后，郁达夫的作家形象不再是前卫的"现代青年"，"名士"这一价值倾向颇为暧昧的传统文人称号开始频频出现。二十世纪八十年代后期以前，这

1　参见郁达夫：《五六年来创作生活的回顾》，《达夫全集》第三卷《过去集》，上海开明书店1927 年 11 月 15 日初版。

2　郭沫若：《论郁达夫》，《人物杂志》1946 年 9 月 30 日第 3 期。收入王自立、陈子善编：《郁达夫研究资料》，天津人民出版社 1982 年版。

3　郁达夫：《文艺鉴赏上之偏爱价值》，《达夫全集》第五卷《敝帚集》，上海现代书局 1928年版。参见《郁达夫文论集》，浙江文艺出版社 1985 年版。

4　华汉：《中国新文艺运动》，《文艺讲座》第 1 册，神州国光社 1930 年 4 月 10 日初版。

5　钱杏邨在《〈达夫代表作〉后序》文中说郁达夫小说的主人公前途黯淡，"只有仿照现代人的生活的惯例，去寻求刺激——沉醉于醇酒妇人的生活了！"

种批评声音一直笼罩着郁达夫研究。[1]

《沉沦》小说中有一段插曲颇为吊诡，堪称郁达夫这一遭遇的镜像：小说主人公"他"突发奇想，将华兹华斯的诗"The solitary reaper"《孤寂的高原刈稻者》翻译为白话中文，那幽谷深深，全充满了刈稻者的清音，不过，诗歌中还有这么几句："有人能说否，她唱的究竟是什么？或者她那万千的痴话，是唱的前代的哀歌……还是目前的家常闲说？"[2] 同样，"醇酒妇人"到底是现代的表征，还是没落腐朽士绅阶级的垂死相？无人能绝对地判定。但可以肯定的是，借助于易厌、烦闷、情热、疯狂以及其他种种特征的"世纪病"文学说辞，尤其是"神经衰弱""忧郁症"这样的现代西方医学知识和词汇的翻译，中国人那些未必一点也不具有传统性的情感特征和身体经验被重新命名，以科学的话语方式描绘出来，从而显现为全新的、现代的事物。借助这些刻意的、强调的表达和分析，人物主体也获取了现代自我的身份。换言之，"神经衰弱""忧郁症"作为一种疾病的命名、作为一种科学知识，含有现代、先进的意味，成为现代中国青年理解和创造内外世界的感知装置。但这些词汇的翻译及其背后的文化系统的转译，却又不可能会一帆风顺。郁达夫的小说文本充分显现出，现代中国采用"先进"话语革新情感体验和表达的曲折，以及在跨文化语境中"疾病隐喻"的复杂和变形。

《沉沦》的主人公翻译完华兹华斯的诗以后，非常地不满，自嘲自骂道："这算是什么东西呀？岂不同教会里的赞美歌一样的乏味么？英国诗是英国诗，中国诗是中国诗，又何必译来对去呢！"随后"他不知不觉便微微儿的笑起来"。这一细节我们或可以理解为一个文学青年的阅读和翻译经验。诗歌是文学中最难翻译的文体，据传美国诗人弗罗斯特（Robert Frost）有言"诗歌不可译"：Poetry is what gets lost in translation。然而，"他"/郁达夫在翻译受挫之后却也有些小小的得意，近似于"道非声色，微妙难见。如人饮水，冷暖自知，不可向人说也"——其中有一种崭新的，暂且还只有少数知识青年能够接触到的现代经验。郁达夫意识到了"翻译"的现代意味和境遇。如果此处尚且只是一个知识青年玩味文学游戏的怡然自得，那么在《沉沦》集其他文本细节中，则显示出作家郁达夫（而不仅是个别"小说叙述者"）所面临的更大的文化翻译困境。翻译一首诗，可能会遭遇诗性的落空（lost），那么翻译西方的"现代"及其事物时，郁达

1　关于郁达夫的这段评论研究史，详见李音：《郁达夫、忧郁症与现代情感教育》，《中国现代文学研究丛刊》2012 年第 5 期。

2　郁达夫：《沉沦》，泰东书局 1921 年版。

夫则需要在传统与现代、中与西文化之间克服更多的困境，策略性地"译来对去"。

《沉沦》集，按照郁达夫在自序中的说法，应该是一个三部曲，作为连续的小说看也未尝不可。三部作品都有一个突出的现象：以小说主人公文学青年的冥想遐思或行为为中介，引用、嵌入西方文学文本——主要是欧洲浪漫主义文学。李欧梵在《引来的浪漫主义：重读郁达夫〈沉沦〉中的三篇小说》中认为，与一般五四作家引用西方文学不同，郁达夫不是仅仅停留在表面的引证上，或认同西方作家并以此为榜样，而是把他喜爱的西方文学作品注入自己作品的内容和形式之中，这基本上是史无前例的西方文学的文本引用。李欧梵的这一观察非常重要，但他的谈论似乎仅限于文学的"现代化"的层面和角度，因此他最后表达了一些遗憾：郁达夫没能把西方文学的文本放进他的小说后作进一步的创造性转化，从而为中国现代文学开出另一个现代主义写作传统。[1] 但是，这种所谓的不成熟的"生硬"引用可能不仅仅是作家能力的问题，也不能仅在创作技艺层面来谈论。实际上，如李欧梵所说的"史无前例"，郁达夫对西方文学文本的不是简单、偶尔地引用，而是在情节内容上构成了"互文""互释"，他引用西语原文、将翻译和原文并置、在白话文的转述中频繁夹杂西洋语词，与其说这是文学技巧的问题，不如说这彰显了现代文学发展初期某种文化"翻译"的困境。

郁达夫作品中翻译和原文的并置比比皆是，毋需逐一引文为证。但一个非常重要且醒目的例子便是《沉沦》的自序点题：

> 《沉沦》是描写着一个病的青年的心理，也可以说是青年忧郁病 Hypo-chondria 的解剖，里边也带叙着现代人的苦闷，——便是性的要求与灵肉的冲突。

很难不注意到，将 Hypochondria 这个现代病的名称翻译为汉语"忧郁病"以后，郁达夫仍旧缀上了英文原词。其实，在描述"沉沦"式主人公、现代青年的病态情绪和情感时，郁达夫对一系列命名词均采取了这种双语并置方式，其中有一些用音译，还有一些不翻译直接用外文。如，"梅兰刻烈"Melancholy、"生的闷脱儿"Sentimental，还有来自尼采超人的 Megalomania（自大），郁达夫没有将

1　李欧梵：《引来的浪漫主义：重读郁达夫〈沉沦〉中的三篇小说》，《江苏大学学报（社会科学版）》2006 年 1 月第 1 期。

之翻译为汉语。学者郑坚认为郁达夫及创造社诸人的西洋词汇夹杂现象，是五四留学生、小资产阶级知识分子某种文化资本的炫耀，具有身份区隔效果。[1] 但除此之外，其中更有翻译现代性的问题。郁达夫对这些词语的翻译，明显表现出无可译、找不到汉语对应词的困难，而不是"诗"的特质的丢失。像 Melancholy（其实这个医学词语更广泛地被翻译为忧郁症）、Sentimental 二词虽然被进行了不无生动形象的翻译，但根本上是音译，不能从汉语字词上直接理解其所指。就 Hypochondria 而言，即便郁达夫创造性地利用汉语词组合翻译为"忧郁病"，也还是看得出，郁达夫对这个汉语翻译并没有充分的信心，因而加上英文原词汇以注释（据医学人类学家凯博文的考证，中国最早的医学文献《黄帝内经》已经提到过有关悲伤的情绪，但是并没有这样命名，明朝 1624 年左右出版的《景岳全书》也提到了"郁"，但这一疾病类别的命名不管是在中医还是在文化中都没有得到广泛使用[2]）。这种现象在郭沫若的早期小说中有几乎一模一样的处理方式，也频繁出现"梅兰刻烈"Melancholy 等，因而并不是郁达夫的个人偏好。这些词汇缺失精确的汉语对应词，但其根源在于，也是郁达夫等人当时的感受，作为或者被视为"现代事物"的它们——尽管是疾病，在中国当时缺少普遍的现实对应物。

　　刘禾在著作《跨语际实践》中谈论了这种民族文化和译介的现代性问题。翻译是将不同的语言通约，"作为一种在认识论意义上穿越于不同界限的喻说（trope），总是通过一种事物来解说另一种事物"。其假设基础是，如博尔赫斯之言，词典是基于这样一个假设——一个显然未经过验证的假设——即语言是由对等的同义词组成的。然而实际上，"没有任何两种语言能够充分相似到可以表述相同的社会现实的地步，而且各个不同的社会分别生活在各有其特色的、由语言所决定的世界中，它们决不是碰巧贴着不同标签的同一个世界"。因此，刘禾深刻地指出，"如果说中国现代文学破土而出，成为这一时期一个重要事件，那么，这与其说是因为小说、诗歌以及其他文学形式是自我表现的透明工具，忠实地记录了历史的脉搏，不如说是因为阅读、书写以及其他的文学实践，在中国人的国族建构及其关于'现代人'幻想的/想像的（imaginary/imaginative）建构过程中，被视为一种强大的能动力"[3]。在这个过程中，不能忽略的是，当一种弱势文化经验服从

1　参见郑坚：《吊诡的新人——新文学中的小资产阶级形象研究》（第一章："五四"以来新文学中的小资产阶级"新青年"形象），百花洲文艺出版社 2005 年版。

2　参见凯博文：《苦痛和疾病的社会根源》，第 35—37 页。

3　刘禾：《跨语际实践》，宋伟杰译，三联书店 2002 年版，第 1、18、3 页。

于另一种强势文化的表述（representation）和翻译时，如果找不到对应的词，民族文化及其相应的语言经常就会被认为是有缺陷的。郁达夫在一系列"病的青年的心理"翻译命名上的困境及其所采取的措施，是汉语对等词的"欠缺"，但更意味着"现代"在中国是缺失的，以"忧郁症"为代表的"现代人"的精神、情感是缺失的。

然而，这也正是郁达夫书写这些现代病的重要意义之一。现代文学就是要发挥语言的述行性，生产它所描绘的现实，话语实践将变为现实实践。在某种程度上可以说，由于"疾病的隐喻"从一个封闭的社会文化空间置换到国族文化之间，郁达夫这样的非西方国家作家，正是利用了神经衰弱、忧郁症这些疾病的隐喻，进行文化政治性地"反写""逆写"。其实，自古以来中国诗词中不乏"忧""郁"之抒怀，那些号称现代的东西未必不是传统的。不过，当郁达夫将此二字挑拣组合为新命名"忧郁病"，并在之后缀上西文词汇 Hypochondria 的时候，就构成了一种有效醒目地区隔传统的行为，他遂将一种感受力表达为现代新事物，在中西之间建立对等喻说关系，也将相应的文学书写区别于中国传统文学的哀伤幽愤抒情。进入三十年代以后，郁达夫反复提到的"神经衰弱"开始在"新感觉派"这种现代都市文学中大行其道，也流行在大众文化中。

三　"达夫式文学"："对青年忧郁病的解剖"与现代情感教育

将 Hypochondria 这种现代病翻译为汉语"忧郁病"是郁达夫的创造。正如郁达夫遭遇的翻译困境所显示的，以"忧郁病"为面相的"现代"在中国还尚未到来。二十世纪二十年代现代文学批评将郁达夫定位为对时代青年的现实写照，不如说是启蒙更符合实际。郁达夫的自白非常清醒，他说，没有在日本居过的人未必能知这书的真价。这种强调"异时空"的阅读要求，不仅意味着像郁达夫那样的留学经验，还意味着要像作品中的现代青年一样具有文学冥思共情能力。小说所表现的新的情感和躯体经验，必须通过异域/现代/英文文学文本的嵌入才能证明其性质和意义，而这种现代情感及其理解和表达方式，也有待通过文学教育在中国创生。《沉沦》自序是"对青年忧郁病的解剖"，"解剖"二字意味着作者与文本叙事人的间离（而不仅仅是自叙），在叙事上会有观察、分析之效果。二十世纪二十年代，郁达夫的"自叙传"小说与茅盾、钱杏邨等人的评论共同完成了对"现代人"精神气质的解释和启蒙，其实际传播构成了对知识青年的一次现代情感教育。忧郁病，虽然是某种精神变态疾病，但并不是缺陷和耻辱，借了"现代"之名和"科学"的权威，"色情狂、暴露狂、不道德"等那些来自封建卫道士的指责显得无比腐朽，根本没有力量阻止郁达夫将它译介过来。

晚清思想界曾经惭愧过国民体魄的不康健、精神萎靡，五四新文学却给颓废和某种精神病态以光荣之名。1890 年社会学家涂尔干曾说："今天的神经衰弱与其说是一种弱点，不如说是一种区隔的标志。在我们这个为知识着迷的优雅社会中，神经紧张的人们几乎就成了一种高贵。"[1] 1868 年美国神经学家彼尔德让神经衰弱流行起来，他也把它称作"美国病"，因为美国更为现代化，因此给人的压力比欧洲大。也就是说，精神的适当疾病意味着国家的现代文明程度，过于健康的神经无疑等于落后粗鄙。美国医学人类学家凯博文在回顾神经衰弱病的历史时，引用了德林卡对维多利亚时代男子病患者的描述：

> 一个具有神经紧张倾向的人被驱使去思考和工作，争取获得成功。他驱赶自己和自己的生命力达到极限，绷紧了他的电路。就像一个超负荷的电池，或者就像普罗米修斯为盗神火而攀登导致精疲力竭，最后，这个可怜的家伙的电路系统终于崩溃，火星四溅，各种症状迸发，导致了神经衰弱。[2]

"神经衰弱"不是萎靡和脆弱，反而是生命无限向上之力。梁启超曾对西人的超强体力和坚毅精神做过夸张的形容，神经衰弱对五四一代意味着现代文明的吸引力也毫不奇怪。对鲁迅影响颇大的史密斯的《支那人气质》（也译为《中国人的气质》）中便专门有"神经麻木"一章。史密斯说"神经质的"这个词的本义是"神经健全的；坚韧的；强壮的；有力的"，现代形态的文明越来越表现为过分的神经激动，因而在西方社会神经疾病比较多，这对诸如盎格鲁-撒克逊民族这样的人来说已经是很自然平常的事情，然而中国人与之构成了鲜明的对比。接下来，史密斯从病痛、睡觉、劳作、学习各个方面描述了中国人的神经粗大、迟钝冷漠。[3] "神经衰弱"背后的文明优越感当然更会成为西方殖民者观察

1　转引自凯博文：《苦痛和疾病的社会根源》，第 8 页。

2　凯博文：《苦痛和疾病的社会根源》，第 5 页。

3　明恩溥：《中国人的气质》（第十一章：神经麻木），刘文飞、刘晓旸译，上海三联书店2007 年版。

27

东方的一个视角。比较具有蛊惑力和隐蔽性的是，种族主义歧视也会以各种科学的知识的面目出现。凯博文提到一个历史细节：

> 在西方向非洲和亚洲进行殖民扩张的时期，……那个时代的种族主义观念主观地认为神经衰弱和精神疾病在土著人群中是不存在的，他们原始的生活环境和思维过程被认为是没有忧虑和精神冲突的，而后者是西方文明培育的敏感性才会产生的。举个例子，1871年，约翰·达震（John Dudgeon）博士向帝国海关年度《医学报告》提交的有关北京的健康问题的报告指出神经和精神疾病对中国人来说并不是问题，因为他们缺乏那种西方式生活的压力，他们"无忧无虑"。[1]

这些论述非常"东方主义"，充满了西方的傲慢。鲁迅在《随感录·四十二》曾谈及一位英国医生在医书中称中国人为土人，即野蛮人。鲁迅说，"但我们现在，却除承受这个名号以外，实是别无方法。因为这类是非，都凭事实，并非单用口舌可以争得的"[2]。在十九、二十世纪之交的历史境遇中，西方的眼光、知识和话语，几乎不可能，也不得不构成中国认识自我的镜像，继而建构"现代"中国。

中国人"无忧无虑"显然是荒谬之谈。但如史密斯所说，虽然没有解剖学上的证据说明"黑发民族"的神经与白种人的神经有什么本质的区别，但中国人神经麻木的状态在他们眼中"依然是一个谜"。[3] 史密斯1872—1926年受美国公理会派遣来华，差不多同一时代，（上面引文中提到的）英国传教士约翰·达震John Dudgeon（1837—1901年，也叫约翰·道吉昂、德贞）长期居住于北京和天津，与同时代的其他许多将中国人"不易激动的天性"归结为神经内在迟钝的评论者不同，道吉昂认为，中国人在不使用麻醉剂的手术中"迟钝"、淡泊并不如通常所认为的神经系统欠发达，而是道德训练的结果[4]。排除社会不发达的因素，约翰·道吉昂的观点独具慧眼，难得地具有社会历史性眼光。人类学家施威德（Shweder）的研究或可从理论上补充阐释道吉昂的观察。施威德认为情感的认知和发展并不像许多人认为的那样是从简单到复杂，而是另有途径，幼儿缺乏的不

1　凯博文：《苦痛和疾病的社会根源》，第9页。

2　鲁迅：《随感录·四十二》，《鲁迅全集》第1卷，人民文学出版社2005年版，第343页。

3　明恩溥：《中国人的气质》（第十一章：神经麻木）。

4　罗芙芸：《卫生的现代性——中国通商口岸卫生与疾病的含义》，向磊译，江苏人民出版社2007年版，第108页。该书将John Dudgeon译名约翰·道吉昂。

是复杂分化的心理结构，而是谈论并且有意使用这一结构所需的知识和表达技术。在施威德的模型里，文化提供了知识和表达技术，因而把普遍性的和文化特殊性的含义赋予体验的构成和表达。那么，按施威德和道吉昂的说法，十九、二十世纪之交的中国人所缺乏的未必是敏感的神经、丰富的体验和情感观念，而是谈论情感的现代知识话语和表达技术。凯博文对中国抑郁病的历史研究亦发现，中国文化关于苦痛的习惯用语以及流行症状术语倾向于强调有关生理而非情绪的诸多不适。[1]

在这个意义上，郁达夫的写作进行的不仅是现代人精神特征的启蒙，更是以疾病之名对中国人现代情感"方式"的教育。每一种疾病的命名，背后都带有特定的病痛的解释模式，这种模式本身就会"指引人在痛苦和不适的时候，如何与人交流苦痛、如何诊断治疗、如何考虑和管理病痛造成的生活问题、如何与社会现实交涉、如何向我们自己和他人解释病痛的含义"[2]。郁达夫在此"科学"知识的基础上，更倾向于将疾病表述泛化、文学化。1947年陈翔鹤在回忆郁达夫的文章中特意说到，是《沉沦》教青年懂得什么是Sentimental，教会他们怎样彻底"自我解放"，怎样将自己心中所感觉到的苦闷，大无畏地叫了出来。[3] 在郁达夫的小说内外，青年主人公/读者都向文学求教，学习情感方式，通过文学模仿确立自我，这样的例子不胜枚举。王尔德有言，艺术指导生活，是生活模仿艺术而不是艺术模仿生活。在《生活与艺术》一文中，郁达夫表达了同样的看法，伟大的艺术将为人提供新的道德模式和行为模式。

陈平原在小说现代转型研究中发现，对晚清新小说影响最大的是政治学，对五四小说影响最深的则是心理学知识。[4] 郭沫若也曾说，如今写小说，不懂医学知识是不行的。从郭沫若早年的"身边小说"以及其他五四作家的创作来看，那些直接影响、频繁体现在文学写作层面上，依此来进行叙述和描写的医学知识多是歇斯底里、梅兰刻烈、神经衰弱等现代心理学和弗洛伊德精神分析。放在整个精神医学发展史中来看，这些都是第一代精神疾病的诊治知识和术语，随后"神

1　凯博文对中国抑郁病的历史研究指出，中国文化关于苦痛的习惯用语以及流行症状术语倾向于强调有关生理而非情绪的诸多不适。参见凯博文：《苦痛和疾病的社会根源》，第37页。

2　凯博文：《苦痛和疾病的社会根源》，第146页。

3　陈翔鹤：《郁达夫回忆琐记》，《文艺春秋副刊》1947年1—3月第1卷第1—3期。参见王自立、陈子善编：《郁达夫研究资料》。

4　陈平原：《中国小说叙事模式的转变》，上海人民出版社1988年版，第25页。

经衰弱"等便慢慢被抛弃使用，替换为其他术语。就郁达夫当时的创作而言，与其说进行的是描写心理情绪，不如说是已经完成了精神分析的"解剖"文本，是对"内在自我"如何进行观察和言说的展示。因此，在某种程度上可以说，是现代心理学、精神分析教会了人一套自我观察和表达的话语方式，带来了"深度"。郁达夫曾经在自传中（他的自传和小说经常互文）将儿童经验和成年的精神创伤联系起来叙述，这正是柄谷行人所指出的："现代作家向人类的幼年期追溯，就好像那里有真正的起源似的，这不过是在创造关于'自我'的故事而已。有时这甚至是一个精神分析式的故事，而在幼年期里其实并没有隐藏什么'真实'。所隐藏的乃是使包括精神分析学得以诞生的制度"，神经症正是由精神分析而制造出来的疾病，这是为弗洛伊德所不曾想到的。1

在青年读者这一方，通过对郁达夫式文学作品的阅读，现代青年敏感细腻的想象力、自我体察和表述能力亦得以培育。文学阅读产生现代特有的内心生活样式，可以说，在作为读者的经验中诞生了自我认识。同时，阅读者也将学会自白的技艺和修辞。柄谷行人说"应该表现的'内面'或者自我不是先验地存在着的，而是通过一种物质性的制度其存在才得以成为可能"2。现代文学书写创造出了敏感的、有内在深度的现代人。从文学阅读的社会学角度来看，经由文学所培育出来的现代自我表达形式与叙述能力，将改变和重新塑造人们的感情世界和感觉空间，以及交往形式，最终重塑社会。3

余论　在事实和意义之间

郁达夫将《沉沦》主人公的忧郁苦闷归结为弱国子民的身份和国内现实的黑暗落后，主人公自杀前呼吁祖国快强大起来。也可以说，其忧郁病乃因祖国不够"现代"而导致。Hypochondria 也被翻译为"疑病症""臆想症"，意味着"想象出来的疾病"。这或许又像是一个隐喻，藉着对疾病隐喻的"反写"和"逆写"，中国的"现代"得以创生。不过郁达夫《沉沦》的故事，也不能仅仅在柄谷行人对精神分析的批判意义上来理解。抑郁、忧郁以及很多疾患都隐藏着个人和社会

1　柄谷行人：《日本现代文学的起源》，赵京华译，三联出版社 2003 年版，第 127 页。

2　柄谷行人：《日本现代文学的起源》，第 70 页。

3　耿占春：《阅读的社会学》，《书的挽歌与阅读礼赞》，北京大学出版社 2012 年版。

的结构性关系，具有社会性原因，尤其像抑郁这种情感障碍和痛苦，社会的巨大变迁或者某种顽固的不公正，会降落和转化为个人的挫折和失败。因而抑郁这种疾病，最好将之视为一种个人与社会、情感与病痛之间的关系。而不同的谈论病痛的方式，会让他人和社会作出不同的反应。就抑郁症这个"现代瘟疫"而言，尤其应当鼓励人们从个人的生活史和社会中探求病痛的隐喻，使用病痛来创造故事。郁达夫的书写证明了，那个流浪在异国他乡，遭受着歧视和磨难的弱国子民忧郁症患者，其失败的处境和不道德的行为有个人之外深远的原因，其症状也并不只是个体的不适表达，而是成为一种表达集体性不适的合法语言，由此也将产生不同的社会性后果。[1]

在疾病及其隐喻的问题上，"一方面是竭力清除歧义的科学性思维，一方面是竭力寻找意义的隐喻性思维：前者试图创造一个只有事实的世界，后者却试图以一个意义世界（宗教、道德、文学等）来取代这个事实世界"[2]。郁达夫所展现的现代文学书写表明（或者叫"达夫式文学"），有关人们身体或精神的疾患和磨难，其书写既需要事实的世界，也需要意义世界。相比之下，弋舟的小说《刘晓东》正是我们时代的精神和表达的典型症候。作家以抑郁症为主题，但又处处克制，不让疾病的事实陈述卷入人物的遭遇和故事构造，这种形式当然是一种沉默的控诉。在我们的时代，似乎有某种东西把个体的精神病患牢牢囚禁在事实世界和个人空间，用各种话语言说/禁止其散发出意义。精神的失能导致个体的失败，个体的失败源自精神失能，已经成为封闭的阐释。多巴胺之类的生物医学解释并不能安慰和解脱如此多的人们的痛苦，反而带来个体的"病罪感"。杰姆逊有第三世界的文学"民族寓言"一说，"甚至那些看起来好像是关于个人和力比多趋力的本文，总是以民族寓言的形式来投射一种政治现实：关于个人命运的故事包含着第三世界的大众文化和社会受到冲击的寓言"[3]。民族寓言的文学传统和精神应该成为"社会寓言"的重要组成部分，这也是文学青睐疾病书写最根本的原因之一。

（《南方文坛》2020 年第 6 期）

1　本文关于抑郁症的社会根源的部分思考和论述参考了凯博文：《苦痛和疾病的社会根源》。

2　苏珊·桑塔格：《疾病的隐喻》（译者卷首语），第 4 页。

3　弗雷德里克·杰姆逊：《处于跨国资本主义时代中的第三世界文学》，张京媛译，《当代电影》1989 年第 6 期。

　　张伟栋　中国人民大学文学博士，海南师范大学文学院副教授，博士生导师。主要从事新诗史、诗歌理论与诗歌批评等方面的研究。曾获第四届北京文艺网国际诗歌奖二等奖、北大未名诗歌奖、刘丽安诗歌奖、胡适首部诗集奖、第三届南海文艺奖等。著有专著《李泽厚与现代文学史的"重写"》《修辞镜像中的历史诗学——1990 年以来当代诗的历史意识》。

技艺的历史性[1]
——论新诗开端处的闻一多

关于新诗开端或起点的问题，今天看来依然是一个有争议的问题，因为开端并非一个单纯的时间性概念，而是一个含义复杂的历史性概念。这就是说，对开端的确认，是从其所造成的结果而得知的，海德格尔、本雅明等在这一向度的思考，对我们仍有重要的启发意义。在新诗百年的历史之后，重新审视开端问题，则有助于我们对新诗总体性有更好的把握，进而重述新诗在整个现代主义诗歌史中的独特历史地位，而这恰恰是新诗研究最为薄弱的一环。毫无疑问，闻一多是理解新诗历史走向的关键人物，他与徐志摩携手开创的新月派对后世影响巨大，被归属为新诗建设时期的代表，但是如果我们注意到闻一多与郭沫若的复杂关联，会发现闻一多是理解新诗开端问题的最重要线索，或者按照卞之琳的说法，《死水》理应是新诗的开端之一。本文试图以开端问题为契机，围绕闻一多对郭沫若以及《女神》的评价来展开，透过这些评价在世界诗歌的范畴下重释闻一多的诗歌观念，以期对新诗的现代性问题给出不同理解。

一　新诗的"开端"与"总体性"

一般来说，1920 年出版的《尝试集》虽然被公认为比较幼稚、平庸，作者胡

1　本文为国家社科基金一般项目"1978 年以来当代诗的历史意识研究"（19BZW139）阶段性成果。

适本人也被认为是"没有多少诗人气质"[1]。但在主流文学史的叙述中,《尝试集》一直被赋予新诗开端或起点的地位,此乃在文学革命的意义上强调新诗的"新",以区别于传统的旧文学,所以废名说:"要讲现代文艺,应该先讲新诗。要讲新诗,自然要从光荣的《尝试集》讲起。"[2] 但其背后的逻辑正是一种摆脱旧文学的文学进化论想象,姜涛曾非常敏锐地指出了这一点:"新诗的发生以及成立,是呈现于《尝试集》与《女神》之间的:一为开端,一为完成,两本几乎同时出版的诗集间,一种'进化'或'回归'的时间差被想象出来。在这种印象基础上,上述基本的文学史线索被普遍接受,并延续到了当代。"[3] 这种文学史版本的新诗"开端论"只是遵循了时间的线索,而较少考虑到历史变动中新诗的展开逻辑,所以随着新诗的不断发展,这种开端论的弊端也就显现出来,因而很容易受到质疑与批判。

对以《尝试集》为开端的历史叙述持强烈反对态度的是诗人张枣,他认为:"作为新诗的现代性的写作者,胡适毫无意义,也无需被重写的文学史提及。"[4] 正是基于这种现代性立场,张枣重新勾画了新诗的历史谱系。写于1924—1926年的《野草》被认为新诗的开端和起点,鲁迅被追认为"新诗之父",而后续接《野草》的现代性书写的乃是闻一多所代表的浪漫的象征主义书写,梁宗岱从法语诗歌中发展出来的象征主义诗学,三十年代卞之琳、废名和"现代派"等诗人共同展开的语言探索,四十年代冯至和"九叶诗派"向语言纵深的拓展,以及黄翔、食指所代表的地下文学,再到朦胧诗和后朦胧诗,构成了这一新诗现代性谱系的完整脉络。这一谱系以多元向度展开,但具有内在的统一性,即对现代性的追求:"我们的文学史写作应该有新的敏感和重写自己的勇气,应该去辨认和确认如下事实:中国自1917年以来的白话新诗,是现代诗,其现代性就是现代主义性,其传统就是几代人自觉的连贯的对这种现代性的追求。"[5] 张枣的现代性方案无疑窄化了新诗的历史与丰富性,将新诗推向了一条"元诗"之路。

不同于主流文学史的叙述,也与张枣的个人化建构区别较大,姜涛试图将

1　卞之琳:《新诗与西方诗》,《诗探索》1981年第4期。

2　废名、朱英诞:《新诗讲稿》,陈均编订,北京大学出版社2008年版,第24页。

3　姜涛:《"起点"的驳议:新诗史上的〈尝试集〉与〈女神〉》,《文学评论》2003年第6期。

4　张枣:《文学史……现代性……秋夜》,《张枣随笔选》,人民文学出版社2012年版,第198页。

5　张枣:《文学史……现代性……秋夜》,第198页。

1921 年出版的《女神》构建为新诗的开端。那么按照这种构建，《尝试集》则处于旧体诗与新诗之间的过渡阶段，属于"白话诗"，还不是"新诗"，因其并没有赋予新诗以历史的向度和精神的品格。这样的观点最早来自郭沫若，按照郭沫若的看法，《尝试集》不值一提，胡适本人的文学主张也都无足轻重、可有可无，原因就在于其创作与文学主张都没有抓住时代的精神："然而严正的说，他所提出的一些文学方案在后来的文学建设上大抵都不适用，而他所尝试的一些作品自始至终不外是一种'尝试'而已。譬如他说'有甚么话说甚么话'，这根本是不懂文学的一种外行话。"[1] 对于将《女神》作为新诗开端的人来说，《女神》的气象则完全不同，无论是形式还是内容都是"新"的，重要的是深刻地理解了时代的内在变动与历史的转变。闻一多于 1923 年发表的《〈女神〉之时代精神》一开始就以这样的思路将《女神》置于了开端的地位，并在"二十世纪底时代的精神"的名目之下构建了新诗的历史向度。姜涛的《女神》开端论，正是在闻一多的基础上，结合当代的历史问题，而立意阐发的。闻一多与新诗开端问题的重要关联，正是在这样的思路中清晰显现出来。

姜涛同张枣一样，认识到开端问题即总体性问题，也就是说，开端不仅仅是确立一个起点，更重要的是要确认经由起点而完成的部分，按照海德格尔的观点："开端、本源，在事情发生过程中渐渐显露而出，并在其终结处才完全在此。"[2] 无疑，开端是一个历史性的概念，指的是新事物的开启，同时也包含了对后来生成之物的追认，因而是一个总体性的问题。所以，姜涛说："闻一多所谋者大，借谈论《女神》，他也意在阐发对新诗之'新'、抑或新诗之'现代性'的总体理解。"[3] 正如姜涛所说，闻一多对《女神》的评价之所以立意深远，凭借的是对新诗的总体性理解。事实上，正是通过与《女神》的对话，闻一多发展出与新诗最初实践者非常不同的诗歌观念，比如胡适、俞平伯、康白情等人强调的是新与旧、古与今的对立与断裂，而闻一多试图从"文学的历史动向"中找到新诗的历史法则。从世界诗歌的角度，闻一多（1899—1946）与蒙塔莱（1896—1981）、路易·阿拉贡（1897—1982）、布莱希特（1898—1956）、哈特·克兰

1 郭沫若：《文学革命之回顾》，《郭沫若全集》第十六卷，人民文学出版社 1989 年版，第 93 页。

2 海德格尔：《荷尔德林的颂歌〈日耳曼尼亚〉与〈莱茵河〉》，张振华译，商务印书馆 2018 年版，第 3 页。

3 姜涛：《"世纪"视野与新诗的历史起点——〈女神〉再论》，《中国文学批评》2019 年第 2 期。

（1899—1932）、亨利·米肖（1899—1984）、弗朗西斯·蓬热（1899—1988）、赛菲里斯（1900—1971）、奥登（1907—1973）等现代主义诗人是同一代人，他们的写作分享了相同的历史经验与主题，比如战争、历史的动荡与语言的重建等等。透过这些历史经验与主题，我们看到，闻一多所发展出的诗歌观念，是可以和他同时代的现代主义标志性诗人对话的。正如胡戈·弗里德里希所说"20世纪几乎所有的伟大抒情诗人都提供了一种诗学观、一种关于其个人的诗歌创作或者整个的诗歌创作的体系。这些诗学观对现代抒情诗的叙说不亚于其对诗歌作品的叙说"[1]。这也就是说，没有一种崭新或成熟的诗学观念，是无法创造出伟大的诗歌作品的，波德莱尔也曾明确指出这一点，尤其对现代主义诗歌来说更是如此，因为旧的诗歌原则已经失效，必须创造新的原则才能展开新的语言。这意味着检验一个诗人的诗歌观念是衡量其作品的重要手段，那么，将闻一多的诗歌观念与同时期的诗人相比较，会更加清楚地看到闻一多对新诗总体性构想的历史含义，进而把握其具有的开端意义。

关于新诗开端问题的第四种方案，是由卞之琳提出的。卞之琳的方案是明确将闻一多作为新诗的开端来把握的，他写于1979年纪念闻一多诞辰八十周年的文章《完成与开端：纪念诗人闻一多八十生辰》，使用了"开端"这个概念来评价闻一多，在文章结尾处的最后一段话，情深意切，远见卓识，立足于新诗"未完成的事业"，"立身于作诗的力量之域"[2]，指出闻一多为新诗做出诸多开端，并仍有待于未来的发展，"开端"在这里既是一个历史的概念也是一个诗学的概念，而且后者尤为重要。依照这种诗学的概念，文章的另一处，卞之琳将《女神》等十一部诗集均视为新诗的"开端"或某一"开端"，也就是没有一部诗集可以单独来定义新诗："从《女神》（初版于1921年）以后到人民共和国成立为止，新诗发展史上，还是数《志摩的诗》（1925）、《死水》（1928）、《望舒草》（1932）、臧克家的《烙印》（1933）、艾青的《大堰河》（1936）、何其芳的《预言》（1937），或其后的《夜歌》、田间的《给战斗者》（1938）、冯至的《十四行集》（1942）、李季的《王贵与李香香》（1945）。这些诗集或长诗，从内容到形式，从题材和构思，都是标志了一些新的开端。"[3] 如前所述，没有总体性的认识，无法

1　胡戈·弗里德里希：《现代诗歌的结构：19世纪中期至20世纪中期的抒情诗》，李双志译，译林出版社2010年版，第133页。

2　海德格尔：《荷尔德林的颂歌〈日耳曼尼亚〉与〈莱茵河〉》，第23页。

3　卞之琳：《完成与开端：纪念诗人闻一多八十生辰》，《文学评论》1979年第3期。

36

确定开端，开端与总体性是同一问题，上述四种关于新诗开端的方案，均是依据关于新诗的总体性认识而做出的，比如主流文学史的"文学革命"原则，张枣的"现代性"原则，姜涛的"时代精神"原则，而卞之琳的则是"技艺"原则，显然，"技艺"并非单纯形式或内容的考虑，而是应归属于书写原则方面，其核心在于"转化"，即将经验、情感或历史现实转化为诗歌语言的能力，通过这一原则来看待新诗的开端问题也必然无法以单独某一作品来描述与定位。

二　闻一多诗歌观念的历史意识

事实上，姜涛的"时代精神"原则和卞之琳"技艺"原则正是贯穿新诗整个历史脉络的两个核心原则，也是新诗保持活力的源泉，但正如历史向我们显示的，这两个原则在闻一多那里才开始得到自觉遵守与维护，《诗的格律》是显示这两种原则被自觉阐释的最好例证，在其诗歌作品中这两种原则也得到很好展现，正如卞之琳后来所总结的："现在大家都容易认识《死水》里蕴藏着'火'。只是我们都还没有充分学到《死水》所启发的炼丹式功夫而加以推进而已。"[1]这里的"火"所指的正是"时代精神"，"炼丹式功夫"乃是"技艺"的层面。

从这两个方面可以看出，闻一多具有比同代人更为清醒的诗歌意识与历史意识，即使与他所称赞的郭沫若相比，闻一多的诗歌观念也更有建设意义和创造性。姜涛的评说深刻地揭示了这种创造性的含义："与同时代的读者和批评家不同的是，闻一多在一开始就挣脱了语言、形式层面'新旧'之别的讨论，另辟空间，使用了一个德国式的概念'时代精神'（Zeitgeist），来概括他对《女神》中动荡不安、激昂扬厉之气息的感知。"[2]闻一多之所以能另辟空间，挣脱他那个时代的桎梏，与他对《女神》的天才理解是分不开的，更重要的是与他从传统的旧文学与正在变革的世界文学影响之下形成的新诗观念有着根本的关系。

程光炜从文学史的视角将闻一多的诗歌影响归纳为三个方面：格律化、戏剧化与人民性[3]，这样的划分是客观而且相对充分的，基本上代表了大多数研究者对闻一多的看法，问题是，如果仅仅将这三个方面作为既成事实来接受，而不去

1　卞之琳：《完成与开端：纪念诗人闻一多八十生辰》。

2　姜涛：《"世纪"视野与新诗的历史起点——〈女神〉再论》。

3　见程光炜：《闻一多新诗理论探索》，《文学评论》1998年第2期。

考虑其背后的诗歌意识与历史意识，那么其开端的意义就失去了。雷蒙·阿隆说过："我们的政治意识是，而且不可能不是一种历史意识。"[1] 毫无疑问，诗歌意识同样是而且必然是一种历史意识，而且只有从历史意识的角度才能更完整全面地理解诗歌。因为，所谓历史意识，乃是对现实的整体性把握，是将对过去的阐释，对当下的把握与对未来的展望整合在一起的情感、认知与信念。从过去的角度讲，"唯有一个理解传统，认知过去的诗人，始能把握到他与时代的归属关系"[2]。从当下和未来的角度来把握历史意识，"历史作为一个主体，其结构不是坐落于同质而空洞的时间之中，而是坐落于为当下所充盈的时间之中"[3]。前者属于 T. S. 艾略特的经典历史意识理论，后者则是本雅明的历史意识表述。闻一多诗歌观念的历史意识与艾略特如出一辙，同时带有本雅明的特征。

很显然，闻一多与新诗最初实践者的差异，源于历史意识的不同。像胡适等人那样强调新与旧的对立，试图以所谓"纯粹新诗体"来确立新诗的形态，或是郭沫若等人那样以浪漫派的主张来定义新诗，强调"直觉+情调+想象"的作诗法，都并不成熟，只是应对具体历史情境的临时策略，对后来的新诗发展并无持续性影响，这是因为两者诗学的动力皆在于对古典文学或者旧文学的背离，对世界诗歌的历史动向并无真实的理解。实质上，胡适的改良主义与郭沫若的"浪漫历史主义"[4] 是现代性问题的一体两面，并同样在历史的变革中遭了"破产"的境遇。我们看到，胡适后来对新诗的看法始终没有超出 1919 年发表的《谈新诗——八年来一件大事》，对照旧体诗，胡适提出"新体诗"，以音节、声调、用韵等形式要素来命名新诗的"新"，以至于 1956 年，胡适对新诗的创作成绩进行整体评价时说："一般来说，四十年的新文学，新诗只不过'尝试'了一番，至今没有大成功。"[5] 这样的说法依然是参照了旧体诗的标准，这也说明胡适对新诗并无真正的理解。郭沫若的诗歌观念在《论诗三札》《我们的文学新运动》《文学革命之回顾》这三篇文章有集中体现，其观念并非像胡适那样一成不变，而是根

1　雷蒙·阿隆：《历史意识的维度》，董子云译，华东师范大学出版社 2017 年版，第 26 页。

2　杨牧：《历史意识》，见《一首诗的完成》，洪范出版社 1989 年版，第 64—65 页。

3　本雅明：《历史哲学论纲》，见《写作与救赎：本雅明文选》，李茂增、苏仲乐译，东方出版中心 2009 年版，第 47 页。

4　王璞：《抒情与翻译之间的"呼语"——重读早期郭沫若》，《新诗评论》2014 年总第十八辑。

5　唐德刚：《胡适杂忆》，转引自《卞之琳文集》（中卷），安徽教育出版社 2002 年版，第 224 页。

据历史境遇不断拓展和变动，但其核心仍是浪漫主义的诗学观，主张超越现实边界，打破枷锁，冲破一切障碍，强调"时代精神"、主体的能动性与历史的创造性，其从"文学革命"到"革命文学"的转换路径，按照李欧梵的说法可以概括为从个人浪漫主义到集体浪漫主义，其动力与历史意识被描述为普罗米修斯主义与狄奥尼索斯主义的合力[1]。

闻一多对两者所代表的诗歌观念及其历史意识有过严厉批评，他说："我们这个时代是事事以翻脸不认古人为标准的时代。这样我们便叫做适应时代精神。"[2] 也正是在这个层面，闻一多对《女神》中表现出来的盲从欧化强烈反对，并给出自己的主张："以上，我所批评《女神》，非特《女神》为然，当今诗坛之将莫不皆然，只是程度各有深浅罢了。若求纠正这种毛病，我以为一桩，当恢复我们对旧文学底信仰，因为我们不能开天辟地（事实和理论上是万不可能的），我们只能并且应当在旧的基石上建设新的房屋。"[3] "在旧的基石上建设新的房屋"，后来以更简洁直接的方式被表述为"中体西用"，他在 1935 年的文章《悼玮德》中写道："我这主张也许有人要说便是'中学为体，西学为用'。我承认我对新诗的主张是旧到和张之洞一般。"[4] 但这样的主张至今并未得到很好的理解，缘于闻一多身上的标签对其的遮蔽。如同朱自清、臧克家、艾青等人给闻一多贴上容易让人误认的"爱国诗人"标签一样，余英时在其著名文章《中国近代思想史上的激进与保守》中，将闻一多作为四十年代激进思想的代表，为其贴上一个"激进诗人"的标签，同样使人误入歧途。余英时对闻一多的传统观念是有误解的，闻一多的传统观念并非"复古"[5] 式的，也非传统本位的文化保守主义者所提倡那样，他是一个反对"家族主义"的民族主义者，对维系传统宗法皇权的价值观念一直予以批判与否定，他寄希望于民族的发展和未来的方向，试图通过传统文化寻找历史的新动向，如《文学的历史动向》所坚信的："过去记录里有未来的风色。"[6] 也就是强调传统的当下性，但前提是要破坏掉传统文化中的糟粕，

1　李欧梵：《中国现代作家的浪漫一代》，王宏志等译，新星出版社 2010 年版，第 303 页。

2　闻一多：《〈现代英国诗人〉序》》，《闻一多全集》第 2 卷，湖北人民出版社 1993 年版，第 171 页。

3　《闻一多全集》第 2 卷，第 123 页。

4　闻一多：《悼玮德》，《闻一多全集》第 2 卷，第 186 页。

5　闻一多曾于 1944 年批评过"复古"的传统意识，见《复古的空气》，《闻一多全集》第 2卷，第 351-355 页。

6　闻一多：《文学的历史动向》，《闻一多全集》第 10 卷，第 21 页。

所以从文化保守主义者的眼光来看，闻一多一直是"激进"的，实际上也并不存在余英时所说的一百八十度的转变，和全部摧毁中国的传统文化的主张。

关于传统，艾略特强调"诗人必须获得或发展对于过去的意识，也必须在他的毕生事业中继续发展这个意识"[1]。艾略特认为只有获得传统的支持，诗人才能真正建立与自己时代的关联："就是这个意识使一个作家成为传统性的。同时也就是这个意识使一个作家最敏锐地意识到自己在时间中的位置，自己和当代的关系。"[2] 闻一多在这方面与艾略特是完全一致的，只是他未能像艾略特那样清晰而系统地阐发，但他已经抓住了现代主义诗歌最为核心的问题。闻一多基于此种历史意识关于新诗定义的阐发，今天读来则更觉含义丰富。

> 我总以为新诗径直是"新"的，不但新于中国固有的诗，而且新于西方固有的诗；换而言之，他不要做纯粹的本地诗，但还要保存本地的色彩，他不要做纯粹的外洋诗，但又要尽量地吸收外洋诗的长处；他要做中西艺术结婚后产生的宁馨儿。我以为诗同一切艺术应是时代底经线，与地方底纬线所织成的一匹锦。[3]

从当代诗的眼光来看，闻一多超越了其时代的局限，他的新诗定义着眼于汉语的未来与创造性维度，兼顾了古与今、东与西、世界性与民族性、时代与地方、当下与未来等诸多层面，赋予新诗以源源不断的活力与创造机能，试图以此成就一门崭新的艺术。如果将其与当代诗人张枣对新诗的定义相对照，会发现两者基本上是一致的，张枣认为新诗"既能从过去的文言经典和白话文本摄取养分，又可转化当代的日常口语，更可通过翻译来扩张命名的生成潜力。正是微妙地维持这三种功能之间的生态平衡，而不是通过任何激进或保守的文学行动，才证实了这个新系统的'活'的开放性，也才产生了有着革新内涵的、具备陌生化效果的生效文本"[4]。张枣同样是着眼于新诗的未来与创造性，将新诗构建为开放性的具有自我革新能力的生态系统。两者的定义都试图在世界诗歌的范畴中赋予新诗以独特的历史地位，但张枣的定义是历经了对整个近现代中国的总体性理解

---

1 艾略特：《传统与个人才能》，见陆建德主编：《传统与个人才能》，卞之琳、李赋宁等译，上海译文出版社 2012 年版，第 3 页。

2 艾略特：《传统与个人才能》，第 3 页。

3 《闻一多全集》第 2 卷，第 118 页。

4 张枣：《朝向语言风景的危险旅行》，《张枣随笔选》，人民文学出版社 2012 年版，第 172 页。

和对世界诗歌的相对全面了解之后作出的，因此更准确地抓住了新诗的历史与未来的向度，那么从当代诗的视角去回望新诗初期的闻一多，则清晰显示出闻一多非凡的理解力与判断力以及对历史动向的深刻洞察。

三　闻一多对《女神》的评论

从这个意义来看，闻一多对《女神》的评论是新诗史上的关键时刻，其从中发展出来的诗歌观念甚至可以说是自鲁迅《摩罗诗力说》之后最具有建设意义的新诗理论。通过现有资料来看，我们可以将闻一多对《女神》的评论分为三个部分：一是书信中的私下评论，写给闻家骎、梁实秋、吴景超、臧克家等的信中，《女神》及郭沫若多次被提及、评判，虽只是只言片语，但显露出了闻一多的诗学抱负与具体主张；二是我们所熟知并被广泛阅读的《〈女神〉之时代精神》《〈女神〉之地方色彩》这两篇雄文，较为全面地展示其对《女神》的认知；三是并未提及《女神》或郭沫若的文章，但事实上隐含着对其的批评，比如《诗的格律》《邓以蛰〈诗与历史〉附识》等等。毫无疑问，这些关于《女神》的文字背后的驱动力是闻一多自己的诗学主张与诗歌观念，当我们将其置于新诗开端问题脉络中，则彰显为更为深刻的历史含义。

通过私下的信件，我们看到，闻一多登上新诗历史舞台的情境与奥登步入英国诗坛有着历史的相似性，奥登说，当时的英国诗坛在期待着某个人物出现，以填补一个空白，而他所说的那个人就是他自己[1]。1922 年 5 月 7 日在写给弟弟闻家骎的信中，闻一多的口吻和意愿颇似奥登：“我很相信我的诗在胡适、俞平伯、康白情之上，郭沫若（《女神》底作者）则颇视为劲敌。”[2] 将郭沫若视为劲敌，在于《女神》开启了新诗的新纪元。事实上，1921 年的《敬告落伍的诗家》表明，闻一多还在推崇胡适、康白情的新诗观念，对新诗并无深切认知，但从 1922年，闻一多开始自觉构建新诗的历史方向，这源于两个动力，一是，对于革新以及领导中国文学的抱负，“余对于中国文学抱有使命，故急欲借杂志以实行

1　见詹姆斯·芬顿：《布莱克/奥登和詹姆斯/奥登》，见《读诗的艺术》，王敖译，南京大学出版社 2010 年版，第 269 页。

2　《闻一多全集》第 12 卷，第 33 页。

之"[1]。二是，试图超越郭沫若的新诗模式，以领导一种文学之潮流，1922 年 9 月 1 日在给梁实秋、吴景超的信中，"《创造》颇有希望，但迩来复读《三叶集》，而知郭沫若与吾人之眼光终有分别，谓彼为主张极端唯美论者终不妥也"[2]。这两个动力并未在公开文章中清晰地表达出来，却是公开文章背后最重要的驱动力，将这两方面结合起来看，则更易于问题的理解。

私下信件或交流中，对《女神》的评论最重要的一条是，写给梁实秋、吴景超的信中，闻一多提到了《女神》的"缺陷"，这绝非无端的攻击，从今天的眼光来看，闻一多提出了一个非常重要的诗学问题，他说："盖《女神》虽现天才，然其 technique 之粗箪箪以加矣。"[3] technique，指的乃是诗的技艺，实际上，这是新诗史上第一次以"技艺"作为标准来评价诗歌，正如卞之琳后来所证明的，技艺乃是理解新诗的一个核心问题。另外，我们看到闻一多曾私下区分过"诗的青年"与"诗的中年"，也涉及技艺问题，这种划分是通过朱自清的文章而为人们所知的："闻一多先生说我们的新诗好像尽是些青年，也得有一些中年才好。冯先生这一集大概可以算是中年了。"[4] 朱自清这里所举例的诗集是冯至的《十四行集》，是"技艺"成熟的典范，相对照，"诗的青年"乃是情绪的、抒发的、不节制的、直接的、苦闷与悲哀的。在《〈女神〉之时代精神》中，他是把《女神》认作为"诗的青年"的，他认为，二十世纪的时代精神是悲哀与苦闷的笼罩，是预言着光明和新生的黑暗与死的移涌，是《女神》以雷霆的声响唱出了青年的苦闷与哀愁，闻一多因此说："啊，现代的青年是血与泪的青年，是忏悔与兴奋的青年。《女神》是血与泪的诗，是忏悔与兴奋的诗。……凤凰底涅槃是诗人与一切青年底涅槃。"[5] 不难看出，"诗的青年"同时也带有时代精神的向度。

1941 年 11 月 25 日，写给臧克家的著名信件中，这些问题因为历史语境的急转而变得复杂，正所谓"救亡压倒启蒙"，时势在催促着诗人投入时代的洪流，所以"时代精神"此时也压倒了"技艺"，变成一组对峙的概念。

　　　　你还口口声声随着别人人云亦云的说《死水》的作者只长于技巧。天

1　《闻一多全集》第 12 卷，第 81 页。

2　《闻一多全集》第 12 卷，第 81 页。

3　《闻一多全集》第 12 卷，第 81 页。

4　朱自清：《诗与哲理》，《新诗杂话》，广西师范大学出版社 2004 年版，第 17 页。

5　《闻一多全集》第 2 卷，第 115-116 页。

呀，这冤从何诉起！……说郭沫若有火，而不说我有火，不说戴望舒、卞之琳是技巧专家而说我是，这样的颠倒黑白，人们说，你也说，那就让你们说去，我插什么嘴呢？[1]

朱英诞说："闻一多是新诗的工力派。"[2] 艾青赞美闻一多："打开闻一多的诗集，就像走进一家古董铺和珠宝店。他的一首二百多行的《剑匣》是用尽雕镂的技巧而琢磨成的景泰蓝似的作品。"[3] 卞之琳由衷钦佩闻一多"炼丹式功夫"，他说："而以说话的调子，用口语来写干净利落、圆顺洗练的有规律诗行，则我们至今谁也还没能赶上闻、徐旧作，以至超出一步，这也不是事实吗？"[4] 三人所谈都是"技艺"之事，这也是闻一多《诗的格律》所倡导之事，或许因为别人将其与郭沫若比较而产生的否定感，使其急于辩护，全然否认自己的技巧，毫无疑问，其间是非曲直必须经过仔细分辨，而非表面看来那样清楚明白。

1926 年发表的《诗的格律》显然是关于"技艺"的宣言，其内在的理路是以反传统的诗国"革命家"和主张"自我的表现"的浪漫派为论敌的，因为前者反对复古，主张西化，这是闻一多最为反对的，他带着强烈感情指责此种立场："你做诗摹仿十四行体是可以的，但是你得十二分小心，不要把它做得像律诗了。我真不知道律诗为什么这样可恶，这样卑贱！"[5] 而所谓的浪漫派对格律的反对，在闻一多看来是，"他们压根儿就没有注意到文艺的本身，他们的目的只在披露他们自己的原形"[6]，闻一多将其斥责为"伪浪漫派"，予以驳斥。今天看来，这一内在理路才是理解这篇文章的关键，因为这一理路关系到新诗的基本原则问题。回想闻一多 1923 年 6 月 10 日《创造周报》发表的文章《〈女神〉之地方色彩》，我们发现《诗的格律》其实暗含着对《女神》及其诗歌观念的批评。

　　郭君是个不相信"做"诗的人；我也不相信没有得着诗的灵感者就可以从揉炼字句中作出好诗来。但郭君这种过于欧化的毛病也许就是不太"做"诗底结果。选择上创造艺术底程序中最紧要的一层手续，自然的不都是美

1　《闻一多全集》第 12 卷，第 381 页。

2　废名、朱英诞：《新诗讲稿》，第 262 页。

3　艾青：《爱国诗人闻一多》，《艾青全集》第 3 卷，花山文艺出版社 1991 年版，第 280 页。

4　卞之琳：《完成与开端：纪念诗人闻一多八十生辰》。

5　闻一多：《诗的格律》，《闻一多全集》第 2 卷，第 141 页。

6　闻一多：《诗的格律》，第 139 页。

的；美不是现成的。其实没有选择便没有艺术，因为那样便无以鉴别美丑了。[1]

　　闻一多这里谈到的"做诗"和"艺术"等概念皆属于"技艺"的范畴。那么将两篇文章对照来看，闻一多试图以"技艺"的立场修正郭沫若所代表的诗歌方向，这种修正立足于"新诗的格式"这样的总体性，集中于新诗格律这一具体问题，而开拓出了新诗的"内在的精神"这一向度。

四　技艺与智识的转化

　　事实上，《诗的格律》中有很多重要问题和概念没有得到充分展开与持续发展，由于诸多历史原因，但是通过与已经成型的诗歌观念比较，则可以获得更为准确和多面的理解，尤其是关于"技艺"的问题。1951 年，诗人戈特弗里德·贝恩发表了《抒情诗的难题》，这部演讲稿被誉为"20 世纪中期的一篇《诗艺》"，关于这一点，胡戈·弗里德里希是这样评价的："贝恩重新让技艺概念获得尊敬，用这一概念标示出了经营风格与形式的意愿，这种意愿有其自己的真实性，且胜于内容的真实。"[2] 在这部演讲稿中，贝恩认为，"技艺"是现代诗的关键性特征，凡是表达的问题，都应囊括在这个概念之下，也正是通过这样一种创造性表达的寻求，现代诗在重新定义一种新的艺术形式。将《诗的格律》置于这一现代主义诗歌的历史脉络之中，才会发现闻一多以独有的理解抓住了现代诗最为核心的问题。

　　按照贝恩的定义，我们看到，闻一多关于"新诗的格式"的论述显露出他对"技艺"的根本把握："新诗的格式是层出不穷的。……新诗的格式是根据内容的精神制造成的。……新诗的格式可以由我们自己的意匠来随时构造。"[3] 显然，"新诗的格式"是诗人通过"自己的意匠"、认知、体验与思考，基于"内容的精神"而完成的创造性活动，因而也必然是层出不穷的。正如亚里士多德所表述的，技艺是与创造性活动关联在一起的，有多少种技艺就有多少种创造性活动，

1　《闻一多全集》第 2 卷，第 123 页。
2　胡戈·弗里德里希：《现代诗歌的结构：19 世纪中期至 20 世纪中期的抒情诗》，第 150 页。
3　闻一多：《诗的格律》，第 141–142 页。

因此技艺的获得绝非易事，往往和运气一样难求："所有的技艺都使某种事物生成。学习一种技艺就是学习使一种可以存在也可以不存在的事物生成的方法。……在某种意义上，技艺与运气是相关于同样一些事物的。"[1] 在闻一多那里，这种创造性活动最终是为了实现诗的艺术性，他是坚信这一点的："试问取消了 form，还有没有艺术？"[2]

1931 年发表的书信《论商籁体》，在这个意义上是另一篇重要的诗学文献，与闻一多其他的诗学文献一样，其诗歌观念未能得到充分系统的阐述，但已抓住问题的本质。其中关于商籁体的描述，可以看作是"技艺"的具体展现。闻一多依据起承转合的构造，将商籁体表述为四个部分，关于这四个部分的关系，以及这四个部分依据何种精神整合在一起，闻一多的表述是："大概'起''承'容易办，'转''合'最难，一篇的精神往往得靠一转一合。总之，一首理想的商籁体，应该是个三百六十度的圆形；最忌的是一条直线。"[3] 这个段落中所讲的，一转一合，"三百六十度的圆形"之理想，都是比喻性的说法，就如同卞之琳所说的"炼丹式功夫"一样，是很难以实证化的方式表述出来的，但精通诗歌技艺之道的人能够明白其中利害。之所以说这篇文献重要，是因为在这简单的表述之中闻一多说出了"技艺"最为紧要的部分，即技艺的秘密在于转化。也就是瓦雷里所说："一首诗应该是一次智识的节日。"[4]

如何形成"三百六十度的圆形"，如何"一转一合"呢？这里面很重要的部分就是转化的问题。闻一多说到"做诗"的时候曾说过，美不是现成的，没有选择便没有艺术，实际上说的也是转化的问题，毫无疑问，选择意味对经验的转换、词语的组合、音节的排列、意义的赋予等这些诗的构造因素给予"理智"的审视与历史的考量，而后把经验、情感、价值，当下与过去、未来融合一体并转换为独特的语调、有规律诗行的能力，如瓦雷里所强调的这是通过某种特殊的智识来完成的。本雅明在论述波德莱尔如何将震惊经验作为现代抒情诗的基础的时候，谈到了这种转化，"这是理智的一个最高成就：它能把事变转化为一个曾经

1　亚里士多德：《尼各马可伦理学》，廖申白译注，商务印书馆 2003 年版，第 171 页。
2　闻一多：《诗的格律》，第 140 页。
3　闻一多：《谈商籁体》，《闻一多全集》第 2 卷，第 168 页。
4　转引自胡戈·弗里德里希：《现代诗歌的结构：19 世纪中期至 20 世纪中期的抒情诗》，第 129 页。

体验过的瞬间"[1]。可以说，这种转化是现代主义诗歌最核心的部分，不精通这种转化的艺术，则无法真正理解现代诗的成诗过程。胡戈·弗里德里希通过对现代诗歌较为深入的考察，更为深刻地阐述了这一点："必须看到，智识上的思考恰恰让语言在此时获得了抒情诗的胜利，即当语言征服了一种复杂的、梦幻般飘浮的材料时。将现代灵魂超常的敏感交付于阿波罗的明朗艺术理性，这是有意义的。"[2] 闻一多的《奇迹》一诗，正是这种艺术原则下的杰作，古典的意象"火齐""桃花潭""琵琶""文豹""婉娈"等被转化为现代的奇迹，此种转化的方式就是卞之琳所说的"炼丹式功夫"，依靠的是"综合的心智"[3]，是"中体西用"诗学观念所带来的古典与现代汇流的结果。

> 我要的本不是火齐的红，或半夜里
> 桃花潭水的黑，也不是琵琶的幽怨，
> 蔷薇的香，我不曾真心爱过文豹的矜严，
> 我要的婉娈也不是任何白鸽所有的。[4]

当代诗人多多对瓦雷里的说法极为推崇，他通过自己的写作经验，将这一"智识的节日"所包含的转化具体阐述为三个阶段："第一就是先在，被赋予，给你了；第二个阶段——智性投入，那是毫无疑问的，要求你极高的审美眼光极好的批评能力极广泛的阅读视野，对知识的占有，你知道自己在哪里，你知道在做什么。第三个阶段就是一个整合，全部的完美的契合。第一个阶段记录，第二个阶段你就在那搏斗吧，第三个阶段成了，合成，这个合成又是神奇的，由不得你。苦功也好悟性也好阅读也好，你要使出全身解数，每一首诗都要这样写。"[5]如果将多多的"三阶段"论与闻一多的"选择"与"起承转合"的技艺之道相比较，两者的契合度是非常高的，都指向了现代诗最核心的"阿波罗"精神，这一精神向度可以在象征主义获得源头性的解释。那么，参照李欧梵的说法，如果

1　本雅明：《论波德莱尔的几个母题》，《启迪》，张旭东、王斑译，生活·读书·新知三联书店 2008 年版，第 175 页。

2　胡戈·弗里德里希：《现代诗歌的结构：19 世纪中期至 20 世纪中期的抒情诗》，第 151 页。

3　关于这一概念的阐述，见张伟栋：《新诗现代性品格的三个维度》，《北方论丛》2018 年第 1期。

4　《闻一多全集》第 1 卷，第 260 页。

5　《我的大学就是田野——多多访谈录》，《多多诗选》，花城出版社 2005 年版，第 279 页。

将郭沫若诗歌中的历史意识与历史动力概括为"狄奥尼索斯主义"，那么闻一多则应被视为"阿波罗主义"，阿波罗代表了适度的自制和对粗野冲动的解脱，是造型之神，而狄奥尼索斯则是醉与迷狂的化身，致力于边界与原则的消除，这样的区分是在尼采的意义上作出的，但实际上这也是二十世纪现代主义诗歌的两个方向，如胡戈·弗里德里希所界定："这两个方向是19世纪由兰波和马拉美所开创的。粗略地说，其中一个方向是形式自由的、非逻辑性的抒情诗，另一个方向是讲求智识的、形式严整的抒情诗。它们都在1929年被表述为诗歌纲领，而且是彼此针锋相对的。"[1] 这两个纲领分别由超现实主义者与象征主义者给出，前者将诗描述为"智识的崩溃"，后者则将其演绎为"智识的节日"。在新诗史上，这两个方向分别是郭沫若与闻一多所开创的，但是伴随着1949年之后《女神》经典化地位越来越高[2]，闻一多作为新诗的开端者的形象被遮蔽了。

总之，"技艺"背后的真正驱动力是诗歌意识与历史意识，在闻一多那里则显示为其与传统的创造性关联，其实早在波德莱尔那里，这种"传统"观念就在现代性的名义下被表述过，按照卡林内斯库的总结："波德莱尔认为，（美学上）从过去幸存的东西就是诸多连续的现代性的表现，它们中的每一个都是独特的，并因此有其特有的艺术表现形式。……因而，现代性可以被定义为一种悖论式的可能性，即通过处于最具体的当下和现时性中的历史性意识走出来的历史之流。"[3] 也就是说，绕开传统而试图开创一种崭新的文学形式是无法想象的，而这一切，是闻一多之前的胡适和郭沫若不能够理解的，因而在这个意义上，闻一多的《死水》，也开启了新诗的最重要的篇章，而这种重要性还未获得充分的说明。

（《文艺争鸣》2020年第3期）

1　胡戈·弗里德里希：《现代诗歌的结构：19世纪中期至20世纪中期的抒情诗》，第129页。

2　关于建国后《女神》对经典化过程的讨论，见咸立强：《建国后〈女神〉的文学史阐释与现代新诗发展脉络的重构》，《海南师范大学学报（社会科学版）》2018年第6期。

3　马泰·卡林内斯库：《现代性的五副面孔》，李瑞华译，译林出版社2015年版，第51页。

　　杨　辉　文学博士，陕西师范大学文学院教授，兼任中国现代文学馆特邀研究员、中国当代文学研究会理事、中国文艺评论家协会理事、陕西省文艺评论家协会副秘书长、西安市文艺评论家协会副主席。出版有学术专著《"大文学史"视域下的贾平凹研究》《小说的智慧——以余华的创作为中心的思想考察》《陈彦论》等。在《文学评论》《中国现代文学研究丛刊》《人民日报》《光明日报》《文艺争鸣》《当代作家评论》等报刊发表论文八十余篇，部分被《人大复印资料·中国现当代文学》等报刊全文转载。曾获中国当代文学研究优秀成果奖、《中国现代文学研究丛刊》《中国当代文学研究》年度优秀论文奖、柳青文学奖、陕西省哲学社会科学优秀成果二等奖、陕西文艺评论奖一等奖、陕西高校人文社会科学优秀成果一等奖等。入选"陕西百名优秀中青年作家艺术家扶持计划"。

作为批评和美学文本的《早晨从中午开始》[1]
——兼论路遥的文学观与 20 世纪 80 年代文学思潮

一

1991 年初冬，尚未从《平凡的世界》的创作所致的巨大生命损耗中休整过来的路遥结束"调整期"，并放弃率团出国访问的机会，开始全力以赴写作《平凡的世界》的创作随笔。以每日千字的速度，至次年初春全部完成。这一部被命名为《早晨从中午开始》的长达六万余字的创作随笔先连续刊发于《铜川矿工报》副刊，继而在《女友》杂志连载，嗣后接连有西北大学出版社（1992）、中国文联出版公司（1993）两种单行本行世。将《早晨从中午开始》"一稿多投"并同期为陕西人民出版社编辑五卷本《路遥文集》，乃是较大的经济和生活困难使然。[2] 上述两种作品（集）编（写）就之后不足一年，路遥即与世长辞。就创作整体论，则《路遥文集》和《早晨从中午开始》似有自我"总结"和"诗的遗嘱"的意味。"他不只是要完成'一部规模很大的书'，还要完成像《早晨从中午开始》这样的创作谈。"如此，"路遥才算真正完成自己英雄而悲壮的人生史诗般

1　本文系国家社科基金后期资助项目"中国当代文学中的'陕西经验'研究"（19FZWB023）阶段性成果。

2　参见厚夫：《路遥传》，人民文学出版社 2015 年版，第 316-322 页。

的总结"。[1] 由《优胜红旗》《代理队长》《惊心动魄的一幕》《人生》等作品，到《平凡的世界》，再到《早晨从中午开始》，一个前后有序、稳定且闭合的阐释系统就此确立。英年早逝的路遥终止于42岁的写作，似乎因此有了内在的"完成"性。但写作《早晨从中午开始》时，路遥虽自知患病已久，却并非对生命的"大限"有明确认识，故而"绝笔"甚或"自我总结"之说未必妥当。[2] 尤须注意的是，《早晨从中午开始》的写作尚有一重要的现实触发点——文艺理论家畅广元20世纪90年代末动念编撰一册陕西作家心理研究论集，路遥属其中重要研究对象。或因畅广元所设定的"三极对话"契合路遥彼时的心境，路遥郑重表示："畅老师，你主编这部书，我鼎力支持。这次我下决心回答评论界朋友们提出的一些问题。"[3] 而作为"三极对话"之一，时为青年学者的李继凯的《沉入"平凡的世界"——路遥创作心理探析》一文提出的若干批评意见，则直接影响到《早晨从中午开始》所涉的问题论域。较为复杂的"缘起"，使得《早晨从中午开始》一开始便有着远较《平凡的世界》创作问题的自我总结更为丰富、复杂的意涵。为总体性地回应关于其创作的若干重要批评意见，《早晨从中午开始》既有对80年代文学观念及其局限的反思，亦有对其所坚守的现实主义传统的视域、资源和表现手法的自我说明。如是种种，涉及文学与时代、意识形态和现实等重大理论问题。在更为宏阔的视域中回应上述问题，申明其现实主义文学观的时代意义和复杂内涵，为《早晨从中午开始》作为"批评"和"美学"文本的要义所在。

重返20世纪90年代末的文学现场，触发路遥写作《早晨从中午开始》的直接原因即不难明了。其时，曾有力地推动新时期陕西文学蓬勃发展的"笔耕文学研究小组"的核心成员、陕西师范大学教授畅广元动念编撰《神秘黑箱的窥视》一书，以深入分析作家的创作心理。为避免单一研究视域可能导致的"主观主义"，该书设想出作家、评论家、青年学者"三极对话"的方式。具体展开路径如下："年轻的学者首先写出关于作家创作心理的论文，作家在看过论文后，既可以对其作具有鲜明针对性的评论，也可以按自己的思路，随心所欲地讲述自身

1　张艳茜：《路遥传》，陕西人民出版社2017年版，第290页。

2　路遥虽将文集的编选视为自己此前创作的总结，但这种总结，仅具有阶段性意义，并非对个人写作的"盖棺论定"。该文中仍有朝向未来不断精进的振拔气象。《〈路遥文集〉后记》，《早晨从中午开始》，北京十月文艺出版社2010年版，第294-295页。

3　转引自畅广元：《我所认识的路遥》，晓雷、李星编选：《星的陨落——关于路遥的回忆》，陕西人民出版社1993年版，第73页。

的创作经验与体悟"。有此两者可能的"交锋"之后，年长的评论家则进一步写出"自己对二者论述的见解"[1]。如此，"三极对话"方始完成。时隔多年之后，李继凯回忆"三极对话"的完成路径，对其"论辩"特征有更为确切的说明："年轻学者率先'发难'，主要针对作家创作心理特别是创作心理障碍等进行剖析（他认为陕西几位实力作家有水平却仍需要新的突破）；接着，作家在看过年轻学者论文后，自由自主讲述自己的创作经验和体悟，有表白，更希望有辩驳"，最后再由知名评论家在阅读前两者文章之后，"写出自己对二者论述的见解，颇有'摆平'或'升华'的意味"[2]。如是"三极对话"的方式，意在营构多元共在的思想场域，"让读者透过对话，感受到一种相对客观的'呈现'，从而有利于从不同的方面把握作家的创作心态"[3]。

"三极对话"的目的，并非对作家作品展开简单的综合研究，而是奠基于畅广元以及"笔耕文学研究小组"其他重要成员对其时陕西中青年作家成就的充分理解和"局限"的明确认识。论集选定的研究对象仅有五位，依次为路遥、贾平凹、陈忠实、邹志安、李天芳，皆可谓一时之选。路遥其时已获全国优秀中篇小说奖，数月之后即获茅盾文学奖。贾平凹也已完成了其兼具"寻根"与"改革"双重面向的重要作品《浮躁》且屡获大奖。而作为其"中年变法"标志的长篇小说《废都》已在酝酿之中，并最终完成于《神秘黑箱的窥视》出版之前。斩获国内多种重要奖项的陈忠实此时已完成《白鹿原》初稿，正在进行初步的修改工作。邹志安、李天芳亦属彼时陕西中青年作家之翘楚，创作成绩在同辈作家中较为突出。其时，上述五位作家均已人到中年，虽成就较高，但仍然存在着有待突破的个人"局限"——贾平凹、陈忠实其时正在独立展开的"中年变法"，即充分说明畅广元和彼时陕西作协领导胡采、李若冰的远见。但"三极对话"的设想虽好，具体实施起来却可能面临重重困难。为统一认识，最大限度地完成预定目标，畅广元特意召集参与对话的作家和评论家召开编前座谈会，一致确定此次对话的宗旨为："无论如何要说真话，要实事求是，作品好就说好，不好就说不好，千万不要随波逐流，一味给作家抬轿子。"[4]

亲历《平凡的世界》第一部发表至20世纪90年代末评论界的诸种不同"反

---

1 畅广元：《心灵探索者的心灵——〈神秘黑箱的窥视〉前言》，陕西人民教育出版社1993年版，第7页。

2 李继凯：《我与路遥的"遭遇"》，《文艺报》2013年12月16日。

3 畅广元：《心灵探索者的心灵——〈神秘黑箱的窥视〉前言》，第7页。

4 转引自畅广元：《我所认识的路遥》，第72页。

应"（评价路径的"分歧"）的路遥，却对"三极对话"能在何种意义上达成心怀忧虑："讲实话，不是一件容易的事，特别是对有了影响的作家。我担心这次搞三极对话，弄不好会成为相互唱和，结果反倒是好话连篇。希望这次能说到做到，面对作品，不讲情面，讲点实在的东西。"[1] 从成书后的情况看，路遥的忧虑不无道理，关于贾平凹和陈忠实的论文即较少"锋芒"。贾、陈二位也因种种原因，未能如编撰者所期望的那样，系统"回应"青年学者的观点。而作为三极对话的重要一极的评论家的文章，亦未能尽数起到与青年学者和作家"对话"的功能。就此而言，路遥对"三极对话"的认真回应使得该书即便未能全数完成原初设想，也有着极为重要的意义——在回应批评意见的同时，路遥对自身文学和世界观念的系统阐述，留下了关于其美学观念的重要文本。在读完李继凯文章之后，路遥表示："文章写得很认真，有不少话说到点子上了。当然，我也有我的想法，我一定要认真写一篇文章作答。"[2] 正因"三极对话"的构想和李继凯文章的触发，路遥下决心总体回应批评界关于其作品的批评意见。路遥对李继凯及其他评论家观点的总体回应，类同于 60 年代初柳青以《提出几个问题来讨论》系统回应严家炎关于《创业史》的批评意见。因为后者的观点，涉及若干需要深入辨析的重要问题。[3]《早晨从中午开始》因此虽围绕《平凡的世界》的创作和相关批评展开，但理论视域和问题意识，却远未局限于此。

二

　　"三极对话"的基本原则确定之后，李继凯于次年 4 月即完成一篇 4 万余字的长文，名为《沉入"平凡的世界"——路遥创作心理探析》。为撰写此文，李继凯"阅读了能够找到的路遥的全部作品"，还专门到作协就若干重要问题请教过路遥，甚至"在餐桌上都愿意坐在路遥身边，询问他吃酒席和当年饥饿至极的不同感受"[4]——此问题无疑涉及路遥创作心理的重要维度。历经数月，文章写作完成。该文视域宏阔、结构谨严、论证扎实，涉及路遥创作的多个核心问题，

1　转引自畅广元：《我所认识的路遥》，第 72-73 页。

2　转引自畅广元：《我所认识的路遥》，第 73 页。

3　参见柳青：《提出几个问题来讨论》，蒙万夫等编：《柳青写作生涯》，百花文艺出版社 1985 年版。

4　李继凯：《我与路遥的"遭遇"》，《文艺报》2013 年 12 月 16 日。

自然多所肯定，但亦不乏"锐见"。其对路遥创作"局限"的认识，以"道德化"及其问题性最为突出。在李继凯看来，"路遥在塑造他心目中的理想人物时，总是时刻没有忘记道德伦理的人生准则"[1]。而正因"心中有这种'道德自律'的准绳"，路遥在面临"复杂型人物时，尽管有种种犹豫，但最终往往还是要勉力给出明晰的道德判断"。此种"道德"，也带有"'固有'或'传统'的性质"[2]。如是对人物的道德判断，以《人生》中对高加林命运的处理最为典型。若照一般性的方式处理，则高加林"'于连式'的个人奋斗"，或有"追求自我实现和反拨不平压迫的积极意义"，何况其奋斗已为或将为社会作出"更大的贡献"，但受制于"对道德至上的伦理型文化的皈依"，路遥"绝不会给高加林安排一个顺利发展、飞黄腾达的人生结局"，因为依路遥之见，"高加林实在未曾通过'德顺爷'所象征的那道'道德关卡'"。[3]《人生》以高加林重返乡里并扑倒在德顺爷脚下痛苦地喊叫一声"我的亲人哪……"作结，近乎《平凡的世界》中王满银"浪子回头"的模式，即无论其在外如何"折腾"，最终均会"重新皈依"高家村"公认的那种完善的道德准则"[4]。李继凯所论，涉及彼此深度关联的两个重要问题。其一为《人生》对高加林命运的处理的"合理性"；其二为以"道德化倾向"（中国传统的伦理型文化）作为作品的终极视域的"适切性"。前者关涉如何总体理解 20 世纪 80 年代初个人与时代的关系问题；后者则涉及不同的文学和文化视域的内在价值分野。

以高加林命运处理的客观原因为切入点，路遥依次论及个人与时代、文学和现实、传统价值观念的当下意义等重要问题。他并不认同评论界（不局限于李继凯的批评）对其"回归土地"的倾向的批评意见，以为高加林最终的"回归"，自有其历史和现实的合理性。

从《人生》以来，某些评论对我的最主要的责难是所谓"回归土地"的问题。通常的论据就是我让（?）高加林最后又回到了土地上，并且让他手抓两把黄土，沉痛地呻吟着喊叫了一声"我的亲人哪……"由此，便得到结论，说我让一个叛逆者重新皈依了旧生活，说我有"恋土情结"，说我没有

1　李继凯：《沉入"平凡的世界"——路遥创作心理探析》，畅广元编：《神秘黑箱的窥视》，
　　陕西人民教育出版社 1993 年版，第 35 页。
2　李继凯：《沉入"平凡的世界"——路遥创作心理探析》，第 35 页。
3　李继凯：《沉入"平凡的世界"——路遥创作心理探析》，第 35—36 页。
4　李继凯：《沉入"平凡的世界"——路遥创作心理探析》，第 35—36 页。

割断旧观念的脐带，等等。

　　首先应该弄清楚，是谁让高加林们经历那么多折磨或自我折磨走了一个圆圈后不得不又回到了起点？

　　是生活的历史原因和现实原因，而不是路遥。作者只是力图真实地记录特定社会历史环境中发生了什么，根本就没打算（也不可能）按自己的想象去解决高加林们以后应该怎么办。这个问题同样应该由不断发展的生活来回答。[1]

路遥的辩驳无疑涉及观念的"新""旧"之争、"城""乡"之辩以及如何理解个人与时代的关系问题。在 20 世纪 80 年代至 90 年代，求"新"与"变"乃时代和文学观念的核心倾向。一旦被认为尚在陈旧的观念模式之中写作，作品必然有被归入另册之虞。[2] 对此种评价，路遥显然不能赞同。更何况促使高加林经历内外煎熬之后重返生活"起点"的并非路遥个人，而是"生活的历史和现实原因"。路遥也无意于强行"按自己的想象去解决高加林们以后应该怎么办"。他以为这样的问题，应该由"不断发展的生活来回答"[3]。路遥如是回应这一问题的潜台词显然相通于马克思的如下论断：哲学家们只是用不同的方式解释世界，问题在于改变世界。如不能将思想转化为行动的现实，则任何关于世界的可能的阐释不过空言而已。如果稍稍放宽视界，以《人生》写作完成前一年（1980）国内影响极大的关于人生意义的大讨论（"潘晓讨论"）为参照，可知路遥如是为《人生》结尾"辩护"的历史合理性。"潘晓讨论"起始于 1980 年 5 月，其极为深刻地关涉"个人"与"历史"的关系问题——在"潘晓"接受"思想"的基础教育阶段，个人的人生意义因与"集体意义、大历史意义联结"而有着较为稳固的表达，"能和集体意义、大历史意义正相关联结的人生意义才是正当的，真正的意义"[4]。

1　路遥：《早晨从中午开始》，《早晨从中午开始》，北京十月文艺出版社 2012 年版，第 59-60 页。

2　同属改革书写，且基本模式有着一定的共通性，《平凡的世界》和《浮躁》却有着不同的命运。参见杨晓帆：《路遥论》，作家出版社 2018 年版，第 204-212 页。

3　路遥：《早晨从中午开始》，第 59-60 页。

4　贺照田：《当社会主义遭遇危机……："潘晓讨论"与当代中国大陆虚无主义的历史与观念构造》，贺照田、余旸等著：《人文知识思想再出发》，台湾社会研究杂志 2018 年版，第 47 页。

作为高加林的"前辈"，50 年代的时代新人梁生宝的人生选择正因与宏大历史核心主题密切关联而有着超稳定的意义。以梁生宝为镜像，徐改霞"进城"的可能显然并不属于时代选择的主潮。其"进城难题"在 50 年代也并不难有合乎时代情理的结论。但时隔 30 余年后，高加林却已无可能认同留在农村的选择。在其身处的 80 年代，"农民作为一个阶级的道德和精神优势已经在急剧的社会变革中成为历史"，"整体中的个人和个人意义上的整体"已然"解体"，"小二黑一旦变成了高加林就再也无法回到他以前的背景中去"，文学也因此只能从"社会中退步出来，成为个人讲述故事的方式"。[1] 但崛起的"个人"仍无从超克外部世界的种种规约而自由伸张其欲望。高加林命运的起伏、成败均是高度历史性的。极具症候意味的是，高明楼和梁生宝差不多属同一代人，也可能分享过 50 年代时代的精神成果，但与梁生宝心系"集体"而罔顾"个人"利益形成鲜明对照的是，高明楼已无梁生宝时代基层干部公而忘私的优良品质。而"正是利益诉求的高度个人化集中才会导致社会冲突的爆发，进而触发公领域一系列问题的出现"。如《人生》中所呈现的"农村基层社会的权力变异，利益重组所带来的内部分化，劳动意识形态的崩溃"[2]，等等。置身"公""私"颠倒、"个人"与"集体"脱节的时代，身处底层的高加林几乎无法在乡村获得其所希望的成功。不仅如此，"到城里去"虽为足以让高加林宏图大展的重要路径，却并不自然敞开。问题的核心因此在于，唯有重申"关注社会最低需要"这一社会主义的重要原则，并切实解决阶层固化等社会现实问题，高加林们的人生问题方能得到更具历史意义的解决。[3] 他们迫切需要的并非关于其命运的基于浪漫情怀的虚幻处理，而是如何在社会实践意义上改变其境况产生的根源。[4]

关于《人生》结尾评价分歧的背后，乃是"人民文艺"与"人的文学"之间的价值分野。路遥的文学观念，奠基于《讲话》以降的"人民文艺"的思想和审美传统[5]，与 20 世纪 80 年代宗法"五四"启蒙意义上的"人的文学"的基本

1 杨庆祥：《妥协的结局和解放的难度——重读〈人生〉》，《南方文坛》2011 年第 2 期。

2 董丽敏：《知识/劳动、青年与性别政治——重读〈人生〉》，《南开学报（哲学社会科学版）》2014 年第 6 期。

3 参见甘阳：《社会主义、保守主义、自由主义：关于中国的软实力》，《文明·国家·大学》，生活·读书·新知三联书店 2018 年版。

4 参见杨辉：《"一代人"的"表述"之难——杨庆祥〈80 后，怎么办？〉读札》，《中国现代文学研究丛刊》2018 年第 3 期。

5 参见杨辉：《〈讲话〉传统、人民伦理与现实主义——论路遥的文学观》，《中国当代文学研究》2019 年第 1 期。

传统并不相同。而后者因"重写文学史"思潮的广泛流播几成其时文学观念和批评的"成规"。"用 80 年代建构起来的'艺术'、'诗意'和'美'的标准来重新评价'人民文艺',认为高度的'政治性'和'意识形态性'损坏了其可能达到的'艺术高度'。这一潮流背后蕴含着的则是'现代化叙事'对文学史图景的重构,以及这种重构中必然包含的对'前现代的'、'乡村的'和'非审美'的'人民文艺'的贬斥。"[1] 在"现代化的文学叙事"所敞开的朝向未来的世界构想中,"土地""农村"属"陈旧"与"落后"的象征,是正在展开的现代化建设所应克服的"问题"——"广大的落后农村是中国迈向未来的沉重负担"[2]。姑且不论"回归土地"并非表明高加林的人生道路只能终结于农村,仅就"农村问题"作为 80 年代具体的历史的问题而言,即可知并不能简单地以"进步"抑或"落后"判定"进城"与"返乡"两种人生道路的差别。更具历史症候意味的是,自 1942 年《讲话》以降,重新书写"农村"渐成潮流,赵树理、丁玲,包括柳青在 1942—1949 年间多部作品所敞开的农村,一改现代作家笔下作为旧中国的象征的农村浓重的颓败之势,而成为新的世界渐次展开的欣欣向荣之境。其间质性的变化无疑包含着复杂的历史意义和现实诉求,此后"十七年"文学之乡村叙述大致沿着这一路线持续展开。农村作为社会主义建设的重要部分包含着积极、复杂的历史能量。80 年代以降对"农村"的新的想象再度返归 20 世纪初农村书写的主潮之中,其间历史的反复及其意义,恰属路遥重评所要面对的重要问题。其症候集中体现于论者的如下质疑之中,"为什么努力表现工农兵群众的解放区—十七年文学,算不上'人的文学'?而只有那些把劳动人民写得非常愚昧落后、缺乏人性自觉的文学","才是凸现了知识分子的自我肯定和美学趣味"[3]。"精英"观念与"大众"视域的分野[4],乃是评判《人生》中高加林的"结局"无法绕开的重要问题。延续"人民文艺"的基本理路的路遥的写作,也自然与接续启蒙传统的"人的文学"的世界想象之间存在"矛盾",是为"城""乡"之

1 罗岗:《"人民文艺"的历史构成与现实境遇》,《文学评论》2018 年第 4 期。

2 路遥:《早晨从中午开始》,第 62 页。

3 解志熙:《一卷难忘唯此书——〈创业史〉第一部叙事的真善美问题》,《文艺争鸣》2018 年第 4 期。

4 此一问题在今天的延续,便是"中国文学越来越自我,越来越中产阶级化"。因此,"可以重新讨论现实主义的重要性以及各种可能性,对一个更加广阔的世界的关注,对更多的群体性的'人'的关注"。周展安、蔡翔:《探索中国当代文学中的"难题"与"意义"——蔡翔教授访谈录》,《长江文艺评论》2018 年第 2 期。

辩的症结所在。

高加林开放式的人生"结局"及其所敞开的现实难题同时涉及文学与文化观念的"古""今"之争——即如何看待德顺爷对高加林的选择所作的若干"道德训诫"的意义。时在 20 世纪 80 年代初,兴起于五四的文化的古今中西之争所形塑的今胜于古、西优于中的文化无意识再度成为时代的潮流。作为《人生》中"点题"的重要人物,在 80 年代的时代氛围中,德顺爷所依凭的儒家伦理道德观念似乎略有"不合时宜"之嫌。当此之际,以个人奋斗为基本方式的人生愿景依托宏大的现代化想象一路高歌猛进。其流风所及,"人们似乎有足够的理由认定:即使是加林式的个人主义",也远胜其父辈所持有的"封建的奴化主义"[1]。以"封建"和具有启蒙意义的世界想象对举来表明此种观念中所蕴含的"新""旧"之争,为五四以降处理"传统中国"与"现代中国"关系的惯常模式。"新"被视为"'善'的象征",与作为"万恶之源"的"旧"判然有别。"新"与"旧"的对立,"不尽然是时序先后的不同,更重要的是具有意识形态意义的善恶之别,是非之别,与高下之别"[2]。在此一思想范式中,德顺爷所依凭的价值观念自然不具有现代意义上的先进性,其适用性似乎也大可怀疑。也因此,"人们在读《人生》与《平凡的世界》的结尾部分时,多有一种不满足或怀疑的感觉,因为加林与少平的道德化的'回归',似乎并未将人们引到一片新道德的天地之中去"[3]。

对上述问题更具历史感的解释,仍需返归 20 世纪 80 年代的文学和思想现场。自历史的整体状况看,80 年代的思想格局并不单一。"文化热"所开显之三种思想路径及方法也表明重述古今中西关系的多种可能。几乎在李继凯写作此文的同时,陈忠实完成了其重要作品《白鹿原》初稿的写作。不同于此前以《蓝袍先生》等为代表的关于"封建伦理道德""落后"与"陈旧"(甚或"吃人")的惯常叙述,《白鹿原》在朱先生和白嘉轩身上寄予了对儒家伦理之经世功能及其衰微的哀婉与叹惜。依此逻辑展开的文学世界,儒家伦理道德在观念的易代之际虽面临多重挑战,但作为其在实践层面的代表人物,白嘉轩傲然立于白鹿原之上,一任外部世界风云舒卷、王旗变幻,坚信白鹿原子弟无论如何叛逆如何意图逃离,最终仍需跪倒在具有复杂文化象征的祠堂之中。"白鹿原"作为重要意象

---

1 李继凯:《沉入"平凡的世界"——路遥创作心理探析》,第 38 页。

2 王汎森:《启蒙、理性与现代性:近代中国启蒙运动,1895—1925·序》,丘为君:《启蒙、理性与现代性:近代中国启蒙运动,1895—1925》,台大出版中心 2018 年版。

3 李继凯:《沉入"平凡的世界"——路遥创作心理探析》,第 38 页。

因之并非单纯的地域的指称，而是有着文化、族群、民族精神象征的多重意义——或也表征着古典传统之精义在新的时代语境中复兴复壮的可能。并非偶然，虽未如白嘉轩一般有精神世界更为复杂的展开，构成德顺爷精神基础的，同样是儒家思想及其在现实化过程中所形成之伦理道德规范。[1] 此种规范及其在传统社会所呈现出的"差序格局"，确与启蒙思想所持守之个人信念存在差别。但在 80 年代初具体的历史氛围之中，如高加林般的年轻人，他们的"思想、欲望、行为、心理、感情、追求、激情、欢乐、沉沦、痛苦、局限、缺陷"，他们所身处的自我和社会矛盾，均无法"超越历史、社会现实和个人的种种局限"。[2] 以是否对"特定历史进程中的人类活动做了准确而深刻的描绘"作为文学价值有无之标准的路遥，并不赞同无视现实的自然规律，仅从"概念"和"理论"出发的写作路向，以为据此写作，属胶柱鼓瑟，不过塑造出一些新的"高大全"——"穿了一身牛仔服的'高大全'或披了一身道袍的'高大全'，要不就是永远画不好圆圈的'高大全'"[3]。而在历史的具体氛围中理解人物所面临之现实困境及其解决方式，则德顺爷所持有之"道德判断"，无疑属于在人生观念转型之际高加林所能依凭之重要思想资源。这便可以理解何以德顺爷形象的出现让几乎陷入写作的"绝境"的路遥"绝处逢生"——他不知应该如何安排高加林的结局："与高加林一样，路遥在创作的十字路口上徘徊，不知该何去何从。他说他在自己的生活积累之中苦苦地搜寻着，追索着，直到德顺爷爷的形象瞬息间在他的头脑中浮现出来"[4]——被迫返乡的高加林也因此有了精神可能的依托。这依托既寄托着路遥深厚的"作家的情感"[5]，也表明即便在唯新是举、不遑他顾的 80 年代，古典思想及其所形塑之人格，仍有未可简单估量的重要价值。高加林返归乡里从乡村固有的伦理道德观念中获致精神依托的处理，便不能简单地被视为"陈旧"

---

1 如费孝通所论，道德观念"包括着行为规范、行为者的信念和社会的制裁"。就社会观点而言，"道德是社会对个人行为的制裁力，使他们合于规定下的形式行事，用以维持该社会的生存和绵续"。费孝通：《乡土中国》，江苏文艺出版社 2007 年版，第 33-34 页。

2 路遥：《早晨从中午开始》，第 62-63 页。

3 路遥：《早晨从中午开始》，第 62 页。

4 汪炎：《漫忆路遥》，榆林路遥文学联谊会编：《不平凡的人生》，内部资料，第 17-18 页。

5 路遥所论之"情感"所指较为丰富，但对人物、土地等的个人情感应属其中的重要部分。如其所论，"我对农民，像刘巧珍、德顺爷爷这样的人有一种深切的感情，我把他们当做我的父辈和兄弟姊妹一样，我是怀着这样一种感情来写这两个人物的……"参见王愚：《"文章憎命达"——忆路遥二三事》，晓雷、李星编选：《星的陨落——关于路遥的回忆》，第 75-76 页。

的观念而作"褊狭"的阐释。而由"当代中国"到"历史中国"的书写,属路遥彼时正在酝酿的"中年变法"的重要路径。在柳青的启发之下,路遥开始将写作重心从"当代纪事"转向对民族历史命运的关切。[1] 这种努力,与陈忠实、贾平凹同期展开的"中年变法"大致相通。而接续中国古典思想和审美传统以开出当代写作的新面向,如今也已成为文学观念转换路径之一种。这充分说明路遥文学观念的前瞻性和包容度,及其虽扎根80年代的社会现实,却涵容历史并指向未来的重要意义。

三

通过回应自《人生》到《平凡的世界》批评界对其作品涉及重要问题的若干批评意见,从而系统阐述其不同时流(即其所谓的"反潮流")的思想和美学观念,为路遥写作《早晨从中午开始》更为阔大的用心。照路遥最初的构想,该作将涉及以下四个论题:"一、关于创作中作家的情感;二、作家的态度与人物的性格;三、评论家的视野与作家的艺术感受;四、关于黄土地。"[2] 从对20世纪80年代以降种种文学思潮和创作现象的整体反思到个人写作之追求——包括思想追求和艺术追求——的自我说明,再到对作家与土地、文学与时代关系等问题的思考,路遥力图深入地阐述其思想和文学观念。

以阐发现实主义及其所依托之思想和审美传统的意义为中心,路遥此举无疑有着极为明确的现实针对性。具体原因有二:一为1986年春《平凡的世界》(第一部)被《当代》杂志退稿;一为1986年冬《平凡的世界》(第一部)北京研讨会上所遭遇的批评意见。对于前者之深层原因,《当代》编辑周昌义后来有较为详尽的说明,其对彼时阅读感受的回顾,亦具有80年代中期文学观念(潮流)的症候意义:

> 拿着路遥的手稿回到招待所,趴在床上,兴致勃勃地拜读。读着读着,兴致没了。没错,就是《平凡的世界》,第一部,30多万字。还没来得及感

---

1 参见王天乐《苦难是他永恒的伴侣》及晓雷《故人长绝——路遥离去的时刻》,两文均见于李建军编:《路遥十五年祭》,新世界出版社2007年版。

2 转引自畅广元:《我所认识的路遥》,第73页。

动，就读不下去了。不奇怪，我感觉就是慢，就是啰嗦，那故事一点悬念也没有，一点意外也没有，全都在自己的意料之中，实在很难往下看。[1]

时隔多年之后，已有更为宽广的文学视域（与 1986 年一般，其文学观念仍然是高度历史性的，属时代"潮流"之自然反映）的周昌义意识到其彼时有此阅读感受的原因，在于无意识地被 80 年代中期潮流化的文学观念挟裹而去。"那是1986 年春天，伤痕文学过去了，正流行反思文学、寻根文学，正流行现代主义"，读小说——

> 不仅要读情感，还要读新思想、新观念、新形式、新手法。那些所谓意识流的中篇，连标点符号都懒得打，存心不给人喘气的时间。可我们那时候读着就很来劲，那就是那个时代的阅读节奏，排山倒海，铺天盖地。喘口气都觉得浪费时间。[2]

从周昌义回忆的要点看，他当年退稿《平凡的世界》，皆因该作"过时的"现实主义手法："80 年代中期，是现代主义横行、现实主义自卑的年代。陕西恰好是现实主义最重要的阵地，也该承担起现实主义自卑的重担。"[3] 自中篇处女作《惊心动魄的一幕》始，路遥的写作便与向以现实主义文学重镇著称的《当代》渊源颇深。正因 20 世纪 80 年代初《当代》主编秦兆阳的欣赏，屡遭退稿的《惊心动魄的一幕》得以刊发并获首届全国优秀中篇小说奖，在很大程度上可谓改变了路遥的命运。曾以《现实主义——广阔的道路》一文名世的秦兆阳对《惊心动魄的一幕》的意义的独特理解，无疑也给尚在写作探索期的路遥以极大的鼓舞，进一步坚定了路遥接续具有内在的质的规定性的现实主义传统的决心。因是之故，此番《当代》退稿，对路遥的打击必然远较一部作品的退稿更甚。所幸有《花城》杂志谢望新和中国文联出版公司李金玉对《平凡的世界》（第一部）的肯定，路遥虽略感沮丧，似乎也不必在退稿一事上心存压力，集中精力完成作品后两部即可。

但对数年潜心为《平凡的世界》做写作的准备，无暇顾及文坛风潮的路遥而

---

1 周昌义：《记得当年毁路遥》，《文艺理论与批评》2007 年第 6 期。

2 周昌义：《记得当年毁路遥》。

3 周昌义：《记得当年毁路遥》。

言，文学潮流无远弗届的影响力此时不过初现端倪。在是年冬《花城》与《小说评论》杂志联合召开的《平凡的世界》（第一部）北京研讨会上，路遥面临着更为沉重的精神压力。此次会议集中了当时重要的文学评论家如朱寨、何西来、何镇邦、雷达、蔡葵、曾镇南、李炳银、白烨、王富仁等，阵容可谓强大。研讨会纪要以《一部具有内在魅力的现实主义力作》为题刊发于《小说评论》1987年第2期。该纪要以如下段落总括此次研讨会的核心观点：

> 评论家们给予小说以这样的总体评价，认为《平凡的世界》是一部具有内在魅力和激情的现实主义力作。它以一九七五年至一九七八年中国广阔的社会生活为背景，描写了中国农民的生活和命运，是一幅当代农村生活全景性的图画，是对十年浩劫历史生活的总体反思。在事件和人物之间，作家更着力表现新旧交替时期农民特有的文化心态，试图探寻中国当代农民的历史和未来。[1]

如今看来，上述具有总括意义的整体评价不可谓不准确，但在1986年末以"现实主义""肯定"一部新作，却包含着耐人深思的复杂意味。需要注意的是，该文在以绝大多数观点肯定该作多方面的价值之后，亦述及其不足："有的同志指出，作品开头有些徐缓，其中有些章节读来有些沉闷、板滞。"[2] 是说无疑类同于周昌义的阅读感受，足见二者分享的乃是同一种文学观念。虽无资料表明此说出自何人之口，但从会议的部分参与者及相关人员事后的"补叙"看，此次会议应当有远较纪要丰富复杂的内容。如与路遥交往甚厚的白描的回忆，展现的即此次会议的另一种面向。

> 1986年冬季，我陪路遥赶到北京，参加《平凡的世界》（第一部）的研讨会。研讨会上，绝大多数评论人士都对作品表示了失望，认为这是一部失败的长篇小说。[3]

---

1 一评：《一部具有内在魅力的现实主义力作——路遥长篇小说〈平凡的世界〉（第一部）讨论会纪要》，《小说评论》1987年第2期。

2 一评：《一部具有内在魅力的现实主义力作——路遥长篇小说〈平凡的世界〉（第一部）讨论会纪要》。

3 转引自王刚：《路遥年谱》，北京时代华文书局2016年版，第210页。

"绝大多数""失望""失败"这样的表述与会议纪要形成了鲜明的对照。而据周昌义回忆，那一次研讨会自己虽无缘参加，但从参与会议的编辑部同仁反馈的信息看，至少"大家私下的评价不怎么高"[1]。或因这样的原因，《花城》刊出该作第一部之后再无后续。第二部并未在文学期刊发表，第三部则在较之《花城》更为"偏远"的《黄河》刊出。由此可见此次会议之于《平凡的世界》的"负面"影响。与此相应，对该作期望甚高且尚未完成后两部的路遥也承受了巨大的心理压力。"回到西安后，路遥忽然要领我去一趟长安县的柳青墓"，"他在柳青墓前转了很长时间"，最后"猛地跪倒在碑前，放声大哭"。[2]

　　彼时路遥复杂的心理状况如今已难以尽知，但不难想见，此后虽有蔡葵、曾镇南、白烨、李星等评论家对《平凡的世界》和路遥的现实主义创作道路不同程度的肯定，却仍不能消弭其时总体的文学形势之于路遥的"压力"。"重写文学史"思潮的兴起及其对柳青文学遗产的"重评"，也表明文学史观念范式的转换及其确立的新格局并不利于《平凡的世界》意义的敞开。[3] 路遥需要以强大的力量申明其价值坚守的重要意义。《早晨从中午开始》论及文学形势和他对现实主义传统赓续的原因计有两次。第一次可谓"总论"，集中在第 6 至 9 节。第二次恰在第一部完成之后（即北京研讨会后），属进一步的详细申论，在 31 至 33 节。两处所论之侧重虽略有不同，但均在回应关于该作写作手法的批评意见，关涉其时的文学形势和文学评价的"成规"。"按当时的文学形势，这部书的发表和出版是很成问题的。"首要面临的问题"当然是因为这部书基本用所谓'传统'的手法表现，和当时的文学潮流背逆；一般的刊物和出版社都对新潮作品趋之若鹜，不会对这类作品感兴趣"[4]。如果说在为《平凡的世界》做写作的准备期，路遥无暇顾及文坛新潮，周昌义的退稿和北京研讨会上的批评声音，无疑迫使其对此一问题做充分、深入的思考。在突击阅读[5]其时流行的新潮作品之后，路遥以为，此类作品大多尚处于"直接借鉴甚至刻意模仿西方现代派作品的水平"，并不成熟，虽不乏文学形式变革的意义，但显然被文艺理论界"过分夸大"。现代派在其时具有排他性的巨大影响，暴露出的恰是批评界文学观念的褊狭。

1　周昌义：《记得当年毁路遥》。

2　王天乐：《〈平凡的世界〉诞生记》，榆林路遥文学联谊会编：《不平凡的人生》，第 122 页。

3　参见杨庆祥：《审美原则、叙事体式和文学史的"权力"——再谈"重写文学史"》，《文艺研究》2008 年第 4 期。

4　路遥：《早晨从中午开始》，第 57 页。

5　王天乐：《〈平凡的世界〉诞生记》，第 121 页。

问题在于文艺理论界批评界过分夸大了当时中国此类作品的实际成绩，进而走向极端，开始贬低甚至排斥其他文学表现样式……从读者已渐渐开始淡漠甚至远离这些高深理论和玄奥作品的态度，就应该引起我们郑重思考。[1]

　　路遥对现实主义以及现代派的理解，显然并不局限于写作手法，而是充分考虑到其所关涉的文学与社会、意识形态和现实等更为复杂的问题。"任何一种新文学流派和样式的产生，根本不可能脱离特定的人文历史和社会环境。"[2] 自20世纪70年代初开始，在宏阔的社会历史和现实背景中思考题材的意义，乃是路遥写作的重要特征。[3] 他对文学与意识形态关系的透彻理解，近乎詹姆逊将政治作为文学评价的基本视域的观念。扎根于个人生命实感经验的价值关切，也自然与对"下层阶级"作为"'人'的生存的深切关注与'改变世界'（马克思语）的叙事努力"[4] 这一社会主义文学的"遗产"密切相关。以柳青传统为中介，在社会现实的宏阔视域中思考文学手法及其意义，也是路遥文学观的基本特征。"现实主义在文学中的表现，绝不仅仅是一个创作方法问题，而主要应该是一种精神。"[5] 此种"精神"也并非单纯的主体的价值和审美偏好所能简单概括，而是统合了作家关于传统、时代和现实诸种复杂因素的深刻洞见。形式亦是一种意识形态，不可脱离特定的社会思想视域架空理解。"也许现实主义可能有一天会'过时'，但在现有的历史范畴和以后相当长的时代里，现实主义仍然会有蓬勃的生命力。"[6] 无须指明路遥文学观念中更为宏阔的思想考量的意识形态意味[7]，仅就对现实主义与"历史范畴"连续性的关系的看重而言，便可知他对文学手法背后所关涉的复杂的思想问题所知甚深。如论者所言，"把现实主义问题提到最重

1　路遥：《早晨从中午开始》，第13页。
2　路遥：《早晨从中午开始》，第13页。
3　参见杨辉：《路遥文学的"常"与"变"——从"〈山花〉时期"而来》，《中国现代文学研究丛刊》2018年第2期。
4　张均：《重估社会主义文学"遗产"》，《文学评论》2016年第5期。
5　路遥：《早晨从中午开始》，第15页。
6　路遥：《早晨从中午开始》，第14页。
7　与路遥交往甚厚的海波认为："站在政治家的高度选择主题，首先取得高层认可，然后向民间'倒灌'"为路遥创作的重要特征。海波：《我所认识的路遥》，《十月·长篇小说》2012年第4期。

要的地位，是出于唯物主义认识论的要求"[1]。因为现实主义作家给艺术提出的任务，"是在现实本身中，在各种现实力量以及社会生活的各种倾向的斗争和冲突中给进步的理想找到依托"[2]。进而言之，"马克思主义作为社会革命学说的"性质，"决定了现实主义问题对于马克思主义文艺批评理论具有特殊的意义"。[3] 具体表现为强调文学作为社会实践之重要一种的经世功能和实践意义，其背后有更为宏阔的思想考量和复杂的世界关切。以此观念为基础的写作，一开始即与以单纯的自我情感表达为目的的写作存在着根本的分歧。此种分歧，与60年代中期苏契科夫对现实主义和现代主义在文学观念上的分野的辨析颇多相似。"围绕现实主义而进行的争论极其鲜明地揭示出争论双方立场和审美观的分歧，揭示出在理解艺术的社会使命以及现实主义和现代主义关系方面的差异。"[4] "现代资产阶级美学、资产阶级艺术的特点在于装模作样地强调艺术家和艺术作品对充满剧烈冲突和矛盾的社会生活的虚假的独立性。使艺术脱离时代的极端重要的问题，这一意向也贯穿在资产阶级作家的美学纲领和创作实践之中。"[5] 文学叙事，则以其对已然和应然事物总体处理的优势，而有与宏大的社会构想内里相通的意义：

> 人类的精神进步的真正涵义在于人制订出关于宇宙、社会和自身的符合真理的观念，在于人的理智创造出无论就整体和局部而言都是真正现实界的真实图景。这种深入理解现实界的客观内容的运动是人的创造活动的一切形式——研究自然现象各种规律的自然科学，依靠科学共产主义武装了人类的社会思想，历史发展规律的知识，以及在同等程度上的艺术——所特有的。[6]

此亦为卢卡契强调总体性与现实主义关系的要义所在，亦是作为社会实践之一种的文学的价值的根本体现。置身20世纪90年代初的思想和文化语境中，路遥虽已难于使用与苏契科夫相同的话语表达其对现实主义和现代派分歧的看法，

1　乔·米·弗里德连杰尔：《马克思恩格斯和文学问题》，郭值京等译，上海译文出版社1984年版，第193页。

2　乔·米·弗里德连杰尔：《马克思恩格斯和文学问题》，第196页。

3　乔·米·弗里德连杰尔：《马克思恩格斯和文学问题》，第193页。

4　B.苏契科夫：《关于现实主义的争论》，罗杰·加洛蒂：《论无边的现实主义》，吴岳添译，上海文艺出版社1986年版，第234页。

5　B.苏契科夫：《关于现实主义的争论》，第234-235页。

6　B.苏契科夫：《关于现实主义的争论》，第238页。

但他们显然分享着大致相同的逻辑。现实主义与"读者大众",现代派与"少数人"[1]的对举大致可与"底层"（大众）与"精英"（知识分子）对照理解,其背后关联的乃是"人民文艺"和"人的文学"之间的分歧,其要点"在于是否以及如何将原本不在视野中的'绝大多数民众'纳入相应的'政治规划'与'文学想象'"[2]之中。"人民文艺"的兴起及其意义,奠基于《在延安文艺座谈会上的讲话》所阐发的文学观念。其意义并非仅局限于文艺问题,而是与更为宏阔的世界构想密切相关。对此问题深入、透彻的理解,构成了路遥文学观念的核心。"我们必须遵照《讲话》的精神,深入到人民群众的实际生活和斗争中去,深入到他们的心灵中去,永远和人民群众的心一起搏动,永远做普通劳动者中间的一员,书写他们可歌可泣可敬的历史——这是我们艺术生命的根。"[3] 路遥对现实主义传统及其所依托的思想和审美观念的坚守,也需要在同样的意义上得到理解。

意图在总体性意义上书写人民群众的实际生活和斗争,必然与现实主义精神及其所依托的思想和审美传统密不可分。如卢卡契所论,不同于现代派文学对个人性的、碎片化甚或私密生活的书写兴趣,"每个真正的现实主义作家的文学实践,都表明了客观的社会总联系的重要性和为掌握这种联系所必须的'全面性要求'"[4]。出于深刻反映客观现实,进而"使群众自己的生活实践朝着进步方向继续发展"[5] 的目的,现实主义作家及其笔下所敞开的文学世界必然深度关联着根源于总体性思想的现实关怀。如柳青"并不满足于对周围生活的稔熟而透彻的了解",而把"自己的眼光投向更广阔的世界和整个人类的发展历史中去"[6],《平凡的世界》宏阔视域的构想无疑是微观与宏观、局部与整体、地方与全局、个人与世界的多元融通,且可表征时代精神和社会生活的总体面貌的完整图景。在总体性的宏阔视域中,路遥力图以"某种程度上的编年史的方式"结构《平凡的世界》。以三部、六卷、一百万字的超长篇幅,"全景式反映中国近十年间城乡社会生活的巨大历史变迁"[7]。他不仅要用"历史和艺术的眼光观察在这种社会大背景（或者说条件）下人们的生存与生活状态",还要"站在历史的高度上,

---

1　路遥:《早晨从中午开始》,第15-16页。

2　罗岗:《"人民文艺"的历史构成与现实境遇》,《文学评论》2018年第4期。

3　路遥:《严肃地继承这份宝贵的遗产》,《早晨从中午开始》,第140页。

4　卢卡契:《现实主义辩（1938年）》,中国社会科学出版社1981年版,第6页。

5　卢卡契:《现实主义辩（1938年）》,第32页。

6　路遥:《柳青的遗产》,《早晨从中午开始》,第137页。

7　路遥:《早晨从中午开始》,第11页。

真正体现巴尔扎克所说的'书记官'的职能"，且不回避对生活作出"哲学判断"。[1] 也因此，《平凡的世界》成为 20 世纪 80 年代变革时期中国社会复杂面貌整体呈现的典范之作，包含着其时总体性视域世界构想的重要可能。其对 80 年代的时代"新人"的历史性描绘，上承《创业史》所开启的思想和审美传统，下开 90 年代后当代文学"新人"书写的基本面向。如是种种，决定了《平凡的世界》所属之思想和审美谱系的现实主义特征。

就历史的整体状况看，20 世纪 80 年代文学所能依托之"传统"，维度可谓多端。既可上承五四新文学传统，亦可赓续中国古典文脉，甚至师法西方现代主义、后现代主义文学，亦属路径之一。然而不容回避的问题仍然是，具有内在的质的规定性的社会主义文学仍在继续，而如何看待 1942—1976 年间以《讲话》"为依据的主流文学"，成为考校 80 年代文学观念视域的重要维度，至今尚未有更为妥帖的解决方案。当代文学史写作之所以难有大的突破，此为症结之一。[2] 路遥在此语境中对社会主义文学若干重要原则的坚守也因此有着承前启后的重要意义。经由对个人生命实感经验与时代潮流的"常"与"变"的深切反思，路遥并不赞同随波逐流的文学观念，而是基于历史连续性的世界观察，始终扎根于《讲话》以降的思想传统之中。因此，秦兆阳认为《惊心动魄的一幕》"很独特"，彼时文坛尚未有任何一篇作品像这样去反映这一段生活，其中对斗争的描写虽稍显"残酷"，但"基调给人的感觉还是高昂的"[3]。尤需注意的是，在此后为该作所写的评论文章中，秦兆阳充分肯定路遥基于历史连续性的世界观察。秦兆阳的肯定无疑强化了路遥对其所持有的"深沉的历史观"[4] 及现实主义创作方法的自信。如其所论，"历史是客观的，现实的，不应嘲弄，不应浅薄，要深沉，要报以严肃的态度"[5]，而从长远的历史视域看去，则在"赶形势，赶时髦"的意义上写作的作品，难脱短时期观念的局限。"我们和缺乏现代主义一样缺乏（真正的）现实主义。我是在这种文学背景下努力的，因此仍然带有摸索前行的性质。"[6]《惊心动魄的一幕》在 80 年代初所具有的"反潮流"性质，恰与 80 年

---

1   路遥：《早晨从中午开始》，第 20 页。
2   参见张均：《当代文学应暂缓写史》，《当代文坛》2019 年第 1 期。
3   朱盛昌：《秦兆阳在〈当代〉（日记摘录）》，《新文学史料》2015 年第 3 期。
4   参见路遥：《漫谈小说创作——在〈延河〉编辑部青年作者座谈会上的发言》，《早晨从中午开始》，第 109 页。
5   参见路遥：《漫谈小说创作——在〈延河〉编辑部青年作者座谈会上的发言》，第 109 页。
6   路遥：《致蔡葵》，《早晨从中午开始》，第 601 页。

代中后期《平凡的世界》际遇相同。在现实主义"衰微"、现代主义"崛起"的潮流化趋势之中，路遥坚守现实主义传统，除上述对历史连续性和文学的实践价值充分认识的原因之外，亦有对其时现实主义文学尚有巨大发展空间的洞见密不可分。现实主义"根本没有成熟到可以不再需要的地步"[1]。80年代中后期迄今30余年间现实主义文学在中国的长足发展，也充分说明路遥现实主义文学观的历史价值和现实意义。

以路遥更具历史感的眼光观之，则20世纪80年代批评界一度以"现代派"排斥和压抑"现实主义"，乃是"一种批评的荒唐"。就根本而言，"问题并不在于用什么方法创作，而在于作家如何克服思想和艺术的平庸"[2]。马尔克斯既有以魔幻现实主义手法结构之《百年孤独》，亦有以经典现实主义手法写作之《霍乱时期的爱情》，从长远的文学史眼光看，二者在经典的意义上并无高下之分。何况作为新的文学现象的现代派文学的兴起虽有文学观念和技巧革新意义上的历史合理性，现实主义所依托的思想和审美资源也并非一成不变。问题的要点在于："只有在我们民族伟大历史文化的土壤上产生出真正具有我们自己特性的新文学成果，并让全世界感到耳目一新的时候，我们的现代表现形式的作品也许才会趋向成熟。"[3] 如拉美作家，虽受欧美作家的影响，却并未亦步亦趋跟踪而行，而是"反过来重新立足于本土的历史文化"，并在此基础上产生了"真正属于自己民族的创造性文学成果，从而才又赢得了欧美文学的尊敬"[4]。也因此——

> 如果一味地模仿别人，崇尚别人，轻视甚至藐视自己民族伟大深厚的历史文化，这种生吞活剥的"引进"注定没有前途。我们需要借鉴一切优秀的域外文学以更好地发展我们民族的新文学，但不必把"洋东西"变成吓唬我们自己的武器。事实上，我们已经看到，当代西方许多新的文化思潮，都不同程度地受到中国传统文化的启发和影响，甚至已经渗透到他们社会生活的许多方面，而我们何以要数典忘祖轻薄自己呢？[5]

几乎在路遥作如上反思的同时，陈忠实、贾平凹正在酝酿其写作的"中年变

1　路遥：《早晨从中午开始》，第15页。
2　路遥：《早晨从中午开始》，第16页。
3　路遥：《早晨从中午开始》，第14页。
4　路遥：《早晨从中午开始》，第14页。
5　路遥：《早晨从中午开始》，第14页。

法"。距《早晨从中午开始》写作完成仅年余，作为"陕军东征"代表作品的《白鹿原》和《废都》相继出版。这两部作品分别表达了对中国古典传统思想和审美现代意义的肯定。《白鹿原》对以儒家思想为核心的乡村伦理道德衰微的叹惋，被认为与20世纪80年代思想界的"再传统化"思潮密切相关。[1]《废都》则被认为是赓续明清世情小说传统的典范之作。二者与中国古典思想和审美传统的关系，以及在古典传统延长线上的诸多作品在此后20余年间的不断涌现，也充分说明路遥对现实主义资源向中国古典传统拓展的认识的重要价值。而融通1942年《讲话》以降的社会主义文学传统、中国古典传统以及"五四"新文学传统，不仅是文学观念易代之际的可能性选择之一，亦可令妥帖地评价路遥文学观念的文学史价值和现实意义成为可能。

历史地看，《平凡的世界》与20世纪80年代阶段性的文学潮流的"背反"之处，恰正说明路遥所持的，乃是一种更具历史包容性和概括力的文学观念。属1942年由《讲话》精神开启，中经柳青《创业史》进一步推动的社会主义文学传统在80年代的自然延续。也因此，除反复申论现实主义的时代价值外，《早晨从中午开始》亦强调"深入生活"的意义，以及读者大众作为文艺评判的"主体"的重要价值。"考察一种文学现象是否'过时'，目光应该投向读者大众。""读者仍然接受和欢迎的东西，就说明它有理由继续存在。"[2] 自80年代末迄今，《平凡的世界》作为"常销书"所产生的持续而广泛的影响力无需多论。作为茅盾文学奖皇冠上的明珠，《平凡的世界》激励一代又一代身处底层的年轻人以不懈的奋斗投身时代前进的洪流，进而改变自己的命运。这恰属路遥所论之"深入生活"的要义所在。"深入生活"并非仅属写作材料获取的简单方式，而是内含着独特的全面性地感知和体验世界，从而与"无数胼手胝足创造伟大生活、伟大历史的劳动人民"保持心灵相通的意义——此与现代派的"向内转"恰成鲜明对照。路遥所说的"读者大众"，也并非一种中性的普泛指称，而是可与"人民"这一概念相通——如其所言："我们的责任不是为自己或少数人写作，而是应该全心全意全力满足广大人民大众的精神需要。"[3] 如是种种，均表明路遥文学观念与《讲话》以降的社会主义文学传统的内在承传关系。《早晨从中午开始》所阐发的文学和世界观念的历史和现实意义，需要在这一思想的连续中得到恰切的

1　参见李杨：《〈白鹿原〉故事——从小说到电影》，《文学评论》2013年第2期。

2　路遥：《早晨从中午开始》，第15页。

3　路遥：《在茅盾文学奖颁奖仪式上的致词》，《早晨从中午开始》，第91页。

理解。

　　柳青以为文学的经典化应以"六十年"为一个单元。在同时代人的评价和历史的检验——即路遥所说的"当代眼光的评估"和"历史眼光的审视"——之间，柳青显然偏重后者。如今距离《平凡的世界》在1986年末所面临的评价的困难不过30余年，作为总体性书写1975—1985年转型期中国社会变革的重要作品，《平凡的世界》的意义已然得到更具历史感的价值评定。路遥写作所依凭的柳青传统，在评论界已不复"重写文学史"发轫之始的有限度的肯定态度。凡此种种无不说明，文学观念虽有与时推移起伏无定的表象，亦有一以贯之的内在的质的连续性。在百年中国历史巨变的合题阶段，以更具包容性和概括力的文学史观重评以柳青、路遥为代表的社会主义文学传统，并敞开立足现实、融通过去并朝向未来的思想和审美视域的意义，亦将随时间的推移而愈发凸显。

（《文学评论》2020年第2期）

翟业军 南京大学文学博士,浙江大学人文学院副教授,兼任浙江省中国当代文学研究会秘书长,曾任韩国崇实大学客座教授、韩国外国语大学访问学者。在《文学评论》《文艺研究》等杂志发表论文一百多篇。出版专著《春韭集》《金风集》《洞穴与后窗》。

退后，远一点，再远一点！

——从沈从文的"天眼"到侯孝贤的长镜头

一　缘起

一说到侯孝贤，我们就会想起台湾"新电影"，想起他的《风柜来的人》（1983 年）、《童年往事》（1985 年）、《恋恋风尘》（1986 年）、"悲情三部曲"（1989 年的《悲情城市》、1993 年的《戏梦人生》、1995 年的《好男好女》）和《海上花》（1998 年），却很少意识到，早在 1973 年，他就已"混迹"于片场，担任李行《心有千千结》的场记，其后十年光景，他与陈坤厚等人合作了一系列既叫好又叫座的商业电影，比如《就是溜溜的她》《风儿踢踏踩》和《在那河畔青草青》——"票房毒药"竟是曾经的"票房灵丹"，"不动明王"（a master of the stationary camera）[1] 也有过把镜头推来拉去的跃动的青年时代。那么，侯孝贤从商业电影导演近乎断裂地转身为"新电影"主将的动力源是什么，究竟是一种什么样的精神资源的长养，才使得侯孝贤成为侯孝贤的？

在许多访谈和讲座中，侯孝贤都说道，他在拍《风柜来的人》前陷入了混乱，不知道怎么拍，原因大致有二：一是，以前拍都市言情喜剧，用钟镇涛、凤

---

[1]　侯孝贤说："早年我常常遇到人问，有没有受到小津电影的影响，最显而易见的当然是指，小津不移动的固定镜头，因此还被人戏称为'不动明王'。"《重新再看小津安二郎》，《书城》2004 年第 1 期。

飞飞这样的明星演员，套路早已驾轻就熟，现在拍一群少年的没有故事的故事，如何下得去手；二是，当时一批导演从欧美学成归来，张嘴就是 master shot（主镜头）之类唬人的术语，让"土法炼钢"的侯孝贤如坠云雾，稀里糊涂。就在他不知所措的当口，朱天文建议他去看沈从文的《从文自传》。他看完，简直是拨云见日的欢喜。他说："沈从文的自传提供我一个 view 看人间的事情，一个作者对自己身边的事能够这么客观，这是不容易的。不太有什么激动、情绪在里面，就像上帝在看这个世界一样，这样反而更有能量。"[1] 他还说，看了《从文自传》，"感觉非常好看"，特别是沈从文那种独特的 view："他写自己的乡镇，自己的家，那种悲伤，完全是阳光底下的感觉，没有波动，好像是俯视的眼睛在看着这个世界……" 正是因为对沈从文的 view 深有会心，拍《风柜来的人》时他才会反复对摄影师说，"退后，镜头往后，远一点再远一点"[2]，并由此发展出他的专属的美学标签——长镜头。侯孝贤指认过《风柜来的人》之于自己的"开端"意义："我说《风柜来的人》就是我整个创作的开头，终于回到了我自己的位置，一路下来，到现在都没有变。"[3] 如果说，只有当《风柜来的人》问世，作为电影作者的侯孝贤才诞生，而且，他还要沿着这条路径一直走下去的话，詹姆斯·乌登那个近乎武断的评论就是非常可靠的了："沈从文几乎就像是侯的导航员，自此以后侯从来没有完全丢失沈式世界观。"[4] 如此一来，我们当然应该追问，沈从文的上帝看世界似的 view 究竟是什么，它又是如何开启出侯孝贤的长镜头的？或者说，侯孝贤的长镜头，即是沈从文的 view 的绵延、放大，当我们弄清楚长镜头的美学奥秘时，也就把沈从文那个因为过度克制而含藏着，读者又因为审美惯性所障、因而一直视而不见的 view，看得格外分明了。

《风柜来的人》不只是侯孝贤的"开端"，还是一些大陆导演的发蒙之作，比如贾樟柯。贾樟柯回忆，初读北京电影学院，他一片茫然，直至看到《风柜来的人》，方才明白，"原来在中国人的世界里，只有侯孝贤才能这样准确地拍

1 白睿文编访：《煮海时光：侯孝贤的光影记忆》，朱天文校订，广西师范大学出版社 2015 年版，第 467 页。
2 侯孝贤：《我的电影之路》，侯孝贤著，卓伯棠编：《恋恋风尘：侯孝贤谈电影》，新星出版社 2018 年版，第 18 页。
3 侯孝贤：《我的电影美学信念》，《恋恋风尘：侯孝贤谈电影》，第 108 页。
4 詹姆斯·乌登：《无人是孤岛：侯孝贤的电影世界》，黄文杰译，复旦大学出版社 2015 年版，第 118 页。

出我们的今生"。他梦游般地走出电影院，立马跑到图书馆，翻看侯孝贤的资料，见他屡屡说及《从文自传》，连忙借了一本，一支烟一杯茶，在青灯下随着沈从文来到奇异的湘西世界，他"似乎通过侯孝贤，再经由沈从文弄懂了一个道理：个体的经验是如此珍贵"[1]。很快，他回汾阳，拍出处女作《小武》。正是因为有了这样的机缘，他才说《风柜来的人》对自己有"救命之恩"，而恩同再造的关键点，大概还是侯孝贤从《从文自传》汲取，并传递给他的那个view吧。一个大陆青年从台湾导演那里接触到沈从文，而他所接触的沈从文，还不是大陆传布甚广的、作为"人性"神庙的建造者的沈从文，而是"看待世界的角度还有这么多，视野还有这么广"，不强行楔入自己的态度，珍视每一个个体的经验的沈从文，这一反常现象，敦促我们去思索大陆和台湾之于沈从文的见与不见——某些从来如此的看法也许并不充分，甚至就是错的。更有趣的是，大陆的新文学神话是鲁迅，在台湾，沈从文也是神一样的存在。朱天文说，1984年1月29日，陈坤厚从香港回来，给大家看一本摄影集里一张沈从文的近照："老人笑眯眯的温柔敦厚的脸，使人想象昔年他写《边城》《丈夫》《萧萧》的时候，以及二十八岁就写出的一本我们都爱极了的《从文自传》。"[2]聚拢、瞻仰，是一种神圣仪式，此时的沈从文还在人世，却已成为海峡对岸文艺青年的传说、图腾。黄春明更是直接地"认祖归宗"："我常常说我有三个爷爷，一个是生我爸爸的那个爷爷，一个是生我妈妈的外爷爷，还有文学的爷爷——就是沈从文。"[3] 台湾文坛奉张爱玲为"祖师奶奶"，黄春明又指认了一个"文学的爷爷"，夏志清《中国现代小说史》发皇沈、张，原来有着深刻的地域和文化渊源。不过，我们都知道台湾文坛推重沈从文，却很少追问为什么会推重，台湾所推重的沈从文还是大陆所熟悉的沈从文吗，或者说，大陆所阐释的沈从文会被台湾所推重吗？

让我们从沈从文，特别是《从文自传》说起。

1   贾樟柯：《代序：侯导，孝贤》，《煮海时光：侯孝贤的光影记忆》，第14页。
2   朱天文：《〈小爸爸的天空〉拍片随记》，《红气球的旅行：侯孝贤电影记录续编》，山东画
     报出版社2009年版，第446页。
3   黄春明、白睿文：《原作心声——黄春明论〈儿子的大玩偶〉和台湾新电影的崛起》，《煮
     海时光：侯孝贤的光影记忆》，第557页。

二 "我永远不厌倦的是'看'一切"[1]

沈从文说:"不要为回忆把自己弄成衰弱东西,一切回忆都是有毒的。"[2] 奇怪的是,他在不到三十岁的年纪就走回到自己生命的前二十年,提笔写下自传。写自传的外在动因,是邵洵美创办书店,请他"打头阵",内在驱力,则是他需要为自己取得初步成就的写作寻找到传记学的成因,并由此成因出发,进一步确认自己的写作。于是,《从文自传》理所当然地成为他发挥"乡下人"美学的主阵地。这里不论"乡下人"美学的是非,我感兴趣的是,沈从文"永远不能同城市中人爱憎感觉一致",从而必须也只能站在"乡下人"立场打量世界,这样的审美选择竟然是一系列"看""听"和"嗅"的必然结果:在湘西,"我看了些平常人不看过的蠢事,听了些平常人不听过的喊声,且嗅了些平常人不嗅过的气味;使我对于城市中人在狭窄庸懦的生活里产生的作人善恶观念,不能引起多少兴味……"[3] 整部自传,他好像都在无限放大自己的感官,去接收所有似有若无对他来说却是确凿存在过、还将在他的文字中永远存在下去的讯号:

> 就为的是白日里太野,各处去看,各处去听,还各处去嗅闻:死蛇的气味,腐草的气味,屠户身上的气味,烧碗处土窑被雨以后放出的气味,要我说来虽当时无法用言语去形容,要我辨别却十分容易。蝙蝠的声音,一只黄牛当屠户把刀割进它喉中时叹息的声音,藏在田塍土穴中大黄喉蛇的鸣声,黑暗中鱼在水面泼刺的微声,全因到耳边时分量不同,我也记得那么清清楚楚。[4]

读者自可质疑,二十多年前的光影声色怎么可能在他的记忆里保存得如此活色生香,记忆不就意味着变形和遗忘?不过,是否真的"记得那么清清楚楚",有什么要紧呢,他就是要把不清不楚勾描、夸大甚至是创造得"清清楚楚",用

1　沈从文:《女难》,《沈从文全集》第13卷,北岳文艺出版社2002年版,第323页。

2　沈从文:《一周间给五个人的信摘录》,《沈从文全集》第17卷,第181页。

3　沈从文:《怀化镇》,《沈从文全集》第13卷,第306页。

4　沈从文:《我读一本小书同时又读一本大书》,《沈从文全集》第13卷,第261页。

意只是在于强调感官的唯一可靠性，他只能用自己的感官去拥抱世界，世界只有在被他的感官显影得可感、可触之后，才是绝对真实的。这样的真实，哪怕从来没有过，也还是真的，就像他说《边城》："这种世界即或根本没有，也无碍于故事的真实。"[1] 此种真实观，类似于侯孝贤的"再植"真实论：再植出来的真实与"真正的真实、实质上的真实"是等同的关系，可以独立存在。[2] 以感官为唯一信靠，沈从文便拒绝任何横亘在他与世界之间的中介，哪怕这个中介的合理性好像是不证自明的："我的智慧应当从直接生活上得来，却不需从一本好书一句好话上学来。"[3]《从文自传》不厌其烦地描述那些未必真实的逃学经历，其实就是从反面来夯实感官的可信度。感官对应着现象，所以，他只为现象所倾心，五色令他目眩，五音令他神迷，五味令他醺然，万象皆葆有神秘、永恒的因子，他怎么忍心用无趣的价值、思想来估定他的爱憎？或者说，只有祛除了价值、思想的迷魅，万象才能以自身的样态打开并平等地陈列在一处，就像万颗异星镶在天穹。于是，湘西就不再是野蛮、愚蠢的化外之地，而是"人性"神庙的地基，那里的柏子们比文明人活得本真、舒展、恣肆太多。盗女尸的豆腐店老板死到临头还在喃喃地说，美得很，美得很，又柔弱地笑，那微笑仿佛在说："不知道谁是癫子。"——癫子是理性对非理性的恶谥，但是，万物有理、有灵的世界里，不为美而癫狂的人才是癫狂的吧？就连砍下的人头如何沉重、开膛取胆时怎样把刀在腹部斜勒再从背后踢上一脚之类阴森、愚蠢的经验，也并不比美国兵英国兵穿什么、鱼雷艇氢气球是什么等明朗、科学的知识来得卑微，他甚至自得地说，自己从文秘书口中虽得到不少知识，但是，"他从我口中所得的也许还更多一点"[4]。他和文秘书奇异、对等的经验交换，正是现象无分尊卑这一态度的恰如其分的说明，而现代性的要义，却是要在科学与愚昧之间划下一道鸿沟的。1980年，他接受凌宇访谈，说自己的创作与改造国民性思想"毫无什么共通处"，并强调"我一切习作都缺少什么喻意"[5]，种种近乎决绝的论断，只是要把自己从以德先生、赛先生为支撑的新文学传统中释放出来。他深知，新文学传统是以现代性知识为利器去剖析世界、整理世界、改造世界，而他所要做的只是永不厌倦

---

1 沈从文：《习作选集代序》，《沈从文全集》第 9 卷，第 5 页。

2 侯孝贤：《谈法国导演布列松的电影》，《恋恋风尘：侯孝贤谈电影》，第 141 页。

3 沈从文：《我读一本小书同时又读一本大书》，《沈从文全集》第 13 卷，第 253 页。

4 沈从文：《姓文的秘书》，《沈从文全集》第 13 卷，第 315 页。

5 凌宇：《沈从文谈自己的创作——对一些有关问题的回答》，《中国现代文学研究丛刊》1980
   年第 4 期。

地"看"世界，让万象在他的笔下绽开——万象正在绽开，切勿惊扰！

沈从文"看"得真是入微、着迷啊，他甚至可以看到新鲜猪肉砍碎时尚在跳动不止。于是，他一定会一再地看到杀人这一湘西世界反复上演着的胜景，看到那些糜碎的尸身、污秽的头颅。不过，很快他又将看到杀牛，"老实可怜畜生"被放倒的过程和牛内脏的位置，他同样弄得一清二楚。把杀人和杀牛有意无意地并置在一处，他就是要取消掉任何现象被价值、思想所赋予的特殊性（就像鲁迅就"幻灯片事件"所发挥的那样），让它们只是作为现象本身而存在，进而组构成一片现象的网络，现象的网络中，在在都是胜景，都是新鲜。你看，一个直爽的朋友爱说粗俗的话，"总仿佛不用口去亲女人下体时，就得用口来说它"，他认定，这种说话样子"常常是妩媚的"。[1] 一个四十来岁妇人见到兵士、火夫走过，脸掉过去，看也不看，"表示贞静"，若是军官过身，"便很巧妙的做一个眼风"，对于她，他简直是抑制不住地欣赏："这点人性的姿态，我当时就很能欣赏它，注意到这些时，始终没有丑恶的感觉，只觉得这是'人'的事情。"[2]——在鲁迅那里，如此势利、尖刻的中年妇女只能是一支"细脚伶仃的圆规"，哪配做人；在沈从文看来，看人下菜却是生存智慧之一种，越是有着眉高眼低越是说明她渴望活得好点，有光彩点，这都是"人"的题中应有之义，"人"岂是德先生、赛先生可以一言以蔽之的。胜景无关乎价值、思想，甚至可以违背人情，因为人情哪里是准绳，它也只是万象之一种而已，更何况人各有情，怎么可以拿我之有情来证实你必无情？他宣称，发表于1932年的《都市一妇人》是一个"很不近人情的故事"，但是，为了爱，有什么不可以做，毒瞎爱人双眼，在他心中留驻一个永远不老的美好的自己，这样的做法也许才是"更合理而近情的"。于是，那个美丽如罂粟的阴鸷妇人就像一颗艳异的流星，本体已向不可知的方向流去，毁灭多时，她留给"我"的印象，却"似乎比许多女人活到世界上还更真实一点"。沈从文真是既痴迷到热辣辣，又超然到冷飕飕。

仅止于"看"，让现象的网络自行铺开，这就是侯孝贤所说的客观；客观的世界里，生或者死，相爱或者勾心斗角，其实是一回事，这就是侯孝贤所说的上帝看世界的眼光，用朱天文的话说，就是"天"的眼光。就这样，沈从文很沉湎（万花缭乱，真是好看啊）又极超然（只是被动地"看"，绝不以某种既定的价值观来惊扰、判断）地"看"着现象的川流汩汩流淌，由此造就一种高度单纯的文

1　沈从文：《船上》，《沈从文全集》第13卷，第333页。
2　沈从文：《怀化镇》，《沈从文全集》第13卷，第308页。

体。这是天赋，也是习得，因为他所钟爱的屠格涅夫同样拥有一个"被动的、充满爱的、观察入微的"[1] 自我，只有这样的自我才能写出"明显的超然""明显的单纯"的《猎人笔记》。

三 把这些小事原原本本说给你听

朱天文说，"侯孝贤用这个天的眼光来看他自己的少年时候，就拍了《风柜来的人》"，而"天眼"在电影中的美学呈现，就是"冷，冷，冷"和"远，远，远"的长镜头。[2] 也就是说，长镜头不只是技巧，更是一种类似于沈从文"看"世界的眼光、态度。那么，作为一种眼光和态度的长镜头有哪些特点，又会带来什么样的后果？

长镜头不迫近世界、组织世界，而是以不动的冷眼"看"世界，于是，世界以自身的而不是你所要的样子打开，这一种"看"世界的方法意味着对于掌镜人的语法的狐疑和摒弃，意味着真实。侯孝贤说："着迷于真实到偏执的地步，是我拍片最痛苦的地方。年纪愈大愈偏执，越不能让渡、过关。"[3] 为真实而疯魔，他就只能选择长镜头，长镜头后面是一个久久地缄默着，等待真实的灵光乍现的他自己。镜头不单要推远、不动，就连高度也有讲究。他津津乐道于小津安二郎的摄影机始终只比地板高几十公分，与人物坐在榻榻米上的高度齐平，这样的机位设置源于小津强烈的自觉：日本人是盘坐在榻榻米上看世界的，要忠实再现他们所看到的世界，机位就必须是低的，如果把摄像机架起来，就有另一种统摄性的叙事声音强行闯入、改造这个世界。让世界自动呈现，就不会有完整的故事，因为故事必有语法，必有一根总绳，而世界本身却是不规则的、散乱着的；就不需要规整的对话，因为一环套着一环的对话把事件引向结局，而事件是应该作为事件本身而存在的，它们并不通往什么，它们决不是结局的铺垫，更何况生活中的人们并不是有话就要说出来的，没说的往往比说出来的多很多。反故事，去对话（去对话的顶峰，就是《最好的时光》的第二段，是默片），那还要编剧干什

---

1 哈罗德·布鲁姆：《如何读，为什么读》，黄灿然译，译林出版社2011年版，第18页。

2 朱天文、白睿文：《天文答问——写作，新电影，最好的时光》，《煮海时光：侯孝贤的光影记忆》，第541-542页。

3 侯孝贤：《重新再看小津安二郎》。

么，要知道，编剧的任务就是"编"故事，"编"对话，最终把世界"编"入一套语法。朱天文一再说电影是导演的，自己的责任只是在讨论过程中做一个"空谷回音"，这不是谦虚或者透过，而是基于对侯孝贤的电影美学充分认知和体谅之后的自觉。这样的电影也不需要演员，因为"演"就是一种强调，就是对于世界的取舍，而取舍的根据就是演员及其背后的导演对于世界的理解。于是，侯孝贤大量启用业余演员，像辛树芬、高捷、陈松勇，他所要做的，只是创造一种情境、氛围，让他们沉浸其中，做他们自己，而不是"演"某个角色。就算用到职业演员，比如李天禄、梁朝伟、舒淇，他也会卸下他们的"武功"，或者把他们淹没在人群，就像《戏梦人生》的画面每每壅塞着熙熙攘攘的人流，却找不到李天禄在哪里——平凡人再怎么放大自己，都不可能得到一个特写镜头。如此，我们才能理解侯孝贤的"非演员"论："不管是非演员还是职业演员，其实都是非演员。"[1] 不"编"，不"演"，创造甚至只是等待一个契机，让世界自行发生，侯孝贤就是在拍巴赞所设想的"纯电影"啊："不再有演员，不再有故事，不再有场景调度，就是说，最终在具有审美价值的完美现实幻景中：不再有电影。"[2]作为"完美现实幻景"的"纯电影"，不就像哪怕压根没有也无损其真实的《从文自传》？侯孝贤也真的跟沈从文一样，放大他所有的感官去捕捉光影声色：他要"看"，于是有了李屏宾的摄影、廖庆松的剪辑、黄文英的美术；他要"听"，于是有了林强的配乐、杜笃之的录音；他甚至要"嗅"，他会让原是圆山饭店助厨的高捷做出一桌好菜，令演员们食指大动，也让观众垂涎……就这样，他"再植"出一个个"完美现实幻景"。这里的完美不单指真实，更指在他的幻景里，万象皆以一种增加了的强度被我们感知，它们瞬息万变、川流不息，在被我们感知到的刹那，却又好像是凝结的、发光的，像结晶体，这就如同《从文自传》里的湘西世界"完全是阳光底下的感觉"。

"纯电影"让电影走开，其实就是不承诺寓意，拒绝语法的编码，抵抗象征锁链的吞噬，到现象为止，只为现象所倾心，对此，朱天文有所总结："一切的开始从具象来，一切的尽头亦还原始具象。"[3] 这样一来，侯孝贤就会像沈从文一样，视理论为仇寇。在香港浸会大学的一场讲座中，他开宗明义："拍电影，无

---

1 侯孝贤：《我的电影之路》，《恋恋风尘：侯孝贤谈电影》，第32页。

2 安德烈·巴赞：《评〈偷自行车的人〉》，《电影是什么？》，崔君衍译，文化艺术出版社2008年版，第283页。

3 朱天文：《〈悲情城市〉十三问》，《最好的时光：侯孝贤电影记录》，山东画报出版社2013年版，第277页。

关理论。"[1] 他还说："我没有去想这符号上的问题，或是象征的意义，我不来这一套。"[2] 难怪他为《大红灯笼高高挂》做监制，只去过一次片场，因为他很清楚，张艺谋的处理方式跟他完全不一样。张艺谋把"妻妾成群"的繁复图景删繁就简成权力的结构，为了强化这个结构，他甚至把老爷陈佐千虚化成一个宰制性的声音，而这一切，都服务于反封建的主旨。侯孝贤却是要朝繁复、细密的现象走去的，在他看来，贾政打儿子，未必不痛在自己心上，西门庆与女人们一物之授受，未必就没有温情和恩义，于是，要是他来拍一个类似的故事，就会发挥"各房之间微妙的关系，还有那些大宴会场面，表面底下的冲突"[3]，像是后来的《海上花》——再怎么闹，面子还是要的，大老婆的权威还是要尊重的，所以，关系总是微妙的，冲突总是潜隐在表面底下的，这才是一个没有被理论、主旨扭曲了的人间世。

去理论、反主旨，侯孝贤就会刻意绕开最易阐明理论、凸显主旨的"行动"，把目光投注在几乎无事之事上。就连表现"二·二八"等重大事件的《悲情城市》，最多的镜头还是吃饭、喝酒，事件本身只是以陈仪广播等方式轻轻点出。这样做的理由在于，日复一日、年复一年的日常生活看起来绝无变化，无法被理论穿透，所以是小事，但小事才是人生的基数，必须打起精神来应对，而大事因其宏大到不可把捉，所以并不切身，它们顶多是小事的背景，或者以渗透进小事的方式来显现自身。对于小事的耽溺，也像极了沈从文，《从文自传》一再写到的无非是看杀人、炖狗肉，好像战争并未发生，他更拒绝交代战争的来龙去脉和意义（身处其中的他未必清楚，写作自传时却是一定了然的），仿佛打仗、杀人只是为了"就食"。不过，事实不就是这样的吗？作为一枚小兵，沈从文入伍只是混饭吃的，他又不是为了写一本军阀史去体验生活。陈丹青有一本书，叫《多余的素材》。我想，沈从文、侯孝贤所关注的无非就是一些"多余的素材"，这些素材因为无法被穿透、提升进理论体系而多余，却又因为多余而葆有原初的真实。拍《海上花》时，阿城对美术组发过一条貌似无理的指令："要多找找没有用的东西。"[4] 我们家里堆积的东西大多是没有用的，但就是这些没有用的东西堆积成了我们的生活环境，构成了我们自身，就像平凡人能有什么用，他们却是世

1　侯孝贤：《我的电影美学信念》，《恋恋风尘：侯孝贤谈电影》，第73页。
2　《煮海时光：侯孝贤的光影记忆》，第148页。
3　《煮海时光：侯孝贤的光影记忆》，第262页。
4　朱天文：《〈海上花〉的拍摄》，《最好的时光：侯孝贤电影记录》，第302页。

界的基数一样。小事不单葆真，它本身就是重的，有力的。《猎人笔记》中的拉季洛夫和"我"谈到一种常有的情况："最琐碎的小事给人的印象，往往比最重要的事给人的印象更为深刻。"他回忆，妻子难产而死时，他悲痛，却哭不出来，第二天，他无意中看到，她的一只眼睛没有完全闭上，有一只苍蝇在上面爬，他一下子翻倒在地，不停地哭。侯孝贤多次提及的《童年往事》里的三个眼光，都是这种令人震撼的琐碎小事。比如，第三个眼光是奶奶去世，收尸人翻动遗体，看到她的背部已经溃烂，淌满血水，便回头看了"我"一眼。"我"才十六七岁，父母都已过世，哪有能力照料卧病在床、大小便失禁的奶奶，显然没什么责任；奶奶去世多日，"我"都没有发觉，以至于遗体腐败成这个样子，当然又是有责任的。不过，谁会向没有能力承担责任的"我"追责呢，唯有看了"我"一眼，看"我"一眼不是指责，却比指责更深重地触痛了"我"。我想，侯孝贤以及沈从文的创作就是在讲述一系列类似于苍蝇在眼睛上爬的琐碎小事，你只要看了，就再也忘不掉，撼动你的不是他们藉着小事向你灌输的观点，而是小事本身的力量。也许，一位单纯的艺术家的德性就在于：把这些小事原原本本说给你听。

四　都是"好男好女"以及我们怎么可以不悲伤

有趣的是，小事并非只是作为小事而存在，小事会被大事影响、渗透。比如，哪怕只是吃饭一事，《悲情城市》中"小上海酒家"里喧腾的推杯换盏，文清与宽美在九份的照相馆吃饭，是家常日子，却又是新婚，以及文清去山里看望被政府通缉的宽容时潦草的进食，哪里可以等同视之，它们背后都是或和煦或惨烈的大事。所以，小事其实是复杂的，有光晕的，怎么"看"都看不透，看不厌倦。侯孝贤之所以钟爱小事，就是因为他敏感到小事之复杂，而大事早已被权威话语所阐释和界定，能有多少嚼头。他说："不想去制造那些 action，我感觉复杂的是前面与后面的那种 situation。"[1] action 指"行动"，指冲突的旋涡，而旋涡之前或之后的 situation 则是密布着的看似平静实则被大事浸染，细细想来真是一夕数惊的小事。不过，仅止于"看"，小事的复杂性怎么可能得到揭示？侯孝贤会反问的是，我为什么要把复杂性揭示出来，揭示出来的复杂还是原来那个复杂吗，揭示这个过度强悍的动作难道不会惊扰到复杂，使复杂逃遁，就像小兽从枪

1　《煮海时光：侯孝贤的光影记忆》，第 404 页。

口下跳开？他的做法是，让含藏着的复杂继续含藏着，绝不惊扰。他一再申说，"我在处理人物的结构，其实很多东西不显露；有些显露一点，那我也不理，都是埋藏的"，"我最喜欢玩这种游戏，不喜欢暴露太多"。[1] 大幅度的含藏，使他对布列松和小津安二郎有了更多的共鸣。

含藏使人费解，观众有理由抱怨侯孝贤的电影太闷、太晦涩。但是，自然法则支配着我们的出生、死亡，关于它，我们却几乎一无所知，它不就是始终含藏着的？还是沈从文说的好："自然似乎永远是'无为而无不为'，人却只像是'无不为而无为'。"[2] 自然之"无不为"，说的是它对于人类的全方位支配，"无为"则指含藏着，完全不动声色，万象的生成毁坏好像与它无关。对于这样的自然，我们"无不为"地追索，注定劳而无功，"无为"地"看"，它却有可能自行运演，当然是如其自身一样地含藏着运演。基于此，侯孝贤才有底气设想，说不定他的长镜头能拍出"天意"，那就太过瘾了。紧接着，他又换了一个大家更能接受的现代一点的说法："我希望我能拍出自然法则底下人们的活动……"[3] 以天意为鹄的，侯孝贤就一定是冷的，冷到他的镜头可以是"空"的，只是夏天繁盛的树叶在风中摇响，只是云卷云舒，往绵延青山投下迟迟又速速奔走的影子。但是，正因为有着"天意"一般的超然，他才能挣出观念（不管是何种观念，观念本身都是板滞的）所赋予我们的狭窄、固定的眼光，看出人们的无奈，哪怕是《千禧曼波》中的豪豪，这个他的电影中唯一不值得同情的人物，他也能看出他的"身不由己"："每一个人物都有他们的身不由己，是时代的氛围和意志所笼罩的，他们的善念都很微弱。"[4] 至于布袋戏大师李天禄，他更不会简单地贴上一个"汉奸"的标签，从而错失一个丰富到浩瀚的世界。他太清楚，李天禄出生在日本人统治的时代，他所知道的世界就是这个样子的，只能就他所知道、所理解的世界去看他的一生，并由他的一生见证时代的变迁。正因为此，朱天文说："《戏梦人生》就是描绘大海一般、恒久不变的人生。"[5] 于是，侯孝贤的镜头所及无非就是一些各有一份属于自己的无望以及对于无望的挣扎的人们，挣扎着的他们都是艰难的，也都是动人的，他们都是"好男好女"。在《好男好女》中，他以颓

---

1 《煮海时光：侯孝贤的光影记忆》，第253页。

2 沈从文：《〈断虹〉引言》，《沈从文全集》第16卷，第340页。

3 朱天文：《〈悲情城市〉十三问》，第285页。

4 《煮海时光：侯孝贤的光影记忆》，第337页。

5 侯孝贤、朱天文、白睿文：《文字与影像》，《红气球的旅行：侯孝贤电影记录续编》，第541页。

废青年梁静出演蒋碧玉的方式，把钟浩东、蒋碧玉的烈士豪情与梁静小小的却又是剪不断、理还乱的爱恨勾连在一处，就如同沈从文对于杀人和杀牛的并置。他的用意当然不是否定钟、蒋的感天动地，而是意在强调梁也是一位"好女"，她也有着她的悲哀，也许和钟、蒋一样的深沉。峻切的人会指责侯孝贤暧昧、犹疑。他们理解不了的是，在现实生活中侯孝贤立场非常分明，但是，只要进入创作状态，他就必须暧昧起来，因为只有暧昧才能遏制住判断的冲动，让万象平等地绽出在他的胶片上。从这个意义上说，暧昧就是宽忍，就是慈悲。值得一提的是，侯孝贤从《从文自传》获取的超然到暧昧的眼光，汪曾祺也从老师那里悟到，比如，《受戒》说，荸荠庵里的牌客，除了师兄弟三人，还有一个收鸭毛的，一个打兔子兼偷鸡的，"都是正经人"。侯孝贤说，汪曾祺的一些小说让他非常感动，我想，这是因为他在汪曾祺那里找到了"家族相似性"，他们拥有一些同样来自沈从文的基因。

巴赞如此定义蒙太奇："仅从各影像的联系中创造出影像本身并未含有的意义。"[1] 他的意思是，蒙太奇的制作者涂抹影像本身的意义，并在"影像间"开启出新意义，这样的新意义服从于制作者的语法，当然是单一的。与之相反，长镜头中的影像却是摄影机所"看"到的，现象有多暧昧，影像就有多驳杂。于是，蒙太奇是"可看"的，观者看制作者让他们看的东西；长镜头则是"可写"的，它的意义暧昧、歧义，洇染开去，"端赖观者参与和择取"[2]。再往深处说，不管是蒙太奇还是长镜头中的影像，都绝对地溢出了创作者，这源自摄影机的"一仆二主"性：摄影机服从于两个主人，"一个是直接在摄影机背后按下快门的人，另一个是在摄影机镜头前，被动地向被动的相机装置提出要求"。也就是说，影像先天就是分裂的、症候性的，突破创作者的意图，把可见性机制中的不可见者带出场，于是，朗西埃断定："电影影像的优势在于，它是从这种不确定的意义中'十分自然地'流露出来的。"[3] 侯孝贤虽然对理论敬谢不敏，却绕开体系和论证过程，直觉到朗西埃的结论。他多次征引卡尔维诺在《新千年文学备忘录》里所征引的霍夫曼斯塔尔的话："深度隐藏起来。在哪里？在表面。"他想说的是，现象之外无深度，深度就栖居于现象自身的矛盾、罅隙，在我们通常的话语实践里，这些矛盾和罅隙早已被语法抹平，是不见者，现在却被影像带出。矛

1　安德烈·巴赞：《电影语言的演进》，《电影是什么？》，第 60 页。

2　朱天文：《这次他开始动了》，《最好的时光：侯孝贤电影记录》，第 290 页。

3　参见蓝江：《历史与影像：朗西埃的影像政治学》，《文艺研究》2017 年第 5 期。

盾、罅隙很小，却是光滑膜面上的"刺点"，顺着它们撕开，就裸呈出生之无意义，悲伤骤然袭来，竟是无以言说——能言说的悲伤不是悲伤，它已被言说所抚慰，而悲伤是裸露在风中的伤口。侯孝贤对阿萨亚斯说，你的片子很悲伤，阿萨亚斯说："我的片子哪有你的片子悲伤！"[1] 是啊，直面"生命在发展中，变化是常态，矛盾是常态，毁灭是常态"[2]，"好男好女"却毫无抵抗之力的真相，我们怎么可以不悲伤？《风柜来的人》有一场接近一分钟的戏，就是四个少年在海滩上唱、跳。看近景，你会误以为他们真是欢快，生命蓬勃到不得不任意抛洒，就像沈从文笔下那些快乐的水手；看远景，你却会刻骨地觉得，那一点热实在算不了什么，被滔天海浪衬得比凉还凉，就像那些多情水手在跟多情妇人调笑、温存，却有一匹小羊"固执而且柔和"地叫着，它不知道它只能在这世上再活个十天八天。[3] 大化运行如火，"好男好女"却是孤独似雪，这样的真相不在深层或者内里，就在表面。沈从文"看"一样的"写"，亦能带出许多不可见的真相。《我的教育》里，"我"在某日清晨，"怀了莫名其妙的心情"，来到杀人桥，看到一具尸骸边上烧过一些纸钱，纸灰就像路旁的灰蓝色野花，"很凄凉的与已凝结成为黑色浆块的血迹相对照"。这是一个太触目的"刺点"，穿透了早已看惯杀人把戏，并不以为有何不妥的"我"。也许，那个时候，"我"意识到，死去的人们都是"好男好女"，但他们都死了，只有一点蓝色野花一样的纸灰，作为他们的"薄奠"；当然，"我"也可能并没有想到什么，看了一会死尸，又看了一会桥，然后返身——大概，这就是无以言说的悲伤。[4]

由侯孝贤的长镜头回看沈从文的"天眼"，我们会看出，沈从文原来是在拍

1　《煮海时光：侯孝贤的光影记忆》，第69页。

2　沈从文：《抽象的抒情》，《沈从文全集》第16卷，第527页。

3　沈从文：《鸭窠围的夜》，《沈从文全集》第11卷，第243页。

4　《我的教育》发表于《新月》1929年第2卷第6、7期合刊。王德威《从"头"谈起——鲁迅、沈从文与砍头》亦提及这一细节，见《想象中国的方法：历史·小说·叙事》，生活·读书·新知三联书店1998年版，第141页。这种不在深层、内里而在表面的悲伤，在沈从文的创作中处处皆有流泻。比如，发表于《新月》1928年第1卷5-8号的《阿丽思中国游记》（第2卷）写到阿丽思在苗乡奴隶市场所见的一幕：经纪问一个看样子不过三岁的小奴隶年纪时，她"却用了差不多同洋娃娃一般的低小清圆声音"说，"朱"（苗语，六），众人皆笑，小奴隶恼了，跟父亲要证据。经纪问作父亲的价钱，父亲为难，不敢说，小奴隶就用小得像米粉搓成的两只手拢成环形，比拟两百钱的样子。为了表现自己的乖巧，她学城里的太太走路，像唱戏，走了一阵就不走了，望着众人笑；照着拍子唱歌，是苗歌，送春的歌，虽然只有她一个人不明白歌中的用意。既已成交、画押，阿丽思便走了，路上却见到一个女人牵了一头小猪过去，猪脖子上圈着一圈草绳。

电影一样地做文学，他的笔就跟镜头一样地"一仆二主"，他不愿也无力阻止现象冲破他的意图在不停地绽出、绽出。现象真是好看，湘西世界魅惑着所有文明的心，现象真是酷烈，总使人感到无言的哀戚，而他所能做的，只是把这些现象"拍"下来，让世人看到。

勾画、阐明这样一个令侯孝贤、朱天文深有会心，对于大陆学界却可能多少有点陌生的沈从文形象，是本文写作的目的和小小的野心。

（《文学评论》2020 年第 2 期）

提名论文

    石岸书　清华大学文学博士，杜克大学访问学者，华东师范大学传播学院讲师。在《文学评论》、《中国现代文学研究丛刊》、《文艺理论与批评》、*China Information* 等刊物发表论文十余篇。

作为"新群众运动"的"新时期文学"

——重探"新时期文学"的兴起

近十五年来，以"重返 80 年代"为主题的文学研究已经收获良多。"重返 80 年代"研究从 20 世纪 90 年代以来的市场化语境出发，蓦然发现 80 年代与 50—70 年代存在更为复杂的历史关系。而在市场化的 90 年代清晰展开之前，确立 80 年代与 50—70 年代的"断裂"关系，构成了 80 年代政治-历史-文化意识的一部分，这一意识的核心框架是"新时期"与"文革"、现代与传统、中国与西方的二元对立，与之相同构的，则是"政治"与"文学"的二元对立。[1]"重返 80 年代"由程光炜、李杨、贺桂梅、王尧、黄平等学者持续展开研究，成果丰硕[2]，这些研究有力地解构了 50—70 年代与 80 年代的"断裂"，充分发掘出了"80 年代文学"的政治性及其与 50—70 年代的联结、纠葛和冲突。可以说，"重返 80 年代"的最重要的贡献，是突破了 80 年代政治-历史-文化意识，重建了"80 年代文学"与 50—70 年代的连续性。然而，迄今为止，"重返 80 年代"研究所发掘出的所有历史线索仍然处于散布的状态，并没有被综合、提炼到一个有着清晰方向和边界的整体性解释框架之中。我们可以追问，"80 年代文学"与"文革"文学和"十七年文学"的连续性的基本面到底是什么？这种连续性中所包含的断裂

1　贺桂梅：《新启蒙知识档案：80 年代中国文化研究》，北京大学出版社 2010 年版，第 14-22 页。

2　参见以下著作：程光炜编：《重返八十年代》，北京大学出版社 2009 年版；程光炜：《文学讲稿："八十年代"作为方法》，北京大学出版社 2009 年版；贺桂梅：《新启蒙知识档案：80 年代中国文化研究》，北京大学出版社 2010 年版；王尧：《作为问题的八十年代》，三联书店 2013 年版；黄平以"新时期文学的起源"为主题的系列文章等。

又如何理论性地解释？对这种连续与断裂的历史复杂关系的勘探能否导向一个整体性的解释框架？这些问题似乎始终没有得到理论性的澄清。因此，将业已充分发掘出的要素重新综合，建立一种边界清晰、具有整体性的解释框架[1]，或许构成了"重返 80 年代"研究能否继续推进的关键问题。

本文将尝试从"新群众运动"的角度整体性地解释"80 年代文学"的兴起，并将描述的时段限定在 1977 年至 1984 年的改革初期。但本文将不拟使用中性化、学科化的"80 年代文学"，而是使用作为历史概念的"新时期文学"，以突出"80 年代文学"所内涵的历史性与政治性。

一 作为"运动"的"新时期文学"

黄平的考证指出："'新时期文学'真正有历史性的起源，源自 1978 年春五届全国人大一次会议所提出的'新时期总任务'。"[2] 在此要强调的是，"新时期"最初作为一个政治概念，它从政治领域进入文学领域，首先是"新时期总任务"的政治宣传运动的直接结果，而文艺界创造"新时期文艺"和"新时期文学"的概念，则是被动员起来参与这一政治宣传运动的自然产物。

1978 年 4 月 18 日，《人民日报》第一次以"新时期总任务"为标题发表题为《大张旗鼓地宣传新时期的总任务》的社论，发出宣传"新时期总任务"的总动员令：

> 广泛地、深入地、大张旗鼓地宣传新时期的总任务，是当前的一项极其重要的政治工作。……各级党委要像当年宣传抗战、打日本侵略者，宣传打倒蒋介石、解放全中国，宣传抗美援朝、保家卫国，宣传过渡时期总路线那样，把新时期的总任务宣传到广大群众中去，做到家喻户晓，深入人心，使全党全军全国各族人民都动员起来，为实现新时期的总任务而奋斗。……各级党委要把宣传新时期的总任务作为一项政治运动来抓。领导干部要带头宣讲新时期的总任务，亲自作动员。要集中一段时间，充分利用报纸、刊物、

1 　贺桂梅的《新启蒙知识档案：80 年代中国文化研究》在探索这一整体性框架上有所尝试和突破。

2 　黄平：《"新时期文学"起源考释》，《文学评论》2016 年第 1 期。

电台、电视，利用各种宣传工具大造声势，然后转为经常工作，继续抓紧抓好。

从这一社论可以看出，"新时期总任务"的宣传是被当作一场全国性的"政治运动"来操作的。这是一场声势浩大的"新时期总任务"的政治宣传运动：依靠政党的动员结构，调动各行各业、各级各地的干部进行大力宣传，其目的是动员人民群众的认同和参与。果然，此后《人民日报》陆续刊发各地学习"新时期总任务"的新闻，小到连队支部，中到地方省委，大到全国总工会，都被动员起来宣传、学习"新时期总任务"。[1] 无疑，"新时期"的概念及其所内涵的与"文革"决裂、开启一个新时代的断裂意识，之所以能够嵌入到党政干部、人民群众和知识分子的意识和语言中，与这一全国性的政治宣传运动有关。

处在这一全国性的政治宣传运动中，文学界正是被这政治运动所动员起来的一个部门、一条"战线"，接纳、宣传、运用乃至再生产"新时期总任务"的话语成为文学界的一项"政治工作"。1978 年 5 月 27 日，距离《人民日报》发布总动员令仅仅月余，中国文联第三届全委会第三次扩大会议举行，中宣部、文化部、《红旗》、《人民日报》、新华社、《光明日报》和国家出版局的高层干部纷纷出席，这些单位正是发动这场政治宣传运动的核心单位。可以说，在这场政治宣传运动的背景下，文联三届三次扩大会议提出并将"新时期文艺"的说法写入决议便是很自然的。如果说，文联三届三次会议及"新时期文艺"的提出标志着"新时期文艺"的正式诞生[2]，那么意味着，连同"新时期文艺"的概念几乎同时诞生的"新时期文学"，也是作为政治宣传运动的"新时期总任务"的组成部分而被构造出来的。

在这样的背景下，重返文艺界领导位置的周扬理解"新时期文学"的方式也与之相关。1978 年底，在《关于社会主义新时期的文学艺术问题》这篇讲话中，周扬明确地提出，实现"社会主义新时期的总任务"的斗争，"是一个伟大的群众运动"，并号召文艺工作者投身其中[3]；这种表述方式显然包含着周扬从"运

---

1 《"爱民模范连"新时期总任务教育针对性强效果好》，《人民日报》1978 年 4 月 20 日，第 1 版；《动员全国工人为实现新时期总任务而奋斗中华全国总工会发出召开中国工会"九大"的通知》，《人民日报》1978 年 5 月 1 日，第 1 版；《辽宁省委主要领导干部深入基层带头宣讲新时期的总任务》，《人民日报》1978 年 5 月 12 日，第 4 版。

2 刘锡诚：《在文坛边缘上》（增订本），河南大学出版社 2016 年版，第 94 页。

3 周扬：《关于社会主义新时期的文学艺术问题》，《人民日报》1979 年 2 月 23 日，第 2 版。

动"的角度来理解"新时期文学"的意图。1979 年，在纪念五四运动六十周年的报告中，周扬又提出将五四运动、延安整风运动和改革初期的思想解放运动视为三次连续的思想解放运动，这一认识也已经包含着周扬从思想解放运动的角度来理解"新时期文学"的思路；1979 年底，在四次文代会上的报告中，周扬延续这一思路更明确地说道："从'五四'到'四五'，革命文艺历来是中国人民思想解放运动中重要的一翼"，"我们的革命文艺家，在历次思想解放运动中，都发挥了自己的作用"，"我们的文艺应当深刻反映我国人民思想解放运动的伟大历程，促进和鼓舞这个运动持续深入地发展"。[1] 不仅周扬将"新时期文学"视为思想解放运动的组成部分，另一文艺界领导人张光年也同样如此。1984 年底，在作协第四次代表大会上，张光年在总结初兴的"新时期文学"时，将改革初期的总体性政治进程统称为"思想解放运动"："全国范围内的思想解放运动，横向地看，遍及从经济基础到上层建筑的各个领域，遍及社会现实生活的各个方面"，这是一场"既广又深的思想解放运动"，而"新时期文学"则是思想解放运动的一部分，并且与之内在地互动着："思想解放运动造成的我国社会生活的深刻的变革，为新时期社会主义文学的繁荣，造成了客观的条件。这种客观条件和上述两种主观条件珠联璧合，便形成了新时期文学的勃兴。在这里，文学史的行程和思想史的行程，思想的逻辑与历史的逻辑，是紧密契合的。"[2] 在报告最后，张光年自然而然地使用了"新时期文学运动"这一概念，来描述"新时期文学全局"，使之与思想解放运动相匹配、相呼应。[3]

上述讲话都是关于"新时期文学"兴起的标志性文件，这些讲话所展现的，是文艺界领导人周扬和张光年自然而然的思路："新时期文学"是作为运动的"新时期总任务"建设历程和思想解放运动中的重要组成部分，必须从"运动"的角度来理解它的兴起与功能。

文艺界领导者如此，改革初期的文学评论和文学史编写也同样如此。例如，1979 年就有人在《人民日报》发表评论，认为刚刚兴起的文学热潮已经成为一场"运动"：

1　周扬：《三次伟大的思想解放运动——在中国社会科学院召开的纪念五四运动六十周年学术讨论会上的报告》，《人民日报》1979 年 5 月 7 日，第 2 版；周扬：《继往开来，繁荣社会主义新时期的文艺——一九七九年十一月一日在中国文学艺术工作者第四次代表大会上的报告》，《人民日报》1979 年 11 月 20 日，第 2 版。

2　张光年：《新时期社会主义文学在阔步前进》，《人民文学》1985 年第 1 期。

3　张光年：《新时期社会主义文学在阔步前进》。

粉碎"四人帮"之后，在短短的两年多的时间里，揭露和批判林彪、"四人帮"这类题材的文学作品（短篇小说在其中占有十分突出的位置）如雨后春笋，数量如此之多，对千千万万读者产生的思想影响如此之大，都是十分罕见的文学现象。因此，从某种意义上来说，已经成为社会主义条件下的一种文学运动。目前涌现出来的一批优秀作品，只不过是这场文学运动的最初果实。我们有理由相信，在若干年后，未来的文学史家们会给这一文学运动以应有的评价，或许会把它们和"四五运动"中光辉的天安门革命诗歌相提并论。[1]

　　1980 年，由全国二十二院校集体编写的《中国当代文学史》也是从"文学运动"的角度来理解"新时期文学"。在编写组看来，纵观 1949 年直到 1979 年，三十年来的中国当代文学就是一场漫长的文学运动，他们用一句话就自然而然地说出这一判断："作为社会主义革命事业重要组成部分的当代文学运动。"[2] 编写组认为，这场文学运动的特点是：有"党的领导"，"跟广大工农群众打成一片"，"为社会主义革命和社会主义建设，为无产阶级的解放事业作出了贡献"；并将这场漫长的文学运动划分为四个阶段：1949 年至 1956 年，1957 年至 1966 年，1966年至 1976 年，1976 年至 1979 年。[3] 在这一叙述中，"新时期文学"的最初阶段被归结为文学运动的第四阶段，与 50—70 年代的文学运动具有同一性质。令人感兴趣的不只是这一看法，而更是这种看法的"自然而然"——一种几乎不需要论证就理所当然地给出看法的直观方式。这表明，二十二院校编写人员身处在"新时期文学"的最初阶段，他们体验、理解"新时期文学"的方式，就是从"文学运动"的角度出发的。

　　在改革初期，把"新时期文学"理解为"运动"的方式之所以显得如此自然而然，或许是因为，自五四以后，文学常常是以"运动"的方式开展或以"运动"的方式获得理解的，1944 年甚至有人抱怨，无处不在谈论"文学运动"，"文学运动"被严重泛化使用。[4] 这种文学的开展方式或理解方式，一直延续到 1949 年以后的社

1　杜雨：《怎样看当前短篇小说的新发展》，《人民日报》1979 年 8 月 20 日，第 3 版。

2　二十二院校编写组：《中国当代文学史》，福建人民出版社 1980 年版，第 1 页。

3　二十二院校编写组：《中国当代文学史》，第 1–30 页。

4　袁犀：《"文学运动"》，《中国文学（北京）》1944 年第 1 卷第 2 期。

会主义文艺实践中：数不胜数的运动席卷而至，文学领域甚至一度成为运动的风暴之中心。因此，刚刚经过50—70年代运动风暴的历史参与者不假思索地将"新时期文学"理解为运动，实在是自然而然的事情。这种自五四以来就成为主导范式的理解方式，总是意味着，文学是大多数人有组织地参与的集体行动，是与政治或政治的生成密切相关的共同实践。简言之，文学即政治。

事实上，就"新时期文学"的迅速繁荣和巨大规模而言，的确可称之为"运动"。1985年出版的《新时期文学六年》（由中国社科院文学研究所编写）如此感慨：

> 在"百花凋零，万马齐喑"的十年文坛荒芜后，中国的社会主义文学非但迅即复苏，而且短短六年间便达到空前繁荣的境地。……六年中（按：指1976年10月到1982年9月），我们的文学期刊从仅剩《人民文学》、《诗刊》、《解放军文艺》等寥寥数种，发展到今天，仅省级以上的文学刊物便超过200种。不但各省、市、自治区都有文学月刊，而且大多数省区还创办了大型文学丛刊。像《收获》、《当代》、《十月》、《花城》、《钟山》等大型文学刊物，发行量都高达数十万份，拥有十分广泛的读者。全国文艺期刊的年发行量，一九八一年便达到十二亿册以上。文学书籍的需求量同样超过以往任何时期。不少著名小说，像《人到中年》、《高山下的花环》和《李自成》等，都销行数百万册。据不完全的统计，如果包括专区和县一级创办的文学刊物在内，全国文学刊物已超过千种。文学出版物的这种繁荣状况，是自"五四"新文学运动以来从未有过的。
>
> 六年中，发表和出版的文学作品，诗歌以数万首计。小说方面，仅据《小说月报》一九八二年所附全国三十七家主要文学期刊一年刊载的小说目录，长篇就有72部，中篇有343部，而短篇则高达3 119篇。截至一九八二年九月，六年间发表和出版的中篇小说近1 500篇，长篇小说达500多部。一九七九年以来，戏剧、电影的年产量也连年增长。几年来，儿童文学读物也已出版3 000余种。如果加以比较，则六年新时期发表和出版的中篇小说篇数远远超过"文化大革命"前十七年的总和。而一九八一年长篇小说出版的部数，几乎相当于五十年代产量最高的一九五九年的四倍。[1]

1　中国社会科学院文学研究所当代文学研究室：《新时期文学六年》，中国社会科学出版社1985年版，第1-2页。

"新时期文学"短时间内如此迅速的兴起和壮大，被文艺界领导集体认为是"建国以来最活跃、最繁荣"[1]，其程度、规模远超五四新文化运动，的确给人一种"文学运动"的直感。同样作为文化/文学运动，五四新文化运动与"新时期文学"在规模、组织程度上有着巨大的差别。从组织程度上，新文化运动仅仅凭借中心城市的大学、社团和期刊来组织、发起，并没有多少组织性，甚至可以说是"一盘散沙"[2]，而"新时期文学"却有一套从上至下、从中央到基层的完整、高效的文学体制进行组织、发动和领导。从规模上，五四新文化运动主要局限于中心城市和沿海地带，主要局限于受过新式教育的新青年群体；1919 年五四运动以前，新文化运动可以说影响微弱，即使是五四运动以后，"新文化"成为全国性的"运动"，影响力也大都只能抵达部分省城，即使在省城，《新青年》的销量也不过数百份，而五四运动后全国各地由学生团体所创办的白话报刊，也不过约400 种。[3]而"新时期文学"却遍及全国，大至北京上海，小到区县城镇，无处不在，上引的各项数据表明，如此数量巨大的发行量、期刊种类和文学创作，无一不显示着存在一个数量极为庞大的读者群和作者群；因此，将"新时期文学"体验、理解为一场"文学运动"，或许并不难以理解。

　　"新时期文学"不但是思想解放运动的组成部分，而且自身就是一场文学运动，这一在改革初期显而易见的直感和理解，却逐渐消失在 90 年代以来的中国当代文学史的经典叙事中。在这一叙事中，日益占据主导的，其实是反省、否定和废弃从"运动"的方式来直接理解"新时期文学"的尝试。这种文学史的政治，同样起源于改革初期，起源于改革初期对文学生产和组织的"文革"方式的否弃。1980 年，由陈荒煤担任顾问的《中国当代文学史初稿》出版，其中便明确提出"戒绝用政治运动和群众斗争的方式来对待文学艺术领域中的问题"，1949 年以来的文艺批判的"有害倾向"之一就是"运动式的做法"，"一哄而起"，"基本上听不到不同的意见"，造成"虚假的'舆论一律'"，致使"四人帮""那样

1　《关于文艺工作的若干意见》（草稿），转引自刘锡诚：《在文坛边缘上》（增订本），第 739 页。这一文件由周扬主持起草，并递交 1982 年 6 月中国文联全国委员会第四届第二次会议讨论。

2　太雷：《五四运动的意义与价值》，《中国青年》1925 年 5 月 2 日第 77、78 期合刊。

3　王奇生：《新文化是如何"运动"起来的》，《革命与反革命：社会文化视野下的民国政治》，社会科学文献出版社 2010 年版，第 1-38 页。

容易得手"。[1] 在这种认知中，文学一旦成为"运动"，就有沦为"文革"式的"运动"的危险，就既不利于文艺民主，且造成政治灾难，因此，如果仍然用"运动"来理解"新时期文学"的话，与"新时期文学"的空前繁荣、改革政治的新气象，似乎总不太相称。为了理解、凸显和构造改革与"文革"的断裂，切割"新时期文学"与"十七年"文学特别是"文革"文学之间的连续关系，构造文学与政治的二元对立，将"新时期文学"理解为主要是文学逐渐摆脱政治、追求自我发展的历程，便成为改革意识形态支配下的日益凸显的文学史政治。

随着 90 年代后期以来现代性视野的开启、"重返 80 年代"研究的持续推进，这种文学史政治如今已被批判性地反思，但这种反思始终无法突破它自身的限度。作为这种局限的结果，便是我们依然可以在中国当代文学史的经典叙事中看到，改革初期作为整体的"文学运动"总是被"文学潮流"的说法所替代，"新时期文学"的兴起过程被细分为一个个边界不那么清晰的"文学潮流"，如伤痕文学、反思文学、改革文学等。然而，"文学潮流"的说法，就其规模、组织化方式和政治目标的统一设定而言，实乃"文学运动"的婉转说法，一种有意无意"去政治化"的说法。如今，在"文革"的暗影已祛除的情况下，如果不"再历史化"地直接从"运动"的角度直接理解"新时期文学"的兴起，我们就很难全面理解改革初期被分割成的一个个"文学潮流"所内在的统一性和动力机制，我们也很难透彻理解"新时期文学"何以能够在如此短暂的时间内迅速兴起且空前繁荣，最后，我们也很难真正突破 80 年代以来所形成的文学史框架，以及潜藏在这种文学史框架背后的政治-历史-文化意识。

二 文化馆系统与"新时期文学"的群众性

《辞海》对"运动"的定义中包含三个特征，即运动的"有组织、有目的、规模较大"[2]。可以说，组织性的问题构成了理解"运动"的关键，而"运动"的规模也与组织动员机制密切相关。"新时期文学"的兴起是以文联-作协体制的重建为前提的。1978 年 5 月召开的中国文联第三届全委会第三次扩大会议，标志着文联及各文艺家协会开始恢复，1979 年 10 月召开的第四次全国文代会选举了

---

1   冯刚等：《中国当代文学史初稿》，人民文学出版社 1980 年版，第 20–21 页。
2   夏征农主编：《辞海》(1999 年版缩印本〔音序〕)，上海辞书出版社 2002 年版，第 2115 页。

全国文联新的领导机构，1979 年 11 月，中国作协改选"文革"后新的领导机构。总的来说，在改革初期，"国家的政治组织形式，包括文化（文学）的权力机构及其组织形式，并未有很大的变化"，"机构的组织方式和人员构成，基本延续'文革'发生前的格局"。[1] 可以说，重建后的文联–作协体制由于基本延续"十七年"的模式，因而依然具有动员结构的特征。

然而，讨论初兴的"新时期文学"，文联–作协体制固然关键，但文联–作协体制有其固有限度。最重要的历史事实是，自 1949 年第一次文代会以来直到 90 年代初市场化时代降临之前，文联–作协体制作为一种制度安排从未完全深入到县一级及以下的基层，直到 80 年代中期之前，县一级基本没有文联–作协组织。第一次文代会后成立的中华全国文学艺术界联合会（其后的"文联"）的章程中只涉及省市；1949 年全国 40 个地市先后成立地方性文联组织[2]，据《文艺报》（第 18 期）的统计，各地作协分会从 1954 年的 8 家发展 1959 年的 23 家，各地加入作协的人数达到 3 136 人，1960 年有 3 719 人，此后陆续发展[3]。但对于新中国来说，如此规模的文联–作协体制显然远远不像当前文学制度研究所描述的那样，已经自上而下覆盖全国。事实上，50—70 年代文联–作协体制最多只深入到部分地市一级，县一级相当少见。直到 80 年代中期，县一级文联–作协组织才开始慢慢建立，但直到 1991 年的统计，全国地市一级文联平均组建率也只有 85%，县一级文联平均组建率则仅为 50%。[4] 例如，1986 年之前，广西壮族自治区共 13 个地市，组建地市级文联 8 个，到 1991 年，仍有一个地市没有成立文联，而全区 83 个县（市），1986 年前组建县级文联 25 个，到 1991 年也只组建 56 个县级文联，县级文联组建率为 68%。[5]

从 50—70 年代至 80 年代中期，由于文联–作协体制在基层的制度性缺席，基层文艺活动包括文学生产另有制度承担。1953 年，周扬在中国文学艺术工作者第二次代表大会上的报告中就指出："辅导群众的业余艺术活动，是省、市文联的

1　洪子诚：《中国当代文学史》，北京大学出版社 2008 年版，第 188 页。
2　张健主编：《中国当代文学编年史》第 1 卷，山东文艺出版社 2012 年版，第 74 页。
3　转引自王本朝：《中国当代文学体制研究（1949—1976）》，博士学位论文，武汉大学文学院，2005 年，第 41 页。
4　武剑青：《团结鼓劲开拓奋进争取我区文艺事业的更大繁荣——在广西第五次文代会上的工作报告》，《南方文坛》1991 年第 2 期。
5　武剑青：《团结鼓劲开拓奋进争取我区文艺事业的更大繁荣——在广西第五次文代会上的工作报告》。

另一个主要的任务。这种辅导应当侧重于供应群众业余艺术活动的材料和指导群众的创作这两方面，以便和政府文化主管部门的工作互相配合而不互相重复。"[1] 所谓政府文化主管部门的工作，其实主要是指各地文化馆、群众艺术馆（以下简称"群艺馆"）的文艺工作。1964年，周扬又明确谈到过："要抓好文艺队伍建设。队伍无非是三个方面：文化队伍（如文化馆、书店），事业队伍（搞表演的），创作队伍（写东西的）。这里边有专业的，但大量的是业余的。在县这一级，要靠业余队伍。"[2] 县一级组织文化队伍和业余创作队伍的工作，也主要是由县一级文化馆来承担的。

新中国成立初期，就建成了完整的群众文化体制，它包含四个分支。其一是由共青团和政府教育部门主管的市青年宫、少年宫等机构；其二是军队内部的团俱乐部、连队俱乐部；其三是由工会组织主管，以省、市工人文化宫，市辖区工人俱乐部，厂矿企业工人文化宫、俱乐部为制度主体；其四是由政府文化部门主管的分支，以省市群艺馆、县（市辖区）文化馆、县以下的区或乡镇文化站、农村俱乐部为制度主体，其中最重要的是县一级文化馆，为论述方便，这一分支简称"文化馆系统"。[3] 这四支都程度不同地参与到文学生产之中。以工会组织主管的工人文化宫和工人俱乐部为例，在部分大中城市和厂矿、企业密集的地区（如上海），尽管有较为完善的文联组织的覆盖，工人文化宫或工人俱乐部在发展工人文艺创作上依然扮演重要角色，这些机构通过组织业余文艺创作组、辅导工人业余文艺创作和创建工人业余文艺团、队等方式，使工人群众得以实质性地参与到文艺生产之中。数据显示，截止到1981年，全国工人文艺组织有各种职工业余文艺团、队15 700多个，各种文学艺术创作组织8 800多个，到1985年，全国已有30 000多个职工、工人业余文艺创作组织，参加的业余文艺作者达20余万人。[4] 但在改革初期，从机构数量、覆盖面、文学生产功能等方面来说，文化馆系统在整个群众文化体制中最为重要。

1　周扬：《为创造更多的优秀的文学艺术作品而奋斗：一九五三年九月二十四日在中国文学艺术工作者第二次代表大会上的报告》，《周扬文集》第2卷，人民文学出版社1985年版，第262页。

2　周扬：《在河北省各地关于文艺问题的讲话》，《周扬文集》第4卷，人民文学出版社1991年版，第354页。

3　梁泽楚：《群众文化史》（当代部分），新华出版社1989年版，第32页。

4　参见全国总工会宣教部编：《工会群众文化工作资料选编（1950—1987）》，地震出版社1988年版，第222页；郑万通主编：《中国工会统计年鉴（1991）》，中国工人出版社1991年版，第221页。

文化馆系统上承中国革命中的群众文艺实践和民国政府民众教育馆制度，新中国成立初期，文化馆系统便在全国各地普遍地建立起来了，并在50—70年代饱经历史的曲折而大体依然保持50年代中期的规模。自1978年12月文化部发布《关于开展一九七九年春节文化艺术活动的通知》始，文化馆系统的建设工作开始迅猛推进；1980年初中宣部发布《关于活跃农村文化生活的几点意见》，要求加强县、社文化馆、站建设，推进群众文化工作；1981年8月，中共中央发布《关于关心人民群众文化生活的指示》，要求大力推进群众文化工作，并将文化馆、群艺馆作为主要的制度形式；1983年9月，中共中央再次批转中宣部等四部门《关于加强城市、厂矿群众文化工作的几点意见》，要求真正实现"六五"计划所提出的"基本上做到市市有博物馆，县县有图书馆和文化馆，乡乡有文化站"。[1] 在50—70年代，中共中央从未为了加强群众文化工作而专门颁发文件，1981年和1983年这两个中央文件，成为改革初期指导群众文化工作的纲领性文件，这是理解改革初期的群众文化何以迅速活跃、普遍繁荣的基本前提之一。

1952年，全国文化馆（基本是县一级）2 430个，1965年增长到2 598个，经历"文革"动荡后规模基本不变，此后，一路渐增，直到1984年增长到最高峰3 016个，此后几年稳中略降。从历史趋向来说，自1952年开始，全国文化馆基本规模便已然奠定，从1952年到1984年的最高峰，30余年只增长了586个。这一事实表明改革初期的文化馆系统与50—70年代的延续关系。乡镇一级的文化站则是1952年开始设立，几经起伏后，1965年为2 125个，1976年恢复到2 886个，到1979年陡增到22 304个，此后几年依然是以每年数千个的速度增长：1980年25 273个，1981年28 417个，1982年35 832个，1983年41 830个，到1984年增长到50 247个，1984年之后，增长速度迅速回落，到1986年增长到最高峰，为53 519个，此后，同样开始稳中略减。[2] 就乡镇一级文化站的历史而言，文化站的规模直到1979年才初步奠定，而文化站增长最快的时期正是1978—1986年。可以说，50—70年代的文化馆系统的建设，这一系统逐渐地从城市到乡村、从省市到乡镇的铺展和下沉，直到1986年左右才宣告结束。

也就是说，1978—1986年是1949年以来所开始建设的文化馆系统的迅速发展和完成时期，正是在这一时期，"一个以县文化馆为'龙头'，以乡镇文化站、

1　以上文件均见中国艺术馆筹备处编：《中国群众艺术馆志》，社会科学文献出版社1997年版，第898-938页。

2　中国艺术馆筹备处编：《中国群众艺术馆志》，第942页。

文化中心为枢纽，以农村文化室（俱乐部、青年之家）和农村文化户为'基脚'的农村群众文化网已经形成"，"这是建国以来群众文化发展的最好时期"[1]，"群文（"群众文化"缩写）工作者称80年代为群文工作的'黄金时代'"[2]。值得注意的是，文化馆系统发展最快的时期恰恰与"新时期文学"兴起繁盛的时期相重叠。这绝不是偶然的。改革初期文化馆系统的迅猛发展与"新时期文学"的"空前繁荣"的密切关联处正在于，文化馆系统的重要任务之一正是推动群众性的文学生产。可以说，文化馆系统在基层的迅猛发展，正是"新时期文学"兴起与繁盛的重要制度条件。

自20世纪50年代文化馆系统初建时起，群众性文学生产便是工作之重。1956年，文化部、共青团中央发布《关于配合农村合作化运动高潮开展农村文化工作的指示》，规定了县文化馆和区文化站集中或分片地轮流训练业余文艺活动骨干，辅导群众文艺创作、供应宣传教育和文艺活动资料等工作。[3] 1981年中共中央发布的纲领性文件《关于关心人民群众文化生活的指示》，除强调文化馆系统是推进群众文化工作的主要制度形式外，也同样强调文学、艺术活动是群众文化工作的头等任务；随这一文件同时发出的，是中宣部、文化部、共青团中央联合发布的《关于活跃农村文化生活的几点意见（修改稿）》，文件提出要建设农村集镇文化中心，逐步建立一支群众文化骨干队伍，特别是业余文艺创作和业余文体队伍，要求文化馆在内的单位加强面向农村的辅导工作。1981年7月，文化部发布《文化馆工作试行条例》，将文化馆界定为"当地群众文化艺术活动的中心"，并规定文化馆的工作任务是"组织辅导群众业余文艺创作和业余文化艺术、娱乐活动"，并规定文化馆主要面向农村，通过各种形式培养文艺骨干，繁荣文艺创作。[4] 可以看到，群众性的文学生产正是文化馆系统的常规工作内容之一。特别是在改革初期，由于县一级文联、作协组织的建设才刚起步，文化馆系统作为综合性的群众文化制度，顺理成章地承担起了组织、辅导和培养群众性的文艺创作的任务，这就是何以文化馆系统会成为"新时期文学"兴起与繁盛的重要条件的原因之一。

改革初期，文化馆系统延续50—70年代的传统，继续组织、辅导和培养群众

1　梁泽楚：《群众文化史》（当代部分），第150、3页。

2　孙进舟：《中央群众艺术馆的兴衰与中国艺术馆的筹建》，中国艺术馆筹备处编：《中国群众艺术馆志》，第5页。

3　中国艺术馆筹备处编：《中国群众艺术馆志》，第890-891页。

4　中国艺术馆筹备处编：《中国群众艺术馆志》，第915-918页。

性的文艺创作。一般县级文化馆，包括地市群艺馆和少数的文化（教）局都会设专门的文学组或创作组（室），由专门的文学干部负责，而这些文学专干基本上便是地方文学圈较有成绩的地方作者（家）。到 1984 年，全国文化馆 3 016 个、群艺馆 315 个[1]，合 3 331 个，可以说全国文化馆系统中的文学组或创作组（室）便几乎也有这么多。一般而言，文学组或创作组（室）基本上依托于文化馆，即使有些在名义上归属文化（教）局，但实际上大部分还是落实在文化馆内。全国文化馆系统中的文学组或创作组（室）是推动和支撑群众性文学生产的重要制度。在这一制度之下，文学组或创作组（室）主要通过两个方面组织、辅导和培养群众性的文艺创作：首先是组织一系列的文艺创作学习班，或者用以会代班的形式组织和辅导业余文学作者；其次是创办文艺刊物，为本地区的业余作者提供发表园地。

从省市群艺馆、县级文化馆到乡镇文化站，组织和辅导群众文艺活动是文化馆系统各级的日常工作，其中就包括文学创作活动的组织和辅导。而组织文艺创作学习班，乃至以会代班的形式组织培训，也是文联-作协体制的常用方式。例如，1956 年 3 月，中国作协和团中央联合召开第一届全国青年文学创作者会议，业余文学作者占 82%，这次会议就是采取以会代班的形式，"采取短训班方式开会"，由作协的茅盾、老舍、陈涌、张光年等授课，同时老舍、赵树理、康濯、曹禺等老作家到各组具体辅导。[2] 文化馆所组织的文艺创作辅导活动与这一方式有些相似，只是规模小型化。例如，在北京，丰台区文化馆 1974 年恢复馆名后设文学组、基层辅导组等业务组，创立业余文学创作小组等，1980 年前后，文化馆多次举办文学培训班，萧军、浩然、刘绍棠、从维熙、邓友梅、林斤澜、陈建功等人都曾讲过课，从 1983 年起，还成立了文学创作协会；燕山区文化馆 1977 年成立文艺组，举办各类培训班 9 期，培训文艺骨干 285 人；平谷县文化馆 1978 年举办各种文艺学习班，作家浩然、刘绍棠、刘厚明、林斤澜等应邀辅导。[3] 在四川，内江市文化馆 1976 年组织工农兵业余文艺创作评阅组，1979—1981 年，文化馆举办文学讲座、作品讨论会 23 次，组织业余作者深入生活 11 次，创作作品 2 235 件。[4] 在湖南，益阳市文化馆 1979 年举办戏剧创作培训班和曲艺创作笔会，

1　中国艺术馆筹备处编：《中国群众艺术馆志》，第 942 页。

2　王蒙：《半生多事》（自传第一部），人民文学出版社 2014 年版，第 146-147 页。

3　中国艺术馆筹备处编：《中国文化馆志》，专利文献出版社 1999 年版，第 10、13、23 页。

4　内江市市中区编史修志办公室编：《内江市志》，巴蜀书社 1987 年版，第 808-809 页。

1984 年 8 月举办曲艺创作学习班，1985 年 3 月举办青年文学创作学习班，1985 年 5 月举办戏剧创作学习班，学员 7 名，训期 16 天，创作大型剧本 3 个，小型剧本 1 个，电视剧本 2 个，1986 年 6 月，由文化局、文化馆联合举办散文诗创作座谈会，莫应丰、洛之应邀参加。[1] 正是遍布全国的文化馆系统的这些辅导工作，将基层一大批文学爱好者、业余作者都组织到文学生产之中，源源不断地为"新时期文学"培养数量庞大的业余作者和地方作家。这就难怪青年时曾在广东潮安县文化馆创办的《潮安文艺》上发表过作品的陈平原断言："但凡'文革'后期开始文艺创作的，大都曾得到各地文化馆的培养。"[2]

其次是创办一系列文艺刊物。50—70 年代各地群众文化机构就已创办过刊物。1956 年，文化部、共青团中央发布《关于配合农村合作化运动高潮开展农村文化工作的指示》，要求县文化馆和区文化站供应宣传教育和文艺活动资料等，加上当时"百花齐放、百家争鸣"的契机，1956—1957 年文化馆系统有过短暂的办刊热，此后基本都因"反右"而停办；60 年代初期接着续办，"文革"爆发后又都停办，70 年代初期刊物开始稳步增多，但改革初期才迎来黄金时代，此时全国各地的群众文化机构纷纷创立刊物，这些刊物有的延续 50—70 年代的旧有刊名，但更多的是创办新刊物，这些新刊物形式多样，定期或不定期，公开发行或内部发行，期刊形式或报纸形式乃至亦报亦刊，油印或铅印，层出不穷，数不胜数。

例如，《中国文化馆志》收录北京市 19 个区县文化馆志，有 10 个明确记载创办过刊物。例如丰台区文化馆于 1975 年创办文学刊物《丰收》，培养、扶植了一批业余作者，其中包括毛志成、肖复兴等人；密云县文化馆 80 年代创办文学刊物《寸草》，得到过浩然、刘绍棠的支持和辅导，甚至还发表过林斤澜的文章；通县文化馆 1972 年创办《通县文艺》，1975 年停刊后，接着重新恢复 60 年代停刊的《群众文化》小报，1979 年在刘绍棠、浩然的支持下，《群众文化》停刊，改出不定期刊物《运河》，同年 6 月，大型文学刊物《运河》出版，刘绍棠、孙犁、浩然等为该刊物撰稿。[3] 在四川，各地文化局、群艺馆、文化馆都有主办各种群众文艺刊物。例如《四川群众文艺》《群众文化探索》等由省群艺馆创办，《涪江文艺》（1981 年改为《剑南》）、《沫水》、《沱江文艺》、《凉山文艺》等由

1   益阳市文化局编：《益阳市文化志》，内部出版，1989 年，第 93-95 页。

2   陈平原：《文化馆忆旧》，《南方都市报》2020 年 8 月 2 日，GA12 版。

3   中国艺术馆筹备处编：《中国文化馆志》，第 10、20、15 页。

各地区文化局主办，《三峡》《锦江》《艺术广场》《自贡文艺》等由各地区群艺馆主办，此外尚有群众文艺刊物 30 余种，加上县文化馆、文联主办的油印、铅印的各种文艺、文化报刊约 200 多种。[1] 其中《沱江文艺》1974 年创刊，初为不定期刊物，由内江地区文教局创作室主办，1977 年后改为综合性文艺刊物，1981 年开始省内公开发行，周克芹的《许茂和他的女儿们》便是 1979 年在这一刊物上首发；内江文化馆则接办不定期内部刊物《甜城文艺》，每月一期，到 1982 年底，共出刊二十余期，印小报 18 800 份；内江地区群艺馆 1980 年还主办不定期内部刊物《沱江浪花》，以刊登群众文艺资料为主。[2] 湖南省娄底地区下辖娄底市、涟源县、冷水江市、双峰县等，1979 年、1980 年，娄底市文化馆先后创办《花山》综合文艺杂志，《娄底新歌》专刊和《娄底文艺》小报[3]；涟源县文化馆 1979 年起办有亦报亦刊的《涟河》，不定期出版，其中有两期为小说专辑，专门刊登全县业余作者的作品，《涟河》直到 90 年代初期才停办[4]；冷水江市文化馆 1979 年创办《冷江文艺》，每年出刊 1-2 期[5]；双峰县文化馆 1981 年创办《双峰文化报》，办至 1985 年，共出 48 期[6]。

让我们再次回到上引《新时期文学六年》的各项数据。由这些数据可以知道，到 1982 年，省级以上的期刊超过 200 种，在不完全统计的情况下，地区、县一级创办的文学刊物达到 800 种以上。而地区、县一级的文学刊物，其实绝大部分是由深入基层的文化馆系统所创办，此后，随着文化馆系统的继续发展，所办刊物会更多。正是这些由文化馆系统所创办的地方性刊物，从下至上地支撑起改革初期全国性的、群众性的文学参与，所谓改革初期"新时期文学"全国性的繁荣，与这一时期文化馆系统所创办的各种刊物实有莫大关系。

可以看到，文化馆系统凭借自身的文学制度，通过组织文艺创作学习班（会）并创办文艺刊物，将广大基层群众组织到文学生产实践之中，为"新时期文学"既培养了广大的文学读者和作者，也创办了数量众多的刊物、发表了数不胜数的文学作品，从而由下而上地推动了"新时期文学"的兴起与繁荣。在受到

---

1 四川省群众艺术馆、《四川省群众文化志》编委会编：《四川省群众文化志》，内部出版，1998 年，第 292-294 页。

2 内江市市中区编史修志办公室编：《内江市志》，第 808-610 页。

3 湖南省娄底市志编纂委员会编：《娄底市志》，中国社会出版社 1997 年版，第 626 页。

4 参见涟源市文化馆编：《涟源市文化馆建馆 50 周年专集》，内部资料，2002 年。

5 冷水江市志编委会编：《冷水江市志》，中国城市出版社 1994 年版，第 567 页。

6 中国艺术馆筹备处编：《中国文化馆志》，第 1220 页。

过文化馆系统培养的作者中，有相当一部分成为了全国性作家，在"新时期文学"的中心占有一席之地。例如，除上文提到的周克芹外，陈忠实最初发表作品便是在陕西省工农兵艺术馆（其后的群众艺术馆）创办的《工农兵文艺》和西安郊区文化馆创办的《郊区文艺》上，他作为郊区文化馆重点培养的业余作者也多次参加郊区文化馆的活动，事实上，陈忠实曾在1978—1982年先后在郊区文化馆和灞桥区文化馆工作[1]；韩少功于1974—1978年曾在湖南汨罗县文化馆工作；《犯人李铜钟的故事》的作者张一弓于1981—1983年曾在河南登封县文化馆工作；1978年全国优秀短篇小说奖获奖者贾大山来自河北正定县文化馆，1979年获奖者陈世旭、母国政分别来自江西九江县文化馆和北京崇文区文化馆，1980年获奖者京夫来自陕西商县文化馆，1980年、1981年两届获奖者王润滋和1982年获奖者矫健均来自山东烟台地区文化馆，1981年获奖者鲁南来自山东禹城县文化馆，1983年获奖者彭见明来自湖南平江县文化馆等。[2] 可以说，改革初期文化馆系统的文学工作的确是成绩卓著，以至文化部在1983年1月印发的《全国文化馆工作座谈会纪要》中甚至批评各地文化馆过于重视文艺创作活动，把文化馆办成了"小文联"或"创作室"。[3]

一定程度上，如果不理解以文化馆系统为主体的群众文化体制的历史角色，不理解这一体制在改革初期所支撑的群众性的文学生产实践的基本情形，而仅仅从上层、从文学中心、从文联-作协体制出发，那么所谓"建国以来最活跃、最繁荣"的"新时期文学"，将的确是不可想象的。可以说，文化馆系统在改革初期的文学生产中介入极深，它组织、培养和团结了一大批身处基层的文学读者和文学作者，他们是"新时期文学"的重要读者群和作者群，这一切都使得"新时期文学"不只局限于中心地带、中心城市，也不只局限于知识分子阶层，而是得以从上层深入基层，从城市深入乡村，获得广大而深厚的群众性。

如果说初兴的"新时期文学"是一场文学运动的话，那么它也是一场突破城市和知识分子阶层、深入到广大乡村和基层群众之中的群众性的文学运动，简言之，一场"群众运动"。

---

1 参见邢小利：《陈忠实传》，人民文学出版社2018年版，第100—103页。
2 以上资料综合自历年《全国优秀短篇小说评选获奖作品集》对获奖者的介绍及其它相关资料。
3 中国艺术馆筹备处编：《中国群众艺术馆志》，第928页。

三 非支配性动员："新时期文学"与新民歌运动的比较

必须指出，"新时期文学"作为群众运动，与50—70年代的群众运动相比的确存在一些关键差别。我们不妨将"新时期文学"与50—70年代最典型的群众性文学运动——"新民歌运动"——做一对比。1958年群众性的新民歌创作被视为一场"运动"，已经成为中国当代文学史常识，例如1980年出版的《中国当代文学史初稿》便将其界定为"建国以后首次出现的规模很大的群众文艺运动"[1]。作为一场群众运动，新民歌运动有如下特点。

首先，这场运动的目标之一是确立工农兵群众的文化主体性，而确立的方式是以批判知识分子为前提的。新民歌运动前一年，主要是针对知识分子的"反右"运动爆发，全国各界划出约55万"右派"。在毛泽东看来，"反右""解放了文学艺术界及其后备的主力军的生产力，解除旧社会给他们带上的脚镣手铐，免除反动空气的威胁，替无产阶级文学艺术开辟了一条广泛的发展道路"，道路开辟了，"一支完全新型的无产阶级文艺大军正在建成"。[2] 可以说，"反右"运动是为新民歌运动开辟道路的，因而在这场群众运动中，已然从政治上先在地设定了工农兵群众与知识分子的参与的不均衡性。

其次，新民歌运动首先是由党和国家最高领导人毛泽东直接发起。1958年3月，毛泽东说："印了一些诗，尽是些老古董。搞点民歌好不好？请各位同志负个责，回去搜集一点民歌。各个阶层都有许多民歌，搞几个试点，每人发三五张纸，写写民歌。劳动人民不能写的，找人代写。限期十天搜集，会搜集到大批民歌的，下次开会印一批出来。"随后的汉口会议上，毛泽东又说："各省搞民歌，下次开会，各省至少要搞一百多首。大中小学生，发动他们写，每人发三张纸，没有任务，军队也要写，从士兵中搜集。"[3] 经过毛泽东三番五次地下动员令，全国各地都迅速动作起来。

再次，新民歌运动主要依靠党政机构的具体发动和组织，文联-作协体制和

2　毛泽东：《对周扬〈文艺战线上的一场大辩论〉一文的批语和修改》，《建国以来毛泽东文稿》第7册，中央文献出版社1992年版，第94—95页。

3　转引自陈晋：《文人毛泽东》，上海人民出版社1997年版，第448页。

群众文化体制反而成了辅助性组织。1958年4月14日,《人民日报》发表《大规模收集民歌》的号召,全国各级党政机关也纷纷发出通知,将收集、创作民歌视为"当前的一项政治任务",有些省份甚至"要求全省所有党组织都能做到书记动手,全党动手"[1]。从省委书记到地方各级领导,集体出动,许多地方党委还成立创作委员会,主任委员大都由党委书记或副书记担任,号称"全党办文艺","全民办文艺"[2]。由于最高权威和地方各级党政机关的发动和组织,新民歌运动直接地带有政治运动的性质,而动员群众的方式则更多采取行政动员,或者说"支配性动员"的方式。

最后,基于以上条件,运动的广度和深度都极为惊人。1959年,徐迟编选的《一九五八年诗选》中说:"几乎每一个县,从县委书记到群众,全都动手写诗;全都举办民歌展览会。到处赛诗,以致全省通过无线电广播来赛诗。各地出版的油印和铅印的诗集、诗选和诗歌刊物,不可计数。诗写在街头上,刻在石碑上,贴在车间、工地和高炉上。诗传单在全国飞舞。"[3] 这一描述并不夸张。1959年1月1日,文化部主办的《新文化报》报道:"据不完全统计,现在全国已有工农业余创作组95万个。一年中创作的各种文艺作品达8亿8千余万件。"[4] 河南省96个县已有创作组30 571个,创作量是几百万上千万首;仅许昌一个专区,光有组织的业余作者就是57 000多人,"大跃进"以来,已创作作品3 160 000件。[5]可见当时之盛。从新民歌运动可以看出,上自党和国家最高领导人,中间各级党政机关,下至田间村头,几乎全被席卷,整个国家都被动员起来,堪称一场总体性运动。

然而,"新时期文学"作为一场群众运动,却有着不同的特点。首先,相对于新民歌运动,"新时期文学"中工农兵群众与知识分子的参与更为均衡。50—70年代针对知识分子在不同领域发动了一系列批判运动,知识分子一度被界定为"资产阶级知识分子",政治身份变得暧昧不明。这种针对知识分子的政策体现在文学领域,就是工农兵作者常被各级期刊重点关注和培养,甚至获得了优先发表的权利,而"右派""反革命分子"投稿时则要经受严格的政治审查,通常情况

1　转引自谢保杰:《主体、想象与表达:1949—1966年工农兵写作的历史考察》,北京大学出版社2015年版,第158页。
2　转引自谢保杰:《主体、想象与表达:1949—1966年工农兵写作的历史考察》,第166页。
3　转引自谢保杰:《主体、想象与表达:1949—1966年工农兵写作的历史考察》,第162页。
4　转引自梁泽楚:《群众文化史》(当代部分),第76页。
5　谢保杰:《主体、想象与表达:1949—1966年工农兵写作的历史考察》,第162页。

下难以获得发表。但 1976 年以后，老干部大规模复出，此后"平反冤假错案"，为右派分子及在历次政治运动中受伤害的人平反，特别是对知识分子的政治身份进行了重新划定。1978 年 3 月，邓小平在全国科学大会开幕式上正式宣布，绝大多数知识分子"已经是工人阶级和劳动人民自己的知识分子，因此也可以说，已经是工人阶级自己的一部分"[1]，从而彻底根除了知识分子政治上的顾虑，知识分子获得政治上的真正解放。这些政策同样迅速反映到文学领域中，其中的一个表现，是从 1978 年开始，知识分子和工农群众基本上都可以自由投稿，投稿也不再需要政治审查，即使是对于尚未"摘帽"的"右派"分子也是如此。例如，张贤亮自 1957 年被划为"右派"后，60 年代为了发表作品、规避审查，不得不化名向《宁夏文艺》投稿，但即使如此，《宁夏文艺》也最终通过调查函发现了张贤亮的右派身份，从此张贤亮再也无法在《宁夏文艺》发表作品。[2] 但到了 1978 年底，尚未"摘帽"的张贤亮再向《宁夏文艺》投稿时，已经不再像 60 年代一样需要看"身份"证明，张贤亮因此得以在《宁夏文艺》发表了改变他人生命运的第一篇小说《四封信》。[3]

正是"新时期文学"基本上向知识分子与工农群众同等开放，给予他们平等的参与机会，使得"新时期文学"相比于新民歌运动，参与更平均、更自由，从而也最大程度地激发出知识分子和工农群众的热情与能动性，这是初兴的"新时期文学"作为群众运动具有空前活力和丰富性的根源。

其次，尽管"新时期文学"服务于"新时期总任务"的政治目标，承担着群众动员和形塑改革共识的政治功能，"新时期文学"却并不是由最高领导人直接发起的，"新时期文学"的动员结构也主要不是各级党政权力机关，而是文联-作协体制和以文化馆系统为制度主体的群众文化体制。动员结构的不同决定了群众动员的方式也不同。由于对从上至下的行政权力组织存在更大的依赖，新民歌运动动员群众参与的方式具有更强的支配性，而"新时期文学"动员群众参与的方式虽然也部分依赖行政组织，但主要依靠作为人民团体和事业单位的文联-作协体制和群众文化体制，因此组织动员群众参与到文学生产之中的方式也具有不同特点。

仍以文化馆系统为例，上文提到，县级文化馆主要从两个方面推动群众性创作，即组织文艺创作学习班（会）和创办文艺刊物。这两方面的工作并不构成对

---

1 邓小平：《在全国科学大会开幕式上的讲话》，《邓小平文选》第 2 卷，第 89 页。

2 张贤亮：《心安即福地》，贵州人民出版社 2013 年版，第 160 页。

3 张贤亮：《〈宁夏文艺〉与我》，《朔方》1990 年第 3 期。

文学爱好者和业余作者的强迫，即并不强制性要求他们参与，相反主要依靠他们自身的积极性。在这一意义上，文化馆系统所提供的组织性，并不具有直接和强制动员的效力。的确，文化馆系统也会主动地联系、辅导和组织业余作者，但这同样不具有支配性。从50—70年代直到改革初期，各地文化馆都要求文化干部承担下乡探访、了解和指导业余作者的任务，这种工作方式最终在1981年文化部发布的《文化馆工作试行条例》中固定下来，其中明确规定了"文化馆每年应有二分之一的时间，深入基层开展业务辅导工作"[1]。而深入乡村去探访、辅导和动员业余作者自然也是这种工作之一，但这丝毫不会对业余作者构成强迫，而是相反，为业余作者提供他自身渴望的发展空间。例如，据笔者采访，湖南省涟源县的农民业余作者廖哲辉，自行投稿并在涟源县文化馆主办的《涟源文艺》1973年第3期上第一次发表作品后，县文化馆文学专干就专门从县城长途跋涉到他的农村家中探访指导，此后就推荐、动员他参加县文化馆组织的各种类型的创作学习班，并帮助他修改作品和在《涟源文艺》及其后创办的《演唱资料》上继续发表作品；1977年，廖哲辉因发表作品被选为乡民办教师；1979年县文化馆创办亦报亦刊的《涟河》（《涟源文艺》和《演唱资料》此时已停刊），地方性文学生产益发活跃，廖哲辉也日益频繁地被推荐参加各种创作会议，并时有诗歌、散文在《涟河》上刊出；80年代中期以后，廖哲辉逐渐地不再参与县文化馆组织的活动，最终退出了涟源县的"新时期文学"。[2]

从这一例子可以看出，文化馆系统在组织和发动业余作者参与"新时期文学"时，业余作者拥有更充分的参与和退出的自由，这使得群众动员的支配性基本不存在。总之，同样作为群众运动，与新民歌运动相比，"新时期文学"的动员方式主要是非支配性动员，它更肯定群众的积极性，更依赖群众的自发性。[3]

1　中国艺术馆筹备处编：《中国群众艺术馆志》，第917页。

2　2019年1月29日笔者对廖哲辉的采访。涟源县的"新时期文学"的具体情形，参见笔者博士论文，石岸书：《群众的身影："新时期文学"的"后群众性"》，博士学位论文，清华大学人文学院，2019年。

3　有研究者在分析苏联和中国的社会动员的不同时，认为苏联是"命令式动员"（command mobilization），而中国则是"参与式动员"（participatory mobilization），见Thomas Bernstein, *Leadership and Mobilization in the Collectivization of Agriculture in China and Russia: A Comparison*, PhD dissertation, Department of PoliticalScience, Columbia University, 1970. 但放在这里似乎总有某种不相称之处。新民歌运动与"新时期文学"可以说都是"参与式动员"，但其中仍然存在显著的不同，这种显著的不同直接来源于动员结构及其施加支配的强度差异，但也很难根据这种强度差异反过来判定新民歌运动是"命令式动员"。

最后，作为结果，"新时期文学"作为运动的广度和深度也自然大不如新民歌运动。新民歌运动作为全国性的政治运动，从最高领导人到最基层的农村家庭，各行各业、各级各地，都被不同程度地卷入，而"新时期文学"尽管也依赖文联-作协体制和群众文化体制深入到各地基层，并具有相当惊人的规模，但参与者主要是文学爱好者、业余作者和专业作家，根本不可能具有"全党办文艺""全民办文艺"的广度和深度。可以说，从五四新文化运动、"新时期文学"到新民歌运动，运动的广度和深度逐渐递增，而以新民歌运动为最。

研究者指出，在50—70年代的群众运动中，大部分的"政治参与并非是具有独立选择能力的行动者的自发行为，而是在其他组织或个人策动下发生的'动员型参与'。换言之，群众运动之形成，须以运动群众为前提"[1]，新民歌运动或许并不例外。然而，"新时期文学"中群众参与的自发性，却构成了与新民歌运动相区别的关键特征。虽然"新时期文学"的迅速兴起同样依赖对群众的宣传、动员和组织，但它并不像50—70年代那样具有较强的支配性，而是给予群众（工农群众和作为"工人阶级一部分"的知识分子）以平等参与、自由参与和自由退出的权利，其结果是，作为"运动"的"新时期文学"的形成极大地依赖群众的自发性，而这正是"新时期文学"何以具有如此蓬勃的活力和创造性的根源。另外，比50—70年代更具包容性和制度弹性的文联-作协体制和深入基层的群众文化体制能够有效地组织、动员和领导这种自发性的群众参与，将其形塑为具有统一性的"运动"。在改革初期，由文联-作协体制和群众文化体制所组成的动员结构，固然也在时时"运动群众"，但群众的能动性却并未淹没在这种"运动"之中，相反，群众甚至能够顺着动员结构的有效组织、动员和领导进行一定程度的自主"运动"。这是群众的自发性参与和文学体制的自觉领导最为均衡、最为有效地结合在一起的历史时刻，深而言之则是中国社会主义政治重焕生机的历史时刻。总之，初兴的"新时期文学"能够短时间内"空前繁荣"，或许正在于它是群众运动，而且是另一种群众运动，即"新群众运动"。

然而，相比于50—70年代的群众运动，"新时期文学"还存在另一关键差别：50—70年代的群众运动带有"反官僚化"的色彩，而"新时期文学"则存在日益增强的"官僚化"特点。毛泽东看重群众运动的一个关键因素，正在于群众运动是反官僚主义的。这一点在延安时期便已经非常突出。在延安时期，毛泽

1　李里峰：《群众运动与乡村治理：1945—1976年中国基层政治的一个解释框架》，《江苏社会科学》2014年第1期。

东就曾强调"农民的参与并削弱政府官僚机器的独立性和权力",因此,群众运动经常构成"对行政机关的凝固化和官僚倾向的直接挑战",群众运动本身具有"反对行政精英对权力的垄断以及狭隘的专业化"的指向性。[1] 斯考切波也指出,新中国所建立的新型政权"不同寻常地推动广泛的民众参与,令人惊讶地抵制科层化官员与职业专家式的常规型等级支配"[2]。1949 年以后,毛泽东多次强调反官僚主义,并为此多次发动"反官僚主义"的运动。即使对于新民歌运动来说,它也基本绕过了文联-作协体制,直接诉诸党政权力机构;而各级党委领导新民歌运动的方式,也是直接深入田间地头,主要诉诸领导与群众的直接结合,发动群众的直接参与,而不单纯依赖行政组织的等级秩序。

相比之下,"新时期文学"较为严格地依赖文联-作协体制和群众文化体制的动员结构,并不构成对重建的文学体制的挑战,相反,作为思想解放运动的一部分,"新时期文学"既承担着论证改革秩序的合法性、塑造改革共识的功能,同时也推进着文学体制的重建和发展,并同样论证着重建后的文学体制的合法性。重建后的文学体制发动群众参与,推动"新时期文学"的兴起,但"新时期文学"的能量却很快被吸纳到主导的文学体制之中。这种吸纳主要有两层内涵。首先,吸纳指的是通过批评、引导和文学评奖的方式,文学权力中心对"新时期文学"进行命名、筛选和经典化,赋予"新时期文学"以统一的方向,转移、弱化乃至排除"新时期文学"所包含的批判性能量,"伤痕文学"的经典化、"苦恋"风波、叶文福的诗歌《将军,不能这样做》的评奖风波和人道主义、异化问题的批判等都是典型例子。其次,吸纳也指的是文学体制重建、巩固和发展的方式。文联-作协体制在每一层级的重建和发展,都需要文学作者的补充,都需要不断吸纳群众性的新生力量作为其制度性支撑。通过聘选和调动等多种方式,体制外的业余作者和处于基层群众文化单位的文艺工作者源源不断地进入专业化的文联-作协体制,成为重建、巩固和发展文学体制的有生力量。上文提及的陈忠实、韩少功、张一弓和历届全国优秀短篇小说获奖者,绝大部分都先后成为文联-作协体制中的专业作家。在改革初期,这是一个单向的体制化过程,经由此一过程,文学生产的重心从以文学体制为中心的内外互动,逐渐转移到文学体制内

1　马克·赛尔登:《革命中的中国:延安道路》,魏晓明、冯崇义译,社会科学文献出版社2002 年版,第 206、210 页。

2　西达·斯考切波:《国家与社会革命》,何俊志、王学东译,上海人民出版社 2007 年版,第289 页。

部，使得文学生产逐渐科层化、专业化，即"官僚化"，从而也就逐渐终结了"新时期文学"成为"群众运动"的可能性。事实上，80年代中期以后，作为"群众运动"的"新时期文学"便逐渐向作为知识分子运动的"新时期文学"转变了。[1]

就此而言，相对于50—70年代的群众运动，"新时期文学"也的确可以说是另一种群众运动，或者说，"新群众运动"。

结语

如果从"新群众运动"的角度解释"新时期文学"的兴起是可能的话，那么，80年代文学与50—70年代的连续和断裂便同时得到了初步解释："新时期文学"的兴起就其形式（"群众运动"）而言与50—70年代具有连续性，然而，就动员结构、动员方式、群众参与、运动性质等方面而言，又存在关键的差别，这是"新时期文学"何以"新"的根源。这一解释方式或许有助于我们从另一角度去理解"新时期文学"与改革政治的关系，并进而促使我们重新思考改革政治的承继性与新颖性。[2]

已经提到，"重返80年代"研究仍未建立起一种边界清晰、具有整体性的解释框架，原因或许在于"重返80年代"研究的背后缺乏清晰的政治–历史–理论立场。这种缺乏与对如下问题的难以回答有关：如何重新理解中国社会主义革命、建设与改革过程中的文学史、文化史的连续与断裂关系？如何重新理解中国社会主义政治的独特性与复杂性？如果从"新群众运动"的角度来整体性地解释"新时期文学"的兴起是可能的话，那么，它虽然无法直接提供答案，但这种解释方式却试图提供切近这些难题的另一种角度，并由此提请重新思考这些难题。这一解释方式也尝试推进"重返80年代"研究，以求能将"新时期文学"真正

1　对这一吸纳过程的详细描述和"新时期文学"从"新群众运动"向知识分子运动转变的详细过程，已涉及"新时期文学"转型的有关问题，故此处不赘，参见笔者博士论文，石岸书：《群众的身影："新时期文学"的"后群众性"》。

2　目前已有一些成果从"运动"的角度整体性地解释新中国成立以来中国社会主义政治的特征，参见冯仕政：《中国国家运动的形成与变异：基于政体的整体性解释》，《开放时代》2011年第1期；周雪光：《运动型治理机制：中国国家治理的制度逻辑再思考》，《开放时代》2012年第9期。

从 80 年代以来的政治–历史–文化意识中解放出来。而这一研究的最终目标，正是要竭尽全力将"20 世纪中国从对象的位置上解放出来，即不再只是将这一时代作为当代价值观和意识形态的注释和附庸，而是通过对象的解放，重建我们与 20 世纪中国的对话关系"[1]。

（《中国现代文学研究丛刊》2020 年第 12 期）

1　汪晖：《世纪的诞生》，三联书店 2020 年版，第 4 页。

毕文君 中国社会科学院文学博士，东华理工大学文法学院副教授，中国当代文学研究会会员。主要从事中国现当代文学的教学与研究工作。在《当代作家评论》《中国现代文学研究丛刊》等发表论文多篇，且被人大复印资料全文转载。出版专著《史传传统与中国当代长篇小说》，该书获第十五届中国当代文学研究优秀成果奖。

俞思超 东华理工大学文法学院中文系2018级硕士研究生。主要从事中国当代文学思潮研究。在《当代作家评论》《中国当代文学研究》等发表论文多篇。曾获首届江西省大学生文学评论大赛一等奖。

稿酬制度与当代文学生产

——以汪曾祺书信为中心

    作为文学生产的重要环节，稿酬制度的变化不仅关系到作家的经济利益，而且还和作家的生存状态和创作理念息息相关。李洁非认为稿酬制度是对文学生产监督和奖励的手段之一："文学体制并非只靠思想指导来达到控制文学生产的目的，它必然还要依托于一定的制度。其中包括文学出版（发表）的审查、文学劳动报酬（收益）和有关文学劳动者权益的规定等。"[1] 当代文学生产与稿酬制度的关联体现了文学体制中独有的特质性要素，也在很大程度上影响了作家的文体选择与创作心理。具体历史阶段中稿酬制度的变化更带有意识形态规训的意味，例如黄发有对"稿酬制度演变对'十七年'文学生产的多方面影响"[2] 的考察。因此，从稿酬制度与当代文学生产的视域中聚焦具体作家文学创作与稿酬的关系是观察作家文学创作与文学活动、文学交往的有效途径。汪曾祺的文学作品横贯当代文学的"十七年"时期、"文革"时期、八十年代、九十年代，不同时期的文学创作与当时文学生产的关系都很密切。本文以汪曾祺书信为史料支撑，通过梳理书信中与稿酬有关的内容，并结合当时稿酬制度的具体情况，分析汪曾祺稿酬观念阶段性变化的原因以及对其创作的影响。

---

1   李洁非、杨劼：《共和国文学生产方式》，社会科学文献出版社 2011 年版，第 2 页。

2   黄发有：《稿酬制度与"十七年"文学生产》，《中国现代文学研究丛刊》2018 年第 2 期。

一　当代文学生产中的稿酬制度

1949 年以后，稿酬制度不断发生变化，稿酬的性质、标准和付酬方式均处于不断变化的状态。稿酬制度的变化也影响了作家的生存状态和创作观念，并且以经济杠杆的形式调控着当代的文学生产。

稿酬制度的这种变化大致可以划分为以下三个时期：在 1949—1957 年之间，稿酬制度得到较为良好的发展。稿酬从性质上而言是一种合法的劳动报酬，在此阶段，我国的稿酬制度大致借鉴苏联的按印数定额支付稿酬的办法。对作家而言，这种稿酬制度能获得相当可观的金额，"为三万元奋斗""万元户"等现象也出现在这一时期。除了巴金、傅雷等极少数的自由撰稿人之外，绝大部分的作家被纳入体制，领取工资，稿酬只是额外的生活收入。在 1958—1976 年之间，稿酬制度的发展总体呈现出倒退的趋势。随着作家（知识分子）逐步成为被改造的对象，稿酬的合法性质开始动摇，稿酬被认为是"资产阶级的法权残余"，稿酬问题也逐步上升到了两种路线斗争的高度。稿酬数额处于"被削减"和"被提高"的波动之中，稿酬制度也随之处于"基本稿酬加印数稿酬"和"基本稿酬"两种模式的反复跳跃中。直至 1966—1976 年期间，稿酬被定为资本主义的属性，稿酬形式和稿酬制度不复存在。在 1977—1999 年之间，稿酬制度得到恢复，它不仅是文学生产的劳动结果，也是作家著作权益的体现。同时，这一阶段稿酬标准不断提高，稿酬多以稿费和版税的形式存在。总体而言，从 1949 年中华人民共和国成立到 1999 年《出版文字作品报酬规定》发布，我国的稿酬标准大体呈现出由多到少、再从零回升的趋势。

在 1949—1957 年这一时期，稿酬制度得到合理的建设。1949 年 10 月 3 日，全国新华书店第一届出版会议在北京召开，会议通过了《关于统一全国新华书店的决定》，其附件《关于统一全国新华书店各部门业务的决定》中明确提出："凡新华书店出版书刊，统一由收稿地支付稿费，其他地区新华书店重印分担稿费，并将印数通报新华总处。"[1] 同年 11 月 1 日，中华人民共和国中央人民政府出版总署成立，由胡愈之任署长。在这一阶段，虽然还未制定《著作权法》，但一方面《决定》以条文的形式保护了稿费的合法性，另一方面成立了相关的机构领导

1　宋应离等编：《中国当代出版史料》第 7 卷，大象出版社 1999 年版，第 467 页。

全国的出版工作，使作家的权益得到保障。1950年4月1日，新华书店总管理处颁布实行《书稿报酬暂行办法草案》（简称《办法草案》），全文11条，另外还有一个补充文件《新华书店旧书版权处理办法》，刊印在同期的《内部通告》上。关于著作权报酬支付办法，《办法草案》第二条规定，把书稿报酬分为定期报酬和定量报酬两种支付办法。定量报酬按印行数量付稿费，按书稿类别的印数条件分四项致酬劳，其中的文艺创作书稿"每印行3万—5万册，致酬一次……书稿报酬，不论甲种乙种均按照每千字计算，以人民银行折实储蓄单位为支付单位。基本稿酬规定为每千字8个单位，并可酌量增加到每千字16个折蓄单位为止"[1]。该《办法草案》是中华人民共和国成立之初体现稿酬制度和著作权保护的第一个比较完备的文件规定，条文中出现了一种特殊的计酬方式，即以折实单位计酬。的确，1949—1952年，是国民经济恢复时期，因物价变动频繁，所以没有统一的稿酬标准，总体而言还是参照苏联按印数定额计酬的方式，但付酬方法以折实单位计酬，以米、面、煤、布、油等生活用品折合成人民币计算稿酬。从维熙在回复彦火的来信时，提及1952年发表在《光明日报》的处女作《共同的仇恨》，他说："当时，计算稿酬的办法，还是以小米为折实单位，这篇以'碧征'为笔名发表的处女作，得了相当于九十斤小米价格的稿费。"[2] 1955年，人民文学出版社修订书稿报酬办法，实行"18、15、12、10元"四个等级的稿酬标准。结合当时的工资水平，这一阶段的稿酬制度给予了作家相对充分的物质保障，推动他们在创作上寻找独立的精神领地。初出茅庐的王蒙曾受益于这一阶段的稿酬制度，他在自传里提到1956年发表的《组织部新来的青年人》时，如此惊叹："小说（'组'）发表没有两天，《人民文学》杂志的一位工作人员骑着摩托车到西四北小绒绒胡同27号我的家给我送来了四百七十六元人民币的稿费。四百七十六元相当于我的八十七元六角四分的月薪的五倍以上。这也够惊天动地的。"[3]

在1958—1976年这一时期，稿酬标准虽然在1959年和六十年代初期有所回升，但整体呈现出下降的趋势，到"文革"期间更是下降为零。1958年可谓是稿酬制度的一个转折点。1958年7月14日，文化部颁布《关于文学和社会书籍稿酬的暂行规定（草案）》（北京、上海两地出版社试行），这是第一个正式统一的稿酬规定，其中第三条规定："著作的基本稿酬按稿件质量分为六级，即每千字

1 周林、李明山主编：《中国版权史研究文献》，中国方正出版社1999年版，第264-265页。
2 从维熙：《北国草》，作家出版社2009年版，第433页。
3 王蒙：《王蒙自传：第一部 半生多事》，花城出版社2006年版，第149页。

四元、六元、八元、十元、十二元、十五元。"[1] 同年 10 月 10 日，文化部发布《关于北京各报刊、出版社降低稿酬标准的通报》，其中的第二条提道："著作的基本稿酬降为每千字三至八元。"[2] 相比 1955 年人民文学出版社实行的稿酬标准，1958 年文化部颁布的稿酬标准下降幅度相对较大，作家收到的稿费也随之大大缩减，仅以中国青年出版社 1956 年和 1959 年开给老舍的两张稿费收据为例，"其中一张是中国青年出版社于 1956 年开给老舍的稿费收据，在著作物名称一栏中写有：'作家谈创作'一书中'龙须沟创作经过'和'我怎样学习语言'二文，共计 5700 字，按照千字 25 元的稿费标准，老舍共收到稿费 142.5 元，另一张老舍的稿费收据同样来自中国青年出版社，收据时间为 1959 年，不过此时老舍的稿费却变成了千字 6 元，共计 14900 字的文章只挣得稿费 89.4 元"[3]。老舍是文坛大家，他的稿酬所得尚且减少了一半以上，足以见得 1958 年文化部颁布的一系列稿酬标准的规定在经济层面给作家带来的影响，甚至还可能会导致一些专业作家的生活产生困难，最终也会影响作家的创作数量和质量。此外，1958 年一系列降低稿酬的运动，譬如姚文元在《文汇报》发表《论稿费》，更是把稿酬作为资产阶级性质的产物看待。但 1959 年 10 月 19 日，文化部很快又颁发了《关于北京、上海两地有关出版社继续试行"关于文学和社会科学书籍的暂行规定"的通知》，认为："降低稿酬过多，对于繁荣创作和提高质量都有某种不利程度的影响……决定改变降低一半稿酬的办法，继续试行我部 1958 年 7 月 14 日颁发的关于文学和社会科学书籍的稿酬办法。"[4] 随后，稿酬制度进行了彻底的改革。1960 年，中共中央批转了文化部党组、中国作家协会党组上报的《关于废除版税制、彻底改革稿酬制度的请示报告》，废除按印数付酬的版税制度，专业作家由国家发放工资，游离在体制外的部分专业作家则被各地作家协会和文联纳入机构的编制内，因此作家基本完成了从"自由撰稿人"到"单位人员"身份的转换，文学创作也随之被纳入"一体化"的体制当中。同时，稿酬标准不断下降，由每千字4—15 元跌为 2—8 元，直至"文革"时期的 0 元。

在 1977—1999 年这一时期，稿酬制度的建设得到恢复。稿酬标准从每千字2—7 元逐渐上升到 30—100 元。但改革开放以后物价飞涨，"从 1955 年到 2000

1　周林、李明山主编：《中国版权史研究文献》，第 310 页。
2　周林、李明山主编：《中国版权史研究文献》，第 313 页。
3　黄中明：《那些年，作家稿费轻松买北京四合院》，《济南时报》2016 年 6 月 20 日。
4　周林、李明山主编：《中国版权史研究文献》，第 316 页。

年，25 年间我国物价比值（增幅）大约为 10 倍"[1]，稿酬的购买力变得大不如前。换句话说，这一时期的稿酬依然较低。1977 年 10 月 12 日，国家出版总局发布《关于新闻出版稿酬及补贴试行办法的通知》，其中第二条规定："著作稿每千字二元至七元。"[2] 虽然重新恢复了稿酬制度，但稿酬标准大约只有五十年代的三分之一，六十年代的二分之一，并且一次付清，没有印数稿酬。1980 年国家出版局制订《关于书籍稿酬的暂行规定》，实行"基本稿酬加印数稿酬"的付酬方式，但稿酬标准仅仅与"文革"前的水准持平。在 1980 年 8 月，国家开始对稿酬收入超过 800 元以上的部分征收所得税，进一步减少了作家实际所得。直至 1990 年 9 月 7 日，《中华人民共和国著作权法》规定可以按合同付报酬，稿酬的标准才重新进入市场准则的调控。如果说五六十年代稿酬制度根本性的影响因素是政治因素，那么进入九十年代以后，稿酬标准的高低、付酬方式的变化乃至创作题材的改变则取决于市场这一因素。1999 年国家版权局颁布的《出版文字作品报酬规定》规定了三种付酬方式：基本稿酬加印数稿酬、版税、一次性付酬。其中的版税收入促使文学作品成为生产—消费市场的商品，并为作家靠稿酬发家致富提供可能。譬如长江文艺出版社的版税造就了富翁作家二月河，"二月河还可以拿到1% 的版税，即加印码洋的 1%。到 1995 年，《雍正皇帝》行情看涨，每套定价 58元，当年销售 8 万套。长江文艺出版社主动将二月河的版税从 1% 调高到 6%……仅此一部小说，出版社共销售 50 万套，总码洋为 2000 万元，一共支付给二月河稿酬 150 多万元"[3]。

二　从书信看汪曾祺稿酬观念的转变

作为第一手的研究资料，书信既是作家与同时代文人交流沟通、探讨文艺观念和创作方法的重要途径，又是读者重返文学现场的载体，再现了作家的创作心路过程，也是考察当代文学生产的重要视角。当前汪曾祺的书信主要辑录于 2019

1　陈明远：《知识分子与人民币时代：〈文化人的经济生活〉续篇》，文汇出版社 2006 年版，第 293 页。

2　中国新闻出版研究院编：《中华人民共和国出版史料》第 15 册，中国书籍出版社 2013 年版，第 89 页。

3　陈明远：《知识分子与人民币时代：〈文化人的经济生活〉续篇》，第 227—228 页。

年人民文学出版社出版的《汪曾祺全集》中，总计 293 封，其中提及稿酬的书信有 42 封，约占全部信件的六分之一，并且有 14 封书信涉及了中华人民共和国成立后的具体稿酬金额。这批书信反映了汪曾祺稿酬观念的转变，从"我写东西不为利，为名"[1] 到"为了你，你们，为了卉卉我得多挣一点钱"[2]。家庭责任意识是汪曾祺稿酬观念改变的直接动因，但联系文学生产机制的变化，尤其是稿酬制度的变迁，不难发现两者之间存在深层的关联。八九十年代以来，随着稿酬标准的提高、稿酬方式的多样化、文化消费市场的开放，作家的生存状态和创作理念难免受到市场影响。在外部文学生产环境和稿酬制度的双重作用下，汪曾祺在 1993 年尝试写作商业广告文案，应邀完成《西山客话》，推广房地产项目"八大处山庄"。在书信中，汪曾祺稿酬观念的转变发生在 1987—1988 年前后，主要集中在与以下三个对象的通信中。

首先，这种改变最早出现在汪曾祺与夫人施松卿的家信中。1987 年 8 月，汪曾祺受邀参加爱荷华大学举办的为期三个月的"国际写作计划"，在此期间结识了许多港台地区和海外的作家，如蒋勋、陈映真、聂华苓和安格尔等人，这些作家对稿酬的不同观点也影响了汪曾祺的看法。1987 年 9 月 2 日，他在信中告诉施松卿："我这才知道，很多作家对稿费计算是非常精明的。"[3] 换言之，此前汪曾祺周围的作家乃至他本人对稿费计算应当是不精明的，故而感慨。这封信件表达了汪曾祺出国后得知了其他作家对待稿酬问题的不同看法，一个月以后他真正发出改变的声音，宣告要为家人而挣钱。1987 年 9 月 2 日和 10 月 3 日的信件中呈现的改变尚且停留在思想层面，但此后汪曾祺将这种改变付诸行动。汪曾祺参加"国际写作计划"的一大创作成果是《聊斋新义》，并在 1987 年 10 月 16 日与《华侨日报》的王渝约定好稿酬金额："我把小说四篇交给她了，约一万二千字，可以有 240 $ 稿费。"[4] 但这笔稿酬横生波折，这在 11 月 22 日汪曾祺写给妻子的信中可见一斑："与王渝通了电话……她让古华带了 35 $ 给我，我问她是怎么回事，这算是什么标准？"[5] 在萌生了要为家人挣钱的想法之后，汪曾祺一改往日观

1　汪朗、汪明、汪朝：《老头儿汪曾祺：我们眼中的父亲》，中国青年出版社 2016 年版，第165 页。

2　汪曾祺：《汪曾祺全集》第 12 卷，人民文学出版社 2019 年版，第 210 页。

3　汪曾祺：《汪曾祺全集》第 12 卷，第 194 页。

4　汪曾祺：《汪曾祺全集》第 12 卷，第 214 页。

5　汪曾祺：《汪曾祺全集》第 12 卷，第 235 页。

念，"其实拼命弄钱是可以的，可是我没那份热心"[1]，转而对自己应得的稿酬毫不让步，捍卫自己合法合理的稿酬权利。

其次，汪曾祺对稿酬及整个文化生产市场的重新认识还体现在和编辑古剑的交流中。汪曾祺在 1987 年 10 月 28 日写信告知古剑："发在《大公报》的散文只有十篇左右，不够出一本书。我不想继续给他们写了，因为稿费太低。"[2] 尽管汪曾祺在 1993 年依然寄送小说给古剑，以偿还《大公报》的文债，这种"稿费太低"的言论只是汪曾祺其时其地的牢骚，但也透露了他稿酬观念的改变。古剑不仅是香港地区杂志和出版社联系汪曾祺的中间人，还是台湾地区向汪曾祺约稿、中转合同和版税的代理人。在与古剑的书信中，汪曾祺向台湾文季社、新地出版社索要应得的稿酬。1987 年 9 月 17 日，汪曾祺致信古剑："文季社的《灵与肉》收进我的《黄油烙饼》，给稿费吗？"[3] 文季社是新地出版社的前身，主要负责人均是郭枫，因而汪曾祺在台湾的稿酬纠纷大多与郭枫有关。1987 年 7 月 15 日，台湾宣布解除戒严。为了抢占空缺的文化市场，新地出版社未经作家授权就引进一些内地的小说，出版《灵与肉》文集，并收录汪曾祺的小说《黄油烙饼》。汪曾祺的这封信产生于上述背景，不难看出，他对文季社的行为有所不满。1987 年 10 月 28 日、11 月 24 日、12 月 2 日，1988 年 1 月 10 日，汪曾祺连写四封信追讨小说《黄油烙饼》和作品集《寂寞和温暖》的稿酬，在 12 月 2 日的信中更是这样评价郭枫："这人的算盘似乎很精……跟他打交道，不必太书生气。"[4] 在出版市场乃至文化消费时代到临之际，汪曾祺对文学生产和消费也有其独到见解，他这样给古剑支招："我想，为了'抢生意'，你可以采取两法：一、由作者写一篇以台湾读者为对象的自序，请他们写得长一些，自己介绍创作历程及文学主张；二、用'与古剑书'的办法，突出'古剑'，内容由作者自便。"[5] 1988 年 1 月 25 日，汪曾祺更是直言道："你如再编大陆作家的书，应该想点'花样'。"[6] 显然，在商品经济气息越发浓厚的八十年代末期，文学作品作为特殊消费品，正在日益商业化。汪曾祺不但能捕捉到这种趋势，而且还能适应这一变化。

再次，汪曾祺稿酬观念的改变还较为清晰地呈现在与编辑陆建华的通信中。

1　　汪曾祺：《汪曾祺全集》第 12 卷，第 27 页。

2　　汪曾祺：《汪曾祺全集》第 12 卷，第 224 页。

3　　汪曾祺：《汪曾祺全集》第 12 卷，第 203 页。

4　　汪曾祺：《汪曾祺全集》第 12 卷，第 242 页。

5　　汪曾祺：《汪曾祺全集》第 12 卷，第 249 页。

6　　汪曾祺：《汪曾祺全集》第 12 卷，第 250 页。

1987 年 7 月 6 日，汪曾祺致信陆建华："漓江出版社寄给我新书目若干份，内有关于我的自选集的预告。他们希望我分送熟人，推广征订。寄给你三份，请方便处理。"[1] 可见，此时的汪曾祺并未在意作品的推广征订和销路，正如陆建华回忆所言："拿这本《汪曾祺自选集》来说，出版后营销情况甚佳……但得利的是出版社，而不是汪曾祺。因为出版社一开始就与汪曾祺签订了稿费一次付清的合同，事实上汪曾祺也不懂可以得到更多稿酬的印数稿酬的计算方法。"[2] 但在 1993 年 5 月 23 日，汪曾祺和陆建华商讨《汪曾祺文集》的出版事宜时却写道："稿酬方法请你代为考虑，我也不知道哪种方法更上算一些。"[3] 此时，汪曾祺对不同的稿酬方法对应不同的稿酬金额有了新的认识，想要在合法合理的前提下获取更多的稿酬。

1987—1988 年，汪曾祺对稿酬的看法如前文所述出现重大转变，那么是什么改变了他？仅从 1987 年 10 月 3 日汪曾祺的家书来看，改变的直接原因是他对家庭责任的进一步承担，尤其是孙女汪卉的出生，令其更深地意识到对家人的责任。他对孙女非常疼爱，远在美国也会写信询问孙女近况，让妻子从国内寄孩子的照片给他，在香港中转也不忘替汪卉买衣服。一方面是添丁进口的喜悦，另一方面是经济负担的增加，使汪曾祺开始在意稿酬的多寡。然而联系当时的稿酬制度，汪曾祺的改变还与稿酬标准、稿酬的实际价值密切相关。新时期以来，稿酬标准虽然有所提高，但并未恢复到五六十年代的水平，再考虑到日益飞涨的物价，稿酬的实际购买力急剧下降。1949 年以后，汪曾祺第一次谈及稿酬是在 1981 年 12 月 28 日和陆建华的通信中："我的两篇小说才给了二十五元。"[4] 从数字上看稿酬金额可谓极低，结合五十年代到九十年代的物价，仅以生活必需品猪肉的价格为度量，"1980 年北京市官价'猪肉每斤 8 角 7 分—1 元'"[5]，这笔稿酬可以换算成 25 斤至 28 斤猪肉，但 1951 年北京市"猪肉每斤 5200 元"[6]（根据 1954 年 12 月 21 日国务院发布《关于发行新的人民币和回收现行人民币的命令》的新旧币兑换比例，猪肉价格折合成新币为 5 角 2 分），25 元大约可以折实为 48 斤猪

1　汪曾祺：《汪曾祺全集》第 12 卷，第 187 页。
2　陆建华：《私信中的汪曾祺：汪曾祺致陆建华三十八封信解读》，上海文艺出版社 2011 年版，第 138-139 页。
3　汪曾祺：《汪曾祺全集》第 12 卷，第 311 页。
4　汪曾祺：《汪曾祺全集》第 12 卷，第 88 页。
5　陈明远：《知识分子与人民币时代：〈文化人的经济生活〉续篇》，第 285 页。
6　陈明远：《知识分子与人民币时代：〈文化人的经济生活〉续篇》，第 281 页。

肉。显然，汪曾祺这笔稿酬的折实价值大幅下降，在八十年代初期的购买力相比五十年代初期减少了三分之一。如果说两篇小说25元只是个例，那么1983年6月13日汪曾祺写给弘征的信件内容则是另一个例证："《芙蓉》稿酬65元已收到。"[1] 汪曾祺1983年曾应邀创作《小说创作随谈》，载于《芙蓉》杂志1983年第3期，全文6 147字，基本达到当时国家出版局规定的最高标准每千字10元，对比汪曾祺本人在1962年出版的作品《羊舍的夜晚》，"一千字22元。最高标准，和老舍、郭沫若一样"[2]，两相比较，八十年代的最高标准下降幅度超过一半，考虑到八十年代上涨的物价，稿酬的缩水程度还要更大，作家实际所得也就被无形削减。

稿酬制度不仅促使汪曾祺的稿酬观念发生改变，而且还影响了他的创作状态。九十年代以来，文学作品的商品化属性被前所未有地强化，在文学生产环境急剧转变之时，作家的创作取向也出现分化。面对变化的文学环境，一面是生活的负担和商业化期刊开出的高额稿酬，一面是个人对纯文学创作的追求，徘徊在市场和纯文学的两难抉择之间，是大多数作家的困境。汪曾祺也曾陷入两难的窘境，他主张创作的自由和独立，早在1987年和施松卿通信的时候就这样写道："搞了十年样板戏，痛苦不堪，四人帮一倒台，我决定再也不受别人的指使写作。"[3] 但在文学作品日益商品化的冲击和高额稿酬的驱动下，汪曾祺创作主题的自主性或多或少受到限制，创作的形式和内容也难免受到影响。汪曾祺在1993年创作的《西山客话》是受到稿酬影响最大、作品商业化程度最深的个例。1993年前后，广州白马广告公司的工作人员刘琛向汪曾祺约稿，希望他能为房地产项目"八大处山庄"创作广告文案，并且开出了高额的稿酬，"更打动人的，是刘琛要求公司开出了'天价'3万元，现在不值什么，当时可真不少，发个短篇也就几百元"[4]。从汪曾祺女儿汪朝这一回忆出发，可以发现汪曾祺创作《西山客话》的重要原因是3万元的稿酬。《西山客话》全文约1万字，每千字的稿酬标准约为3千字，比当时国家版权局规定的最高稿酬标准每千字40元，高了74倍左右。此外，3万元在1993年的购买力惊人，依据九十年代的房价，这笔钱大致可以购买1—2套的房产，这也就能够理解汪曾祺何以会为3万元稿酬"卖块儿"。在

1　汪曾祺：《汪曾祺全集》第12卷，第113页。

2　汪朗、汪明、汪朝：《老头儿汪曾祺：我们眼中的父亲》，第103页。

3　汪曾祺：《汪曾祺全集》第12卷，第220页。

4　汪朝：《关于〈西山客话〉》，《北京文学》（精彩阅读）2018年第5期。

《西山客话》中，汪曾祺分地区描述"八大处山庄"，并为每个地方配写了一首诗和一段散文，介绍了山庄的地理位置、交通条件和周边环境。全文采取半文半白的语言，渲染出一种悠然闲适的生活方式和氛围，融入250年前八大处山庄的冰川风貌和历代帝王在此休假的生活情趣，营造出一种独特的住宅文化。尽管汪曾祺的《西山客话》艺术水准不低，并且借助诗歌和散文这两种商业性色彩最淡的文体以及各种叙述和抒情的方式隐藏文中的商业动机，但本质依然是一则出色的商业广告，其核心直指推广和销售房产这一目的。文中的多处叙述都可以直接体现这一商业目的，或呼吁"'八大处山庄'甚难得，有意卜居京郊者幸勿失之交臂"，或直言"在这里筑室而居，实在很理想"，或委婉暗示"居此福地，宜登寿域"。[1]《西山客话》无疑是汪曾祺受稿酬机制影响最深的作品，在形式上尝试了小说、散文、诗歌、戏剧四种文体之外的广告文案，在内容上书写了地产项目"八大处山庄"，对比汪曾祺此前的创作，尽管《西山客话》披上了一层如诗如画的语言外衣，但也必然会或明或暗地引入广告商推广房地产的要求。

三　书信中与稿酬有关的其他材料

二十世纪四十年代和八十年代是汪曾祺创作的两大高峰时期，历来备受关注，但将视野投射到二者间的低谷期，则能更清晰地把握汪曾祺的稿酬情况和文学生产的关系。中华人民共和国成立以来，汪曾祺仅仅在六十年代出版了一本小册子，共39 000字，"《羊舍的夜晚》拿了将近800元的稿费"[2]。对比同时代其他作家的稿酬，汪曾祺的收入可谓微薄。刘绍棠的短篇小说集《青枝绿叶》，字数约40 000字，与《羊舍的夜晚》相差无几，但稿酬却高达1 800元，相差了近三倍。根据1958年文化部颁布相关规定，不再实行按印数定额付酬，采取"基本稿酬加印数稿酬"的付酬方式。《羊舍的夜晚》在1963年1月首次出版，《青枝绿叶》在1953年6月首次出版，据刘绍棠自传所言："《青枝绿叶》稿酬标准是每千字十五元，印了六万三千册，三个定额。"[3] 根据每增加一个定额便增加一倍稿酬的规定，稿酬也就从600元增加到了1 800元。在1949—1966年间，汪曾祺

1　汪曾祺:《汪曾祺全集》第6卷，第197–212页。

2　汪朗、汪明、汪朝:《老头儿汪曾祺：我们眼中的父亲》，第103页。

3　刘绍棠:《我是刘绍棠》，北京十月文艺出版社2018年版，第325页。

的作品与畅销书无缘，当时名利双收的作品如下："《保卫延安》，约35万字，每千字的稿酬虽然还不到6元，但因在一年多的时间内印数已达55万册，而出版社又是每1万册支付一次稿酬的，所以作者已得稿酬86 800多元；《古丽雅的道路》，约20万字，印数达74万册，译者已得稿酬22 900多元。"[1] 《红岩》稿酬近10万元，《青春之歌》远销海外。这些获得高额稿酬的作品基本都是主流意识形态导向下的产物，以政治标准作为第一标准。而汪曾祺此前的作品如《复仇》《小学校的钟声》等，风格独特，以空灵见长，两相比较，不难理解汪曾祺在这一时期出现的创作间歇以及相对微薄的稿酬收入。

1949—1976年，除了创作《羊舍的夜晚》，汪曾祺主要从事戏剧创作和改编工作，"文革"期间更是以主笔的身份参与对革命样板戏《沙家浜》的改编。"文革"时期，稿酬制度全面废除，不仅取缔作家的稿酬收入，而且还取消部分作家的署名权。《沙家浜》以"北京京剧团集体改编"的名义在《红旗》杂志上刊载，未出现汪曾祺及其同事的署名。这一时期，作家的著作权几乎完全遭到践踏，长期对著作权的轻视不仅在当时侵犯了作家的权利，在"文革"结束后还引发了几场关于著作权纠纷的官司，汪曾祺其后遭遇的《沙家浜》署名案风波就是历史遗留的产物之一。1997年，上海沪剧院联合沪剧《芦荡火种》作者的遗孀筱慧琴将汪曾祺和江苏文艺出版社告上法庭，起因是江苏文艺出版社1993年出版的《汪曾祺文集》中剧本《沙家浜》的署名问题。革命样板戏《沙家浜》改编自沪剧《芦荡火种》是文艺界公认的事实，但是江苏文艺出版社出版的《汪曾祺文集》中的《沙家浜》丝毫未提及沪剧《芦荡火种》和作者文牧，这显然侵犯了原作者的著作权。

如果说《沙家浜》署名案发生的历史因素是"文革"时期遗留的版权问题，那么《汪曾祺文集》的畅销则是经济层面的诱因。《汪曾祺文集》的编辑陆建华回忆了文集的发行情况："出版后的半年之内，连印三次，以后又一再加印，在海内外产生很大影响。"[2] 在外界看来，汪曾祺凭借文集的热销所获稿酬不菲，上海沪剧院和筱慧琴状告汪曾祺和江苏文艺出版社时提出4万元的经济赔偿，明显也是出于这样的认知。但根据陆建华的披露，汪曾祺因文集和《沙家浜》得到的稿酬额度并不高："《汪曾祺文集》五卷一百二十万字的税后稿费不足三万，而且

1 　　中国出版科学研究所、中央档案馆编：《中华人民共和国出版史料》第7册，中国书籍出版社2001年版，第325页。

2 　　陆建华：《私信中的汪曾祺：汪曾祺致陆建华三十八封信解读》，第164页。

是一次付清……属于京剧《沙家浜》剧本的稿酬有两笔。一笔是80年代初北京某出版社出过单行本，稿酬100多块，就算200元吧。还有一笔是1993年江苏文艺出版社出版的《汪曾祺文集》，其中剧本卷收入《沙家浜》。经与出版社核对，此剧按12 000字，每千字25元计酬，计为1 105元，两次相加共1 305元"[1]。九十年代以来，版税作为支付稿酬的方式，逐渐被各大出版社和作家接受，作家因此能够凭借稿酬成为"富翁作家"，但是也有许多出版社在结算作家的稿酬时仍然沿用过去的"基本稿酬加印数稿酬"的支付方式，或者采用"一次性付酬"的方式，导致作品畅销所获收益与作家无关。1949—1977年，汪曾祺除戏剧戏曲之外的创作寥寥，因而在书信中也很少提及稿酬，八十年代以后他迎来了第二个创作的高峰期，这种写作状态与他在书信中提及的稿酬频率大致吻合。

汪曾祺在1981年、1983年、1987年、1988年等年份频繁地提及稿酬的情况，其中有多封书信提及在台湾地区的稿酬。相比大陆地区，汪曾祺在台湾地区获得的稿酬金额更高，对此，他感慨："中国作家现在只能到外国、台湾去赚外汇，思之可悲。"[2] 新时期以来，汪曾祺的作品不仅在《人民文学》《十月》等杂志上刊登，而且还和台湾地区的《联合文学》《中国时报》等刊物及出版社有所来往。汪曾祺在美国改写的四篇《聊斋新义》，台湾的《联合文学》开出了"每一个字一角五分美金"[3] 的高价，每千字高达150美元，而当时大陆地区的最高稿酬标准仅为每千字20元。即使与汪曾祺1995年发表的《窥浴》比较，台湾杂志给出的稿酬也不落下风，汪曾祺致信刘琛时谈及《窥浴》稿酬时表示："《作品》编辑部已将刊物2本，稿费200元（《窥浴》160，画40）寄给我。"[4]《窥浴》全文1 177字，稿酬为160元，每千字的稿酬约136元人民币，以大陆地区的稿酬标准来说相当之高，但对比1987年《联合文学》的稿酬数额就相形见绌。此外，汪曾祺的旧作同样受到台湾地区出版商的追捧，他们纷纷开出高额稿酬请汪曾祺授权出版或刊载。新地出版社是八十年代最热衷于出版大陆文艺作品的机构之一，1984年就推出张贤亮、李准、汪曾祺等人的作品集《灵与肉》，1986年还出版了阿城的《棋王·树王·孩子王》。在解除戒严后，新地出版社委托香港编辑古剑作为代理人向汪曾祺索要授权，发行的小说集《寂寞和温暖》在台湾出版两个月

1　陆建华：《私信中的汪曾祺：汪曾祺致陆建华三十八封信解读》，第188-189页。

2　汪曾祺：《汪曾祺全集》第12卷，第259页。

3　汪曾祺：《汪曾祺全集》第12卷，第213页。

4　汪曾祺：《汪曾祺全集》第12卷，第328页。

就售出一千册，一版售罄后汪曾祺收到转寄的稿酬为"8%版税 701 美元"[1]，平均每千册 350.5 美元，而汪曾祺 1985 年出版的《晚饭花集》初版 47 000 册，扣去 477.5 元的税额后，稿酬为 2 710 元，平均每千册 57.7 元，不考虑人民币兑换美元的汇率，也比台湾地区的稿酬低了 5 倍左右。台湾地区的联合文学出版社在 1987 年曾委托中间人许以祺以"五万新台币，折合美金 1 500 元"[2] 出版汪曾祺的小说集《茱萸集》。1987 年 10 月，汪曾祺在大陆出版《汪曾祺自选集》2 450 册，收录 54 篇小说、12 篇散文、13 首诗，数量上远超《寂寞和温暖》的 14 篇（包括序言）文章、《茱萸集》的 26 篇作品，但根据书信记载的稿酬，"漓江汇来自选集稿酬 3 500 元已收到"[3]，却不及台湾地区出版作品的酬劳。汪曾祺的旧作《八千岁》也获得由《中国时报》支付的高额稿酬，"《八千岁》的稿费 330 美元"[4]。除此之外，《联合文学》在 1987 第 5 期刊出"汪曾祺作品选"专辑，发表《从前卫到寻根——汪曾祺简介》一文，选载汪曾祺六篇小说（《受戒》《大淖记事》《陈小手》《大詹胖子》《八月骄阳》《复仇》），并向其付酬，"《联合文学》寄来支票一纸 240 ＄"[5]。总体而言，八十年代汪曾祺在台湾获取的稿酬比在大陆地区更丰厚。一方面是因为台湾的文学生产与消费的模式更加成熟，选集容量小，出书周期短，作品出版前的宣传手段更娴熟，因而能够有足够的资金支付作家较高的稿酬，但更直接的原因还是两地稿酬支付方式的不同。当时大陆采用"基本稿酬加印数稿酬"的付酬方式，而台湾大多采用版税付酬，"台湾一般出版社给予作者的版税多在 10% 到 15% 之间……每卖出一本书作者能抽得约 20 元至 30 元的版税"[6]。在台湾地区，作品销量与作家收入直接挂钩，这就能解释为何初版 47 000 册的《晚饭花集》稿酬总额和初版 2 000 册的《茱萸集》《寂寞和温暖》不相上下。

---

1   汪曾祺：《汪曾祺全集》第 12 卷，第 250 页。

2   汪曾祺：《汪曾祺全集》第 12 卷，第 244 页。

3   汪曾祺：《汪曾祺全集》第 12 卷，第 259 页。

4   汪曾祺：《汪曾祺全集》第 12 卷，第 250 页。

5   汪曾祺：《汪曾祺全集》第 12 卷，第 236 页。

6   越人：《台湾作家的稿酬收入》，《出版参考》1994 年第 20 期。

结语

概而言之，稿酬对作家而言，并不只是经济利益的问题，还是作家能够自由创作的物质前提。1949—1999 年，在八十年代以前改变稿酬制度的根本性因素是政治力量，稿酬的性质、高低以及作家对待稿酬的态度与主流意识形态的宏观调控相关，作品内部的价值取向、审美标准也被纳入一体化的文学想象之中。八十年代以后，稿酬制度的变化和市场息息相关，作为稿酬支付方式的版税是文学生产的一把双刃剑，一方面增加了作家收入，一方面又受制于市场，致使部分作家陷入为钱写作的困境，受到读者审美和出版商要求的双重捆绑，丧失创作的独立性和自由性。以汪曾祺为例，随着不同时期的稿酬制度变化，从书信中我们可以看到作家本人对创作与稿酬间关系的认知变化，从原来对稿酬缺乏认识甚至不考虑作品发表、出版与稿酬的问题，到 1987—1988 年重视稿酬甚至对稿酬权益据理力争，都客观地说明了稿酬与当代文学生产的复杂关系。稿酬制度的变更一方面改变了如汪曾祺这样的纯文学作家的创作，使文学不再仅仅是一个单纯的文学理想的实现，它更多地与时代的经济状况发生紧密联系；另一方面，作家的写作内容也在不断调整，如汪曾祺原来主要创作小说和散文，后来他也涉及商业性内容的写作，并不是说写小说和散文就是不为稿酬，而是稿酬制度的驱动与当代文学生产的关联，改变了作家进行文学生产时的深层创作心理。

（《当代作家评论》2020 年第 6 期）

　　朱　羽　文学博士，上海大学中文系副教授，中国现代文学馆特邀研究员。主要研究领域为20世纪中国文学、文化与思想。近年来尤其关注新中国文艺实践与美学论争，同时亦从事中国现当代文学批评实践与文学理论研究。出版专著《社会主义与"自然"——1950—1960年代中国美学论争与文艺实践研究》。在《文学评论》《文艺研究》《中国现代文学研究丛刊》等期刊发表论文多篇。曾获《中国现代文学研究丛刊》年度优秀论文奖。

字里行间的 "时势"[1]

——研读李准

一 "时势"与"文学"：以李准为方法

相比于赵树理、周立波与柳青，研读李准显然更为艰难。那种企图抓住某种形式或风格进而解开社会主义经验"褶子"的方式，乍一看无法直接运用到李准身上。比如说，我们可以从"新颖"的赵树理小说技艺出发来思考革命现代性，以周立波笔下的"风景"为焦点来一窥农村集体化进程中主客体转型的踪迹，从柳青将叙述的文学语言与人物内心独白的群众语言协调在一起的努力中，触摸到赋形新人内心生活的可能性。[2] 但是李准的创作似乎缺乏那种攫住注意力的鲜明的形式要素。面对这样的作家，阐释者难免会遭遇方法论上的无措感。

不过，切入李准写作的合适方式，早已有人提示出来，而真相或许并不可

1　本文为国家社科基金项目"批评史脉络中的十七年文学人物形象审美谱系研究"（18BZW159）阶段性成果。

2　关于赵树理小说所展示的革命现代性特征，可参看贺桂梅：《村庄里的中国：赵树理与〈三里湾〉》，《文学评论》2016 年第 1 期。关于周立波笔下的"风景"问题，可参见何吉贤：《"小说回乡"中的精神和美学转换——以周立波故乡题材短篇小说为中心》，《文艺争鸣》2020 年第 5 期；以及拙文：《"社会主义风景"的文学表征及其历史意味——从〈山乡巨变〉谈起》，《文学评论》2014 年第 6 期。关于柳青文学叙述的特征分析，可参见贺桂梅：《"总体性世界"的文学书写：重读〈创业史〉》，《文艺争鸣》2018 年第 1 期；以及拙文：《柳青的"抵抗"》，《长安学术（第十二辑）》，高等教育出版社 2018 年版，第 25-29 页。

爱——至少对今天的我们来说并不可爱:"李准同志一直是在配合政治任务的,而且配合得好。"[1] 当时批评界的强势声音即认为,李准的创作同现实结合得很紧,总是能及时地创造那些代表社会主义方向的新人物。中肯地讲,任何一位社会主义作家原则上都应具备这一特质,但无疑李准表达得特别明显与"及时"。这应该与他的写作起点有关:作家李准的诞生,与新中国第二次文代会之后的文艺导向紧密相关。[2] 李准的创作由此具有一种别样的认知意义,而这也逼迫阐释者在一定程度上调整已有的阐释路径。概言之,政治任务、政策与文学的关系在此得到自觉而具体的展示;而李准文学创作的"文学性"或结晶化历史难题的能力,亦需放在这一前提下才可获得恰当的理解。在这个意义上,李准的创作反而成了一种基础性的社会主义文学装置的典型案例。因此在多大程度上能够充分打开李准的创作,也意味着在多大程度上能够找到一种把握中国当代文学的方法。

为了激活李准式写作的潜能,我尝试引入"时势"概念。这一古典概念在汪晖的解释中,意味着儒者对历史断续的理解,以及对于天理之时间特质的把握。所谓"势"尤指"支配物质性变化的自然的趋势或自然的力量"[3],"这种自然的趋势或自然的力量固然总是落实在促成其自我实现的人物、制度和事件的身上,却不能等同于物质性过程本身"[4]。亦有治中国哲学者认为"势"的概念既涉及特定的行动背景,也体现了现实存在的普遍内容;既基于当下也展现了事物的未来趋向;既包含与行动直接相关的方面,也兼涉间接影响行动的因素;既内涵必然之理,也渗入了各种形式的偶然性;由此展现为具有综合性和系统性的实践背景。[5] 此种古典概念当然无法化约为历史唯物主义视野中的"第一自然"与"第二自然",或列宁所谓的"形势"以及葛兰西笔下的"力量对比",但并不等于不能在此做一番"翻译"。"时势"概念,尤其是"势"的概念,包含着重新组织所谓历史规律、政治理想、集体实践与主体决断之间的辩证关系的可能性。后设地看,如果将中国社会主义革命与建设的政治理想视为"天理"一般的存在(或

1　为群:《新中国妇女的颂歌——谈李准同志的三篇小说》,《人民文学》1960 年第 6 期。
2　参见李准:《培养文学上的接班人》,《长江文艺》1956 年第 4 期。李准在此文中明确提及自己是在第二次文代会后参加到作家队伍里的新兵。
3　汪晖:《现代中国思想的兴起　上卷　第一部　理与物》,生活·读书·新知三联书店 2004 年版,第 57 页。
4　汪晖:《现代中国思想的兴起　上卷　第一部　理与物》,第 57 页。
5　杨国荣:《说"势"》,《文史哲》2019 年第 4 期。

至少处在此一位置之上），那么，历史实践的展开本身即为时势。而社会主义文艺工作者的表达，更是深刻的时势的产物，每时每刻彰显出关联着"理"的权衡与决断。这一概念有助于打破将李准的作品理解为"遵命文学"或追随政策而进行的简单复制的误区，从而敞开一种对于文学创作能动性的新理解。"时势"概念的优势，正在于能把政治理念、政策及其落实以及人的改造皆囊括在内，进而凸显出历史断续的辩证法。

　　李准的写作给人最为直接的印象或可表述如下：他非常主动地将具有普遍化潜能的实践经验处理为叙事要素，以此方式使自身的写作成为时势的一部分。比如《李双双小传》的核心事件"办食堂"，就关乎"大跃进"时期公共食堂的兴起以及相关政策推动；特别是河南经验一度得到中央肯定，《李双双小传》几乎一一再现了上述经验的诸多要点：改革炊具、讲究卫生、清洗食堂人员中的不纯分子、强化领导力量（领导积极介入）等。[1] 但需注意的是，虽然政策-事件（以实践形态展开的政策）可以为文学人物行动设置某种边界，人物的行动、性情与性格特质却无法从政策-事件中完全推导出来。毋宁说社会主义文学人物系统的铸造拥有一种相对独立的操作方式。从李准创作李双双形象的准备工作中就可以看出，"李双双"的最终成形，是他对几次下乡落户时了解到的不同先进妇女形象进行整合的结果：如贴"小纸条"的龙头村妇女队长、与多占工分的落后妇女吵架的小组长、自告奋勇述说自己事迹的女炊事员、揭发落后妇女而遭报复的女共青团员、因公不因私而推荐自己丈夫的女会计、帮人打离婚官司的妇女社长。[2] 人物形象所承载的时间线索，与政策-事件的时间线索之间，并不是完全平行的。在此意义上，人物形象具有一种相对的自主性，并不一定随政策事件的改变而速朽，这也就解释了为何李准能在 20 世纪 60 年代初迅速将"办食堂"的小说改编为"评工分"的剧本。

　　由此看来，所谓文学中的"时势"，或许包含以下三个层次的问题：（一）政策方向与更为具体的政策-事件成为叙事前提或直接化作情节。（二）人物形象尤其是人物之间的搭配——比如李准所喜用的"夫妻档"家庭冲突成为新旧斗争的微缩化表达——与更为持久的社会主义革命相关，也与生活世界的变动轨迹有

1　参见《中共中央对于加强公共食堂领导的批示（1960 年 3 月 18 日）》，中共中央文献研究室编：《建国以来重要文献选编》第 13 册，中央文献出版社 1996 年版，第 80-88 页。

2　李准：《我喜爱农村新人——关于写〈李双双〉的几点感受》，《电影艺术》1962 年第 6 期；李准：《向新人物精神世界学习探索——〈李双双〉创作上的一些感想》，《人民日报》1962 年 12 月 16 日。

关。（三）人物行为与内心的边界、叙事的边界也反过来测度出社会主义政治与伦理的边界——"理"的历史世界的边界的浮现，以及"时"之真正转型的征兆。也就是说，作为整体的"时势"，自身包含着多重时间特质，在这里至少呈现出三种不同的变化节奏。更为重要的是，时势本身是一个断与续、变与不变相交织的进程。李准的写作不仅关联着第一层的政策的时间性，也关联着第二层的人物变化的时间性，更因为他的文学生涯贯穿了 20 世纪 50 年代至 80 年代，因此也触及了第三层即时势之内乃至时代之间的辩证断续。

从上述视域出发，我尝试择取李准在不同的"时势"中创作的几个文本展开分析："双百"时期的《没有拉满的弓》（1957）、"大跃进"时期的《李双双小传》（1960《人民文学》、1961 小说集两版）、"大跃进"结束后的剧本《李双双》（1962）与农村改革初步完成时期的《瓜棚风月》（1985）。从可资比较的抽象主题要素来看，这些作品都涉及基层农村集体单位中的劳动与物质利益问题；同时也呈现出历史进程中的数种"自发性"[1]，以及几种可资比较的个体与集体的关联方式。因此，本文也是将这些既有关联又有差异的文本，视为一部不断将时势吸纳在内的总体作品。李准创作的形式感，将在字里行间的时势中彰显出来；而当代文学顺势而为的基本机制也将同时得到展示。

二 《没有拉满的弓》与"社会主义经济人"的寓言空间

《没有拉满的弓》原刊于《长江文艺》1957 年第 5 期，1981 年李准将之编入自己的小说选集（更名为《冬天的故事》），可见他对之颇为重视。此篇作品与《芦花放白的时候》《灰色的帆蓬》都可算作"双百"时期的产物，但似乎未受到当时的评论界重视，甚至连批评也没沾到什么边。[2] 的确，与《芦花放白的时

---

1   在社会主义文化语境中，"自发性"与"自觉性"构成一种重要的对举关系，也是一种提升的关系。"自发性"往往指向的是未经革命政党介入的群众的意愿及其表达，而"自觉性"则是指受到革命理论洗礼、革命政党领导后的状态。因此，"自发性"往往关联于群众旧有的思维与行动习惯，本文中所要讨论的算计的自发性即可归入此一序列。但在马克思主义者眼中，群众的自发性中亦蕴含着巨大的革命潜能，"自发势力"在某些语境中并不是一个贬义词，反而关乎群众的创造力以及他们迎向新事物的积极性。本文论及的某些案例亦与此一相对褒义的自发性相关。

2   洪子诚在《当代文学概观》中则有一小处提及《没有拉满的弓》，见《当代文学概观》，北京大学出版社 1980 年版，第 267-268 页。

候》《灰色的帆蓬》相比，《没有拉满的弓》虽然笔头也流露出讽刺与批评，却更少"干预文学"腔调，反而承续着李准更早时候农村书写的基本"问题"感觉（如《冰化雪消》）。略做一些横向爬梳，便能发现李准依旧以20世纪50年代中期的农村基本经济政策为叙事前提，特别是1956年9月《中共中央、国务院关于加强农业生产合作社的生产领导和组织建设的指示》中强调的发展副业对于巩固合作社的重要性[1]。搞好副业成为情节发动要素，或多或少与此相关。更为关键的是，1957年上半年中共中央关于"民主办社"的要求——其中"社和队的决定要和群众商量"[2] 一条尤为重要，或可看作是小说直接秉承的政策精神，亦成为情节矛盾展开的思想依托。这也是"双百"时期的民主化取向在此篇作品中的具体呈现。在这一严格意义上的语境线索之外，小说显然还关乎如何教育群众与发动群众这一更为恒久的政治文化议题。这也就涉及了对于20世纪50年代基层合作化组织中的干群关系的反思。但更有意味的是，这部小说启用了一种实验性的叙事策略，展示了某种颇成问题的人性理解对于干群关系的损害。

《没有拉满的弓》的主要人物是十七年文学中相当少见的一种类型，或可暂且命名为"社会主义经济人"。此种形象的基本特征为：在社会主义集体框架内将人际关系化约为基于需要的经济交换关系。[3] 主人公五里台高级社副社长陈进才在社员群众口中是个机灵人、能干手，他的威信来自对于经济活动不可思议的把控能力（"曾经给社里买过七个牲口，没有一个不是便宜几十元到一百多元[4]"），县委蓝书记称他为"一根钱串儿"[5]。他对于任何可以转化为钱的东西极为敏感。正社长炳文在他眼里虽然直爽厚道，但却"太老实，不够机敏"[6]，甚至有点婆婆妈妈气。

叙事的实际展开是在农历十月，地里农活较少，农民相对空闲，腾出了足够的空间进行副业活动与商业交换。而社里一把手炳文赴地委党校学习，则给了陈

---

1 《中共中央、国务院关于加强农业生产合作社的生产领导和组织建设的指示（1956年9月12日）》，黄道霞主编：《建国以来农业合作化史料汇编》，中共党史出版社1992年版，第402-404页。

2 《中共中央关于民主办社几个事项的通知（1957年3月15日）》，《建国以来农业合作化史料汇编》，第424页。

3 关于传统的经济人（homo oeconomicus）概念，参见福柯：《生命政治的诞生 法兰西学院演讲系列，1978—1979》，莫伟民、赵伟译，上海人民出版社2011年版，第200页。

4 李准：《没有拉满的弓》，《长江文艺》1957年第5期。

5 李准：《没有拉满的弓》。

6 李准：《没有拉满的弓》。

进才的算计理性与治人方法以充分的"实验"空间。陈进才拥有经营农副业的惊人本领与"管理"社员的狡黠手段,对付年龄不同、脾性各异的社员,颇能分而治之。小说第一小节的"取钱"场景即此种"人学"的展示。陈进才有着一种很少呈现于社会主义文学叙事中的超乎常人的"投资"眼光,与供销社、银行营业所、土产公司的干部混得极好,他消息灵通,对诸种业务皆有兴趣。陈进才如此"能干",小说进展到快一半时,眼看着就要将"弓"拉满了:在社务委员会上,陈进才通报了"已经有十三种副业可以搞","从磨豆腐说到养猪,从养猪说到做木器家具,最后一直说到做变鸡蛋,做麦芽糖"。[1]

但他的跌落也正在此刻。在炳文的视点中,陈的毛病被一一拎出:爱用小聪明,学习很少,不相信群众。陈对于"人"的预设极低,对于身边的帮手也要反复考验,生怕他们有私心;同时,对于任何动员性的、具有一定政教意味的"开会",则抱有厌恶。这与他对于人性的理解相关:"社员们要的是什么?是工分,是钱,是粮食。他多做十分,他就能多分,他不做,就没有。"[2] 这种近乎理性经济人的预设,充斥在陈进才这位"改革式"管理者的脑海中,也成为他开展工作的基本前提。针对此点,小说后半部分启用了一种相当戏剧化的反噬逻辑。一旦陈进才想只通过利益与奖惩来"卡"社员群众,群众就可以将这种算计逻辑释放到溢出五里台高级社的程度:所有人都奔着更有利可图的活儿去,比如割干草卖给运输公司而不参与社里组织的副业劳动。最具反讽性的场景是:当陈进才少见地给运输公司戴了政治"帽子",而后者不得不与农业社签订代收干草合同时,依旧没有一个人来帮社里整烟叶。"因为有人说城里胶轮大车要干草,运输公司将来总得来收,有很多妇女就把干草放在家里。"[3] 陈进才的做法可以归入后来毛泽东所批判"见物不见人"的政治经济学脉络,他的举动所呈现的正是经济理性脱嵌出社会主义"精神"的难题。

陈进才对群众自发性的预判及其最终的失控,形成了一种高度寓言化的叙事结构。然而有趣的是,作者的叙述口吻却始终在讽刺与不过度批判之间摇摆,即一方面用"没有拉满的弓"的寓言,将陈进才的做法问题化;另一方面又在诸多段落里凸显陈进才并不自私(对自己家庭没有特别照顾,也颇能以身作则)。叙述者数次强调他一直在意的是搞好集体,比如一开始点出的那只为了方便边吃边

1 李准:《没有拉满的弓》。
2 李准:《没有拉满的弓》。
3 李准:《没有拉满的弓》。

办事而到处端着走的"大碗"。让人好奇的是，陈进才一心为集体的动力何在？小说里有一些暗示：每当他为合作社节约下开支或为社里的副业发展找到门路后，总会从心里浮现出高于所有其他社员的得意。这种隐秘的优越感建立在陈进才的经济才能之上，他仿佛觉得自己才是这个集体唯一的主人。在陈进才眼里，其他人都是"经济人"，只有他讲"社会主义"。但此种"社会主义"实质是一种变相的优越论或等级结构。李准对于陈进才动机的纯化，使之具有了寓言性。陈进才也确实表现出了寓言式人物一条路走到黑的偏执特点。作为正确观点发表者或者说政教题旨暗示者的社党分支书记银柱多次提示他去发动群众，稍有头脑者都会采纳这一扭转颓势的方法，陈进才却没有。

然而，作者也不愿意使小说过分流于寓言化。他启用了一种以后反复出现的"夫妻档"人物搭配。甚至可以说，陈进才的妻子、第三队妇女队长玉梅颇有后来李双双的影子。小说用不少笔墨描摹夫妻两人的情感关系，这样一种对于日常现实较为严肃的模仿，使人物不至被拖入滑稽讽刺的境地。这就是《没有拉满的弓》所展示的歧义性：一方面以寓言化的方式构造叙事与人物，将陈进才的品性极端化，使故事呈现为不可控的反噬过程；另一方面却又不愿意让陈进才完全陷入反面人物的境地。

李准为何对陈进才留有余地？这是溢出显见主题之外的关键问题。陈进才与乔光朴在某些地方十分相似。缺失一种更为现代、更聚焦于人心的管理术，成了更为激进的改革者批评乔光朴的基本措辞。[1] 但陈进才若"进化"为更懂得"情感"动员的管理者，就能催生出良性的干群关系吗？答案恐怕是否定的。因为陈进才隐秘的优越论依旧无法得到处理。正是在尝试动摇这一优越论等级的意义上，李准的叙事与改革时期关于管理的思路极大地拉开了距离。

小说本身隐约提供了另一种可能性。通读全篇，一个现象十分刺目，小说没有用阶级来划分人群。阶级话语的缺席在此具有一种叙事上的必要性，是陈进才管理实验得以成立的前提。而在小说末尾，炳文对"政治经济学"的兴趣，似乎意味着阶级视野的真正来临。因此，《没有拉满的弓》也是一次不以阶级斗争而以经济建设为中心的叙事实验，是一篇单纯"见物"式管理之不可能性的寓言，也宣告了"社会主义经济人"内在的矛盾及其破产。但除了陈进才与群众相互算计的情形之外，在小说末尾，还出现了一群"觉悟高"的无名社员，他们自发地

1　对于乔光朴管理方式的批评，可参看鲁和光：《谈现代管理科学——从两本小说谈起》，《读书》1983 年第 1 期。

来看望病中的陈进才，并表达出对于集体的关心。就在炳文"政治工作是一切工作的生命线"[1] 话音刚落，他们便到场了，表达出另一种"操心"："平常倒不觉得，进才害了病，我担忧起来。说的是社，其实和自己家一样，要说比家还重要。你想，地、牲口、我这几口人的嘴都交给社了，也就是说把命也交给社里了，谁不操心哪！"[2] 听到这些，进才"忽然伏在被子上哭起来"[3]。这一场景明明白白地呼应了青年银柱对进才的批评："你认为群众就不会有积极的一天了，就得和他们玩手段，比心眼！这是合作社，有人家一份。他们是给自己干，不是给别人干。"[4] 当时进才的反应却是一气之下想撂挑子，因为他觉得银柱贬低了自己的能力。但此时，"给自己干"的社员在场，才真正触动了在经济上遭到重大挫败的陈进才。当社员们自己表达出社是我的社时，陈进才的"经济人"思路才会趋向瓦解。他那种高于其他社员的优越论才会被松动，因为这种优越论所以觉得只有自己有资格代表集体的幻觉才有了消散的可能。

小说以此种方式结尾，宣告了一种净化、纠正的可能，也暗示陈进才在领导集体生产上依旧可发挥作用，从而有了成为"新人"的可能。李准最后的叙事选择——那群无名社员动情的表态，而非炳文单纯的政教言辞——也表达出作者对于问题核心的把握：社是大家的；政治无法脱离经济，经济里蕴含政治。但是《没有拉满的弓》点出无法在个别叙事中回应的更大的问题是：杂糅了物质鼓励与政治措辞的"教育"，同实际的管理术之间，究竟能达成何种良性的关系？"见人"与"见物"究竟如何共存？如果说社会主义经济人在叙事上必然会遭遇自我瓦解的僵局，那么政治、伦理与经济之间究竟应该达成何种有效的联通与互动而不至于滋生单纯的算计心与建基于能力之上的优越论？这是《没有拉满的弓》中显现的历史难题。当然，很快，小说的许多叙事前提将不复存在，特别是1958年城乡户籍管理制度实施之后，在叙事上，许多群众的相对落后的"自发性"将事先被抑制住，而这也将变换文学本身的色彩。但无疑，《没有拉满的弓》对于干部、群众心性的刻画，创造出了一个溢出政策事件乃至人物系统的寓言空间。

1　李准：《没有拉满的弓》。

2　李准：《没有拉满的弓》。

3　李准：《没有拉满的弓》。

4　李准：《没有拉满的弓》。

三　时势中的"李双双"

与《没有拉满的弓》所诞生的时势不同，《李双双小传》能够出现，无疑得益于大办公共食堂的契机。但李双双形象之所以成立，源于李准20世纪50至60年代几段颇为深入的落户生活，特别是他在登封县金店公社马寺庄几乎亲历了整个"大跃进"过程。李双双的诞生还呼应于1960年"三八"国际劳动妇女节五十周年纪念，刊载《李双双小传》的那一期《人民文学》同时发表了《种子》《一点红在高空中》《孙孙的名字》等歌颂劳动妇女的作品。从李准的创作谱系来看，他对"新妇女"的关注早有踪迹。[1] 但是，1960年第3期《人民文学》版的《李双双小传》与更早时期的作品相比，更为彻底地将时势内化为一种叙事，将三重主题容纳在一个文本之中。

一是妇女解放，特别是大跃进条件下的"跃出"。在这个序列里，曾经没少挨喜旺打的双双获得了"正名"的机会；她努力学习文化，尝试走出家庭，摆脱落后丈夫的束缚，这些都联通到了之前的文学传统上（如赵树理的《孟祥英翻身》）。1961年茅盾对于此版的读法便主要着眼于此序列，他点出小说开头"脱胎于"《阿Q正传》无法为主人公命名的情状，而且尤其看重小说前半部分的回叙，认为写出了妇女地位的变化。[2] 而小说第二小节确实交代了双双的"脾气"是逐渐变大的。

二是"大跃进"技术革命、文化革命。如小说最后一节聚焦于双双、桂英等改造孙有的水车，进行"炊具机械化"实验，包括调到养猪场的喜旺吹着唢呐驯导小猪。这些较为奇观化的"大跃进"情景在1961年的小说集版中被大量删减。

三是社会主义文艺始终关注的公私斗争与思想改造议题。首先是富裕中农孙有及其儿子金樵的落后举动被归结为阶级本性使然，此版有一句话"不会上那些富裕中农和坏蛋们的当了"[3] 尤可注意。个别的落后人物不但与李双双形成交锋，而且私藏水车败露后"群众纷纷起来和孙有展开了辩论"[4]，而金樵怀疑红薯能

1　李准：《河南一农村》，《人民日报》1954年11月22日。

2　茅盾：《一九六零年短篇小说漫评》，《文艺报》1961年第4期。

3　李准：《李双双小传》，《人民文学》1960年第3期。文末标注"一九六零年二月七日深夜，郑州"。

4　李准：《李双双小传》，《人民文学》1960年第3期。

变出花样的"促退派"思想也立即遭到气愤的群众的批评。在这里,群众一改《没有拉满的弓》中落后的自发状态,变成助手般的自觉的形象。[1] 其次,改造喜旺成为新旧转型主题更为重要的表达,但《人民文学》版在表现喜旺"转变"时显得缺少过渡,关键还是那张由匿名群众写就的大字报发挥了作用——揭穿孙有拿捏喜旺弱点而揩油食堂:"初上来人们还在风言风语的估猜,后来就有人干脆在食堂贴出了大字报。喜旺是个胆小的人,一见大字报,先吓了一跳。"[2] 在经受双双一番批评后,喜旺主动去写大字报进行自我批评。不过,喜旺的转变之所以"顺",恐怕也关系到阶级性判断("他原也是个贫苦出身"[3])。广义的思想改造尚有第三个面向(虽然小说表现得还比较模糊)。李双双的直来直去、见不得人占集体的便宜,与喜旺的随和、胆小、迁就之间的对照,引出了一种新的乡村伦理关系的构想。其实,《没有拉满的弓》在反思干群关系的同时,已触及了集体内部应该形塑何种人际关系的问题,而《李双双小传》里尤为凸显的,则是对于原有以血缘、亲疏(喜旺与孙有是本家)为基础的人际关系的替代,即强调人的集体身份的优先性。

正因为有这三重主题序列,"李双双"在时势变换中成为一个"可写"的文本。1961年小说集版最重要的情节变动出现在最后三节。李准有意拉近李双双与喜旺之间的叙事距离:将原来喜旺、双双分别在食堂与养猪场搞"技术革命",改为两口子双双进食堂;在第八节中放弃了对于孙有水车的"征用",且将快速摊煎饼的煎饼灶发明权匀给了喜旺(《人民文学》版中是双双发明了这种煎饼灶),因此既稀释了技术革命的浓度,也弱化了妇女解放的面向。特别值得注意的是,1961年版将喜旺的转变过程拉得更长,凸显出一种对落后者的激励机制。

---

1 但需注意的是,1961年出版的《李双双小传》小说集所收录的版本(文末标注:"1960年8月31日四次修改")明显弱化了阶级对抗,比如"不会上那些富裕中农和坏蛋们的当了"被改为"不会上有些落后思想的人的当了"。批判孙有的群众大会被删去,且使金樵更早地消失而以喜旺来代理这出关于红薯的辩论。见李准:《李双双小传》,作家出版社1961年版,第32页。

2 李准:《李双双小传》,《人民文学》1960年第3期。

3 喜旺的阶级定位在《李双双小传》中以一种未加点破的方式发挥着作用,而剧本《李双双》则把这一点明明白白表述出来,在双双与公社刘书记的对话中,她主动区分了喜旺与孙有的阶级属性:"孙有可不一样,这个人鬼主意太多,他不是无产阶级,我们家[那位]是无产阶级。"(李准:《李双双》,《电影文学》1962年第12期)。有趣的是,剧本虽然彰显了阶级身份的差异,却在叙事中对孙有更加留有余地,尤其是电影版还直接呈现了孙有一家最终的转变,喜旺的无产阶级属性也不再是转变的显见动因,双双与喜旺之间的情感–教育关系成为关键点。

煎饼灶的发明正起源于这场新增的对话：

> 喜旺说："你看你如今县里也去开过会了，报上也登过了，广播里三天两头表扬你，我只能拉马缰蹬，永没有出出头那一天！"
>
> 双双听他这样说，噗哧笑了。原来喜旺也想跃进跃进呢，可是他这个看法却不对。双双就对他说："我去开会，是代表咱们孙庄食堂去的，这里边也有你一份。再说去开会是为了交流经验。改进工作，怎么能算去出出头？你真是想要去'出出头'，这个会还不敢叫你去开呢！"她这么一说，喜旺脸红了。双双急忙又说："什么事情，不能从个人想起，要为大家。你只要好好劳动，想办法把群众食堂办好，不要说县里，省里，北京你也能去！可是你心里就没有把食堂办好这一格，还想着要出出头，那当然不会有那一天。"接着双双又向他讲了几段劳动英雄故事。
>
> 喜旺仔细听着想着，觉得双双的话有道理。照他原来想着，如今人不为钱了，还要为个名。可是照双双讲的，这图个名也是不光彩。只能是为工作，为大伙，为社会主义。喜旺想到这里，觉得和自己结婚十多年的这个老婆，忽然比自己高大起来，他不由得嘴里溜出来一句话：
>
> "劳动这个事，就是能提高人！"[1]

这段话显然是李准深思熟虑后添加的政教表述，不仅彻底翻转了双双与喜旺的地位，使双双真正成为喜旺的教育者与仿效对象，而且触及了社会主义之人的深层动机问题，即对物欲与功名的双重否定。"这里边也有你一份"则是对《没有拉满的弓》最后出现的群众自发的集体关切心的续写：强调在集体性前提下，任何凸显出来的个体成就都表征着更大的集体成就，因此也是对上述新型集体性伦理关系的落实。1961 年小说集版既做了减法，也做了加法，使一篇具有浓厚大跃进气息的作品转变为更适应社会主义思想改造议题的文本。

相比于小说，电影剧本版李双双的故事无疑流通更广。[2] 据说，电影摄制组1961 年夏天到河南林县体验生活时恰逢"食堂要散"的大势，本来准备好的"办

1　李准：《李双双小传》，作家出版社 1961 年版，第 45-46 页。

2　就笔者目力所及，1962 年以后，在电影剧本情节基础上所作的各种文艺形式的改编包括：赵籍身、杨兰春：《李双双》（豫剧，1963）；高琛：《李双双》（评剧，1963）；邵力编剧：《李双双》（话剧，1964）；陆仲坚改编、贺友直绘：《李双双》（连环画，1964）；浙江省曲艺队集体改编、施振眉执笔：《李双双》（评弹，1978）。

食堂"剧本不能用了，但李准十分顺利地将核心事件替换为"评工记分"。[1] 这一替换也是顺势而为，从1961年上半年中共中央批转的多个文件中都可以看出，"散食堂"几乎成为当时中共核心领导层的基本共识且有群众基础。[2] 同时，"社员群众迫切要求恢复到高级社时评工记分的办法，但是已有发展。办法是：包产到生产队，以产定分，包活到组。这样才能真正实现多劳多得的原则"[3]。由此而言，《李双双》剧本无疑是一个回退的文本，这从"工折"这一细节就可见出。小说一开始仅仅处于从属性叙事地位的"劳动日"与"工折"（"在高级社时候，很少能上地里做几回活，逢着麦秋忙天，就是做上几十个劳动日，也都上在喜旺的工折上"[4]），在这里成为组织叙事最为核心的政治经济学要素。发放工折这一事件，成为新的叙事开端。因而也就不难理解，小说鲜明的时间标志（1958年春节后）被剧本模糊化了。那个自发要去修渠并受到挑灯夜战的集体劳动感染的双双，变为冷静地思考如何使更多劳动力出工的双双。这样就将原本更为激进的妇女解放及技术革命议题，转换为按劳分配原则基础上的制度设计议题，将对李双双主人翁式劳动姿态的热烈赞扬，转换为对劳动者残留私心的批判。此种"回退"在"广播"的缺席中亦可得到见证。在《李双双小传》里，正是广播里的通知激励着双双展开更为积极的行动。在小说里，广播的不同内容分别对应于公共传播（双双爱听新闻报告）与私人闲暇活动（喜旺爱听梆子戏），但剧本将这一个体性与公共性的联结媒介略去了，而用剧团下乡演戏的方式，把喜旺的私人趣味直接转化为一种集体娱乐活动。这样一种弱化宣教的做法，与"政治挂帅"措辞的消失，构成了富有意味的呼应，再次证明了叙事重心的转移。

叙事的政治经济学基础的变动，带来了风格转换的要求。剧本集中体现了这样几种变化：一是通过重组桂英形象，以及引入她与二春的恋爱事件，带出了农村知识青年出路何在的政教议题，其成功的先例即《朝阳沟》。此外，桂英被设置为孙有之女，在一定程度上用代际对抗取代了阶级对抗，模糊了原本泾渭分明

1 　　姜忠亚：《活力的奥秘：李准创作生涯启示录》，中原农民出版社1989年版，第149页。

2 　　参看《中共中央关于讨论〈农村人民公社工作条例（草案）〉给全党同志的信（1961年3月22日）》《中共中央转发毛泽东批示的几个重要文件——胡乔木关于公共食堂问题的调查材料（1961年4月26日）》，《建国以来重要文献选编》第14册，第221-228、300-315页。

3 　　周恩来：《关于食堂和评工记分等问题的调查（1961年5月7日）》，《建国以来重要文献选编》第14册，第318页。

4 　　李准：《李双双小传》，《人民文学》1960年第3期。

的阶级区分。二是重组金樵的形象,并增加其妻——落后妇女大凤——的改造情节。这一方面使落后干部及其改造的问题复归,另一方面大凤的改变也呼应了一个农业合作化文学叙事常用的装置——用劳动来改造落后妇女,使之从"对手"变成"帮手",这在周立波《山乡巨变》里的张桂贞以及后来《艳阳天》里的孙桂英身上都可看到。第三,也是最关键的,是李双双夫妻关系得到了浓墨重彩的表达,特别是强化了"深情"[1]。从1961年小说集版拉近双双与喜旺的距离开始,李准便在构造一种密度更高的夫妻关系叙事。李准曾回忆自己是逐步发现了双双与喜旺关系的重要性:

> 我进一步研究这个作品的主题,研究双双和喜旺这两种性格冲突的本质,我发现了使我自己吃惊的东西,这个主题上还蕴蓄着更加重大的东西,那就是这一对普通农民夫妻中的关系变化,反映了我们这个社会的变化。……沈浮同志听了很兴奋,又和摄制组同志们帮助我们设计了那几场双双和喜旺中间反复的"拉锯"斗争的戏。[2]

在《李双双》的剧本中,喜旺几乎与双双在叙事上拥有了平等的地位,或者说两人被结合成一个叙事单位。李准曾明确宣布喜旺也是"农村新人"[3]。这种新风格的起源究竟何在?或许我们可以将剧本叙事要素划分为两个大的序列:一是评工记分制度及其完善。当双双发现落后者单纯为了工分而劳动,不讲究劳动质量时,想到的是还得再变变制度。双双劳动自然不是为了赚工分,但受"时势"影响而形成的叙事逻辑决定了双双会通过完善工分制度来限制落后者。第二个序列即婚恋、情感序列,突出特点在于对家庭情感的强调。甚至在电影版中,喜旺第三次"出走"——去教育金樵时落泪,也是因为"我对不起你双双嫂子"。评工记分制度化与夫妻-家庭深情化达成一种结构性的互补关系。小说版公共食堂以及相关的制度设计(如福利院、托儿所乃至大跃进时期一度流行的"十三包"设想),客观上会改变旧有的家庭生活习惯,乃至重塑人们的伦理感觉与情感态度。但是评工记分及其制度增补,却无法从根本上改变人们固有的心性与习

---

1   剧本不但用了"深情"这一字眼("双双走过去,夺过包袱,深情地看着喜旺……"),也
     多次提到双双对喜旺充满感情的注视。如"喜旺向门外一看,发现双双站在车院门口,瞪
     着两只水灵灵的大眼睛,嘴抿得紧紧的,在期待地望着喜旺"。见李准:《李双双》。

2   李准:《向新人物精神世界学习探索——〈李双双〉创作上的一些感想》。

3   李准:《我喜爱农村新人——关于写〈李双双〉的几点感受》。

惯。正因为按劳分配本身的不稳定性，才会有 1958 年的相关论争[1]。由此，家庭与恋爱要素，夫妻之间的情感强化（"先结婚后恋爱"）可以视为对无法及时到来的根本性文化变革的叙事填补。

正是在"大跃进"落潮之"势"中，李准最终将所谓的"重大发现"落实为一种伦理-美学。双双与喜旺的反复拉锯，引出的是《李双双小传》已经暗示出来但湮没在其他意义序列之中的新"情理"议题。双双是"情理不顺"就要管，针对孙有、金樵的"私"，敢于扯破面皮积极介入；而喜旺则是"老几辈都是好人"，不敢得罪人，金樵的干部身份外加发小身份尤其成为障碍。电影实际完成版可以说更为强化"情"的面向。尤其是上文提及的喜旺劝说金樵，话音落在"对不起你双双嫂子"上，高度煽情的瞬间凸显出的是喜旺转变的完成。他的悔意证明了双双的"新情理"已经入了他的心。同时，因为喜旺没有完全变成另一个双双，也可以说在很大程度上保留了自己的个性，因此，双双那种情理不顺就要管在喜旺这里得到了一种软化或者说下降，反使之更具现实性与共情感。因此，再次"恋爱"塑造出一个伦理单位，且尝试通过这个单位扩展出一种集体伦理关系，这是对评工记分制度更为积极的情理增补。喜旺同双双的情感，与新旧情理之间的转换构成互动关系。因此，家庭这一基本伦理单位在电影剧本《李双双》中不可或缺，但李双双与喜旺的家庭又绝非传统的乡村大家族而更像是城市中的三口之家。电影中的李双双与喜旺只有一个女儿小菊，电影对喜旺与小菊之间父女情的精心呈现强化了家庭单位的分量，也使电影有了一种超越农村情境的普遍指向。

从《李双双小传》到《李双双》，三重主题的交织转变为两种主题的共振，甚至妇女解放的面向也让位于家庭成员间的情理之争。如果说《没有拉满的弓》凸显了经济在场而政治缺席，那么《李双双小传》则是用政治挂帅来重构伦理与经济，但剧本《李双双》却以伦理来牵动政治与经济，由此形成了叙事中心从经济到政治再到伦理的转变轨迹。李双双与喜旺的美学形象之所以成立，恰恰是时势变换所致，是评工记分制度所无法涵盖的政治-伦理维度的内在要求。但当时势再度转换时，特别是当经济-政治-伦理内在的联通开始发生某种结构性裂变时，李准的相关书写将抵达更为深刻的历史悖论。

---

1   关于"按劳分配"的论争，可参看朱羽：《社会主义与"自然"——1950—1960 年代中国美学论争与文艺实践研究》，北京大学出版社 2018 年版，第 372-380 页。

四 "法""权"缝隙中的《瓜棚风月》

《瓜棚风月》与《李双双》等前三十年文学书写的可比性，首先建立在一种看似否定性的关系之上，李准的创作从早先及时的顺势而为，变为需要艰难地去体认与赋形新的时势。《瓜棚风月》是李准改革时期为数不多的能够接续上述农村书写的小说，但似乎并没有在 1985 年发表后引发什么反响，零星的提及者也以为它不甚成功。[1] 引发注意的，反而是由此篇小说改编的电影《失信的村庄》（李澈编剧，王好为导演，1986）。在 1980 年代中后期浓厚的新启蒙氛围中，电影改编在影像方面进行了一些吻合于新启蒙意识形态的处理。摄制团队放弃了李准所建议的外景拍摄地点——"具有江南秀色的南阳地区"，而选择了古都洛阳附近的乡村，以豫西的天井窑院、出水窑院为人物活动的重要空间场所，"古拙而浑厚，在视觉上给人一种封闭感"，"配之以很深很窄的院落、黄土沟壑、古刹以及淹没在庄稼地里的巨大的宋陵石刻，都造成一种古老的历史感"。[2] 此外还特地三次展示黄河，"在影片的首尾都用了一组奇异的黄河泥沙积淀的特写"[3]。果然，当时的评论对这种影像表达产生了符合创作预期的共鸣。有评论者兴奋地指出：村庄民宅建在凹地上犹如坐井观天，与高墙夹道一起象征着深受封建思想和小农意识束缚的农民的狭小眼界。取之于古都洛阳附近农村的实景，以及片头片尾的黄河淤泥空镜头，"使人联想到传统文化中落后一面的心理积淀，是何其厚重"[4]。但即使如此，这部电影也无法让当时的观众满意。有人指出根本问题在于李准的原作：它反映的是承包初期的问题，"到今天来看有过时感"[5]。李准似乎对"现在的农村不熟悉，没有跳出一贯的思维模式，还是善善恶恶、公与私的矛盾"，主人公丁云鹤"还是个英雄人物，而不是真实的人物"。[6] 可见，从核心问题焦点到人物描摹方式，《瓜棚风月》都处在不新不旧的尴尬位置。从 20 世纪 50 年代至 60 年代那个能够"及时"配合政策来写作的李准，变成了"过时"的李

1　参看宝光：《失落之余的反思——〈失信的村庄〉座谈简记》，《电影艺术》1987 年第 4 期。

2　王好为：《我拍〈失信的村庄〉》，《北影画报》1987 年第 1 期。

3　王好为：《我拍〈失信的村庄〉》。

4　高歌今：《"财神"为什么被赶走了?：评影片〈失信的村庄〉》，《红旗》1987 年第 6 期。

5　宝光：《失落之余的反思——〈失信的村庄〉座谈简记》。

6　宝光：《失落之余的反思——〈失信的村庄〉座谈简记》。

准。这无疑提示出，那种使李准的创作得以可能的结构发生了变化。

此时李准的思想底色究竟处在何种光谱中，十分耐人寻味。他在 1980 年曾自述对生产责任制落实后农村的两极分化颇有顾虑[1]，但很快便确认了联产计酬责任制是一个结束有史以来人数最多怠工现象的"精灵"，而它坚定的是"人们对社会主义的信念和希望"[2]。这种改革初期对农村改革的高度认同，到了 1980 年代中期，势必面临贫富分化以及所谓社会主义物质与社会主义精神难以同步等现实问题的困扰。有一位评论者的相当粗暴的影评，反而可能点出了李准隐秘的创作动因："［下乡承包瓜田的丁云鹤］有了钱还想留下个美名，送给辛庄彩电、图书等等，这也符合时下某些'万元户'的思想境界。"[3] 正正不错，《瓜棚风月》对丁云鹤诸多德性的细致描绘，仿佛让我们忘记了，他首先是一个当时先富起来的人，一个万元户。

李准的小说完成于 1984 年，回看 1983—1984 年这一时期，政策层面的措辞依旧强调集体经济，但整个中国农村正处于政社分开的巨大转型之中[4]。与《瓜棚风月》相关，当时的农村经济政策一是提出在稳定和完善生产责任制基础上，提高生产力水平，疏理流通渠道，发展商品生产；二是鼓励技术转移与人才流动[5]。丁云鹤应是在这股潮流中下乡的。改革之后强硬的经济计划的相对退场[6]，决定了小说叙事的松弛化，自由市场要素的出现，群众算计自发性的释放，都取消了原有社会主义文学摹仿-政教机制[7]的可行性，反而是双百时期的暴露-批评的叙事机制有了复活的可能，但也变了调子——出现了对于犯错群众的指认。另

---

1   见李准：《初春农话》，《人民日报》1980 年 4 月 22 日。

2   李准：《一个"精灵"的出现（报告文学）——河南省西华县农村见闻琐记》，《人民日报》1980 年 3 月 21 日。

3   高歌今：《"财神"为什么被赶走了?：评影片〈失信的村庄〉》。

4   参看农业部调查组：《总结、完善和稳定农业生产责任制情况调查（1983 年 9 月）》，《建国以来农业合作化史料汇编》，第 1018-1019 页。

5   参看《中共中央关于 1984 年农村工作的通知（1984 年 1 月 1 日）》，《建国以来农业合作化史料汇编》，第 1103-1107 页。

6   参看《国家农委印发〈全国农村人民公社经营管理会议纪要〉的通知（1980 年 3 月 6 日）》，《建国以来农业合作化史料汇编》，第 921-924 页。

7   在我看来，前三十年中国社会主义文学最重要的特点之一就是"摹仿-政教"。简言之，文学担负着从思想上改造和教育人民的任务，而其使命的达成则倚赖人物的塑造，尤其是新人的塑造。书写先进典型，随之而起的摹仿、学习与改造，构成了社会主义文学的一条"红线"。由此，必然需要使文学感知与生活行动进行有效联通，同时也会导致对于文学表达中的"过剩"与"冗余"展开反思、进行处置。

一方面，小说叙事虽然仍凸显了生产队、生产大队，甚至是"公社"的存在——这在小说中仅有一处鲜明痕迹，当黑墩捉奸失败后，郑仙女说出的是："你给我栽赃，咱们上公社！走！"[1] 但作为集体组织架构，其政治-伦理功能已经相当弱化了。

《瓜棚风月》以"拜菩萨"与"相亲"开篇，就是上述变味的证明。这里的关键是辛庄社员辛老乖只有他爹爹给的二十元钱作为相亲见面礼。借相亲介绍人他大姨的口，小说点出了辛庄人不会干副业，而干部（指大队支书张米贵）也不往上面使劲，因此穷而缺钱。"钱"非常明确地成了小说的基本叙事要素，但它不再着落于集体（如生产队的资金积累），也不是着落于经由集体中介（工分制）的个人身上，而是直接落在个人身上。倒不能说《瓜棚风月》与《没有拉满的弓》《李双双小传》完全切断了联系。小说中为数不多的正面人物，在辛庄推动种植西瓜业务的生产队长辛老灵"脑子特别好使"，这与陈进才形象颇有一些承续性。小说中最重要的女性角色，那个为下乡的丁云鹤提供食宿的寡妇郑仙女有着说不完的话，那张嘴巴也可以说继承了李双双的某些特点。黑墩这样完全负面的二流子形象在李准以前的小说里是几乎见不到的，不过张栓、洪祥之类好逸恶劳形象或可算其前身。但实际上，李准笔下的人物系统已然发生了一次裂变。人物的意义无法再安放进前三十年的政治-伦理-经济联通结构当中，这从小说中与丁云鹤构成敌对关系的大队支书张米贵的形象上看得尤为清楚。他"二十来岁就当大队干部，从解散食堂以后当大队支书"[2]，因为九皋山水库的修成（但叙述者没提张米贵是否支援了水利建设），粮食年年丰产而成为当地广播里的名人。"米贵"这个名字使人联想到"以粮为纲"，叙述者可能在暗示他未能摆脱"文革"后期的农村经济思维：一开始看不惯责任制与大包干，觉得搞副业是不务正业，又怕社员吵着没钱，只能死板地决定发展棉花。政治与经济之间发生了一种结构性偏移，张米贵形象正是这种偏移在文学上的表现。

小说中张米贵买瘸腿驴的场景让人联想起李准的《两匹瘦马》（后改编为电影《龙马精神》）里韩芒种的遭遇，但在这里是个彻底的讽刺桥段，还被村里几个小青年编了快板。这里快板的功能与《李双双小传》以及《李双双》电影剧本里的大字报可作比较。快板仿佛是褪去了政教负担的大字报，但还是具有某种监督与批评功能，虽然更流于讥讽、调侃与自娱。往前追溯，"快板"早已出现在

1 李准：《瓜棚风月》，《人民文学》1985 年第 2 期。
2 李准：《瓜棚风月》。

李准文章之中。时值大跃进高潮，他在《遍插红旗遍地开花》一文中曾细数自己落户的河南登封县群众文艺运动实绩，尤其点出"快板"这一传统的通俗文艺样式已成为普通语言，"夫妻吵架，群众互相批评也用"[1]。相比于有着确定历史起源的大字报，快板似乎更为"自然"与"自发"，而且相比于大字报对于"字"或"文"的强调，快板更凸显出难以掌控的声音的弥散力量。

张米贵对快板相当在意，可生产队长辛老灵却不是，这是一个极为重要的新因素。小说提到，当张米贵认定那个讽刺他不懂科学、盲目给瓜田追肥的快板源于丁云鹤时，辛老灵为了缓解曾经因右派身份而受到冲击的丁云鹤的焦虑，主动提出移花接木的方法：将自己名字换上去，叫他们随便传。辛老灵的"不在乎"，暗示着一种新的社会机制诞生的可能。在格罗伊斯（Boris Groys）看来，以苏联为代表的社会主义社会有着一种将社会所有层面语言化的倾向，因此任何批评或自我批评都显得非常刺目。而资本主义社会与之不同，它不追求语言化，而要求将一切货币化，后者总能在显在的语言与符号层面之下收获补偿。[2] 在这个意义上，辛老灵的不在乎，已经透露出整个社会摆脱语言化逻辑以及某种"准"市场社会到来的征兆。

但丁云鹤因为政治创伤——这位铁路职工因为说了一句"读《毛泽东选集》和读《红楼梦》一样吸引人"[3] 而成为右派扩大化的牺牲品，对于快板这类批评机制依然十分敏感。他将快板辨识为曾经的政治化-语言化机制的留存。右派这一身份看似是对改革初归来者文学的呼应，但其实蕴含着更大的叙事玄机。小说第八节有一段关于丁云鹤经历的补叙为我们复原出这位万元户的前史。正因为这种颇为屈辱的右派身份，丁云鹤在 1958 年参加了挖河的"大跃进"工程，体验了前所未有的超强劳动（因此他如今下乡不惧亲身力行干活）；在 1960 年困难时期被转到劳改农场，与猪为伴而发现了野地红薯；又因这红薯而得到了同宿舍老知识分子孙荫山的知识亲传，并开始进入一种痴迷的学习状态。最终他在字面上证明了"知识就是力量"，成了一位土专家。这里的丁云鹤仿佛是黑格尔所谓"主奴辩证法"结构里的奴隶：在主人忙于政治与生产斗争时，奴隶静悄悄地占据了科学的维度，最终发现了主人亦无法摆脱而不得不求诸的力量。在此意义上，丁云鹤是一位迥然不同的新人。他在以往政教叙事机制破裂开的缝隙中，充

---

1   李准：《遍插红旗遍地开花》，《长江文艺》1958 年第 7 期。

2   See Boris Groys, *The Communist Postscript*, London：Verso, 2010。

3   李准：《瓜棚风月》。

分释放出自身求知-积累的自发性与能动性。

聚焦个体必然也同时带出群体形象的问题。群众在此部小说中主要出现在如下三个场景：一是丁云鹤下乡同有意选种西瓜的农户开会，讲解种瓜的技术要求和合同内容；二是西瓜成熟后村头瓜棚下的乘凉聊天会，那"很像一台多口相声"；第三个场景则在形式上接近此前的群众大会，但会上讨论的焦点，却是张米贵召集种瓜户，决定不按合同原定的"八二开"分配，而按百分之十的比例只给丁云鹤八千多元。在此之后，小说便转入对"道德"的讨论，表现了种瓜户们的内心挣扎，他们受到传统的"失信"观念的折磨，这段情节由此弥散出相当浓厚的道德情感氛围。但是，张米贵的一句话却不可不加注意："这是立场问题！咱社员们黑汗白汗干了四五个月，叫他拿走一万多块，这算什么？这是剥削！"[1]

从叙事内容看，张米贵的发言并不真诚，他的行动表明自己根本不是那种单纯而教条的"讲政治"者：他看到种瓜有利可图，早已抛掉了公社的种植要求，自己也与丁云鹤签订了种瓜合同。虽说如此，这一发言却可以从言说主体身上分离出来，成为一种幽灵般的回响。张米贵表面为集体实质为私利的虚伪作态，并不能完全取消马克思主义政治经济学的追问。更何况，张米贵言辞内在的分裂性与虚伪性，本就诞生于改革初期个体利益的正当化进程。辛庄大队的集体性已然丧失了逻辑上的优先性，集体丧失了真实的肉身，仅仅是一个个利益个体的汇合而已。在这个意义上，张米贵的言说无法逃避的"双声性"不仅是个人的问题，更是集体组织自身的裂隙的呈现。而在 20 世纪 80 年代这一时刻，剥削措辞恰恰也只能在革命公利向私利转换的瞬间才能现身，一旦法权-契约确立，剥削问题就会隐匿。

但在"经济"得到正当化的大势中，小说迅速转化了这种提问的可能性。这里的核心叙事要素是合同的遵守。丁云鹤不但代表了科学技术与生产力，而且代表了遵守契约精神的一方，辛庄的绝大多数人则为违约方。因此，是否遵守合同、守护契约精神，在某种程度上置换了"剥削"问题。可在小说末尾，县法院，那个丁云鹤所以为的"讲理的地方"——在丁的理解里，"讲理"首先需落实在合同的遵守上，却没有给他满意的处理。法院吴推事特别提道："前天赵书记还在广播上批评这个事哩，说有一个人在辛庄干了不到半年活，拿走一万多元！"[2] 将"广播"与"法律"对举，无疑对应的是改革以来文学叙事中很常见

1　李准：《瓜棚风月》。

2　李准：《瓜棚风月》。

的"权"与"法"的冲突，并折射出整个宣传生产责任制时期对于"平均主义"的不懈批评。最终，合同的遵守与更具道德感的"守信"牢牢结合在一起，成为叙述者施加叙事惩戒的根由。小说最后对辛庄失信村民给予了惩罚：老丁已经请不来了，去了郑州搞了西瓜基地，直送香港。

李准无疑在丁云鹤形象上倾注了很多心血，将其摆放在可媲美于前三十年文学正面人物的位置之上。他传授技术，农活亲历亲为，赚得多，但也处处肯让利。特别是小说设计了寡妇郑仙女与他形成某种搭配，这种情感维度的叙事补充使丁云鹤的形象更加可爱。当然，丁云鹤与郑仙女的恋情并未真正发生，但这种情感关联有些类似《朝阳沟》那种将地方性依恋带入的机制，郑仙女之于丁云鹤或可类比于栓保之于银环。可丁云鹤最终还是"脱域"了，他消失在背景中，成为更大的未知的神秘网络的一部分。这种结局对于前三十年的农村题材小说来说是不可思议的，那个由市场所表征的无边的网络却为之提供了一种现实性。李准的态度显然比电影改编者更为复杂，至少那种呵斥小农意识与封建心理的新启蒙思路，他是隔膜的。李准为电影最初设计的拍摄地——"具有江南秀色的南阳地区"——便是明证。他至少不准备将《瓜棚风月》抽象化为对于所谓民族文化心理的批判，反而在风景的美感上尝试接续《李双双》传统。在这个意义上，也可以说《瓜棚风月》烙印了不同时势的叠影。李准更在意的是丁云鹤这样的"新人"如何撬动已经丧失活力的集体惰性，带动地方，实现一种为社会主义服务的新方式。困难在于，经济契约与道德表达在丁云鹤身上难以真正统一，技术的独一负载者与传播者也已然标示出了一种新型等级关系，丁云鹤与辛庄的伦理联结因此只能成为一种形式上的而非实质的关系。《没有拉满的弓》里虚构的经济绝对性在这里似乎以一种彻底的方式现实化了，但那一能够将经济回收到政治与伦理之内的结构已经衰颓下去。李准最后的道德化与情感化处理，不禁让人联想到路遥《人生》最后的道德化处理。这只能被视为一种症候，是对那个巨大的时代隐痛的转移，而那以否定的方式表达出来的幽灵之声，才是时势最深层的秘密在文本中的表达通道。

结语

时势的改变，尤其是计划经济向其自身否定面的转化，是造成李准的文学叙事发生变化的根本原因。但这里还需要分殊出一些不同的层面。首先是李准从学徒期即深入其中的社会主义政教机制已然呈现瓦解趋势，由经济计划的透明性与阶级区分的政治性所带来的清晰位置感都失势了。随之而来的是群众形象发生了改变，教育与改造的前提发生了动摇。因此我们也就看到，李准从总是能够及时地顺势而为，变成了过时与迟滞。如果说政策转型尚可积极跟从，那么人物形象所携带的政治伦理要素，以及时势内部诸要素不平衡的变化节奏所导致的抵牾，则需要一个较为艰难且漫长的适应、协调与转化过程，甚至可能导致文学书写之不可能。在这个意义上，《没有拉满的弓》《李双双小传》《李双双》与《瓜棚风月》不但呈现了可资比较的社会主义农村生活世界的变动，更凸显出李准式写作所发生的位移。字里行间的时势之变，远远大于政策之变，也不止于人物形象之变与美学风格之变，而是这一切的总和。字里行间的时势将提示我们历史时间内在的多质性与差异性，更能不断勉励我们在有待展开的未来中，去为那尚未实现的过去赢得机会。

（《文艺理论与批评》2020 年第 5 期）

　　刘　彬　中国人民大学文学博士，南京师范大学文学院讲师。主要从事中国现代文学研究，侧重于鲁迅研究。在《文学评论》《文艺研究》《中国现代文学研究丛刊》《鲁迅研究月刊》等核心期刊发表论文多篇。编注出版《汉译文学序跋集》第七、八卷。

也谈 "鲁迅为何没多写小说"

一 老问题的再提出

学术研究的推进既有赖于新问题的不断提出，也有赖于老问题的不断反刍。对于鲁迅研究这一高度成熟的领域而言，在新的学术范式转型实现之前，提出新问题尤其是富有建设性的新问题日益困难，因此转而以新的眼光和思路重审老问题便成了目下学界主流的研究路径。温故而知新，其实这也正是学术研究的固有常态。有关鲁迅的老问题可谓多矣，其中这样一个由来已久，不时为人们论及：鲁迅为何在《彷徨》之后中断了小说创作？这个问题大体上又可以拆解为三个相互关联的问题：1. 鲁迅为什么没有继续创作更多像《呐喊》《彷徨》那样的现实题材的短篇小说？2. 鲁迅后期创作的《故事新编》究竟可不可以认作小说？它究竟显示了鲁迅 "最后的创新"[1]，还是 "可悲的没落"[2]？3. 鲁迅为什么没有写出一部长篇小说？在鲁迅生前与死后，围绕这些问题，各种立场的人们议论纷纷而未绝。不管是敌是友，不管认为鲁迅不再写小说是因为被动的 "不能" 还是缘于主动的 "不为"，人们都对鲁迅以卓异的文学禀赋而遽然中断了小说创作表示惋惜和遗憾。

鲁迅本人对于这些议论的态度颇显暧昧。在公开发表的文章中，他表示所处

---

1   钱理群等：《中国现代文学三十年》（修订本），北京大学出版社 1998 年版，第 298 页。

2   夏志清：《中国现代小说史》，刘绍铭等译，香港中文大学出版社 2001 年版，第 40 页。

的并非可以潜心于"鸿篇巨制"的时代，"现在是多么切近的时候，作者的任务，是对于有害的事物，立刻给以反响或抗争，是感应的神经，是攻守的手足"[1]。因此相较于写作更富战斗性、更能适应时代需要的杂文而言，写作小说尤其是长篇小说便显得不够迅疾直接，甚至是一种脱离时代的迂远之举。基于一种毫不妥协的战斗立场，鲁迅十分警惕来自敌方的形形色色的夸赞其小说而否定其杂文、鼓吹"小说是文学的正宗"、劝诱其少写"堕落的"杂文而"学学托尔斯泰，做《战争与和平》似的伟大的创作去"[2]等一类言论。在他看来，这些无疑是一种诱使他放弃对于当下的抗争的"阴险的暗示"[3]。在《〈坟〉题记》中鲁迅曾说，他偏要写作使"君子之徒"憎恶的文章，"使他有时小不舒服，知道原来自己的世界也不容易十分美满"，"要在他的好世界上多留一些缺陷"。[4]这就是说，论敌或各类"文人学者"愈是反对、否定或憎恶他的杂文，鲁迅愈是因此而坚信他的杂文的价值，愈是不肯轻易放弃写作"锋利而切实"的杂文，而重新去写"四平八稳"的小说。长久以来，热爱鲁迅的人们虽然也为其小说创作的中断感到惋惜，但仍多依据鲁迅的类似言说与姿态为他辩护，相信他是为了"能和读者一同杀出一条生存的血路"[5]的战斗的需要，将全副身心都投入了杂文的写作，主动牺牲了小说创作的热情与天赋。

但是在私人书信和谈话中，鲁迅却屡屡表示"小说我也还想写"[6]，"时常想到过他自己的创作问题"[7]，甚至具体构思一部关于知识分子的长篇小说。不过最终除了在性质归属上饱受争议的《故事新编》之外，鲁迅却再没有写出一篇现实题材的小说。为此，他曾自嘲说："将近十年没有创作，而现在还有人称我为'作者'，却是很可笑的。"[8]将鲁迅在公开与私下两种场合中的不同姿态与言论相互对照参读，我们便会意识到，在《彷徨》之后很长一段时间，鲁迅并没有明确决定放弃现实题材小说的创作而专注于杂文的写作。事实上，鲁迅中断小说创作，固然是为了要以"挣扎和战斗"的杂文来应对"风沙扑面，虎狼成群"[9]的

1　鲁迅：《〈且介亭杂文〉序言》，《鲁迅全集》第 6 卷，人民文学出版社 2005 年版，第 3 页。

2　鲁迅：《徐懋庸作〈打杂集〉序》，《鲁迅全集》第 6 卷，第 299-300 页。

3　鲁迅：《狗·猫·鼠》，《鲁迅全集》第 2 卷，第 241 页。

4　鲁迅：《〈坟〉题记》，《鲁迅全集》第 1 卷，第 4 页。

5　鲁迅：《小品文的危机》，《鲁迅全集》第 4 卷，第 592-593 页。

6　鲁迅：《330803 致黎烈文》，《鲁迅全集》第 12 卷，第 430 页。

7　冯雪峰：《冯雪峰忆鲁迅》，河北教育出版社 2001 年版，第 52 页。

8　鲁迅：《鲁迅译著书目》，《鲁迅全集》第 4 卷，第 188 页。

9　鲁迅：《小品文的危机》，第 591 页。

时代，因而"没有时间也没有心思"[1] 继续做小说，但同时也未尝不是他的小说创作遭遇了某种难以突破的瓶颈，他显然意识到了这一点，并为此感到焦虑，而我们对这一面向的研究并不充分。当然，研究所谓创作瓶颈问题，目的并不在于也不应在于为鲁迅惋惜——这并无意义，而在于由追问鲁迅"为什么不多写"或者"为什么再写不出"这一现象的原因出发，来重新认识鲁迅小说的性质以及小说之于鲁迅全部写作的性质。

复旦大学郜元宝教授最近重新提出了"鲁迅为何没多写小说"这个老问题。他细致梳理与考辨了自鲁迅生前以至二十世纪八十年代人们对此问题所发表的一些主要观点，进而给出了新的回答。在他看来，小说并非鲁迅前期创作的重心，其篇数远不如同期杂感之多，因此也就不存在所谓从前期以小说为重心到后期以杂文为重心的创作重心转移现象。鲁迅最初之所以要做小说，是因为受限于"要做论文罢，没有参考书，要翻译罢，没有底本"的客观条件，不得不"被迫"以写小说的方式变相替代，"一旦条件允许，他还是会放下小说，更多地做论文，弄翻译。北京生活后期（1925—1926）即'中断'了小说，完全转向翻译和论文（后皆归为杂文）"。郜元宝进一步由人们念念不忘于替鲁迅没有多写小说惋惜这一现象出发，对小说这一文体相较于其他各类文体所形成的"一超独霸"地位展开了深刻反思，提醒人们要警惕文学等同于小说的错误观念，以及由此而形成的小说"过热、过滥"现象。[2]

郜元宝的研究纠正了人们的很多误解，准确指出了小说在鲁迅全部著作中的实际地位，由此进一步提出的警惕小说"一超独霸"现象更是发人深省，切中当下文学发展的一大弊病，具有极强的现实针对性。不过，他的部分论述的理据却稍嫌不足，结论也有欠斟酌。如果说鲁迅在《新青年》时代写作小说是出于"被迫"，那么如何解释他早在 1911 年即动手写了一篇小说《怀旧》呢？难道《怀旧》的创作也是出于条件不足的"被迫"吗？又如何解释鲁迅早在 1914 年就曾与教育部同事张宗祥谈到他想学习《儒林外史》作者吴敬梓写五河县风俗那样"把绍兴社会黑暗的一角写出来"[3] 呢？

郜元宝认为，"一旦条件允许，他还是会放下小说，更多地做论文，弄翻

1　鲁迅：《革命时代的文学》，《鲁迅全集》第 3 卷，第 439 页。

2　郜元宝：《鲁迅为何没多写小说》，《中国现代文学研究丛刊》2019 年第 6 期。

3　张宗祥：《我所知道的鲁迅》，柳亚子等著：《高山仰止：社会名流忆鲁迅》，河北教育出版社 2000 年版，第 45 页。

151

译"。但问题是，何谓"一旦条件允许"？1925 年之后与之前的"条件"究竟有怎样明显的不同？为何会差异到足以使鲁迅从"被迫写小说"到轻易"放下小说""转向翻译和论文"呢？对此，郜元宝没有给出详细的论述。显然，他所说的"一旦条件允许"应是指"想做论文而有参考书、想做翻译而有底本"这样的条件。但如以 1925 年或 1926 年为分水岭，以为这之前"条件"不允许而这之后则"条件"允许，并不符合历史事实。如果鲁迅确实是因为得不到"参考书"才"被迫"陆续做了二十多篇小说，那么为何在同一时期他却写出了没有丰富的"参考书"就不可能写出的《中国小说史略》呢？而 1926 年之后他不是仍常感叹得不到参考书使他不能完成"中国字体变迁史及文学史稿"[1] 吗？

郜元宝之所以做出不够严谨的判断，是因为他相信鲁迅在《我怎么做起小说来》一文中的自述"要做论文罢，没有参考书，要翻译罢，没有底本，就只好做一点小说模样的东西来塞责"这句话"还是'真'的成分居多，文学修辞与'诗'的虚构较少"。[2] 但鲁迅该文写于 1933 年，彼时距离《彷徨》写完亦即鲁迅中断现实题材小说创作已经过去八年，而来自敌对方劝诱其少写杂文多写小说的声音正甚嚣尘上，在鲁迅看来，这种声音是不怀好意的；同时，来自同一阵营中"也有不少人都希望他重新创作起来"[3]，但鲁迅又自觉"写新的不能，写旧的又不愿"[4]。因而无论从敌方或友方考虑，写与不写以及怎样写都使鲁迅感到无可适从。恰巧此时上海天马书店邀请鲁迅撰文谈"创作的经验"，已经多年没写小说而又正处于"不能写"的焦虑中的鲁迅因此重新谈起"我怎么做起小说来"。显然，受上述舆论环境和复杂心境的影响，鲁迅唯有将最初写白话小说的动因归为"并非自以为有做小说的才能，只因为那时是住在北京的会馆里的，要做论文罢，没有参考书，要翻译罢，没有底本，就只好做一点小说模样的东西来塞责"[5]，才能既暗示了他何以多年不再写小说，又纾解了他当下的心理焦虑。换句话说，鲁迅的旧事重提依然是契合当下的叙事需要，恐怕还是文学修辞与"诗"的虚构居多，而"真"的成分较少。

因此，郜元宝的文章虽然由"鲁迅为何没多写小说"这个老问题引出了批判小说等同于文学的错误观念这一新问题，理论意义和现实意义都很重要，但并没

---

1 鲁迅：《330618 致曹聚仁》，《鲁迅全集》第 12 卷，第 404 页。

2 郜元宝：《鲁迅为何没多写小说》。

3 冯雪峰：《冯雪峰忆鲁迅》，第 52 页。

4 鲁迅：《英译本〈短篇小说选集〉自序》，《鲁迅全集》第 7 卷，第 412 页。

5 鲁迅：《我怎么做起小说来》，《鲁迅全集》第 4 卷，第 526 页。

有解决他所重提的老问题。郜元宝与他所引述辨析的瞿秋白、梅贝尔、金宏达、张晓夫、陈越等人的思路相似，不管认为鲁迅中断小说创作是因为"不能"还是出于"不为"抑或兼而有之，分析的立足点都在客观的社会环境与鲁迅的主观意愿之间。换句话说，他们都是在鲁迅的小说之外寻找鲁迅不再写小说的原因，而忽略了从鲁迅已经写出的小说的特征和性质来思考鲁迅"不再"多写或"不能"多写的原因。社会环境与鲁迅意愿固然重要，但艺术自身的特质与限度，以及它所反映的艺术家的气质与限度，也应是思考中不可或缺的环节，尤其是对于鲁迅这样几乎从不"将心里的话照样说尽"[1] 并且时常"措辞就很含糊"[2] 的作家而言，挖掘其未曾言明的"幽微"的重要性并不下于阐发其见于纸面的"显明"。鉴于此，本文拟从鲁迅小说的特质与限度出发，换个思路再谈"鲁迅为何没多写小说"，借此深化我们对鲁迅及其小说的认识和理解。

二　诗化特征与背景的制约

从艺术风格而非思想内涵来看，鲁迅小说表现出两个密切相关的显著特征，即诗化与文章化。就诗化而言，他的小说往往弱化背景、叙事、情节，而强化氛围、情绪，强化作家的价值评判在小说内部世界的深度介入。这就是说，某种程度上鲁迅是以传统诗歌的技法来经营小说的，或如杨联芬所言，鲁迅小说具有"鲜明的主观表现色彩和诗化抒情特征"，"目的不在叙述故事，而在抒发内心的情志"[3]。相较于"事"，鲁迅更关注的是包括思想认知、价值取向在内的人物之"情"。事为宾，情为主，叙事为达情服务，因此他的小说极力节省叙事笔墨，点到为止，而集中致力于呈现人物之情，在《呐喊》则多是直指精神病态，在《彷徨》则多是呈现精神苦闷。以极精简的叙事而蕴含极丰富的情意，正是中国传统诗歌的特征和特长，也是鲁迅诗化小说的特征和特长。

重在揭示精神而非叙述故事的小说写作理念源于鲁迅秉持的启蒙主义文学观念。在《我怎么做起小说来》一文中，鲁迅说：

1　鲁迅：《写在〈坟〉后面》，《鲁迅全集》第 1 卷，第 299 页。
2　鲁迅：《〈野草〉英文译本序》，《鲁迅全集》第 4 卷，第 365 页。
3　杨联芬：《晚清至五四：中国文学现代性的发生》，北京大学出版社 2003 年版，第 151–152
　　页。

说到"为什么"做小说罢，我仍抱着十多年前的"启蒙主义"，以为必须是"为人生"，而且要改良这人生。……所以我的取材，多采自病态社会的不幸的人们中，意思是在揭出病苦，引起疗救的注意。所以我力避行文的唠叨，只要觉得能够将意思传给别人了，就宁可什么陪衬拖带也没有。中国旧戏上，没有背景，新年卖给孩子看的花纸上，只有主要的几个人（但现在的花纸却多有背景了），我深信对于我的目的，这方法是适宜的，所以我不去描写风月，对话也决不说到一大篇。[1]

对于研究者而言，无论是理解鲁迅小说的长处，还是揭示其短处，这段夫子自道都十分重要，值得反复揣摩。由于以启蒙主义为基本立场与写作出发点，鲁迅的表现重心始终集中在"人"的精神问题尤其是他所谓的"病态""病苦"之上，而对客观地展现或描绘精神之外的社会日常生活或物象世界缺乏兴趣，他的小说也因此形成了"没有背景"而直接呈现人物的特点。1924年成仿吾在评论《呐喊》时就注意到，"作者的努力似乎不在他所记述的世界，而在这世界的住民的典型。所以这一个个的典型筑成了，而他们所住居的世界反是很模糊的"[2]。署名仲回的作者也认为在鲁迅小说中"不能寻得在主人翁四周的背景"，"这确是鲁迅失败的地方，而为一般人所不可模拟他的"[3]。

仲回的批评固然失之武断，但也并非没有提供有益的思考方向。从正面看，鲁迅的小说之所以"没有背景"，乃是出于他的主动选择；但若从反面看，或许也存在这样一种可能：作为写作者的鲁迅所储备的经验与知识，不足以支撑他为其小说世界提供各类清晰而准确的大小背景，因此尽可能地简化或模糊处理背景，实际上也可能是一种被动的趋避行为。当然，仅从其短篇小说来看，我们无法断言这种可能性。不过，仔细玩味鲁迅意欲创作长篇小说《杨贵妃》以及一部表现知识分子的长篇小说但最后却都不了了之这两件事，却使我们倾向于相信上述猜想的可能性与合理性。概言之，鲁迅难以顺利写出这两部他酝酿已久的长篇小说的内在原因之一是，长篇小说很难像短篇小说那样"没有背景""只有主要的几个人"，而鲁迅一时却不易也无心突破如何展布背景的难题，故而不能顺利

---

1 鲁迅：《我怎么做起小说来》，第526页。
2 成仿吾：《〈呐喊〉的评论》，《1913—1983鲁迅研究学术论著资料汇编》第1卷，中国文联出版公司1985年版，第45页。
3 仲回：《鲁迅的〈呐喊〉与成仿吾的〈《呐喊》的评论〉》，《1913—1983鲁迅研究学术论著资料汇编》第1卷，第48页。

地把构思变现为作品。

众所周知，1924年鲁迅接受西北大学邀请赴西安讲学的动机之一是想借此机会考察西安，为其酝酿中的长篇小说《杨贵妃》的写作做准备。但吊诡的是，西安之行非但未能使鲁迅获得更丰富翔实的可资想象唐朝的印象和知识，反而将他"从前的幻想打破了"。据同行的孙伏园所写的纪行文章可知，这是因为"累代的兵乱"严重破坏了长安的古迹，幸存的古迹也早已"大抵模胡得很"，"唐都并不是现在的长安，现在的长安城里几乎看不见一点唐人的遗迹"，而后来重修的古迹又使鲁迅觉得"看这种古迹，好象看梅兰芳扮林黛玉，姜妙香扮贾宝玉"，"大都引不起好感"。鲁迅的失望溢于言表，以致尚在西安时，"为避免看后的失望起见，终于没有去"访问杨贵妃殒命的马嵬坡。[1] 而离开西安仅两个多月，鲁迅便说"长安的事，已经不很记得清楚了"[2]。时隔多年后，鲁迅这样谈及西安之行与《杨贵妃》的难产："我为了写关于唐朝的小说，五六年前去过长安。到那里一看，想不到连天空都不像唐朝的天空，费尽心机用幻想描绘的计划完全被打破了，至今一个字也未能写出。"[3]

在陈平原看来，无法在小说中实现"历史场景的复原"是鲁迅放弃创作《杨贵妃》的重要原因。他认为，仅凭一些关于李、杨爱情神话的奇思妙想，而缺乏关于唐代都城包括宫阙、街道、苑囿、寺庙等具体历史场景的呈现，"不足以支撑起整部小说"。但"几乎看不见一点唐人的遗迹"的"现在的长安城"，显然不能满足鲁迅借遗迹以悬想、复原包括唐代都城与唐人日常生活在内的历史场景的需求。而鲁迅又未能重视《唐两京城坊考》这部"我们了解唐代长安的最为重要的著述"，与此同时，"那时的中国学界，并没给鲁迅提供有关唐代长安的丰富学识——尤其是在历史地理以及考古、建筑、壁画等方面"。[4] 也就是说，在亲访长安的印象告败之外，鲁迅也无法通过前代典籍或现代资料复原唐代社会，从而为其小说故事的展开提供丰富细腻而又准确无误的背景，而这是单凭"遥想"所无法实现的。因此，《杨贵妃》只能胎死腹中。

1　孙伏园：《长安道中（二）》，《1913—1983鲁迅研究学术论著资料汇编》第1卷，第64-65页。

2　鲁迅：《说胡须》，《鲁迅全集》第1卷，第183页。

3　鲁迅：《340111致山本初枝》，《鲁迅全集》第14卷，第279页。引文中的"五六年前"系鲁迅误记，实际应为"将近十年前"。

4　陈平原：《长安的失落与重建——以鲁迅的旅行及写作为中心》，《鲁迅研究月刊》2008年第10期。

陈平原的论述给人启发也令人信服。将鲁迅的短篇小说"没有背景"的特点与《杨贵妃》因无法展布"主人翁四周的背景"[1] 而难产结合起来思考，或许可以说，鲁迅的确是一个不善写"背景"的小说家。不过鲁迅对此虽然也有所意识，却似乎缺乏足够的动力与耐心，为写出长篇小说去努力突破背景的制约。同样面对古迹无多的长安城，同行的北京师范大学历史系教授王桐龄却耐心细致地从建筑、市街、实业、教育、市政、交通机关、宗教、风俗、古迹及遗物、饮食、土产、植物等诸多方面对这座古都展开了全面考察[2]。王桐龄所做的工作理应也是，甚至更应该是鲁迅需要做的工作，鲁迅却选择了废然而住，并且此后多年也没再尝试借助包括王桐龄的《陕西旅行记》在内的多种资料建构其关于长安的"丰富学识"。从鲁迅与王桐龄的不同反应可以看出，鲁迅的兴奋点始终在"人"而不在"物"，他更关注的是"人"的精神、心理等问题。事实上，他之所以想要创作小说《杨贵妃》，主要就是因为他在人们千百年来传诵的李、杨"相爱"故事中发现了"不爱"，亦即发现了李隆基的隐秘心理，而想要通过"故事新编"的方式将其表现出来。不过，为了表现这一关于"人"的独见而不得不在"背景"的重建上花费巨大精力，却是鲁迅所不愿取的。诚如陈平原所说："对作为城市的'古都'颇为漠然，而对作为历史的'古人'极感兴趣，这样的作家或学者，其知识储备及敏感点，必定在'时间'而非'空间'。"[3]

从鲁迅的习性来看，他更习惯于在书斋内通过书报杂志来透视社会或想象人世，而对于为了写小说走出书斋去亲身体验某种生活或搜集某些知识则兴趣不足。虽然他也曾有过某些实地体验或调查的想法，但付诸实践的行动几无一例。这样的习性显然不足以支持鲁迅积累足够的经验储备和知识储备，来满足铺展现实题材小说尤其是长篇小说的"背景"的需要。李长之曾指出鲁迅的性情是"内倾"的，"不爱'群'，而爱孤独，不喜事，而喜驰骋于思索情绪的生活"，他认为这是鲁迅"第一个不能写长篇小说的根由"，因为写小说"得各样的社会打进去，又非取一个冷然的观照的态度不行"，而鲁迅则不然，"他对于人生，是太迫切，太贴近了，他没有那么从容，他一不耐，就愤然而去了，或者躲起来，这都不便利于一个人写小说"。[4] 我很认同李长之的观点。

1　仲回：《鲁迅的〈呐喊〉与成仿吾的〈《呐喊》的评论〉》，第48页。
2　参见王桐龄：《陕西旅行记》，文化学社1928年2月版。
3　陈平原：《长安的失落与重建——以鲁迅的旅行及写作为中心》。
4　李长之：《鲁迅批判》，北京出版社2009年版，第147页。

由于对于人生"太迫切"以及"喜驰骋于思索情绪的生活","内倾"的鲁迅对于书斋之外并不那么迫切的日常生活缺少足够的观察与体验。即以文人或知识阶级常行的登山玩水、赏景写景而论,在鲁迅就极少发生。许寿裳多次谈到鲁迅"生平极少游玩":"对于东京上野的樱花,泷川的红叶,或杭州西湖的风景,倒并不热心嘉赏"[1],"'保俶塔如美人,雷峰塔如醉汉',虽为人们所艳称的,他却只说平平而已;烟波千顷的'平湖秋月'和'三潭印月',为人们所留连忘返的,他也只说平平而已"[2],"留东七年,我记得只有两次和他一同观赏上野的樱花,还是为了到南江堂买书之便。其余便是同访神田一带的旧书铺,同登银座丸善书店的书楼"[3]。而我们也几乎不能在鲁迅的著作中发现一篇地道的写景文。鲁迅几乎从不脱开"人"而专谈"景",即使置身于风景名胜之中,他也无心赏景,还是会近乎本能地想到人事问题,如在厦门海滨居住时所写的文章中说他对自然之美"并无敏感",反倒是郑成功遗迹的"寂寞"使他痛心,因为这标志了汉民族对于抗争的遗忘:

> 风景一看倒不坏,有山有水。我初到时,一个同事便告诉我:山光海气,是春秋早暮都不同。还指给我石头看:这块像老虎,那块像癞虾蟆,那一块又像什么什么……。我忘记了,其实也不大相像。我对于自然美,自恨并无敏感,所以即使恭逢良辰美景,也不甚感动。但好几天,却忘不掉郑成功的遗迹。[4]

又如在《藤野先生》一文中,面对上野公园著名的樱花之景,他的眼睛却无留恋,很快就转到了花下丑态毕露的"清国留学生"身上:

> 上野的樱花烂熳的时节,望去确也像绯红的轻云,但花下也缺不了成群结队的"清国留学生"的速成班,头顶上盘着大辫子,顶得学生制帽的顶上高高耸起,形成一座富士山。也有解散辫子的,盘得平的,除下帽来,油光可鉴,宛如小姑娘的发髻一般,还要将脖子扭几扭。实在标致极了。[5]

---

1 许寿裳:《鲁迅传》,九州出版社 2017 年版,第 172 页。
2 许寿裳:《鲁迅传》,第 36 页。
3 许寿裳:《鲁迅传》,第 186 页。
4 鲁迅:《厦门通信》,《鲁迅全集》第 3 卷,第 387 页。
5 鲁迅:《藤野先生》,《鲁迅全集》第 2 卷,第 313 页。

再如在《论雷峰塔的倒掉》中说他并不觉得世人传颂的西湖十景之一的雷峰夕照有多好：

> 我却见过未倒的雷峰塔，破破烂烂的映掩于湖光山色之间，落山的太阳照着这些四近的地方，就是"雷峰夕照"，西湖十景之一。"雷峰夕照"的真景我也见过，并不见佳，我以为。[1]

接着便话题一转，由白蛇传说论述欺压民众的强权者的倒台。类似的例子在鲁迅的文章中还有很多。敏感于"内倾"的思考人事而漠然于"外倾"的观察风景，从这种性之所近与所远的鲜明对比中，可以窥见鲁迅未能积累展布小说背景所需要的丰富学识的一个原因——风景也是背景的一种。

　　自青年时代赴南京求学以至最后在上海病逝的三四十年间，鲁迅的人生大半是以读书、教书、著译的形式度过的，"与一般社会暌离"[2]，对社会的关注主要通过阅读报纸新闻的方式。对此，李长之评论说："在当代的文人中，恐怕再没有鲁迅那样留心各种报纸的了吧。"[3] 鲁迅自己也曾说："我交际太少，能够使我和社会相通的，多靠着这类白纸上的黑字。"[4] 李长之认为，鲁迅之所以热衷于读报，是因为在"他的农村的体验写完了""已经没有什么可写"之后，而又"不能在实生活里体验"，"因而不得不采取的一种补偿"。[5] 表面看来，这种说法似乎也不错。但实际上正如西安之行所显示的那样，即使带着写作计划主动去"实生活里体验"，鲁迅也做不到冷静的观察和沉浸的体验，他的兴之所在也还是"人"。因此在读报时，鲁迅的关注点也不在于补偿关于社会的"知识"，而在于从中窥见社会的"思想"，尤其是各种旧思想的逡巡不去或沉渣泛起现象，这是他始终念兹在兹的。翻阅鲁迅的杂文集可以发现，大量文章是由"小事"见"思想"，从"社会"看"精神"。意识到这一点，才能准确理解鲁迅所谓靠着报纸"和社会相通"的含义。鲁迅晚年曾和冯雪峰说，"现在的报纸，不是人民的喉舌，但也是社会的写照，尤其小报"，"要暴露社会，材料其实是俯拾即得的，只

---

1 鲁迅：《论雷峰塔的倒掉》，《鲁迅全集》第 1 卷，第 179 页。
2 鲁迅：《通讯》，《鲁迅全集》第 3 卷，第 25 页。
3 李长之：《鲁迅批判》，第 148 页。
4 鲁迅：《230612致孙伏园》，《鲁迅全集》第 11 卷，第 434 页。
5 李长之：《鲁迅批判》，第 148 页。

要每天看报"。[1] 可见终其一生，他看报的目的和眼光都未曾有变。

缺乏与社会广泛接触的机会，因此也就缺乏能够为长篇小说的铺展提供广阔而翔实的背景的知识储备和经验储备，同时又缺乏兴趣和耐心通过各种途径去弥补此类知识和经验，因此，鲁迅也就很难顺利写出他预想中的长篇小说。不但《杨贵妃》难产，就是鲁迅晚年多次提到要写的关于中国四代知识分子的长篇小说，也同样面临着主观上想写而客观上难写的困局。对于这部小说，鲁迅虽然说"知识分子，我是熟悉的，能写的"[2]，"而且关于前两代，我不写，将来也没有人能写了"[3]，但显然，要写长篇小说，只是熟悉且能写知识分子是不够的，鲁迅还必须能再现四代知识分子活跃的时代，亦即能写广阔而具体的社会背景，而写"背景"却正是鲁迅的短板。在这个环节，他再次陷入了困境。陈平原从鲁迅对描写古都长安感到棘手发现，鲁迅"所撰历史小说，全都有意无意地回避了有关古代都城的描写"。他认为"这其实也是一种'趋避'"，"这样的'腾挪趋避'"写短篇小说可以，但写长篇小说"可就没那么顺当了"。[4] 可以想象，很可能仍是受限于背景的制约，难以灵活地"腾挪趋避"，鲁迅的知识分子的长篇小说最终也像《杨贵妃》一样不了了之了，而不是"纯粹因为天不假年，而'胎死腹中'"[5]。

1932 年在整理完自己的译著书目后，鲁迅自嘲说："最致命的，是：创作既因为我缺少伟大的才能，至今没有做过一部长篇；翻译又因为缺少外国语的学力，所以徘徊观望，不敢译一种世上著名的巨制。"[6] 对于这句话，我们自然不能不加分辨地信以为真，不过从鲁迅后来多次谈到想写长篇小说以及动手翻译果戈理的名著《死魂灵》等言行来看，这句自嘲中确乎也有一种真诚的自责意味在内。1933 年鲁迅表示"小说我也还想写"[7]，但随后又说"新作小说则不能，这并非没有工夫，却是没有本领"[8]，同年追忆最初写白话小说的缘由时又说"我的来做小说，也并非自以为有做小说的才能"[9]。如果我们不把"缺少伟大才

---

1   冯雪峰：《冯雪峰忆鲁迅》，第 57 页。

2   冯雪峰：《冯雪峰忆鲁迅》，第 55 页。

3   冯雪峰：《冯雪峰忆鲁迅》，第 106 页。

4   陈平原：《长安的失落与重建——以鲁迅的旅行及写作为中心》。

5   郜元宝：《鲁迅为何没多写小说》。

6   鲁迅：《鲁迅译著书目》，第 188 页。

7   鲁迅：《330803 致黎烈文》，第 430 页。

8   鲁迅：《331105 致姚克》，《鲁迅全集》第 12 卷，第 478 页。

9   鲁迅：《我怎么做起小说来》，第 526 页。

159

能"、"没有本领"、没有"做小说的才能"等诸如此类的话语仅仅视为鲁迅的自谦，那么就不能不说，在这些自谦话语中未尝没有鲁迅对于作为小说家的自己的"写作限度"的反省。缺少描写或展布"背景"的本领便是其中的一种限度。

可以说，"没有背景"既制约了鲁迅的长篇小说的顺利写出，也成全了他的短篇小说的诗化特征，既是一种基于客观写作限度的被动趋避，也是一种基于启蒙主义理念的主动选择。以短篇小说而论，"没有背景"或仅有简化模糊的背景，直接呈现各类人物，而人物又"多数只是剪影或速写"[1]，作者"总是直指个体内心，探寻灵魂世界的秘密"[2]，常用象征主义手法以及第一人称限制视角的叙事手段，而文字又极为凝练或曲折，且多有阴郁幽婉的抒情笔调，这就使得鲁迅的小说呈现出诗化的特征。正如诗歌的阅读依赖于背景的添补和不断的揣摩，读者想要深切读懂鲁迅的诗化小说，也须能依靠自身丰富的经验或学识补充并进入被鲁迅简化的背景，进而以读诗的方法不断揣摩感悟。这并不容易做到。不过，这样的小说却能够蕴藏并不止于"揭出病苦，引起疗救的注意"的丰富的乃至相互抵牾的意味，对于思想常是矛盾且多自我怀疑的鲁迅而言，无疑是很相宜的。

三 文章笔法与讽刺的限度

鲁迅想写长篇小说并非一时的心血来潮，却又不能以调查研究、收集资料、斟酌写法的实际行动去突破"背景"的限度，除了上文所述的原因之外，也是由其自我定位并非要做追求"文学史地位"的作家所决定的。对于鲁迅来说，小说是他借以"揭出病苦，引起疗救的注意"、从而"改良这人生"的艺术工具，而非用来"爬进高尚的文学楼台去的梯子"。[3] 不但在鲁迅"留心文学的时候"，"小说不算文学，做小说的也决不能称为文学家，所以并没有人想在这一条道路上出世。我也并没有要将小说抬进'文苑'里的意思，不过想利用他的力量，来改良社会"[4]，就是在后来鲁迅以小说成名跃居文坛中心并且"小说是文学的正宗"[5] 的观念也已逐渐盛行的时候，他也没有改变初衷，想靠写更多的小说"成

---

1 郜元宝：《鲁迅六讲》（增订本），北京大学出版社2007年版，第75页。

2 郜元宝：《鲁迅六讲》（增订本），第73页。

3 鲁迅：《徐懋庸作〈打杂集〉序》，第300页。

4 鲁迅：《我怎么做起小说来》，第525页。

5 鲁迅：《徐懋庸作〈打杂集〉序》，第300页。

为伟大的文学家"[1] 或是"希图不朽"[2]。

鲁迅是一位"执着现在"[3] 的写作者。对于他而言，小说一如杂文，都是用来"改良社会""改良人生"的艺术工具，二者在他眼中并无地位上的高下之分。是写小说还是写杂文，取决于哪种艺术形式适合于表现他当下的感触或思考，正如他自己所说的那样："有了小感触，就写些短文……得到较整齐的材料，则还是做短篇小说"[4]。而当社会越来越趋向于分化、对立和斗争，越来越需要写作者及时做出反应，鲁迅因此也越来越执滞于当下、"执滞于小事情"[5] 的时候，尽管他内心的确不时涌起创作冲动，也很难想象他能轻易地从"多么切迫"的"现在"中超脱出来，去为了经营既不那么"切迫"又难一挥而就的长篇小说而努力突破素不擅长的"背景"的限度，尤其这小说所要表现的又主要是"过去"的时代与人事。正如他晚年"在谈着文学史或长篇小说计划的时候，也仍旧不忘及时的社会批判与思想斗争的工作，在谈的中间或最后，往往要说这样的话：'但是，短评之类总还是要写的，不能不写！'"[6]。当锋利的杂文使鲁迅能够在对于"现在"的战斗中不断确认文字价值的时候，小说尤其是长篇小说并非不可或缺。

认识到鲁迅清醒的自我定位、强烈的现实关切以及机动灵活的写作策略，我们便可以由此重新审视他的小说写作行为及其小说的独特性质。简言之，鲁迅写小说意在以文学的形式实现思想的诉求，他的小说在本质上等同于他的论文。虽然我们不能不加分辨地径直相信鲁迅在 1933 年将"我怎么做起小说来"的原因归为"要做论文罢，没有参考书"因而"就只好做一点小说模样的东西塞责"的追述，却可以由此意识到其小说与论文的潜在关系。事实上，鲁迅曾明确说过："就是我的小说，也是论文；我不过采用了短篇小说的体裁罢了。"[7] 小说是论文的外衣，论文是小说的内骨，这就决定了其小说在写法上深受论文笔法的影响。

从鲁迅对其作品的自我界定来看，他大体上把收在《坟》里的文章称为"论文"[8]，而将《热风》《华盖集》《而已集》等集子中的文章称为"短评"或"杂

1　鲁迅：《徐懋庸作〈打杂集〉序》，第 300 页。

2　鲁迅：《我的态度气量和年纪》，《鲁迅全集》第 4 卷，第 113 页。

3　鲁迅：《杂感》，《鲁迅全集》第 3 卷，第 52 页。

4　鲁迅：《〈自选集〉自序》，《鲁迅全集》第 4 卷，第 469 页。

5　鲁迅：《〈华盖集〉题记》，《鲁迅全集》第 3 卷，第 3 页。

6　冯雪峰：《冯雪峰忆鲁迅》，第 106 页。

7　冯雪峰：《过来的时代：鲁迅论及其他》，新知书店 1948 年版，第 22 页。

8　如在《鲁迅译著书目》中将《坟》标注为"论文及随笔"；又如在《〈二心集〉序言》《〈奔流〉编校后记》等文中也都将《坟》称为"论文集"。

感"。与《热风》等文章的起笔随意、短小凌厉不同,《坟》中的文章不但在论题上较为宏大,其结构或布局也颇讲究,呈现出叙论相济、开合有度的不凡气象。尽管《坟》的内容和气质是彻底反传统的,它在写法上却与传统的"文章"多有吻合。这种吻合显示了鲁迅对"文章"笔法的纯熟掌握和灵活化用,是一种以"传统的形式"反"传统的精神"的创举,也是他所谓"从旧垒中……反戈一击"[1] 的写照。其实不仅仅是《坟》,鲁迅收在其他集子中的泛论"'文明批评'和'社会批评'"的文章也大都有章有法,随处可见深厚的"文章"功底。以这样的功底来做追求论文效果的短篇小说,鲁迅自然就会有意无意地将"文章"笔法用于经营小说,其小说的"文章化"特质也就由此铸成。在《〈呐喊〉自序》中,鲁迅甚至明言他的小说就是"小说模样的文章"[2]。郜元宝说,"'文章'功夫和小说技巧相结合,一直是鲁迅小说'有意味的形式'"[3],确乎如此。

文章化的表现见于许多方面,如用词用句讲究精打细磨,谋篇布局讲究有章有法,写人物讲究寥寥数笔而形神毕现,写事件讲究删繁就简点到为止,等等。就第一点而言,鲁迅的小说语言秉承了他的写作对用词造句务须精炼传神的一贯追求,他几乎是以传统诗歌炼字的态度在精益求精地锤炼着小说的词句。将其同一篇小说的"手稿版"、发表在报刊上的"初刊版"以及收入集子中的"定稿版"相互对比会发现,鲁迅对其小说的修改几乎从不涉及结构与情节的调整或大段文字的增删,他只针对个别词句或标点稍作增删或替换。例如,《呐喊》中的《孔乙己》的开篇第一句说:"鲁镇的酒店的格局,是和别处不同的:都是当街一个曲尺形的大柜台,柜里面预备着热水,可以随时温酒。"其中"温酒"一词在发表于《新青年》的初刊版中则写作"烫酒"[4]。其实无论是用"烫酒"还是用"温酒",都并不影响这句话的准确达意,更不关乎小说的情节发展,但鲁迅依然把"烫"改成了"温",以使这句话在听觉上更为熨帖。这样精细入微的修改,与其说是小说家修改小说的做派,不如说是传统文人锤炼诗词、打磨文章的做派。

为了追求小说的高度凝练,除了在写作中"力避行文的唠叨"[5]、写完后又"至少看两遍,竭力将可有可无的字,句,段删去"[6] 以外,鲁迅还习惯以默读或

1　鲁迅:《写在〈坟〉后面》,第 302 页。

2　鲁迅:《〈呐喊〉自序》,《鲁迅全集》第 1 卷,第 441 页。

3　郜元宝:《鲁迅六讲(增订本)》,第 71 页。

4　鲁迅:《孔乙己》,《新青年》第 6 卷第 4 号。

5　鲁迅:《我怎么做起小说来》,第 526 页。

6　鲁迅:《答北斗杂志社问》,《鲁迅全集》第 4 卷,第 373 页。

出声朗读的方式反复斟酌字句。许钦文就曾经记录过鲁迅深夜朗读刚刚写出来的小说稿的趣事：

> 一九二四年二月中旬的一天，我到砖塔胡同去看鲁迅先生，和他住在同一院子里的俞芳，当时不过十二岁，我一进台门她就对我说："昨天晚上，大先生那里好像有客人，半夜了，还在高声谈话呢！"到了鲁迅先生的房间里，他给我看了《幸福的家庭》的原稿，我才明了，所谓高声谈话，原是鲁迅先生在独自朗诵这篇小说稿，并非真有客人讲话。[1]

从鲁迅的朗读行为中，不难看到历代文人在吟哦中打磨诗文这一传统的现代回响。《孔乙己》中的改"烫"为"温"，显然就是"吟哦"的证明和结果。鲁迅自己说："我做完之后，总要看两遍，自己觉得拗口的，就增删几个字，一定要它读得顺口。"[2] 以"读得顺口"为修改的准则，这正是传统诗文写作的追求和做派。可以说，从修改小说稿的方式和追求来看，鲁迅与其说是一个小说家，毋宁说是一个诗人，一个文章家。

不过，这种宁简勿繁的写作追求和字斟句酌的修改方式，用于短篇小说的写作则可，用于长篇小说的写作则难。它能造就短篇小说言简意赅、凝练隽永的诗化风格，但也会大大增加长篇小说的写作难度。要完成一部十万字乃至数十万字的长篇小说，作者势必无法细细推敲每个词句是否恰到好处，这是时间和精力都不允许的，尤其是对身处朝夕变动的现代的作者而言。像《家》《骆驼祥子》《子夜》等许多优秀的长篇小说，都是由无数普通语句而非诗化语句构建起来的。它们胜在契合时代的立意和跌宕起伏的故事，不在凝练隽永的语言，实际上它们的语言甚至存在诸如粗糙、直露、缺乏节制等许多问题。如果鲁迅不能牺牲他那过于斟酌细节的嗜好而专注于故事情节的营建，那么对他来说，写作长篇小说将是一件非常吃力的事情。从他晚年翻译果戈理的长篇小说《死魂灵》时所表现出的对于遣词造句的过于纠结、"字典不离手，冷汗不离身"[3] 因而大耗体力以致病倒的艰苦情状中，可以想见他若是创作长篇小说，恐怕也难免会陷入类似的吃力

---

1   许钦文：《祝福书》，《鲁迅先生二三事：前期弟子忆鲁迅》，河北教育出版社 2000 年版，第126 页。

2   鲁迅：《我怎么做起小说来》，第 526 页。

3   鲁迅：《"题未定"草（一至三）》，《鲁迅全集》第 6 卷，第 363 页。

的苦境中。而我们也很难想象，无论是写小说还是写杂文都表现出一种考究字句的本能的鲁迅，会在创作长篇小说时忽然放松词句的锤炼。可以说，在鲁迅备受称赞的文字风格中，隐藏着他难以写作长篇小说的又一个原因。

与之相似，鲁迅的写人叙事笔法施之于短篇小说可以收到语短意长、风味隽永的艺术效果，但施之于长篇小说就难免不敷所用。一般而言，长篇小说的主次人物较多，大小事件较繁，主要人物的性格往往并不单一，或常处于发展变化之中，而主要事件的展开也有其不可减省的必要过程，因此与写作短篇小说尤其是诗化短篇小说相比，写作长篇小说需要的是另一副大不相同的笔墨。从其仅有的中篇小说《阿Q正传》来看，鲁迅似乎并不善于使用甚至缺乏这副笔墨。《阿Q正传》在形式上虽然是中篇小说，但实质上更近于短篇的连缀，各节的写法仍然是鲁迅所擅长的遗形取神、点到为止的短篇笔法，大小事件都写得比较简略，彼此之间的关联并不密切，主次人物的形象也比较单一，几乎都经过了夸张化、类型化乃至喜剧化的处理。从《阿Q正传》可以看出，鲁迅的诗化短篇小说越是成功，"文章"笔法越是纯熟，他就越难切换到长篇小说所需要的另一副以叙事为重心、在事件的详细铺展中不断丰富人物形象的笔墨。换句话说，短篇小说可以"遗形取神"，而长篇小说却无法大量"遗形"，这或许也是鲁迅虽然想写长篇小说却迟迟不能下笔的原因之一。

对于以"文章"的笔法和美学追求来写短篇小说的鲁迅来说，如果要写长篇小说，"结构"将是又一个棘手的难题。无疑，由于借鉴了西方短篇小说的经验并融合了中国传统"文章"的章法，鲁迅的短篇小说特别显出结构的巧妙亦即"形式的特别"[1]，对此学界已有充分的研究，相继提出过封套结构、反讽结构、椭圆结构、智情双结构等诸多概念[2]。凡此都说明了鲁迅小说结构的巧妙和多样，这是它们能以短小的篇幅蕴含丰富的意味的关键所在。不过，这些适用于短篇小说的结构却未必适用于长篇小说，它们似乎不足以支撑起长篇小说的庞大体量。仍是从《阿Q正传》来看，相较于此前的《孔乙己》《药》《风波》《故乡》等短篇小说的结构严整，中篇小说《阿Q正传》的结构就稍嫌松散，这也是这篇杰

1　鲁迅：《〈中国新文学大系〉小说二集序》，《鲁迅全集》第6卷，第246页。

2　封套结构之说见于美国学者威廉·莱尔的《故事的建筑师 语言的巧匠》一文（载乐黛云编：《国外鲁迅研究论集（1960—1981）》，北京大学出版社1981年版）；反讽结构之说见于李今《析〈伤逝〉的反讽性质》一文（《文学评论》2010年第2期）；椭圆结构之说见于竹内好《鲁迅》一书；智情双结构之说见于曹禧修《鲁迅小说诗学结构引论》一书（中国社会科学出版社2010年版）。

作最为批评家诟病或不满之处。正如上文所说，虽然《阿Q正传》的外形是中篇小说，但其内质却更近于短篇的连缀。这一结构缺陷的问题显示，随着小说体量的增大，原来适用于较小篇幅、较少情节的结构方式，已经无法满足较大篇幅、较多情节的铺展需要，另起炉灶采用更合适的结构方式是十分必要的。但从《阿Q正传》看来，鲁迅是否能够轻松驾驭长篇小说的结构是值得怀疑的。李长之曾论及这一问题：

> 他缺少一种组织的能力，这是他不能写长篇小说的第二个缘故，因为长篇小说得有结构，同时也是他在思想上没有建立的缘故，因为大的思想得有体系。系统的论文，是为他所难能的，方便的是杂感。[1]

当然，我们无法直接确认究竟是否如李长之所说，鲁迅缺少组织有结构的长篇小说的能力，不过，从鲁迅计划的四代知识分子长篇小说的流产中，或可窥见一些迹象。关于这部小说的可能情形，冯雪峰提供了较为细致的描述：

> 那时几次谈到的写中国四代知识分子的长篇小说（所谓四代，即例如章太炎辈算一代，他自己一辈算一代，瞿秋白同志等辈算一代，以及比瞿秋白同志等稍后的一代），可以说是正在成熟起来的一个新的计划。他说："关于知识分子，我是能够写的。而且关于前两代，我不写，将来也没有人能写了。"他已经考虑到结构，说过这样的话："我想从一个读书人的大家庭的衰落写起，一直写到现在为止，分量可不小！……"也谈到了长篇小说的形式问题，说："可以打破过去的成例的，即可以一边叙述一边议论，自由说话。"[2]

仅从冯雪峰的描述来看，似乎鲁迅已经胸有成竹，如果不是他出人意料地很快逝世，那么这部小说的问世应是迟早之事。但正如关于《杨贵妃》鲁迅同样已有诸如"起于明皇被刺的一刹那间，从此倒回上去，把他的生平一幕一幕似的映出来"[3] 等某些细致的写法上的考虑而《杨贵妃》终于还是难产，仅有一些零星

1　李长之：《鲁迅批判》，第167页。

2　冯雪峰：《冯雪峰忆鲁迅》，第106页。

3　许寿裳：《鲁迅传》，第56页。

的想法也未必足以支撑起四代知识分子这部"分量可不小"的长篇小说的写作，并且如果仔细推敲这些零星的想法，我们便会意识到，鲁迅似乎也并没有真正解决这部小说的结构、叙事乃至语言问题，而这或许才是制约这部小说顺利写出的更为关键的因素。

首先是所谓"四代知识分子"在形象上的新旧问题以及相应的褒贬问题。从鲁迅以章太炎、鲁迅、瞿秋白、冯雪峰等人为代际区分的标志人物来看，这部小说中的知识分子即使并不全然是、也应当有不少是新型的或正面的形象。不过，全然是正面形象的可能性不大，因为这既不符合鲁迅关于知识分子的认知和经验，也有悖于鲁迅少有正面称述式的小说的现实，反倒是大量写到旧派、半新半旧、貌新实旧等反面形象的知识分子是极有可能的。正面形象须出之以肯定的或褒誉的叙述，而反面形象则更适用贬斥的讽刺笔法。在艺术效果上，前者易流于平淡，后者则易见精彩。具体到一部长篇小说中，这两种截然不同的笔墨如何调和才能使小说不显得分裂，才能使两种形象的知识分子都能立得住，不至于讽刺的一面精彩纷呈而肯定的一面乏善可陈，是很不容易解决的难题。这是笔法的难题，同时也是结构的难题。同样，"四代"怎样结构才能避免长篇小说在实际上变成四个中篇的连缀，也很需要反复研究。

从鲁迅的著作来看，讽刺是他最常使用、最见功夫、最能标志风格的笔法。大量的杂文以辛辣凌厉的讽刺见长自不必说，仅以小说而论，在其最早的一篇《怀旧》中，讽刺之语就已随处可见，而《呐喊》《彷徨》《故事新编》等三本短篇小说集中更是布满了大大小小的"毒奇"[1] 的明嘲暗讽。即使在那些抒情意味浓郁的小说如《故乡》《在酒楼上》等中，也时时可见讽刺的机锋。不仅如此，对于同样以讽刺见长的小说如《金瓶梅》《儒林外史》《死魂灵》等，鲁迅也都表现出特别的喜爱，甚至由《儒林外史》提出"讽刺小说"的重要概念。对于自己的讽刺才能与讽刺嗜好，鲁迅有着相当的自觉与自信，20 年代曾说，"我自己也知道，在中国，我的笔要算较为尖刻的，说话有时也不留情面"[2]，30 年代又相继发表《从讽刺到幽默》《论讽刺》《什么是"讽刺"》等文为讽刺辩护。凡此种种，都使人倾向于相信，在鲁迅计划的知识分子长篇小说中，讽刺笔法的分量必不在少，并且很可能是书中最为精彩的部分。

1　据许寿裳回忆称，他的朋友邵铭之曾当鲁迅之面评价其言谈为"毒奇"，鲁迅"笑笑首肯"（见许寿裳：《鲁迅传》，第 20 页）。我以为用这二字形容鲁迅的讽刺笔法也恰如其分。

2　鲁迅：《我还不能"带住"》，《鲁迅全集》第 3 卷，第 260 页。

讽刺反面人物易见精彩，而树立理想人物却很难出色，对此鲁迅深有体会。从他的众多小说人物来看，反面人物或旧人物大都比正面人物或新人物写得更加生动传神，给人的印象也更加深刻。这一写作上的"难易症结"，在晚年翻译果戈理的长篇小说《死魂灵》时，被鲁迅再次体认。考察鲁迅翻译《死魂灵》的动机，其中很重要的一点是为其拟想的知识分子长篇小说的写作寻找参照。众所周知，果戈理是鲁迅"最爱看的作者"[1]之一，对于鲁迅而言，"果戈理复杂性的存在是挥之不去的长影，与他的默默的对话，在其阅读史里有着非同小可的意味"[2]，鲁迅的第一篇白话小说《狂人日记》就曾深受果戈理同名小说的启发。而谈论果戈理时，鲁迅往往是称赞其讽刺笔法。对于同样以讽刺见长的鲁迅来说，果戈理是他的异国知音，他终生都对果戈理保有浓厚的兴趣。因此，当鲁迅意欲创作兼有新旧两种角色、兼有讽刺和赞誉两种叙事语言的长篇小说而苦于难以结构时，将目光投向果戈理及其长篇讽刺杰作《死魂灵》以寻求某种经验的镜鉴，是自然而然的。[3]

《死魂灵》分第一、第二两部，其中第二部被果戈理在临终前焚毁，仅残存五章。鲁迅于1935年译出了第一部，1936年又拟译出第二部残稿，但只完成了两章多便因病去世。不过，第二部残稿虽未译完，但正是因为这次翻译，鲁迅再次体认了上述所谓写作上的"难易症结"。在译完第二部第一章后所写的译者附记中，鲁迅说：

> 其实，只要第一部也就足够，以后的两部——《炼狱》和《天堂》已不是作者的力量所能达到了。果然，第二部完成后，他竟连自己也不相信了自己，在临终前烧掉，世上就只剩了残存的五章，描写出来的人物，积极者偏远逊于没落者：这在讽刺作家果戈理，真是无可奈何的事。[4]

相似的话在译完第二章后的译者附记中被再次表述：

> 其实，这一部书，单是第一部就已经足够的，果戈理的运命所限，就在

1　鲁迅：《我怎么做起小说来》，第525页。
2　孙郁：《鲁迅与果戈理遗产的几个问题》，《文学评论》2013年第3期。
3　黄乔生在《鲁迅译〈死魂灵〉述略》（《鲁迅研究月刊》2016年第9期）中也认为鲁迅选择翻译《死魂灵》的原因之一是为其计划中的长篇小说的写作寻找学习和参照的对象。
4　鲁迅：《〈死魂灵〉第二部第一章译者附记》，《鲁迅全集》第10卷，第453页。

讽刺他本身所属的一流人物。所以他描写没落人物，依然栩栩如生，一到创造他之所谓好人，就没有生气。例如这第二章，将军贝德理锡且夫是丑角，所以和乞乞科夫相遇，还是活跃纸上，笔力不让第一部；而乌理尼加是作者理想上的好女子，他使尽力气，要写得她动人，却反而并不活动，也不像真实，甚至过于矫揉造作，比起先前所写的两位漂亮太太来，真是差得太远了。[1]

此外，在给曹白的信中鲁迅也表达了相同的见解："作者想在这一部里描写地主们改心向善，然而他所写的理想人物，毫无生气，倒仍旧是几个丑角出色，他临死之前，将全稿烧掉，是有自知之明的。"[2]

注意力不在"没落人物"与"理想人物"所表征的果戈理的思想，而在果戈理写作这两种人物时所表现出的笔力的高低之差，这就是鲁迅看取《死魂灵》的眼光。这种眼光是由他意欲从《死魂灵》取法的动机所决定的。由此反观第一部的翻译，就不难理解何以鲁迅最为在意的是不打折扣地再现果戈理的讽刺。也正是主要为此，鲁迅倍感吃力。1935 年 5 月 17 日鲁迅在给胡风的信中说："这几天因为赶译《死魂灵》，弄得昏头昏脑，我以前太小看了ゴーコリ了，以为容易译的，不料很难，他的讽刺是千锤百炼的。"[3] 在随后不久发表的《"题未定"草（一至三）》一文中又说，"于是'苦'字上头。仔细一读，不错，写法的确不过平铺直叙，但到处是刺，有的明白，有的却隐藏，要感得到；虽然重译，也得竭力保存它的锋头"，于是"势必至于字典不离手，冷汗不离身"。[4] 正是因为自己擅长讽刺并且计划中的长篇小说势必大量涉及讽刺，鲁迅才会如此注意和执着于《死魂灵》中的讽刺；正是因为《死魂灵》试图既写"没落人物"又写"理想人物"，同样要在长篇小说中兼写两面的鲁迅才会如此看重它在此问题上的成败得失。以《死魂灵》作为镜鉴，可以想象鲁迅的长篇小说如果要付诸写作，恐怕也难免会陷入写"没落人物"就"栩栩如生"而写"理想人物"就"没有生气"的困境。与果戈理相同，鲁迅一时也无法解开这个既是笔法上的也是结构上的难题。他的迟迟不能动笔，根源之一或许就在于此。某种程度上可以说，讽刺

1　鲁迅：《〈死魂灵〉第二部第二章译者附记》，《鲁迅全集》第 10 卷，第 455 页。

2　鲁迅：《360504 致曹白》，《鲁迅全集》第 14 卷，第 89 页。

3　鲁迅：《350517 致胡风》，《鲁迅全集》第 13 卷，第 458 页。ゴーコリ即果戈理的日文写法。

4　鲁迅：《"题未定"草（一至三）》，第 363 页。

在成就果戈理和鲁迅的同时，也限制了他们。这与其说是讽刺作家的限度，不如说是讽刺艺术的限度。

四　回忆取材及其得失

在 1928 年的革命文学论争中，太阳社的钱杏邨指责鲁迅的小说不能贴近现代，"科举时代的事件，辛亥革命时代的事件，他都能津津不倦的，不知有汉，无论魏晋的叙述出来，来装点'现代'文坛的局面"，"他创作的动机大概是在和子君'在灯下对坐的怀旧谭中，回味那时冲突以后的和解的重生一般的乐趣'一样的回忆的情趣下面写成的"，因此他的创作"不过是如天宝宫女，在追述着当年皇朝的盛事而已"，"没有现代的意味，不是能代表现代的"。[1] 钱杏邨的苛评固然失之浅薄，但他指出鲁迅小说多由回忆取材却是合乎实际的，也是有目共睹的。不少人据此认为，鲁迅后来之所以中断小说创作，就是因为回忆材料写完了，而又不能从现实取材，于是不得不辍笔。竹内好就曾说，"进入文学生活之后，鲁迅就像住在假想世界中的人一样，靠咀嚼以往生活中的积累过活。后半生的生活，以回放的形式与前半生的现实生活相重叠"[2]，"兴味只囿于追忆过去，作为小说家仅此一点便是致命的"[3]。

毋庸讳言，鲁迅取材渠道的狭窄的确限制了他的小说的多产，但认定他中断小说创作是因为回忆材料写完了，无可再写，却未免流于表面，未能深入问题的根源。其实只要鲁迅想写，就未必存在回忆写完的问题，正如郜元宝所说，"像鲁迅这样深思善感之人，来自回忆的材料不是太少，而是多到压得他喘不过气来。他一直希望能够竦身一摇，摆脱回忆的纠缠，哪有回忆一下子就写尽的道理"[4]。鲁迅之所以没有将更多的回忆写成小说，主要有两方面的原因。一方面是：《呐喊》《彷徨》两部小说集中的作品虽然不多，但已足以表现鲁迅对中国社会与文化的深刻认识，足以展现他的文学理念与诉求。与"改良人生""改良社会"宗旨无关的小说鲁迅不愿写，而写更多《呐喊》《彷徨》式的小说则近于画

1　钱杏邨：《死去了的阿 Q 时代》，《围剿集》，河北教育出版社 2000 年版，第 39-40 页。

2　竹内好：《从"绝望"开始》，靳丛林编译，生活·读书·新知三联书店 2013 年版，第 31 页。

3　竹内好：《近代的超克》，李冬木等译，生活·读书·新知三联书店 2016 年版，第 87 页。

4　郜元宝：《鲁迅为何没多写小说》。

蛇添足。在创作上，鲁迅向来忌讳重复，反对"滥造"，他认为写小说"选材要严，开掘要深，不可将一点琐屑的没有意思的事故，便填成一篇，以创作丰富自乐"[1]。秉持这种观念，他没有从回忆中幻化出更多的小说也就无足为怪了。另一方面是：1928 年后鲁迅的思想逐渐左转，接受了无产阶级文学理念，新的历史形势和文学潮流使他无法再延续《呐喊》《彷徨》式的启蒙主义的写法，尤其是这种写法已经在革命文学论争中被钱杏邨等人猛烈地批判过了。因此，继续从遭过钱杏邨冷嘲热讽的"过去的回忆里"取材创作小说显然已经不合时宜。在其短篇小说选集的英译本自序中，鲁迅就表明过不愿再写"旧的"小说的态度："现在的人民更加困苦，我的意思也和以前有些不同，又看见了新的文学的潮流，在这景况中，写新的不能，写旧的又不愿。"[2]

不过，如果说鲁迅很少能够、也不善于从回忆之外取材，那就不无道理了。《呐喊》《彷徨》中只有《端午节》《高老夫子》《幸福的家庭》《肥皂》等少数几篇小说由现下或身边取材，但相较于其他由回忆取材的小说都不免逊色。这几篇小说都致力于写人物的心理，情节更加弱化，结构更加松散，行文用语又大量掺杂议论，讽刺意味也更加突出乃至略嫌尖刻。总而言之，它们的思想性虽然突出，但文学性却未免不足。回顾鲁迅小说阅读史，读者对它们的接受度并没有《阿 Q 正传》《孔乙己》等小说高。从这类作品数量的偏少和成就的相对逊色来看，鲁迅似乎不善于写现时当下，不能成功表现未在他头脑中酝酿多年的形象。他的长处还是在写回忆，从回忆中取材并以回忆叙事布局的创作习惯可以使他的小说最大限度地避短扬长，甚至可以使背景模糊、情节简单等短处反而成为助成小说诗化的长处。鲁迅对回忆叙事是如此钟爱和依赖，甚至要写长篇小说《杨贵妃》时所拟采用的结构方式也是回忆叙事："想从唐明皇的被暗杀，唐明皇在刀儿落到自己的颈上的一刹那间，这才在那刀光里闪过了他的一生，这样地倒叙唐明皇的一生事迹。"[3]

值得注意的是，鲁迅由早年回忆取材的小说大都写的是农村和小镇中人，而不从回忆取材的小说则写的是都市中人。按照李长之的说法，"鲁迅更宜于写农村生活"而"不宜于写都市"，"在鲁迅写农民时所有的文字的优长，是从容，幽

1　鲁迅：《关于小说题材的通信》，《鲁迅全集》第 4 卷，第 377 页。

2　鲁迅：《英译本〈短篇小说选集〉自序》，《鲁迅全集》第 7 卷，第 412 页。

3　冯雪峰：《鲁迅先生计划而未完成的著作（节录）》，《鲁迅生平史料汇编》第 3 辑，天津人民出版社 1983 年版，第 801 页。

默，带着抒情的笔调，转到写都市的小市民，却就只剩下沉闷、松弱和驳杂了"。[1] 之所以写都市失败，是因为都市生活"是动乱的，脆弱的，方面极多，局面极大，然而松，匆促，不相连属，像使一个乡下人之眼花缭乱似的，使一个惯于写农民的灵魂的作家，也几乎不能措手"[2]，而鲁迅又不耐于融入都市社会，"取一个冷然的观照的态度"观察和体验都市，因此他"虽生长在都市，却没有体会到都市"，"没有写都市人生活的满意的作品"[3]。

　　李长之的观察很敏锐，他所揭示的鲁迅不善写都市生活这一现象，对我们进一步思考鲁迅中断现实题材小说创作的原因很有启发。对于1928年革命文学论争之后的鲁迅来说，启蒙主义思路下的"旧的"农村题材"不愿"再写，左翼文学思路下的"新的"农村题材"不能"写，而都市题材又不善写，因此，中断现实题材小说创作也就是在所难免的了。鉴于鲁迅长期过着书斋生活，"多年和社会隔绝"[4]，想要突破这一写作困境显然并不容易。如果还想继续写小说，那么改从历史和古代传说取材，使"那些古代的故事"经过"改作之后，都注进新的生命去"从而"与现代人生出干系来"[5]，就是鲁迅所剩不多的可行的选择。某种程度上可以说，《故事新编》是在这一思路下写出的。

　　其实，早在1922年写《不周山》（后改名《补天》）时，鲁迅就已经开始尝试从古代取材；《彷徨》出版后不久鲁迅再次拾起《不周山》的取材方法，先后写了《奔月》和《眉间尺》（后改名《铸剑》）两篇小说。这表明在钱杏邨等人指责之前，鲁迅就已经自觉到回忆取材难以丰富且持久，难以适应社会和文学发展的需要，已经在尝试拓宽取材渠道了。这三篇小说也都不再采用回忆叙事结构，抒情减弱而叙事加强，显示出鲁迅正在突破他惯写的诗化小说模式，探索更为开阔的写作可能。不过可惜的是，鲁迅的探索没有持续多久就中断了，直到临终前两年才又接续起来，最终以"八则《故事新编》"的形式完结。对于《故事新编》，鲁迅自称"其中也还是速写居多，不足称为'文学概论'之所谓小说"[6]，又曾对楼适夷说他写《故事新编》"是为重写小说作准备的"[7]，二者结

1　李长之：《鲁迅批判》，第98页。
2　李长之：《鲁迅批判》，第98页。
3　李长之：《鲁迅批判》，第147-148页。
4　鲁迅：《331105致姚克》，第478页。
5　鲁迅：《〈现代日本小说集〉附录 关于作者的说明》，《鲁迅全集》第10卷，第243页。
6　鲁迅：《〈故事新编〉序言》，《鲁迅全集》第2卷，第354页。
7　楼适夷：《鲁迅第二次见陈赓》，《高山仰止：社会名流忆鲁迅》，第273页。

合来看，他应是有意通过创作《故事新编》来突破回忆取材的习惯与局限，有意改换并训练写作笔法，以便重新创作现实题材的小说。但由于不幸早逝，鲁迅的努力是否奏效，他"重写小说"的愿望是否能够实现，已不得而知了。

不过，李长之将鲁迅不善写都市的原因归结为都市生活的变动复杂和鲁迅性格的不能超然固然有其道理，却似乎流于浮面。我认为更根本的原因与鲁迅的核心关切有关。不管是前期相信进化论，还是后期相信阶级论，终其一生，鲁迅的核心关切都是希望中国能依靠"新变"实现进步和文明。19世纪下半叶以来的世界进入弱肉强食的纷争变动之中，中国唯有主动且不断地求新求变，才能免于灭亡，才能"生存两间，角逐列国"[1]。但颟顸守旧的中国却不能像东邻日本那样主动、迅速而又全面地革新以适应世界大势，而是在被动地进一步后又主动地退两步中不断沉沦，徒然浪费了许多宝贵的时光。对此，鲁迅深感失望和焦虑，相关表述不胜枚举，例如在《娜拉走后怎样》中曾感叹说："可惜中国太难改变了，即使搬动一张桌子，改装一个火炉，几乎也要血；而且即使有了血，也未必一定能搬动，能改装。不是很大的鞭子打在背上，中国自己是不肯动弹的。"[2] 正是因为期待在于"改变"，鲁迅才会不断地在现实中发现"不变"，才会不断地被"不变"刺痛，进而不断地书写"不变"以刺激"改变"的发生。《呐喊》《彷徨》所描写、揭露和讽刺的大多是"不变"，或者说是"处于变化背景下的不变"，是茅盾之所谓"老中国"[3]。由于鲁迅的关切主要在此，他自然就对观察和描写李长之所谓"动乱的，脆弱的，方面极多，局面极大，然而松，匆促，不相连属"的都市生活不感兴趣，因此不善写都市题材的小说也就无可厚非了。

相较于都市题材，农村题材更适于表现世界"在变"而中国"不变"的主题。这类题材中的人物世情不但是鲁迅早年耳濡目染、熟印于心的，写起来更加得心应手，而且由于在鲁迅写作时，历史已经逐渐形成了都市代表着现代文明而农村意味着愚昧落后的语境，鲁迅也已经确立了启蒙主义文学观念，在都市中写农村这一行为，也就因此有了一种潜在的西方对于东方、现代对于传统的审视和批判意味。换句话说，无论是从写作特长还是从写作诉求来看，"回忆中的"农村都更比"进行着的"都市更适合鲁迅。《风波》和《长明灯》两篇小说可以更鲜明地说明这一点。

1　鲁迅:《文化偏至论》,《鲁迅全集》第1卷,第58页。

2　鲁迅:《娜拉走后怎样》,《鲁迅全集》第1卷,第171页。

3　茅盾:《鲁迅论》,《1913—1983鲁迅研究学术论著资料汇编》第1卷,第298页。

1917 年鲁迅和周作人在北京亲历了张勋复辟风波，按照周作人的说法，这件事使他们"深深感觉中国改革之尚未成功，有思想革命之必要"[1]。鲁迅后来之所以接受钱玄同的劝驾参与新文化运动，"忽然积极起来"[2]，很大程度上就缘于复辟事件的刺激。1920 年鲁迅以复辟为题材写了小说《风波》，通过描写复辟事件的社会反应来揭示国人的守旧心理和奴性意识。值得注意的是，虽然是在城市中见闻了"外边都挂了龙旗"的现象并且因此"感到满身的不愉快"[3]，鲁迅却没有选择以北京市民为表现对象，而是选择了想象和表现未曾见闻的鲁镇农民的反应。同样的"舍近求远"也发生在《长明灯》上。1924 年底前清逊帝溥仪被冯玉祥驱逐出宫，北京市民对此大感不满和咒骂；而 1925 年初革命家孙中山北上进京，却引起北京市民的恐惧和排斥。这种直观的"民心所向"刺激鲁迅创作了小说《长明灯》，揭刺国人的奴性和愚昧。在写作上，鲁迅依然避开了直接从现实见闻取材而以想象虚构故事，选择了以农村而非城市作为故事发生的空间，舍弃了写实主义而采用了象征主义。从这两篇小说可以看出，即使是在城市中发现了社会或民众的思想问题，鲁迅也倾向于或习惯于通过农村题材来表现。这未尝不是一种扬长避短的写法。因为采用了化实为虚、移花接木的手法，这两篇小说都近似于诗，具备了更为普遍的意义，其效果显然要比直接写城市中人更好。

《〈朝花夕拾〉小引》中有这样两句话："带露折花，色香自然要好得多，但是我不能够。便是现在心目中的离奇和芜杂，我也还不能使他即刻幻化，转成离奇和芜杂的文章。或者，他日仰看流云时，会在我的眼前一闪烁罢。"[4] 如果我们借用这两句话中的"花"来指代素材，那么不妨说，在小说写作上，鲁迅所擅长的是"朝花夕拾"，而不是"带露折花"。具体到题材上，写农村是"朝花夕拾"，写都市则是"带露折花"。鲁迅晚年虽然将他不能再写小说的原因之一归于"不能到各处去考察"[5]，但即使他能到各处走动考察，单从他拙于"带露折花"亦即拙于将当下观察所得的素材"即刻幻化"成小说这一点来看，他也未必能顺利写出使自己满意的作品来。从拿手的方法成功切换到手生的方法，并非轻而易举之事。

据冯雪峰回忆，鲁迅晚年谈到创作问题时曾说，"比较起来，我还是关于农

---

1   周作人：《知堂回想录（下）》，北京十月文艺出版社 2013 年版，第 406 页。

2   周作人：《鲁迅的故家》，北京十月文艺出版社 2013 年版，第 357 页。

3   周作人：《知堂回想录（下）》，第 412 页。

4   鲁迅：《〈朝花夕拾〉小引》，《鲁迅全集》第 2 卷，第 235 页。

5   鲁迅：《答国际文学社问》，《鲁迅全集》第 6 卷，第 19 页。

民，知道得多一点"，"要写，我也只能写农民"。鲁迅所谓的农民自然是他记忆中的农民而非现在的农民，他所能写的是前者而非后者，对此，鲁迅有着清醒的意识："其实，现在回绍兴去，同农民接近也不容易了，他们要以不同的眼光看我，将我看成他们之外的一种人，这样，就不是什么真情都肯吐露的。"[1] 不过，问题自然不在现在的农民会不会把鲁迅看成"他们之外的一种人"，会不会吐露真情，而在于新的历史形势和文学主潮已经规定了新的特定的表现农民的方式了。这种表现方式即使是鲁迅所认同的，也未必是他所能实践的，鲁迅当然不会不明白这一点。擅长写农民而却不能再写农民，这几乎是鲁迅无可逃脱的宿命。

在生命的最后一年，鲁迅又重新从回忆取材，舍小说而取散文，计划写一部和《朝花夕拾》相近的散文集，但因为不幸早逝，只完成了《我的第一个师父》和《女吊》两篇。这两篇文章从容优裕，奇崛瑰美，尤为读者所称道。它们的成功表明，只要写起回忆，鲁迅的笔力就出神入化，文章就滋味无穷，诚如冯雪峰所言，"这种回忆带给他一种力量，带给他文章上一种生气和风格上一种美"[2]。某种程度上可以说，写回忆是鲁迅的特长所在，但也未尝不是他的局限所在。

结论

一个作家没有多写小说原本不足以成为一个值得大惊小怪的问题，但如果这个作家是中国最伟大的白话短篇小说集《呐喊》《彷徨》的作者鲁迅，而他又并没有明确放弃小说创作的表示，还多次打算要再写小说，那么他最终没有多写就不能不是一个需要认真对待的问题了。为什么在"技巧稍为圆熟，刻划也稍加深切"[3] 的时候，鲁迅却反而中断了现实题材的小说创作？为什么他多次表示想要创作长篇小说并且已有了大致的计划，最终却又不了了之？为什么他晚年一面表示现在不是能从容写小说的时代，一面又想要再写小说却又屡屡表示写不出来？为什么他会从现实题材的小说走向《故事新编》这类历史题材的小说的创作？尝试回答诸如此类的问题，可以使我们从不同侧面更深入地理解鲁迅及其时代。以往人们多是从鲁迅的主观意愿和客观的社会环境等方面解释他不再多写小说的原

1　冯雪峰：《冯雪峰忆鲁迅》，第 51 页。
2　冯雪峰：《冯雪峰忆鲁迅》，第 105 页。
3　鲁迅：《〈中国新文学大系〉小说二集序》，第 247 页。

因，本文则改从鲁迅小说的特质与限度以及它们所反映出的鲁迅的写作性质与限度这一角度，提出了一些新的补充说法。

正如上文所述，从写作实践来看，由于不易展布广阔而翔实的背景、难以突破讽刺艺术的限度并解决相应的结构难题，也由于常用来经营短篇小说的文章笔法同样有其限度，鲁迅不能顺利地写出长篇小说。同时，由于回忆取材的局限、不善写都市题材的短处以及对宁少勿滥这一写作原则的坚守，也由于新的历史形势和文学潮流的规约，鲁迅在《彷徨》之后也很难再写出现实题材的短篇小说。一方面在小说写作上面临着诸多具体而又棘手的难题，另一方面对杂文写作则日益自信和依赖，相信杂文能够代替小说发挥揭刺弊病的作用，鲁迅逐渐放弃小说写作也就在情理之中了。

应该说，鲁迅不多写或不再写既是因为"不能"，也是因为"不为"，在这"不能"与"不为"之间，就显示着他的文学理念、小说的特质以及写作限度等重要问题。要回答鲁迅为何没有多写小说，不能忽略了对鲁迅写了怎样的小说的思考。对于前者的追问如果不能导向对于后者的研究，那么所得到的答案就有可能不够全面和深入。正如本文所揭示的，那些成就了鲁迅的短篇小说的因素，反过来也是限制他写出长篇小说和更多现实题材短篇小说的因素。只有同时看到这两个本乎一体的相对面，才能更深刻地理解作为小说家的鲁迅的独特与限度。竹内好谈到鲁迅小说时说："他的小说因为是诗性的所以获得成功，但同时也因为是诗性的，所以遭到失败。"[1] 这是很有见地的评价。

（《中国现代文学研究丛刊》2020 年第 10 期）

1　竹内好：《从"绝望"开始》，第 125 页。

孙尧天 北京大学文学博士，华东师范大学中文系讲师。在《文学评论》《文艺研究》等刊物发表论文多篇。曾获北京大学优秀博士学位论文奖。入选上海"晨光计划"。

"幼者本位""善种学"及其困境[1]

——论"五四"前后鲁迅对父子伦理关系的改造

作为传统中国文化与家族伦理的根本，以"孝道"为核心的父子关系在新文化运动时期受到空前挑战。当父亲的至高权威不断被削弱时，那些被遮蔽的孩子终于开始显露出自己的身影，并迅速成为知识界关注的核心议题。鲁迅"救救孩子"的著名呼吁便发生在这一历史进程中，"孩子"或"幼者"代表了改革中国与历史进化的希望，并在广义的层面上呼应了新文化运动对青年、青春的礼赞。1919 年，在《我们现在怎样做父亲》中，鲁迅主张以"幼者本位"改造不合理的长幼秩序，"此后觉醒的人，应该先洗净了东方古传的谬误思想，对于子女，义务思想须加多，而权利思想却大可切实核减，以准备改作幼者本位的道德"[2]。为了践行这种新道德，他要求父母必须担负起"健全的产生，尽力的教育"[3] 的责任，正如鲁迅在这篇文章中提出"善种学"（Eugenics）——如今通译为"优生学"——的处置办法，这种要求体现了其优生学视野。鲁迅关注优生学与他这时相信"生物学的真理"[4] 有关。不过，如果细加考察，作为"生物学的真理"的一种表达方式，优生学的思路却让鲁迅"幼者本位"的理想变得扑朔迷离：一方面，它使鲁迅的主张具备了相对坚实的科学基础；另一方面，优生学内在的遗传决定法则不免为"幼者本位"蒙上了阴影。"幼者本位"是鲁迅对父子伦理关系

1　本文为上海市哲学社会科学规划青年课题"东西文明交汇视域中的鲁迅科学知识谱系研究"
　　（2019EWY001）、上海市"晨光计划"（19CG30）项目成果。

2　鲁迅：《我们现在怎样做父亲》，《鲁迅全集》第 1 卷，人民文学出版社 2005 年版，第 137 页。

3　鲁迅：《我们现在怎样做父亲》，第 141 页。

4　鲁迅：《我们现在怎样做父亲》，第 145 页。

改造中最重要的环节，20世纪80年代以来，这一话题引发的讨论始终未曾断绝，它被认为联系着鲁迅的立人、启蒙乃至革命思想，但至今，很少有论述注意到鲁迅"幼者本位"的理想与优生学话语之间的关联。事实上，鲁迅对父子伦理关系的改造不仅借助了优生学的思想资源，他也在这种科学话语方式的困境中展现出对中国历史与改革的深刻看法。

一 "幼者本位"的脉络

除了象征着未来，"幼者"还代表了进化也即发展的动力，相比之下，"父亲"被降至次要地位——"自己背着因袭的重担，肩住了黑暗的闸门，放他们到宽阔光明的地方去；此后幸福的度日，合理的做人。"[1] "父亲"用这样的牺牲换来新的世界，自己却沉没在黑暗中。历史的主体由此发生了转变。从这种思路出发，鲁迅认为中国古代的伦理走上了错误的方向，他谴责"长者本位"乃是"逆天行事"[2]。古人未必真的"逆天行事"，关键在于，鲁迅所谓的"天"的含义发生了改变，它指向的是进化论所包含的"生物学的真理"。在这种真理的启示下，鲁迅从根本上颠倒了自古以来的父子关系，他强调"本位应在幼者，却反在长者；置重应在将来，却反在过去。前者做了更前者的牺牲，自己无力生存，却苛责后者又来专做他的牺牲，毁灭了一切发展本身的能力"[3]。

鲁迅提倡"幼者本位"，很可能是受周作人的影响。后者比鲁迅更早关注儿童问题，在1910—1920年间，他率先写了多篇论述儿童问题的文章。在1912年的《儿童问题之初解》中，周作人便有一段论述与鲁迅批评"长者本位"时的观点颇为相近，所谓"东方国俗，尚古守旧，重老而轻少，乃致民志颓丧，无由上征"。这种经过进化论透镜折射出来的悲观景象，在父子伦理的层面上表达得最为明确，如他紧接着补充："中国亦承亚陆通习，重老轻少，于亲子关系见其极致。原父子之伦，本于天性，第必有对待，有调和，而后可称。"[4] 在写作《我们现在怎样做父亲》时，鲁迅应当参考过周作人的这篇文章。不过，虽然两人都指

1　鲁迅：《我们现在怎样做父亲》，第135页。

2　鲁迅：《我们现在怎样做父亲》，第137页。

3　鲁迅：《我们现在怎样做父亲》，第137页。

4　周作人：《儿童问题之初解》，《周作人散文全集》第1卷，广西师范大学出版社2009年版，第246页。

出了儿童的重要性，但不同于周作人认为父子关系应当"有调和"的观点，鲁迅更为激进地主张用"幼者本位"直接取代"长者本位"。

当然，鲁迅也有着自己的准备工作。在 1913 年 8—11 月期间，他连续翻译了上野阳一的《艺术赏玩之教育》《儿童之好奇心》与《社会教育与趣味》，1914 年 11 月又翻译了高岛平三郎的《儿童观念界之研究》，这些翻译均密切关涉着儿童话题。上野阳一和高岛平三郎的研究给鲁迅提供了启发，在《我们现在怎样做父亲》中，鲁迅强调应当加强儿童心理研究时便以日本为典范："所以一切设施，都应该以孩子为本位，日本近来，觉悟的也很不少；对于儿童的设施，研究儿童的事业，都非常兴盛了。"[1] 同时，鲁迅指出西方和日本已经开始重视儿童的主体性地位，如今，中国也需要跟上这一潮流：

> 往昔的欧人对于孩子的误解，是以为成人的预备；中国人的误解，是以为缩小的成人。直到近来，经过许多学者的研究，才知道孩子的世界，与成人截然不同；倘不先行理解，一味蛮做，便大碍于孩子的发达。[2]

在写下这段文字的两天后，鲁迅又读到白桦派作家有岛武郎的《与幼小者》，并从中发展出"对于一切幼者的爱"[3] 的观点。

尽管鲁迅直接从日本学者的研究中获得启发，但在他的视野里，西方始终是一个不曾缺席的参照。鲁迅认为，正是西方社会的深刻变化使得人们开始重视儿童。从社会学的角度讲，这种转变与 19 世纪西方社会结构的转型密切相关，随着核心家庭的出现，所有的关系、策略、角色的分配等都以子孙后代为核心，并且不断被明确。[4] 在思想史的脉络上，这种观念发生得更早，"幼者本位"最远可以追溯到卢梭。在《爱弥儿》这部教育学的经典著作中，卢梭最早提出了现代性的儿童观念，他一开篇就声明："我们对儿童是一点也不理解的：对他们的观念错了，所以愈走就愈入歧途。最明智的人致力于研究成年人应该知道些什么，可是却不考虑孩子们按其能力可以学到些什么，他们总是把小孩子当大人看待，而不

1　鲁迅：《我们现在怎样做父亲》，第 140-141 页。
2　鲁迅：《我们现在怎样做父亲》，第 140 页。
3　鲁迅：《六十三 "与幼者"》，《鲁迅全集》第 1 卷，第 381 页。
4　艾格勒·贝奇、多米尼克·朱利亚主编：《西方儿童史》下，卞晓平、申华明译，商务印书馆 2016 年版，第 210-212 页。

想一想他还没有成人哩。"[1] 卢梭的观点被后来的学者继承，在 19 世纪的自然科学、人类学以及浪漫主义潮流中，儿童始终占据着重要地位，尤其是浪漫主义者对儿童天性的赞美，他们把儿童"视为非凡的、先验的宇宙中的最根本的形象，这样的世界是儿童的一种表现特征。童年构成了一个成人无法进入的另一种世界模式，同时也是我们每个人作为历史特殊客体的个体发展的证据"[2]。

如果按照卢梭与 19 世纪浪漫主义者的描绘，那么鲁迅对"幼者本位"的设想也明确表现出了类似想象。他表示："便在中国，只要心思纯白，未曾经过'圣人之徒'作践的人，也都自然而然的能发现这一种天性。"[3] 事实上，在《我们现在怎样做父亲》中，"天性"正是出现频次最高的词汇，这种用法显示着鲁迅的乐观主义，他认为父亲最重要的责任就是解放儿童，而儿童之所以在未来能够"幸福的度日，合理的做人"，根本原因是"幸福"和"合理"的种子本就埋藏在儿童的"天性"里。在《随感录·四十九》中，鲁迅强调应当以幼者为本位时，再次表现出这种乐观情绪，在进化论的许诺下，他相信"进化的途中总须新陈代谢。所以新的应该欢天喜地的向前走去，这便是壮，旧的也应该欢天喜地的向前走去，这便是死；各各如此走去，便是进化的路"[4]。

鲁迅所谓的"心思纯白"很容易让人联想到他早年在《破恶声论》（1908）中推崇的"白心"，并非偶然的是，鲁迅在那篇文章中即以卢梭为榜样：

> 志士英雄，非不祥也，顾蒙帼面而不能白心，则神气恶浊，每感人而令之病。奥古斯丁也，托尔斯泰也，约翰卢骚也，伟哉其自忏之书，心声之洋溢者也。若其本无有物，徒附丽是宗，辄岸然曰善国善天下，则吾愿先闻其白心。[5]

在《破恶声论》中，鲁迅指出中国改革的根本之道在于召唤出"心声"和"内曜"[6]，这时，他把这样的希望寄托在了孩子们的身上。日本学者藤井省三认为鲁迅的"白心"即"无邪（innocence）"，他同样注意到了鲁迅"白心"的用法与

1　卢梭：《爱弥儿》，李平沤译，商务印书馆 2014 年版，第 2 页。
2　艾格勒·贝奇、多米尼克·朱利亚主编：《西方儿童史》下，第 161 页。
3　鲁迅：《我们现在怎样做父亲》，第 138 页。
4　鲁迅：《随感录·四十九》，《鲁迅全集》第 1 卷，第 355 页。
5　鲁迅：《破恶声论》，《鲁迅全集》第 8 卷，第 29 页。
6　鲁迅：《破恶声论》，第 25 页。

卢梭思想的关联，"与'白心'联系在一起出现了卢梭的名字。卢梭正是欧洲近代发现儿童的第一人。他的感性赞美——自然人的主张，在论述儿童时被具体化了，这是为激进地批判社会制度自明性的假定物"[1]。鲁迅接续了卢梭"自然人的主张"，在儿童身上发现了类似"自然人"的善良的天性（"白心"）。然而，他同时意识到中国的儿童处在历史的黑暗之中，这种情形导致他对父子伦理的改造在很大程度上可以化约为一场拯救儿童的行动。

新文化运动期间，鲁迅的第一篇作品就密切联系着这一主题。在《狂人日记》的结尾，狂人不仅惊恐地发现自古相传的吃人真相，而且察觉到自己也于无意中加入到吃人的行列，他最终发出了这样的追问与呼吁：

> 没有吃过人的孩子，或者还有？
> 救救孩子……[2]

藤井省三认为，这里"没有吃过人的孩子"就是鲁迅所谓的"白心"，而"救救孩子"则是吃过人的，也即丧失了"白心"的狂人想保护和培育从"白心"中流露出来的社会批判力的决心。[3]"白心"代表了鲁迅改革父子关系的可能与希望，他相信儿童的天性是纯洁善良的，在成长的过程中，儿童之所以丧失了"白心"，只是由于后天的环境或者说恶劣的教育败坏了他们。

与此相应，在《狂人日记》第2则日记中，当狂人不安地行走在街上时，他发现连周围的小孩子也面露吃人的神情，他最初这样宽慰自己："我可不怕，仍旧走我的路。前面一伙小孩子，也在那里议论我；眼色也同赵贵翁一样，脸色也都铁青。我想我同小孩子有什么仇，他也这样。"[4] 对"救救孩子"的主题而言，这段很少引起重视的记载却十分重要。虽然狂人能够解释赵贵翁等吃人的历史，但关键是，他如何理解小孩子也加入到了吃人群体中，小说写道：

> 但是小孩子呢？那时候，他们还没有出世，何以今天也睁着怪眼睛，似乎怕我，似乎想害我。这真教我怕，教我纳罕而且伤心。

1　藤井省三：《鲁迅比较研究》，陈福康译，上海外语教育出版社1997年版，第221页。
2　鲁迅：《狂人日记》，《鲁迅全集》第1卷，第454–455页。
3　藤井省三：《鲁迅比较研究》，第227页。
4　鲁迅：《狂人日记》，第445页。

我明白了。这是他们娘老子教的![1]

如果把"娘老子教的"反过来理解，这句话不也在暗示，发现了历史真理的狂人相信，小孩子原本是天性善良、无辜的吗？

　　由于相信儿童的天性善良，"救救孩子"指向了后天教育的必要性。在这个脉络上，我们可以理解鲁迅多篇呼吁教育改革的文章。在《我们现在怎样做父亲》中，鲁迅更是详细地列出了教育的过程，长者"不但不该责幼者供奉自己；而且还须用全副精神，专为他们自己，养成他们有耐劳作的体力，纯洁高尚的道德，广博自由能容纳新潮流的精神，也就是能在世界新潮流中游泳，不被淹没的力量"[2]。在《狂人日记》与同期写作的多篇"随感录"中，鲁迅一再批判儿童教育在中国的缺失。为了凸显儿童教育的重要性，他痛斥中国的父亲们只会"生"而不会"教"，谴责这样的父亲和"嫖男"原本无异，如《随感录·二十五》中，鲁迅指出中国的儿童"大了以后，幸而生存，也不过'仍旧贯如之何'，照例是制造孩子的家伙，不是'人'的父亲，他生了孩子，便仍然不是'人'的萌芽"[3]。但随之而来的问题是，如何从这些不称职的父亲中产生出"人"的"萌芽"？

二　"善种学者的处置"与"遗传的可怕"

　　当鲁迅一方面对儿童的善良天性报以期待，另一方面又相信教育的力量时，他显然能够对"幼者本位"保持乐观的态度。不过，考虑到面对的是那些背负着深重历史负担的父亲们，鲁迅还是意识到改革的艰难。正是在这个意义上，"善种学"被引介进来。鲁迅首先强调父亲必须"爱己"，并在随后引用易卜生的《群鬼》警告那些不检点的父亲："将来学问发达，社会改造时，他们侥幸留下的苗裔，恐怕总不免要受善种学（Eugenics）者的处置。"[4]

　　鲁迅没有详细说明什么是"善种学者的处置"。优生学发端于19世纪晚期的

1　鲁迅：《狂人日记》，第445页。
2　鲁迅：《我们现在怎样做父亲》，第141页。
3　鲁迅：《随感录·二十五》，《鲁迅全集》第1卷，第312页。
4　鲁迅：《我们现在怎样做父亲》，第139—140页。

英国，达尔文的表弟高尔顿（Francis Galton）于 1883 年杜撰了"Eugenics"一词，该词的词干源于希腊词汇"genus"，指种族或亲属，前缀"eu"意味着好的或善的。[1] 优生学源于《物种起源》发表后有关遗传问题的争论，高尔顿追随达尔文的自然选择学说，他相信这种方法对人类有益，通过选择性的生殖可以提高种群素质。但达尔文对于遗传的态度颇为复杂[2]，1871 年，在《人类的由来》中，达尔文曾对拉马克的获得性遗传表示赞成[3]，并提出了一种被称作"泛生论"（Pangenesis）的假说，认为外界环境变化时，生物体内部分的生殖信息会随之发生变异并遗传下去。但这种假说不断遭到反对，高尔顿即未能领会达尔文的意思，坚持认为人类的才能源于先天遗传。[4] 优生学史上另一位关键人物，德国生物学家魏斯曼（August Weismann）同样强调自然选择的力量，他于 1885 年提出"种质连续"（the Continuity of the Germ-plasma）假说，认为携带遗传信息的"种质"不随外界环境变化，生物个体"体质"在后天环境中的变化与遗传无关。20 世纪初，孟德尔（Gregor Mendel）在豌豆实验中发现的遗传定律在尘封多年后获得重视，其结果是进一步增强了遗传决定论的力量。当这些强调遗传决定的观点扩张到人类社会时，性情、智力、体力、容貌等性状表达的差异就被解读为种族和社会等级高低、优劣的表现，酗酒、犯罪、残障与精神疾病被认为将会遗传给后代。优生学由此带来了尖刻的伦理问题，而鲁迅所谓"善种学者的处置"不外是，一方面鼓励优等族群生育，另一方面限制低等族群生育，乃至强迫其绝嗣，以达到人种改良的目的。这意味着，如果中国的父亲们不能履行"爱己"的责任，那么，"善种学者"就将剥夺他们做父亲的资格。

在西方发展迅猛的优生学吸引了中国学者的关注，同进化论的流行类似，优生学不仅被视作一项伟大的自然科学成就，而且与现实的社会改革以及伦理问题密切交织在一起。清末民初，优生学即是被当作进化论语义中"择种留良"的实践科学而备受关注，尤为值得提及的是，当鲁迅在《我们现在怎样做父亲》中展示出优生学的知识背景时，他的两个兄弟周作人和周建人都已经对优生学展开了大力介绍。周作人在 1913 年作《遗传与教育》并翻译《民种改良之教育》，次年

1 Debbie Challis：*The Archaeology of Race：The Eugenic Ideas of Francis Galton and Flinders Petrie*，London・NewDelhi・NewYork・Sydney：Bloomsbury，2013，p. 69.

2 迈尔：《生物学思想发展的历史》，涂长晟译，四川教育出版社 2010 年版，第 456–457 页。

3 达尔文：《人类的由来》，潘光旦、胡寿文译，商务印书馆 1983 年版，第 49 页。

4 Francis Galton：*Hereditary Genius：An Inquiry into Its Laws and Consequences*，New York：Barnes&Noble，2012，p. 795.

又翻译了《外缘之影响》。周作人虽然清楚遗传的力量，但颇为强调后天教育的重要性，如他在《外缘之影响》最后感叹："今中国家庭社会，荒芜无纪，学校之教，但如一暴十寒。教育效果，百年之后，果可期否？"[1] 几乎同时，周建人也撰写了《人之遗传》(1913)、《民种改良学说》(1913) 与《微生物与人生》(1914)、《外缘感应说》(1914) 等文章。1920 年前后，周建人又相继写作了《善种学与其建立者》(1920)、《善种学的理论与实施》(1921) 以及《达尔文以后的进化思想》(1921) 等介绍优生学的文章。周建人多次论述从高尔顿、魏斯曼到孟德尔的遗传学脉络，认为应当尊重遗传的力量。不过，和周作人一样，他也表示出对后天环境与教育改革的重视。

鲁迅在《我们现在怎样做父亲》中认为父亲应当兼顾"生"与"教"两方面的责任，即与周作人、周建人的思路相近。这种思路表面上非常完满，但从优生学的思路来看却存在着明显的张力，原因在于，优生学内含的遗传学法则决定了那些历史沉积下来的缺陷将被不间断地遗传，如果严格恪守优生学的决定论法则，那么后天教育的意义将变得非常微茫。事实上，当鲁迅提出"善种学者的处置"时，他的心底不免掠过了一丝寒意，鲁迅知道中国的父亲们存在着各种各样的缺点，同时，他又明确指出"父母的缺点，便是子孙灭亡的伏线，生命的危机"[2]。此时的鲁迅想起了《群鬼》中身患梅毒、渴求自杀的欧士华，他由此不住地感叹"遗传的可怕"[3]，一幅悲凉的景象旋即浮现出来。作为父亲的阿尔文纵欲无度，使得欧士华先天感染了梅毒，尽管该剧拉开帷幕时，他已经去世十多年，但他生前的恶习与疾病依然阴魂不散。正是在老阿尔文的阴影中，鲁迅警告中国的父亲们应当"爱己"，否则"善种学者的处置"将会十分严厉，但这无疑已在相当程度上威胁到其"幼者本位"的理想。

在《我们现在怎样做父亲》中，鲁迅引用了最后一幕欧士华请求阿尔文太太协助自己进食吗啡（自杀）的情节。这种绝境反映出易卜生的创作理念：一方面，在福楼拜、司汤达、左拉的影响下，他的作品延续了法国自然主义的文学脉络；另一方面，由于吸收了 19 世纪下半叶广泛流传的生物进化论，易卜生常常直接把自然选择、遗传决定法则应用到创作中[4]。通过制造绝望感，易卜生的遗传

---

1 周作人：《外缘之影响》，《周作人散文全集》第 1 卷，第 351 页。
2 鲁迅：《我们现在怎样做父亲》，第 139 页。
3 鲁迅：《我们现在怎样做父亲》，第 139 页。
4 Ross Shideler：*Questioning the Father*：*From Darwin to Zola*，*Ibsen*，*Strindberg and Hardy*，California：Standford University Press，1999，p. 82.

决定论立场使他在反对父权制的时候颇为有力。[1] 我们无法确定鲁迅是否知道易卜生的创作理念与反父权制的关系，但《群鬼》批判父亲、同情欧士华的立场，却能够极大地引发写作《我们现在怎样做父亲》时提倡"幼者本位"的鲁迅的共鸣。

在《群鬼》里，欧士华无法摆脱父亲遗传给他的梅毒以及其他多种恶习，尽管阿尔文太太尽力阻断这种遗传，但结果是，她不仅失败了，还要面临失去儿子的结局。这说明易卜生并不相信拉马克式的后天改革思路。1882年，在《群鬼》发表后的次年，勃兰兑斯（Georg Brandes）即从遗传决定论的角度深入解读过这部作品，他明确指出《群鬼》中的悲剧是"就遗传问题所作的诗意的阐述"：

> 它以目前现代科学方面的最新见解——决定论为基础，提出了父母对孩子的生理和精神特征具有总体的决定性影响的观点，并且将这个结论同标题中普遍承认的事实，即感情是通过遗传维持的（信条则通过感情得以维系）相联系，从而使结论具有感情色彩，引人联想。[2]

作为易卜生在中国的理想读者，鲁迅深受《群鬼》结尾处欧士华在绝境中求死的冲击，他评价这一幕"实在是我们做父亲的人应该震惊戒惧佩服的；决不能昧了良心，说儿子理应受罪"[3]。鲁迅有关"幼者本位"的主张以及对"白心"的赞美，都使他格外同情无辜的欧士华。

易卜生有意引导读者相信，欧士华的悲剧悉数源自父亲的荒淫纵欲，在《群鬼》中，欧士华向阿尔文太太转述巴黎名医告诉他"生下来的时候身上就带着一种有虫子的病"以及"父亲造的孽要在儿女身上遭报应"。[4] 随后，"父亲造的孽"这个短语被欧士华和阿尔文太太不断重复、强化。通过这种方法，易卜生表达出对遗传决定论的笃信和对"父亲"的谴责：

1　Evert Sprinchorn："Science and Poetry in 'Ghosts'：A Study in Ibsen's Craftmanship"，*Scandinavian Studies*，Vol. 51，No. 4，（Autumn 1979）：354-367.

2　乔治·勃兰兑斯：《第二次印象》，转引自张伯伦：《〈群鬼〉：观点的模糊》，袁霞译，王宁编：《易卜生与现代性：西方与中国》，百花文艺出版社2001年版，第220页。

3　鲁迅：《我们现在怎样做父亲》，第139页。

4　易卜生：《群鬼》，《易卜生戏剧集》第2卷，潘家洵译，人民文学出版社2006年版，第144-145页。

（欧士华）从来没做过荒唐事——无论从哪方面说都没有。这一点你得相信我，妈妈！我从来没荒唐过。……可是这病平白无故在我身上害起来了——你说多倒霉。[1]

为了给读者更深刻的印象，易卜生让欧士华在准备自杀之际再次强调"病根子"是"从胎里带来的"[2]，他的主体性责任也由此被不断降低。

鲁迅在《我们现在怎样做父亲》中引用《群鬼》的这一情节不是偶然的，他不仅要借助欧士华的结局警示中国父母，而且在自己的写作中也曾陷入同一困境。在《狂人日记》第 12 则日记里，怀着被吃的恐惧，狂人错愕地发现自己早已隐藏在吃人的队伍中、延续了吃人的血脉，同时，他并非有意，而是类似于欧士华在"平白无故"之中染上病毒，他也在"无意之中"成了历史的罪人：

> 四千年来时时吃人的地方，今天才明白，我也在其中混了多年；大哥正管着家务，妹子恰恰死了，他未必不和在饭菜里，暗暗给我们吃。
>
> 我未必无意之中，不吃了我妹子的几片肉，现在也轮到我自己，……[3]

祖传的恶习无法消除，一代代无辜的子孙轮流成为被遗传决定论吞噬的牺牲品。在《群鬼》中，阿尔文太太控诉道："从祖宗手里承受下来的东西在咱们身上又出现，并且各式各样陈旧腐朽的思想和信仰也在咱们心里作怪。那些老东西早已经失去了力量，可是还是死缠着咱们不放手。我只要拿起一张报纸，就好像看见字的夹缝儿里有鬼乱爬。"[4] 颇为相似的是，狂人也从史书的字缝里发现了"仁义道德"吃人的真相，"鬼"和"吃人"不都彰显出改革者对祖辈和历史传统深重的绝望感吗？狂人交代这部史书"没有年代"[5]，这一信息恰恰表明"吃人"的历史超越了时间的限制。

在这个意义上，令人绝望的遗传被引申到精神层面。正如勃兰兑斯指出易卜生在《群鬼》中宣扬了生理与精神总体性的遗传决定论，鲁迅同样把握到了这种思路，他感叹："可怕的遗传，并不只是梅毒；另外许多精神上体质上的缺点，

1　易卜生：《群鬼》，第 143 页。

2　易卜生：《群鬼》，第 165 页。

3　鲁迅：《狂人日记》，第 454 页。

4　易卜生：《群鬼》，第 133 页。

5　鲁迅：《狂人日记》，第 447 页。

也可以传之子孙，而且久而久之，连社会都蒙着影响。"[1] 除了欧士华身患梅毒外，易卜生在《群鬼》中多次强调精神遗传力的强大，例如，就在阿尔文太太希望通过捐建孤儿院清除上一辈的罪孽时，易卜生却安排欧士华和侍女瑞琴嬉闹，让其重演了父亲阿尔文与侍女乔安娜的故事。同样的情节在同一个地方不断重复、轮回，逼迫阿尔文太太惊呼"鬼"又一次出现了。如果说在《我们现在怎样做父亲》中，鲁迅引用《群鬼》是为了表明"父亲"改造自我的能动性与积极意义，那么易卜生则根据遗传决定论向他否认了这种可能。

三　坏的"根性"：《孤独者》中的激辩

面对这种困境，鲁迅从《狂人日记》开始就不断追问"没有吃过人的孩子"是否存在。一段时期内，他的回答是肯定的。如《我们现在怎样做父亲》中，鲁迅反复强调"天性"的意义，又如《随感录·四十》里，鲁迅在读了一个青年人反抗包办婚姻的来信后指出："可是魔鬼手上，终有漏光的处所，掩不住光明：人之子醒了；他知道了人类间应有爱情；知道了从前一班少的老的所犯的罪恶；于是起了苦闷，张口发出这叫声。"鲁迅从这个青年人的反抗声中看到了突破历史遗传的希望，他希望由此终结"四千年的旧账"[2]。

同样，在《随感录·三十八》中，尽管鲁迅将中国人的"昏乱"视为遗传的"根性"，如"昏乱的祖先，养出昏乱的子孙，正是遗传的定理。民族根性造成之后，无论好坏，改变都不容易的"，"我们现在虽想好好做'人'，难保血管里的昏乱分子不来作怪，我们也不由自主"，但他转而指出改造的办法："祖先的势力虽大，但如从现代起，立意改变：扫除了昏乱的心思，和助成昏乱的物事（儒道两派的文书），再用了对症的药，即使不能立刻奏效，也可把那病毒略略羼淡。"[3]这时的鲁迅尚保留着改造民族"根性"的希望。在这个意义上，先天的"根性"与幼者的"天性"，悲观的遗传决定论与要求父亲们"爱己"、改造自我的主体性思路，构成了鲁迅思想中一对互相缠绕的矛盾。

不过，鲁迅对"幼者本位"的态度随后发生了激烈转变，他最终被优生学内

1　鲁迅：《我们现在怎样做父亲》，第 139 页。

2　鲁迅：《随感录·四十》，《鲁迅全集》第 1 卷，第 338 页。

3　鲁迅：《随感录·三十八》，《鲁迅全集》第 1 卷，第 329 页。

在的悲观逻辑俘获。在作于 1925 年下半年的《孤独者》中，这种心态得到了全面展现。他深刻怀疑改造民族"根性"的可能，对儿童天性的乐观想象以及后天教育改革的呼吁，在这篇遍布着绝望气息的小说中纷然失效。[1] 在这篇小说中，有关儿童的讨论不仅占据着最核心的部分，而且直接决定了主人公的命运。同"五四"时期的鲁迅一样，魏连殳也是一位"幼者本位"的信奉者，他最初对孩子极为关爱，尽管在他的朋友申飞看来，那些孩子都很讨厌。在《孤独者》中，魏连殳租住在一个由祖母和几个孩子构建起来的家庭里，这些孩子依照长幼分别叫作"大良""二良""三良"，事实上，这种命名的方式并非随意为之。

安德鲁·琼斯（Andrew F. Jones）注意到，鲁迅在给这些孩子取名时带着一种反讽态度[2]，因为在这几个孩子身上看不出任何值得夸赞的地方。在申飞的眼中，他们不仅毫无礼貌，而且是一副脏、乱、丑的样子，"大的八九岁，小的四五岁，手脸和衣服都很脏，而且丑得可以"。随后，"不知怎的便打将起来。有一个哭了"[3]。这种乱糟糟的局面也是孩子们的常态。当申飞成为常客后，他经常被这些孩子闹得烦躁不安，"还有那房主的孩子们，总是互相争吵，打翻碗碟，硬讨点心，乱得人头昏"[4]。同他们的祖母一样，这些孩子还非常势利。当魏连殳失业后，他们不仅远远躲开，连魏连殳送给他们的零食也不要了，而在魏连殳投靠军阀"发达"时，他们可以像狗一样给魏连殳磕头。作为对安德鲁·琼斯的补充，是否存在一种可能，鲁迅用"大良""二良"和"三良"给这些孩子取名时，表现出了其对优生学的理解？

这种推测并非没有缘由。"良"字，原是民初优生学者最常使用的表述，诸如当时流行着"优良分子""择种留良"等说法。早在 1919 年，陈寿凡就在商务印书馆出版《人种改良学》以介绍优生学，周建人也多次主张"扶助优良分

---

1 这种转变或许与兄弟失和有关。像魏连殳一样，鲁迅曾经非常喜爱周作人的小孩，而他也受到孩子们的疏远，如周建人的记载，"鲁迅对我说的是，他偶然听到对于孩子有这样的呵责：'你们不要到大爹的房里去，让他冷清煞！'"（周建人：《鲁迅和周作人》，《新文学史料》1983 年第 4 期。）增田涉也有类似的记述，"他常买糖果给周作人的小孩（他自己那时没有小孩），周作人夫人不让他们接受而抛弃掉"（增田涉语，转引自周建人：《鲁迅和周作人》）。

2 安德鲁·琼斯：《狼的传人：鲁迅·自然史·叙事形式》，王敦、李之华译，《鲁迅研究月刊》2012 年第 6 期。

3 鲁迅：《孤独者》，《鲁迅全集》第 2 卷，第 92 页。

4 鲁迅：《孤独者》，第 93 页。

子"[1]，在这个意义上，《孤独者》中的"大良""二良"与"三良"恰恰属于"优良分子"之外的"不良分子"，反讽的意味也即由此产生。对于这样的"不良分子"，优生学给出了悲观的结论，正如周建人在《善种学与其建立者》中指出的："虽然暂时能够救济，但毕竟无法可以使不良的人民，根本改良。"[2]

在《孤独者》中，关于孩子"优良"以及是否可以"改良"的问题有过一场明确发生在优生学范畴之内的激烈辩论，申飞和魏连殳最初的一段对话就是围绕着被命名为"大良""二良"以及"三良"的孩子们展开：

> "孩子总是好的。他们全是天真……。"他似乎也觉得我有些不耐烦了，有一天特地乘机对我说。
>
> "那也不尽然。"我只是随便回答他。
>
> "不。大人的坏脾气，在孩子们是没有的。后来的坏，如你平日所攻击的坏，那是环境教坏的。原来却并不坏，天真……。我以为中国的可以希望，只在这一点。"
>
> "不。如果孩子中没有坏根苗，大起来怎么会有坏花果？譬如一粒种子，正因为内中本含有枝叶花果的胚，长大时才能够发出这些东西来。何尝是无端……。"我因为闲着无事，便也如大人先生们一下野，就要吃素谈禅一样，正在看佛经。佛理自然是并不懂得的，但竟也不自检点，一味任意地说。[3]

鲁迅为魏连殳设定的身份相对暧昧，他"所学的是动物学，却到中学堂去做历史教员"[4]。魏连殳很可能相当熟悉在中国学界流传甚广的优生学。另外，鲁迅将"动物学"与"教历史"关联在一起，也非随意的一笔，其中透露了魏连殳理解中国历史与改革的思路。魏连殳认为，像"大良""二良"这样的孩子天性原本不坏，一切只是环境教育的问题，他正是以此为根据引申出对中国改革的希望，并相信主体的能动性可以推动历史的进步。显然，这时的魏连殳并不相信遗传决定论，他将败坏的根源完全归结为后天环境的影响。在这场对话中，魏连殳相信后天教育和改革的意义，申飞则坚持先天的遗传决定论，相应地，魏连殳看到了

1   周建人：《遗传与环境》，《东方杂志》1923 年 2 月 25 日第 20 卷第 4 期。

2   周建人：《善种学与其建立者》，《东方杂志》1920 年 9 月 25 日第 17 卷第 18 期。

3   鲁迅：《孤独者》，第 93 页。

4   鲁迅：《孤独者》，第 88 页。

"救救孩子"的希望，申飞则认为孩子是不可救的。

　　申飞和魏连殳的对话传达出了鲁迅的困惑，他怀疑儿童的天性，怀疑教育与改革的意义，并在希望和绝望之间徘徊：孩子的恶究竟是后天环境与教育的问题，还是先天的遗传？这场对话极其严肃，两人都直接用了干脆的"不"字否定对方的观点，在表达了自己的想法后，申飞觉得触犯了魏连殳的底线，"只好逃走了"。申飞以为他的绝望观点让魏连殳非常生气，但事实却是，魏连殳在不久之后便默认了申飞的观点。在一次回访申飞的路途上，他惊讶地发现，原来理想中天性善良的孩子正对着他充满杀气："我到你这里来时，街上看见一个很小的小孩，拿了一片芦叶指着我道：杀！他还不很能走路……。"在《狂人日记》《颓败线的颤动》《长明灯》中，鲁迅都运用了类似方式彰显儿童的恶意，这是否更能证明，小孩子的"坏"来自一种先天遗传的不可改变的"根性"？这种怀疑直接击溃了魏连殳，使他转变了最初的立场。当申飞礼貌地回应"这是环境教坏的"[1] 时，他却转而接纳了申飞此前的观点。

　　促成转变的还来自他的堂兄和侄子，魏连殳此时也是"逃"出来的，在他的屋中不仅"正有很讨厌的一大一小在那里，都不像人"，而且"儿子正如老子一般"。[2] 魏连殳连续使用了"像"和"正如"作为父子关系的连接词，如同此前"大良""二良"与"三良"继承了祖母的势利性格，这显然是鲁迅表达历史轮回与停滞的又一处例证。堂兄企图将儿子过继给魏连殳，并不是替他考虑，按照传统的家族法，他的儿子将有权继承魏连殳的财产，但魏连殳一开始就拒绝这种法则，他的选择是既不结婚也不生育。如果像安德鲁·琼斯推想的，这是"因为他不想再繁殖那一套压迫人的体系而故意将自己从遗传之链上摘除"[3]，那么堂兄和侄子则逼迫他重新回到吃人的遗传之链上去。在难言的失望中，魏连殳默认了悲观的遗传决定论，也失去了对孩子天性的耐心期待。

四 "胚种"与佛经里的遗传思想

　　魏连殳的结局反证了儿童的善良天性只是一种不切实际的设想，他最终被拖

1　鲁迅：《孤独者》，第 94 页。

2　鲁迅：《孤独者》，第 94 页。

3　安德鲁·琼斯：《狼的传人：鲁迅·自然史·叙事形式》。

入子子孙孙无意义的相似性与历史轮回里。申飞认为儿童天性中埋藏着"坏根苗"的观点暗合了遗传学定理：儿童的天性中本就埋藏着不良的"种子"与"胚"，这些"坏根苗"[1] 使得他们在后天成长过程中产生不良的症状，并最终抽空了改革的可能。申飞的观点直接否定了《狂人日记》中"救救孩子"的可能性，并与前述德国生物学家魏斯曼的"种质连续"说颇为相似。

鲁迅对于魏斯曼的学说并不陌生，周作人和周建人多次在介绍优生学的文章中提到过魏斯曼。1921 年，周建人在《善种学的理论与实施》中即有相关的介绍，他把"种质连续"翻译为"胚种资料一系相沿"：

> 德国新达尔文主义派的生物学家淮司曼（Weismann）著一书，名《胚种形质说》，引了许多的例证，来说明动物的胚种质料系一系相沿，当卵球发育为个体的时候，一部分的质料长发了，以成肢体，又一部分的质料，留着，以供将来发生胚种细胞之用；所以胚种形质系由祖先传来，并非由个体自己发生出来；于是把以前胚种的质料由个体本身生出来的观念一律推翻。子女之能肖父母，便因子女和父母，都是由祖先传来的胚种形质所发育的缘故。[2]

魏斯曼认为，生物的"胚种"或"种质"排斥主体后天的获得性状，从而维持遗传的稳定性。"种质连续"说意义重大，以此为界，拉马克的后天获得性遗传理论基本被抛弃。无论字面还是义理，这和《孤独者》中申飞所说"譬如一粒种子，正因为内中本含有枝叶花果的胚，长大时才能够发出这些东西来"[3] 都非常相似。

更有趣的是，申飞的结论并非来自魏斯曼的优生学，而是"佛经"，他说这是因为最近"正在看佛经"[4]，所以才从"佛理"出发，有了如此高度契合魏斯曼遗传决定论的悲观论调。事实上，如果依据"佛经"，申飞的"胚种"隐喻最可能取法于唯识宗，如第八识的阿赖耶识"种子识"即为一切轮回果报之因。民国初年，鲁迅深入研读过唯识宗相关经典，这段话显示出他的功底。同样值得注

---

1   鲁迅：《孤独者》，第 93 页。

2   周建人：《善种学的理论与实施》，《东方杂志》1921 年 1 月第 18 卷第 2 期。

3   鲁迅：《孤独者》，第 93 页。

4   鲁迅：《孤独者》，第 93 页。

意的是，在鲁迅之前，周作人也曾将佛教的"种业说"与遗传学关联起来。1913年，在《遗传与教育》中，周作人即有一段论述与申飞的说法相近：

> 一人之思想行业，虽表见在于后日，而其根本已定于未生之初。遗传之力，不异佛说之种业也。[1]

但与申飞不同，在承认遗传力量的前提下，周作人更强调后天教育改革的意义："今以遗传之说应用于教育，则施行教育，即为利用外缘以行扬抑，使其遗传之性渐就准则，化为善性，复遗于后。"[2] 在优生学史上，这种将佛经与遗传学关联起来的方法并非始于周作人，《天演论》中即有一篇题为"种业"，正是赫胥黎最早采用佛教术语"羯磨（Karma）"指代生物繁殖中发生改变并遗传的因素，严复将"羯磨"翻译成"种业"[3]，他这样描述遗传：

> 气质，作为一个人道德和智力的实质性要素，确实从一躯体传到另一躯体、从一代轮回到另一代。在新生婴儿的身上，血统上的气质是潜伏着的，"自我"不过是一些潜能……每一特征由于受到另一气质的影响而发生改变——如果没有其他影响的话，这种气质就会传给作为其化身的新生体。[4]

赫胥黎虽然指出每个人血脉中潜伏的"气质"将不断地遗传，但他绝不是悲观的遗传决定论者，他认为遗传信息不过是每个人的"潜能"，关键取决于后天环境的影响。赫胥黎尤其指明，后天被改变的性状将遗传给新生的个体，由此可以明确的是，与佛教"种业说"对应的是获得性遗传，他解释说：

> 印度哲学家把上面所说的气质称为"羯磨"。正是这种羯磨，从一生传到另一生，并以轮回的链条将此生与彼生连结起来。他们认为，羯磨在每一生都会发生变化，不仅受血统的影响，而且还受自身行为的影响。事实上，印度哲学家都是获得性气质遗传理论的坚定信徒。[5]

---

1 周作人：《遗传与教育》，《周作人散文全集》第 1 卷，第 268 页。
2 周作人：《遗传与教育》，第 268 页。
3 严复：《天演论·种业》，《严复集》，中华书局 1986 年版，第 1372 页。
4 赫胥黎：《进化论与伦理学》，宋启林等译，北京大学出版社 2010 年版，第 26 页。
5 赫胥黎：《进化论与伦理学》，第 26-27 页。

从赫胥黎的原意出发，那么"佛经"支持的恰恰不是遗传决定论，而是承认主体能动性的获得性遗传理论，因为只有这样，自我的修行才有意义。1904年，受《天演论》启发，梁启超指出"佛说之羯磨，进化论之遗传性"，又有"Character，译言性格。进化论家之说遗传也，谓一切众生，当其生命存立之间，所受境遇，乃至所造行为习性，悉皆遗传于其子孙"。[1] 这段论述即准确地传达出了后天环境对改变遗传性状的意义。从赫胥黎、严复到梁启超，再到周作人，他们都准确地保持着将"种业说"与获得性遗传论关联在一起的理解。但《孤独者》中的申飞彻底改变了这一脉络。由于相信主体在后天的力量，"种业说"实质上是一种乐观的理论，这与魏连殳最初的期待是一致的，但是，申飞却把"种业说"改造成了与获得性遗传完全背道而驰的遗传决定论，进而否定了后天改革的可能与希望。反讽的是，叙事者又补充说申飞只是略读了一点"佛经"，并未真懂，这使得申飞的断言又不可全信，但正是这种半通不通的观点将魏连殳拖入绝望，使他不再相信"救救孩子"的可能。

与"幼者本位"理想同时瓦解的，还有魏连殳对中国改革与进步的希望。通过对魏连殳命运的书写，鲁迅象征性地回应了五四时期对于儿童的乐观想象与伦理改革的呼吁。历史的强大遗传力量使得改革者的努力几乎收不到成效，绝望的魏连殳被迫走向先前否定的道路，并在充满悲剧性的狂欢之中耗尽了自我。如果说最初鲁迅通过对"白心"以及儿童天性的赞扬，表达的正是突破历史遗传与循环的愿望，那么他在20世纪20年代中期却不断地认识到，这种理想终究无法在中国的大地上生根发芽，"幼者"其实难堪作为历史主体的重任。

（《文艺研究》2020年第7期）

1　梁启超：《余之生死观》，《梁启超全集》第5卷，北京出版社1999年版，第1370—1371页。

李　斌　北京大学文学博士，中国社会科学院郭沫若纪念馆研究员，兼任中国郭沫若研究会秘书长等职务。主要从事中国现当代文学研究和民国时期中学国文教科书研究。出版有《民国时期中学国文教科书研究》《女神之光：郭沫若传》《沈从文画传》等著作。在《文学评论》《文学遗产》《中国现代文学研究丛刊》等刊物发表学术论文近百篇。

论郭沫若《武则天》中的"历史真实"[1]

    《武则天》是郭沫若最后一部历史话剧，也是郭沫若修改次数最多、在创作过程中征求意见最广泛的历史剧。在忙碌完与十周年国庆庆典相关的一系列国务和外交活动之后，郭沫若于 1959 年 12 月 24 日完成了《武则天》的初稿，此后不断修改，直至 1962 年 9 月出版。郭沫若纪念馆保存了《武则天》的十余份清样稿以及周扬、翦伯赞、吴晗、侯外庐、李伯钊等人讨论该剧的十余封未刊信函，可见郭沫若为此付出了大量心血。但这部郭沫若高度重视的剧作并没有获得舆论的一致认可。1960 年 7 月，时任全国文联副主席的周扬将第三次文代会的主报告送请主席郭沫若审阅。郭沫若回复："我的《蔡文姬》被您提到了，但就我自己来说，我觉得《武则天》比较还要满意一些。"[2] 但主报告定稿提的依然是《蔡文姬》。相比于郭沫若其他历史剧，《武则天》长期以来得不到学界的有效关注。作为 20 世纪中国马克思主义史学的领军人物、最具代表性的历史剧作家，郭沫若的主观努力和学界评价之间的错位究竟是如何形成的？其所表征的文学史内涵何在？本文从"历史真实"的角度对此展开初步探索。

---

1   本文系 2019 年度教育部哲学社会科学研究重大课题攻关项目"中国现代文学批评史料编年整理与研究"（19JZD037）阶段性研究成果。

2   郭沫若：《致周扬（1960 年 7 月 11 日）》，《郭沫若研究》2019 年第 1 辑。

一

按照郭沫若本人的说法，《武则天》"受胎于"他 1959 年夏天的龙门石窟之行。当看到武则天捐出脂粉钱二万贯所雕刻的大卢舍那佛像时，他深受感动，写诗咏道："武后能捐脂粉费，文章翻案有新篇。"[1] 从此开始了《武则天》剧本的酝酿。

郭沫若素未涉足唐史，对武则天更无研究，一尊佛像当不足以令这位日理万机的文坛领袖突发"文章翻案有新篇"的奇想。《武则天》的创作缘起和对话对象，应置于当时史学界、戏剧界的关注热点和时代氛围之中。

中华人民共和国成立后，重新评价历史人物成为史学界的热点。在被重新评价的人物之中，武则天是代表。但武则天的历史作用表现在哪些方面？史学界有分歧。以陈寅恪为代表的学者认为，武则天代表山东、江左人士破坏了"关中本位政策"，而翦伯赞、刘凌等学者用马克思主义的阶级分析方法，认为武则天代表了中小地主阶层对大地主利益的挑战。

1954 年，郭沫若担任召集人的《历史研究》创刊号刊发隋唐史研究权威陈寅恪的《记唐代之李武韦杨婚姻集团》，该文认为："武氏掌握政权，固不少重大过失，然在历史上实有进步之意义，盖北朝之局势由此而一变也。"[2] 这延续了他在其名著《唐代政治史述论稿》中的观点：武则天当政时代逐渐破坏传统的"关中本位政策"，使得关中集团之外的山东、江左人士"上升朝列"，"而西魏、北周、杨隋及唐初将相旧家之政权尊位遂不得不为此新兴阶级所攘夺替代"。[3] 文章发表后，郭沫若亲自致信感谢陈寅恪[4]。但不久后就有学者认为，武则天的"上台""决不能单纯地看为是关陇集团与山东集团之间的斗争结果"，而是"大地主集团与新兴中小地主之间的尖锐矛盾下的产物"。[5] 这一观点得到翦伯赞等人的呼应。翦伯赞认为："武则天最重要的事业是无情地打击了当时最大的贵族世家，或者

1 　郭沫若：《访奉先石窟》，《郭沫若全集・文学编》第 4 卷，人民文学出版社 1984 年版，第 38 页。

2 　陈寅恪：《记唐代之李武韦杨婚姻集团》，《历史研究》1954 年第 1 期。

3 　陈寅恪：《隋唐制度渊源略论稿・唐代政治史述论稿》，商务印书馆 2011 年版，第 202 页。

4 　《郭沫若致陈寅恪》，《刘大年来往书信选》上，中央文献出版社 2006 年版，第 97 页。

5 　刘凌：《论武则天》，《山东大学学生科学论文集刊（文科）》1956 年第 1 期。

说打击了具有政治特权的大地主阶级。""武则天动员了当时的中小地主阶层,或者说动员了当时没有政治特权的地主阶层,来了一次大扫除,在七世纪的中国扫除了这些历史的垃圾。""她是中国封建社会的一个叛逆,也是中国封建社会的一个功臣。"吕振羽也有相似的看法:武则天和她的敌对力量"一方面表现为宫廷内部的矛盾;一方面是地主阶级内部大地主和中小地主的矛盾"。"她制定和实施的政策,主要是符合中小地主利益的政策"。[1]

1958年5月16日,郭沫若给北京大学历史学系师生回信,要求他们"掌握了马克思列宁主义的人"要超过包括陈寅恪在内的"一切权威"。[2] 7个月后,北京大学历史系三年级三班研究小组在《历史研究》发表文章批评陈寅恪的"种族—文化史观",认为他"不从武则天掌政后到底改变了多少封建统治阶级残酷统治人民这一实质问题去考察历史,而随意以自己的假想去歪曲历史,这正充分暴露了他资产阶级伪科学的本来面目"。[3] 但文章并没有就武则天如何"改变""封建统治阶级残酷统治人民这一实质问题"展开论述,这似乎在等待《历史研究》召集人郭沫若的论断。

除史学界外,戏剧界对武则天的兴趣也越来越浓。就在郭沫若访问龙门石窟时,上海越剧院二团在上海艺术剧场首演了吴琛、王文娟、孟文棣创作的《则天皇帝》,此剧不久又在北京演出。《则天皇帝》共八场,按照时间顺序突出表现了武则天在感业寺为尼、斗争王皇后、处置上官仪、废除唐中宗、击败徐敬业、最后立庐陵王为太子等重大历史事件。中国戏剧家协会与北京市文联于1959年10月16日联合举行了《则天皇帝》座谈会。吴晗、尚钺、翦伯赞、吕振羽在座谈会上的发言都高度肯定为武则天翻案。尚钺认为,历史上有很多杰出人物,因为其先进思想和措施与保守势力相抵触,故而长期被污蔑,应该翻案,"问题在于怎样翻","《则天皇帝》这个剧已经有了很好的基础。因此,我希望,戏剧界的同志们在党的领导下,就武则天的问题来打一个漂亮胜仗"。[4] 郭沫若的《武则天》就是在"漂亮胜仗"的召唤下产生的。

郭沫若擅长研究历史人物,也擅长创作历史剧,史学界和戏剧界对武则天的

---

1 《历史的真实与艺术的真实》,《戏剧报》1959年第20、21期。

2 郭沫若:《关于厚今薄古问题——答北京大学历史学系师生的一封信》,《文史论集》,人民出版社1961年版,第15页。

3 北京大学历史系三年级三班研究小组:《关于隋唐史研究中的一个理论问题——评陈寅恪先生的"种族—文化论"观点》,《历史研究》1958年第12期。

4 《历史的真实与艺术的真实》。

强烈兴趣触动了他。

在评价历史人物上，郭沫若有着长期的研究和独特的观点。他之所以选择屈原等人为研究对象，"主要是凭自己的好恶，更简单地说，主要是凭自己的好。因为出于恶，而加以研究的人物，在我的工作里面究竟比较少。我的好恶的标准是什么呢？一句话归宗：人民本位！""我就是在这人民本位的标准下边从事研究，也从事创作"。[1] 和"人民本位"相对的是"帝王本位"。"人民本位。为最大多数谋最大的幸福。它的反面是一切变相的帝王本位，牺牲大多数人的幸福以谋少数人的安全。前者是扶植主人，后者是训练奴隶。"[2] 他回顾抗战十四年的历史剧时谈到了"历史真实"："从前对于历史上人物与事实底叙述和批评，一向是专站一定底立场，即站在帝王底立场来叙述批评的，是从王朝底利益统治者底利益出发的，是以帝王底利益为本位的。今天应以人民为本位，老百姓做主人，对于过去历史的看法，也跟着起了变化。因为我们是站在老百姓的立场看历史，从前被否定的，现在认为对；从前认为对的，现在则被否定了。历史从前是在统治阶级底手里，是被歪曲的，现在要纠正它。这种翻案，是要求历史底真实。"[3]

在充分汲取史学界、戏剧界有关武则天的研究成果和创作经验的基础上，郭沫若本着自己一贯研究和书写历史人物的角度，在国庆十周年庆典的祥和氛围中，将《武则天》主题设置为歌颂"人民本位"的代表者武则天，将戏剧矛盾设定为武则天和破坏和平的"帝王本位"代表者裴炎之间的冲突。

《武则天》导演焦菊隐认为，《武则天》中"每个人物都必需把自己的政治见解说出来，而政治见解是作家不能通过行为的刻划或内心的描写来表现的，只有使人物从自己的口中说出来"。如果"把《武则天》的议论性的台词删掉，人物立刻就失去了他们自己的思想，而剧本也立刻变成了'公案戏'"[4]。讨论《武则天》中"人民本位"和"帝王本位"的冲突，主要看"议论性的台词"。

武则天在宣判裴炎等人罪状后对着洛阳群众和文武大臣及外邦使节说："我辅佐先帝二十多年，我只知道爱天下的百姓，毫不顾恤自己的身子。天下的众百姓要安居乐业，不愿天下分崩、自相残杀；也不愿边疆多事，烽火连天。二十多年来我励精图治，劝课农桑，选拔贤良，和协万邦，丝毫也不敢苟且偷安。但是

1　　郭沫若：《历史人物》（序），海燕书店 1947 年版，第 1 页。

2　　郭沫若：《答教育三问》，《新华日报》1946 年 6 月 25 日。

3　　郭沫若：《抗战八年的历史剧》，《新华日报》1946 年 5 月 22 日。

4　　焦菊隐：《〈武则天〉导演杂记》，《文艺报》1962 年第 8、9 期。

大臣将相们却每每人怀异心，甚至妄干天位，不知体恤百姓，唯恐天下不乱。裴炎、徐敬业、程务挺就是这种狂妄的人。尽管他们的地位多么高、门第多么豪、本领多么强、智谋多么巧，然而不爱百姓的人，决不会受到百姓的爱戴。"[1] 正因为武则天代表了"人民本位"，时刻关注哀告无门的民众，感化了赵道生、上官婉儿、郑十三娘与骆宾王，并依靠他们的力量最终彻底战胜了阴谋篡位的裴炎等人。

武则天属于帝王将相，郭沫若却以武则天代表人民利益，这和以出身论阶级成分的主流学界不一致，不仅翦伯赞、李伯钊等人在给郭沫若的反馈意见中提出了批评，这也成为很多学者否定《武则天》的主要根据。

翦伯赞在读完《武则天》清样稿后给郭沫若写信："武则天压服了唐朝的贵族地主阶级，把唐朝的政权放在更广阔的中小地主的基础上，这对于当时的人民是有利的。但是无论如何，武则天的活动是要受到她的阶级性的限制的，您虽然注意了这一点，但在我看来，您给与这位女皇的人民性还是多了一些。"[2] 李伯钊在读完《武则天》清样稿后也提醒郭沫若注意："我以为武则天当时之所以能够站住脚，群众爱戴她，相信她必定是个具有若干民主思想的帝王。不过最好不要给人一种错觉，好像武则天是人民的皇帝。"[3] 历史学家李诞在中国作家协会云南省分会举行的《武则天》座谈会上也认为："她维护的主要是武家为核心的统治阶级的利益，不能把她过分夸大。我对郭老的翻案，大部分赞成，但把武则天写成古今完人，写成人民的皇帝却不敢同意。当时的人民应当是农民、手工业者，而不是地主。"[4] 史学家吴泽在写于1960年5月的论文中也说："我们在肯定武则天的历史作用、从而给武则天以肯定的评价时，必须进行阶级分析，揭示其封建地主阶级食残成性的阶级实质。如果把历史观点和阶级观点割裂开来，不确切的美化武则天，是不妥当的。"[5] 这明显是针对郭沫若的《武则天》。也有观众在看完根据《武则天》改编的淮剧演出后说："啊呀！武则天倒和共产党的干部一样

1　郭沫若：《武则天》，《人民文学》1960年第5期，第127页。
2　《翦伯赞致郭沫若（1960年4月14日）》，转引自李斌：《〈武则天〉的创作与修改过程》，《郭沫若研究》2020年第1辑。
3　《李伯钊致郭沫若（1960年3月6日）》，转引自李斌：《〈武则天〉的创作与修改过程》。
4　本刊记者：《关于剧本〈武则天〉的争议》，《边疆文艺》1961年第4、5期。
5　吴泽：《论唐代前期统治阶级内部斗争与阶级斗争——再论武则天的历史作用问题》，《新建设》1962年第1期。

了！"[1] 这都是对《武则天》主题的质疑。

对于这些否定武则天具有"人民性"的意见，郭沫若答复说："武后是封建王朝的皇后，而且还做过皇帝，要说她完全站在人民的立场，当然是不合理的。但她是出身寒微的一位女性，这就足以使她能够比较体念民间的疾苦，同情人民。她同情人民，故人民也同情她。有唐一代对于她的评价尽管有人也有些微辞，但基本上是肯定她的业绩的。"[2] 可见他对翦伯赞等人的批评有妥协，也有坚持。但总体来说，从初稿直到初版本，"人民本位"和"帝王本位"这一核心冲突没有改变。武则天在全剧结束时向群臣演讲的那段"天下的众百姓要安居乐业"的话，虽然字句有改动，但大意一直保留了下来。此外，武则天的台词在定稿第一幕中有："我随时都在鞭策着自己。为了天下的长治久安，我不能有一刻的偷闲。我要为天下的百姓做点事，我要使有才能的人都能够为天下的老百姓做点事。""要使天下的人都安居乐业，过太平的日子，这是我日日夜夜想办到的事。"[3] 在定稿第三幕中有："为了天下人都能够安居乐业，我不敢有一日的偷闲。""我不能不替老百姓做点事。"[4] 这些都是为了突出武则天的"人民性"。

后来否定《武则天》的学者，坚持认为《武则天》"人民本位"的主题违背了"历史真实"。如："历史上的武则天，既然是李唐王朝的天后，武周王朝的神圣皇帝，她就不可能同时是一个日日夜夜为老百姓着想的人"，故其基本精神"不符合于历史的本质的真实"[5]；"为了翻案，不惜以今天无产阶级领袖的标准去装扮封建帝王，把她和人民划等号，掩盖当时人民的苦难去粉饰太平，以迎合今人的好恶"，"是不符合历史真实和历史本质真实的绝对化的翻非为是的主观臆造的赝品"[6]；武则天"作为一个最高统治者，她首先要维护的是封建社会的总体秩序"，所以这"是一部失败之作"[7]。其实这些都不是评价剧本，而是评价历史人物，他们主要以武则天的阶级身份而非具体表现否定郭沫若在历史剧中关于武则天形象的塑造。这样的观点长期存在于《武则天》的研究中。

1　白坚：《评历史剧〈武则天〉——兼谈为武则天翻案问题》，《陕西师范大学学报（哲学社会科学版）》1983年第3期。

2　郭沫若：《武则天》，中国戏剧出版社1962年版，第115页。

3　郭沫若：《武则天》，中国戏剧出版社1962年版，第23页。

4　郭沫若：《武则天》，中国戏剧出版社1962年版，第81页。

5　白坚：《评历史剧〈武则天〉——兼谈为武则天翻案问题》。

6　曾立平：《评历史剧创作中的反历史主义倾向》，《戏剧艺术》1981年第1期。

7　谭霈生：《关于〈武则天〉》，《郭沫若研究文献汇要（1920—2008）》第7卷，上海书店2012年版，第575、572页。

二

在 1960 年 2 月之前的稿本中，武则天的形象还不够丰满。周扬致信郭沫若说："对于武则天，加以肯定颂扬，大多数观众是会接受的，只是剧中表现她的革新政治的措施仍嫌少一点"[1]。这暗合郭沫若的思考。郭沫若在 1960 年 2 月对《武则天》进行了一次较大修改，通过新增台词突出了武则天"革新政治的措施"：一是施行均田制，二是广开言路。这些修改保留在《人民文学》1960 年 5 月号的初刊本中。

第一幕增加裴炎关于武则天保护均田制的如下台词：

> 她死死地保护着均田制，就说不上有太宗皇帝的风格。开国初年，由于地广人稀，施行了权宜的均田制。男子十八岁以上给田一百亩，十分之二为永业田，十分之八为口分田。老病残废者给田四十亩，寡妻妾给田三十亩；老病残废及寡妻妾而当家作主者，加田二十亩，五分之二为永业田，五分之三为口分田。永业田，身死可以传授后人，口分田由官家收回转给别人。在太宗皇帝时，永业田可以自由买卖，甚至口分田得到允许也可以买卖。近年来武后却违反太宗皇帝的遗规，连永业田的买卖都加以禁止，认为是"杜绝豪强兼并的途径"。其实人的勤惰贤愚不等，才能有高有低，平均划一是不合理的。[2]

第二幕第二场增加了骞味道和武则天、唐高宗关于"建言十二策"的讨论，首先就提到了保护均田制，武则天说：

> 劝课农桑说得太笼统，应该改为保护均田，严禁永业田和口分田的买卖。朝廷早就在这样做了。田亩的买卖如果不禁止，会逐渐集中到豪强兼并之徒的手里。因此，贫者愈贫，富者愈富，豪强兼并之徒还会凌驾朝廷而

---

1 《周扬致郭沫若（1960 年 3 月 15 日）》，转引自李斌：《〈武则天〉的创作与修改过程》。
2 郭沫若：《武则天》，《人民文学》1960 年第 5 期，第 83 页。

上，均田制也就会破坏了。[1]

关于武则天"广开言路"的措施主要通过增加骆宾王、上官婉儿、骞味道等人的对白表达出来。第一幕新增骆宾王的台词：

> 当今天下，告密之风盛行，无论是耕田的人、打柴的人，都可以到京城来告密，沿途受五品官的待遇，谁也不敢阻拦。告密核实，封官赐禄；告密失实，并不反坐。这就是她所说的"广开言路"，真是亘古未有的奇事呵！[2]

第二幕第一场新增上官婉儿的台词：

> 天下的老百姓，无论是耕田的农夫或者砍柴的樵夫，有话都可以到京城里来说，沿途受到五品官的待遇，谁也不准阻拦。在以前的朝代曾经有过这样的事吗？任何人都可以推荐人才，自己也可以推荐自己，不分门第，不问资历，只要有才干的人就超级录用，像我自己就是一个很好的例子，在以前的朝代曾经有过这样的事吗？[3]

在第二幕第二场中新增的"建言十二策"的讨论中，武则天对骞味道说：

> 这第七件不好。既然要广开言路，又要杜绝谗口，那么谁还敢说话呢？我看应该重申一遍，天下的人都可以到京城来告密，沿途受五品官的待遇，不许阻拦。告密核实者受上赏，不实者无罪。[4]

值得注意的是，郭沫若在 1960 年 2 月增添的这些台词，却在 1960 年 10 月的修改中删除了，直到初版本（中国戏剧出版社 1962 年 9 月版）也没有加上。郭沫若在 10 月 31 日给周扬的信中说："我根据座谈会上的意见，把话剧《武则天》

1　郭沫若：《武则天》，《人民文学》1960 年第 5 期，第 99 页。
2　郭沫若：《武则天》，《人民文学》1960 年第 5 期，第 83 页。
3　郭沫若：《武则天》，《人民文学》1960 年第 5 期，第 92 页。
4　郭沫若：《武则天》，《人民文学》1960 年第 5 期，第 99 页。

又改了一遍。主要把谈到均田制和强调人民性的地方尽量删去了。"[1] 他又于11月12日给侯外庐写信："剧本在删改小节修改中，我也修改过一遍，主要是把关于均田制及强调人民性的地方删削了。"[2] 所谓"座谈会上的意见"，笔者没有查找到。但在强调"历史真实"的批评界看来，这两处的"历史真实"都值得推敲。

郭沫若关于唐代"均田制"的文字来源于《旧唐书》《新唐书》《唐会要》《通典》等史书。唐高祖武德年间，颁布条文，施行均田制。唐高宗永徽年间曾下令"禁买卖世业、口分田"[3]。但这些政策仅仅是一纸条文呢，还是真正施行过？邓广铭和韩国磐在《历史研究》上有过争论。邓广铭认为唐代的均田制有名无实[4]，韩国磐根据敦煌文书，认为唐代均田制虽然"实施得很不彻底"，但"确实施行过"[5]。均田制究竟是对农民有利呢，还是逐渐"成为生产发展的障碍"[6]？这在学术界也有争论。就在郭沫若修改《武则天》期间，历史学家唐长孺根据敦煌文书撰文指出，武则天统治末期存在着相当数量的浮逃户[7]，这可能说明武则天统治时期土地兼并严重，均田制并没有得到很好的维护，也可能说明建立在均田制基础上的租庸调给农民造成了极大的负担，造成大量农夫逃亡。故而，《武则天》中有关均田制的台词，受到持"历史真实"标准的批评家的质疑。

关于"广开言路"，《资治通鉴》在垂拱二年（686年）条下记载："太后自徐敬业之反，疑天下人多图己，又自以久专国事，且内行不正，知宗室大臣怨望，心不服，欲大诛杀以威之。乃盛开告密之门，有告密者，臣下不得闻，皆给驿马，供五品食，使诣行在。虽农夫樵人，皆得召见，廪于客馆，所言或称旨，则不次除官，无实者不问。于是四方告密者蜂起，人皆重足屏息。"[8] 《武则天》初刊本中关于"广开言路"的议论显然来自这段材料，却与这段材料有两处出入。第一，《武则天》初刊本中讨论这件事的时间在调露元年（679年）和永隆

1　郭沫若：《致周扬（1960年10月31日）》，《郭沫若研究》2019年第1辑。
2　郭沫若：《致侯外庐函（1960年？11月12日）》，《郭沫若书信集》下，中国社会科学出版社1992年版，第325页。
3　欧阳修、宋祁等：《新唐书》第5册，中华书局1975年版，第1345页。
4　邓广铭：《唐代租庸调法研究》，《历史研究》1954年第4期。
5　韩国磐：《唐代的均田制与租庸调——对邓广铭同志的〈唐代租庸调法的研究〉一文的商榷》，《历史研究》1955年第5期。
6　刘凌：《论武则天》，《山东大学学生科学论文集刊（文科）》1956年第1期。
7　唐长孺：《关于武则天统治末年的浮逃户》，《历史研究》1961年第6期。
8　司马光等：《资治通鉴》第14册，中华书局1956年版，第6438—6439页。

元年（680 年），即徐敬业造反之前，而这项政策的颁布是在 686 年徐敬业兵败之后，也就是说，680 年左右还没有这样的政策。对于颠倒历史顺序，批评界有共识，认为这违背了"历史真实"。郭沫若亲自参与改编的豫剧《武则天》就受到类似的批评："在豫剧《武则天》里，作者叫武则天唱出'天生我材必有用'这句李白的著名诗句，就不如另选同义而异词的词汇更妥当一些。（按：武则天于 705 年逊位，李白生于 701 年，他的诗作《将进酒》当然不会成于四岁以前。）"[1] 第二，《资治通鉴》认为这项政策"盛开告密之门"，索元礼、来俊臣等酷吏由此登上政治舞台，正史对武则天的恶评，重用酷吏是重要原因。范文澜《中国通史简编》也以此作为贬斥武则天的主要依据。《武则天》初刊本将其作为开明政策看待，这跟很多人的史识就大相径庭了。

当郭沫若告诉侯外庐他删削了"均田制及强调人民性的地方"时，侯外庐明确表达了他的担忧："如果把强调人民性处尽删，则须代之以开明性，否则主题无法显出。"[2] 郭沫若虽然没有"把强调人民性处"尽删，但删除他一度增补的武则天"政治革新措施"的台词，对于剧本的主题表达和武则天形象的丰满造成了一定的损伤，因为它们主要是通过这些政论性台词来表现的。

三

在越剧《则天皇帝》座谈会上，吴晗认为："作为历史人物，武则天是很难写的。如把她五十年的事迹当编年史来写，那么戏太长了，也平了、瘟了。应该抓住重要事件来写，但重要事件未必都可以入戏。这种剪裁需要历史知识，更需要艺术手腕。"而《则天皇帝》"从艺术上说，有矛盾，但没有高潮，时间拉长了，戏太平"[3]。武则天执政五十年，在不同的阶段，她的对手在不断变化，从王皇后、褚遂良、长孙无忌、上官仪到裴炎、徐敬业、张柬之等。她跟这些人的斗争性质也是不同的。《则天皇帝》八场，每场除武则天外，大臣和近侍几乎都要换一批，既要争女权，也有打击贵族世家，这不符合有关矛盾集中和人物统一的

---

1 李大珂：《避免时代的颠倒》，《戏剧报》1960 年第 19—20 期。

2 《侯外庐致郭沫若函（1960 年 11 月 14 日）》，转引自李斌：《〈武则天〉的创作与修改过程》。

3 《历史的真实与艺术的真实》。

现代戏剧规范。

早在创作《屈原》时，郭沫若就接受了西方戏剧的"三一律"，力争时间、地点、人物的统一。郭沫若认为宋之的的《武则天》和越剧《则天皇帝》"都从武后在感业寺为尼时写起，一直写到晚年。这种传记式的写法是难于写好的"[1]。他习惯的"戏剧式的写法"注重全剧矛盾的集中统一，这在《武则天》中得到了体现。

《武则天》初刊本为五幕。前两幕分别设置在 679 年和 680 年。裴炎、骆宾王、上官婉儿和章怀太子李贤密谋造反。明崇俨给章怀太子相面，说他活不过三十岁。武则天结识上官婉儿，将她和她的母亲郑十三娘带到身边。章怀太子派赵道生用毒箭杀死明崇俨。武则天派裴炎等人审出章怀太子暗藏武器，流放章怀太子，让赵道生去寺庙剃度修行。后三幕以裴炎和徐敬业的谋反为中心。武则天感化了赵道生和上官婉儿。裴炎和骆宾王在上官婉儿宅邸密谋造反，谈到"片火绯衣"的童谣。郑十三娘这才知道裴炎只是为了自己坐江山，而非效忠李唐，"我一直认为裴炎是大唐的忠臣，他不满天后是为了效忠大唐。我今天才知道，他完全是一个伪君子。他是王莽，他是司马昭，他是宇文化及！他想自己坐江山，不管老百姓的死活。我糊涂了一辈子，今天才看穿了他的真容"[2]。她决定支持同在偷听的赵道生揭发此事。裴炎担心事泄，将骆宾王打入天牢。武则天派李孝逸领兵镇压了徐敬业。徐敬业用以招揽人心的伪章怀太子江七被捉到京城，武则天令他扮成章怀太子的鬼魂，吓唬裴炎招供出是他杀死了章怀太子，裴炎向一旁的上官婉儿解释了"青鹅"的意思。上官婉儿、赵道生在天牢说动骆宾王。武则天以江七、骆宾王、上官婉儿等为证人，在群臣面前说明真相，判处裴炎死刑。

郭沫若"主要根据"张鷟《朝野佥载》这一"稗官野史""组织了我的话剧剧本《武则天》"。[3] 据《朝野佥载》，徐敬业欲反，令骆宾王联络裴炎。骆宾王教裴炎庄上小孩儿唱童谣："一片火，两片火，绯衣小儿当殿坐。"裴炎召见骆宾王，骆宾王指司马懿的图像，"说自古大臣执政，多移社稷"，又说"片火绯衣"童谣指的正是裴炎要坐龙位。裴炎大喜，给徐敬业捎去"青鹅"二字，意即他于十二月作为内应在京城起事。武则天破解"青鹅"，诛杀裴炎。

1　郭沫若：《武则天》，中国戏剧出版社 1962 年版，第 110 页。

2　郭沫若：《武则天》，《人民文学》1960 年第 5 期，第 109 页。

3　郭沫若：《关于武则天的两个问题》，《郭沫若全集·历史编》第 3 卷，人民出版社 1984 年版，第 512 页。

《旧唐书》没有裴炎谋反的记载。编者知道这种传言，但不相信："或构言务挺与裴炎、徐敬业皆潜相应接。"[1] 所谓"构言"，即不符合事实、别有用心捏造的传言。《新唐书·裴炎传》载："炎谋乘太后出游龙门，以兵执之，还政天子。会久雨，太后不出而止。"[2] 《资治通鉴》认为《新唐书》记载不确，并批驳《朝野佥载》："此皆当时构陷炎者所言耳，非其实也。"[3] "构陷"与《旧唐书》中"构言"相似。

吴晗认为《朝野佥载》可信度高，并引用了王夫之的《读通鉴论》："自霍光行非常之事，而司马懿、桓温、谢晦、傅亮、徐羡之托以仇其私。裴炎赞武氏，废中宗，立豫王，亦其故智也。"证明郭沫若的《武则天》是"有出处"[4] 的。但吴晗的夫人袁震相信《资治通鉴》，认为裴炎并不是自己要做皇帝，并贬斥《朝野佥载》自相矛盾。[5] 针对袁震的批评，郭沫若除用《资治通鉴》自相矛盾处及裴炎人品驳斥外[6]，还申明了他对"历史真实"的看法："我是比较相信盛唐的稗官野史，而袁震同志则是相信晚出的官书和诏书。"[7] 其实袁震的看法代表了史学界的主流观点：裴炎忠于李唐而非欲篡位自立。大多数史学家都认可《旧唐书·裴炎传》，将裴炎被杀原因归结为：不同意武则天为武氏先祖立庙；反对诛杀唐宗室；在徐敬业作乱时趁机提出："若太后返政，则此贼不讨而解矣"[8]，要求武则天返政于李旦。史学家赵光贤不满于郭沫若"丑化"裴炎，并批评郭沫若信"稗官野史"而非"正史官书"："就唐代正史与野史来说，我以为还是正史官书比较可信。因为这些正史官书是奉诏选写，而且多半有国史、实录、起居注等为依据。反之，私人的稗官野史则多凭个人一时的闻见就随便下笔，做不负责任的记述。所以二者可信的程度一般说是不能相提并论的。"[9]

取材"稗官野史"而非"官书诏书"，实际上是郭沫若历史剧的一贯做法，这也体现在他对骆宾王形象的塑造之中。

郭沫若对骆宾王的《讨武曌檄》非常熟悉，《请看今日之蒋介石》的标题句

1 刘昫等：《旧唐书》第 8 册，中华书局 1975 年版，第 2785 页。
2 欧阳修、宋祁等：《新唐书》第 14 册，第 4248 页。
3 司马光等：《资治通鉴》第 14 册，中华书局 1956 年版，第 6426 页。
4 吴晗：《谈武则天》，《人民文学》1960 年第 7 期。
5 袁震：《是谁杀死了李贤？》，《光明日报·史学》1962 年 9 月 12 日。
6 郭沫若：《武则天》，中国戏剧出版社 1962 年版，第 145 页。
7 郭沫若：《关于武则天的两个问题》，第 513 页。
8 刘昫等：《旧唐书》第 9 册，第 2844 页。
9 赵光贤：《裴炎谋反说辨证》，《北京师范大学学报》1982 年第 4 期。

式就来自于《讨武曌檄》中的"请看今日之域中，竟是谁家之天下？"。30 多年后，他终于将骆宾王写入作品。《武则天》中几次出现《讨武曌檄》。武则天命上官婉儿念这篇檄文，多次赞叹"起得好""对得巧""会做文章""动人感情"。但郭沫若也借武则天的口批评骆宾王："你们看，他这文章里面，可有一句话说到老百姓上来的吗？古人说'吊民伐罪'。他们在讨伐我，却不替老百姓说一句话。再说，这样的文章，老百姓能听得懂，看得懂吗？""裴行俭品评过他们，说'士先器识而后文艺'。我看，是恰当的。"[1] 这是借古喻今，表达郭沫若的文艺观念：文学作品得替老百姓说话，说老百姓听得懂的话；在评价作家时，"文艺"是后于"器识"的。这其实也体现了毛泽东《在延安文艺座谈会上的讲话》中的观点：文艺"为人民大众"服务，"以政治标准放在第一位，以艺术标准放在第二位"。[2]

关于骆宾王的结局，《旧唐书》载他被诛杀了，《新唐书》载他亡命不知所终，《资治通鉴》载他被徐敬业的部将所杀。《唐诗纪事》《太平广记》都有骆宾王大难不死，到灵隐寺做和尚的记载，郭沫若以"此故事大有诗意，故利用之以入本剧"[3]，在《武则天》中骆宾王被发配至杭州灵隐寺剃度为僧。

郭沫若给骆宾王留一条生路，体现了他对于有缺点，甚至犯过严重错误的知识分子的态度。"我虽然把他写成了反派，但对他依然抱有尊敬和同情。我采用了做和尚的一说，而使他悔过自新。"[4] 武则天在发配骆宾王时说："古人说：天下是'天下人之天下'。朝廷今后要加倍地尊重农时，务尽地力，奖励耕读，通商惠工，广开言路，重用人才，要使四海如同一家，万邦如同一族。要使普天下的人都能够安居乐业，长享太平，文治光华，昭被九域。你们会做诗文的人，应该好好体贴这些意思！"[5] 此处也可以看出，郭沫若希望那些在 1949 年前或在社会主义建设期间犯过错误的知识分子，能够改过自新，歌颂这个服务人民的伟大时代，重新投身于建设中来。这同时也是在反右扩大化之后对上的一种委婉讽喻，"以借古喻今的艺术方式，委婉含蓄地提出了另一种建议和诤言"[6]。

---

1 郭沫若：《武则天》，中国戏剧出版社 1962 年版，第 72 页。
2 毛泽东：《在延安文艺座谈会上的讲话》，《毛泽东选集》第 3 册，人民出版社 1991 年版，第 869 页。
3 郭沫若：《武则天》，中国戏剧出版社 1962 年版，第 110 页。
4 郭沫若：《武则天》，中国戏剧出版社 1962 年版，第 122 页。
5 郭沫若：《武则天》，中国戏剧出版社 1962 年版，第 106 页。
6 吕家乡：《历史剧〈蔡文姬〉和〈武则天〉新解》，《文史哲》1993 年第 4 期。

四

茅盾发表于1961年的文章认为："让古人说今人的话——今人说惯而古人还不会说的一些俗语、流行语"是历史剧中"必须避免"的"时代错误"，这"好像古代人穿现代服装，极大地减少了历史气氛"。[1] 要求历史剧的语言符合"历史真实"，这是当时评论界的共识。周扬在读完清样稿后给郭沫若写信说："语言的现代化，是难免的，如果用唐代的话来对白，恐怕没有人能听懂了，只是有些表现现代概念的术语或流行语，如'事后诸葛亮'之类，得以避免为好。"[2] 翦伯赞也提出："一些现代语如'重新做人'之类，我以为最好改一下。"[3]

这些只言片语的修改意见不影响全剧的主题和氛围，比较容易办到，但有些意见却让郭沫若为难。1960年10月31日，郭沫若回信周扬："'人定胜天'一诗，我把第四句'时来四海红'改为'风移四海同'，这样似乎还能合乎唐人的口气。这诗如果全部删掉，我感觉着有困难，因为它差不多是剧本的主题歌；要另外做一首，也很不容易。诗虽然是我拟的，但情调是有所摄取的。"[4] 看来，周扬希望将"人定胜天"这首诗删掉，理由包含这首诗与"唐人的口气"不合，也就是在语言上不符合"历史真实"，郭沫若极力解释这首诗"情调"符合武则天的实际。他为这首诗反复斟酌、费尽思量。

"'人定胜天'一诗"即《人定胜天乐》，在剧中是回应上官婉儿的《剪彩花》的。上官婉儿是《武则天》中的重要角色，她的祖父上官仪因谋废武后，与其子上官庭芝被杀，上官庭芝的妻子郑十三娘和女儿上官婉儿被发配在洛阳宫中为奴。在《武则天》中，这对母女经历了从仇恨武则天到被武则天感化、死心塌地支持武则天的转变过程。如果说郭沫若在《蔡文姬》中将自己的时代体验移情于蔡文姬，表示"蔡文姬就是我"[5]，那在《武则天》中，郭沫若的镜像就是上官婉儿。上官婉儿为武则天分担部分工作，和武则天谈诗论词，并通过诗词唱和

1　茅盾：《关于历史和历史剧——从〈卧薪尝胆〉的许多不同剧本谈起》，《茅盾全集》第26卷，人民文学出版社1996年版，第376-377页。

2　《周扬致郭沫若（1960年3月15日）》，转引自李斌：《〈武则天〉的创作与修改过程》。

3　《翦伯赞致郭沫若（1960年4月14日）》，转引自李斌：《〈武则天〉的创作与修改过程》。

4　郭沫若：《致周扬（1960年10月31日）》。

5　郭沫若：《蔡文姬》（序），文物出版社1959年版，第1页。

表达政见，这容易让人联想到郭沫若的职务，联想到他在酝酿《武则天》期间曾和毛泽东讨论《到韶山》和《登庐山》两首七律以及围绕《孙悟空三打白骨精》和毛泽东的诗词唱和。郭沫若曾将武后和上官婉儿与李白和杜甫相联系[1]，那她们在剧中的诗作理当光彩照人、好好斟酌。《武则天》中第一幕，武则天在章怀太子处发现上官婉儿的《彩书怨》诗稿，大为惊讶，要求上官婉儿步《彩书怨》的韵以《剪彩花》为题做出一首五律，上官婉儿略一思索就做出来了，武则天大为赞赏，从此把她带到身边，委以重任。《剪彩花》咏道："密叶因栽吐，新花逐剪舒。攀条虽不谬，摘蕊讵知虚。春至由来发，秋还未肯疏。借问桃将李，相乱欲何如？"剧中武则天对于该诗尾联有所怀疑，质问上官婉儿"是不是有意在含沙射影？"[2]。

《武则天》初稿以全体合唱三遍《人定胜天乐》剧终："欲知相乱意，人定胜天工。月照九霄碧，花开四海红。光华月旦旦，瑞气乐彤彤。万古春长在，金轮运不穷。"这是对上官婉儿《剪彩花》中"借问桃将李，相乱欲何如？"的回复。1960年1月10日，郭沫若将"欲知相乱意"改为"蜜桃人所种"，将"花开四海红"改为"时来四海红"，将颈联改为"春华月旦旦，秋实乐彤彤"。将"万古春长在"改为"万古生机在"。唱这首诗的由全体舞台人员变为在剧终登场的"男子各执桃花一枝，女子各捧蜜桃一盘"的"男女舞队"。在初刊本中，诗的内容未改，唱者变为"或执桃花一枝，或捧蜜桃一盘"的"女子舞队"。10月31日，郭沫若将颔联中的"时来四海红"改为"风移四海同"，唱者未变。1962年6月20日，郭沫若在清样上将剧终演出又做了一遍修改，初版本即用的此处修改。《人定胜天乐》中的"风移四海同"修改为"风移四海红"，"秋实乐彤彤"改为"秋实乐融融"。该诗本由舞女合唱，这次修改为武则天带着上官婉儿念。此次修改至关重要的是对该诗作者的确认，初刊文未定这首诗的作者，舞女合唱容易被人理解为编剧所作，这次修改则明确为武则天在庭审裴炎当天"一直在酝酿着"写出来的。将《人定胜天乐》定位于武则天对上官婉儿《剪彩花》的回复，君臣之间以诗词唱和交流政见，融进郭沫若对1961年毛泽东与他就《孙悟空三打白骨精》进行唱和之感念。此处修改也让全剧前后照应、结构更加紧凑。熟悉郭沫若历史剧的张颖认为，此处"一转而为武则天回答上官婉儿的诗'人定胜

1　《郭沫若同志给翦伯赞同志的信和诗》，《北京大学学报（哲学社会科学版）》1978年第3期。

2　郭沫若：《武则天》，中国戏剧出版社1962年版，第20页。

天'，这里转得自然转得好，使观众跟着演员的情绪落到这首诗上。当然这不一定是'主题诗'，但却让观众在看完戏后留下回味与联想。应该说，这是作家和导演最后精采之一笔"[1]。

《武则天》以《人定胜天乐》作为全剧高潮，"人定胜天"与其说是历史上武则天的思想，不如说源自由毛泽东在1958年所提倡，以此四字为题的铺天盖地的标语和报刊文章所营造的时代氛围。周扬建议删掉这首诗，当是因其不符"历史真实"。但郭沫若非但不删，还让武则天如此解释这首诗："剪綵花固然是人造的，一切人间的文物，哪一样不是和剪綵花一样，都是人造的？即使不是人造的东西，凡是有益于人的，我们能够利用它、培植它、发扬它；反过来，凡是有害于人的，我们能够控制它、改变它、消灭它。这就是人定胜天呵！"[2] "利用它、培植它、发扬它""控制它、改变它、消灭它"等词语不是唐代的话，而是1958年前后的流行语。这表明郭沫若彻底背离了当时历史剧语言须符合"历史真实"的共识，自然不会得到舆论的广泛认同。

余论

如何评价武则天这样的帝王将相？其依据何在？这是郭沫若创作《武则天》时面对的首要问题。郭沫若虽然被尊为文坛领袖，但他的看法和主流意见并不相同。历史剧要遵循"历史真实"，郭沫若基本是认同的，但什么是"历史真实"？依据何在？郭沫若有他自己独特的看法：第一，郭沫若按照他多年的历史研究经验和阶级立场，对官方正史有着较多怀疑，故而在评价武则天上宁愿依据"稗官野史"，不依据"官书和诏书"，这和当时大多数人对历史材料的选择并不一致。第二，在评价历史人物上，郭沫若和当时主流做法一致，按照马克思主义的阶级分析方法，站在人民的立场，但他对阶级分析方法的运用却比较灵活，并不完全按照人物的阶级出身判定人物的阶级属性。他认为古代帝王也可以代表人民，而当时的主流学界则认为古代帝王必然是封建统治者的代表。第三，历史剧创作是否可以使用"影射"，采用古今对位法？郭沫若对此是肯定的，他认为"各个时代的历史，总有某种程度

---

[1]　张颖：《漫谈话剧〈武则天〉》，《戏剧报》1962年第8期。
[2]　郭沫若：《武则天》，中国戏剧出版社1962年版，第107页。

的相似"，所以历史剧"影射现代"并不违背历史真实[1]，而茅盾等批评家却不赞成"影射"，"不赞成让勾践的脑子里有我们例如'群众路线'、'劳动锻炼'等等观念，不赞成他的嘴巴居然说出我们今天通用的新词汇"[2]。

但是，《武则天》的定本并非完全是郭沫若个人观点的反映。在创作和修改过程中，郭沫若采用了当时通行的类似于集体创作的创作方式，谦虚谨慎，多方征求意见，不断修改。郭沫若征求了数十位文化名人的意见，戏剧界至少召开了三次《武则天》座谈会，还成立了由齐燕铭等五人组成的"删改小组"[3]。为了尊重反馈意见，郭沫若多次对《武则天》做出修改，有些修改让剧本更加完善，有些修改却损害了主题的表达和人物形象的丰满，让本应浑然天成的《武则天》被"历史真实"缠住了部分脚趾。

绝大多数反馈意见都认为历史剧在人物塑造、结构设计、语言运用等方面要保持"历史真实"，但在修改过程中，郭沫若逐渐有意识地和这些观点拉开了距离。他给《武则天》淮剧改编者写信："专家们的见解自然值得重视。但历史真实与艺术真实有时不能完全同一分寸。例如，关羽涂成红脸，应该没有那样的红色人种。斟酌采取可矣，不一定要全凭人意转移。"[4] 1961年9月上旬，郭沫若在昆明观看完话剧《武则天》后赋诗："金轮千载受奇呵，翻案何妨傅粉多？"[5] 并给夫人于立群写了横幅。于立群将它挂在自己的工作间，这是郭沫若家悬挂的唯一一幅郭沫若本人的书法。"翻案何妨傅粉多"，为了翻案，稍微背离"历史真实"进行粉饰有何不可呢？不久，郭沫若又表示："写历史剧只要基本上不违背历史事实就行了，其它细节和人物是容许虚构的。历史故事，往往只有一个简单的轮廓，艺术家就应该用想像和其他的方法来把它充实起来。甚至可以允许虚构一些插曲。"[6] 无论是"不一定要全凭人意转移"，还是"翻案何妨傅粉多"和"允许虚构"，都体现了郭沫若寻求将历史剧从"历史真实"的束缚中解放出来、追求更大的创作自由的努力。但他这些意见却并没有系统表达出来，而且他本人

---

1 郭沫若：《抗战八年的历史剧》，《新华日报》1946年5月22日。

2 茅盾：《关于历史和历史剧——从〈卧薪尝胆〉的许多不同剧本谈起》，第368页。

3 郭沫若：《致周扬（1960年10月31日）》。

4 郭沫若：《致裴竹君、周慰祖（1960年？4月20日）》，《郭沫若书信集》下，中国社会科学出版社1992年版，第324页。

5 郭沫若：《在昆明看演话剧〈武则天〉》，《郭沫若全集·文学编》第4卷，人民文学出版社1984年版，第290页。

6 郭沫若：《致石竹（1962年4月20日）》，《郭沫若书信集》下，第373页。

于此也存在游移模糊之处，且没有完全贯彻到《武则天》的修改中去，所以他对"虚构"的强调也就没有得到当时学界的重视和认可。

（《文学评论》2020 年第 6 期）

李德南 中山大学文学博士，广州文学艺术创作研究院青年学者、专业作家，兼任中国现代文学馆特邀研究员、广东外语外贸大学创意写作专业导师、广东省首届签约评论家、广州市文艺评论家协会副主席等。著有《"我"与"世界"的现象学——史铁生及其生命哲学》《小说：问题与方法》《有风自南》《途中之镜》等。获《南方文坛》年度优秀论文奖、广东省鲁迅文学艺术奖等奖项。入选羊城青年文化英才、广东省青年文化英才、岭南英杰工程后备人才、广州市高层次人才。

爱与神的共同体

——论迟子建的人文理想与写作实践

在中国当代作家中，迟子建是一个殊异的存在。她在长篇、中篇和短篇小说领域都有写作实践，都写出了具有影响力，甚至是具有经典性的作品。对于这三者的区别，迟子建曾有一个比喻性的说法："如果说短篇是溪流，长篇是海洋，那么中篇就应该是江河了。每种体裁都有自己的气象，比如短篇，它精致、质朴、清澈，更接近天籁；长篇雄浑、浩渺、苍劲，给人一种水天相接的壮美感；中篇呢，它凝重、开阔、浑厚，更多地带有人间烟火的气息。"[1] 心中同时拥有溪流、江河和海洋的作家，能这般随物赋形的作家，通常得有天然的艺术创造力，还有过人的思想体量。迟子建也正是如此。她和莫言、刘震云、格非、王安忆、张承志、张炜一样，都创造了各自的、不可复制的文学世界。更为殊异的是，在三十多年的创作中，她的写作一直没有与此起彼伏的文学思潮、文学流派发生直接关联，没有参与发动文学思潮或成立文学流派，也没有成为文学思潮、文学流派的代表人物。在普遍以文学现象、文学思潮、文学流派为纲的文学史中，她成为一个难以归类的作家，她的作品也成为当代文学历史化与经典化的一个难题。[2]如程德培所言，多年来"'咬定青山'的执着所书写的个人文学史，既是迟子建

1　迟子建：《江河水》，《锁在深处的蜜》，浙江文艺出版社 2016 年版，第 49 页。
2　在大约十年前，何平就颇为敏锐地对"迟子建如何进入文学史？"这一问题有过探讨，提出不少有价值的见解。具体论述可参见何平：《重提作为"风俗史"的小说——对迟子建小说的抽样分析》，《当代作家评论》2009 年第 4 期。

对整体文学史的参与也是一种挑战"[1]。本文无意于为迟子建进入整体文学史探求相应的路径，而是意在对迟子建的写作进行历史的、整体的梳理，也试图通过厘清其写作中的一些关键问题而更好地理解其文学世界。

一　自我的生成与原始风景的发现

一九八五年，《北方文学》第1期、第3期先后发表了迟子建的短篇小说《那丢失的……》与《沉睡的大固其固》，这是迟子建个人写作史的一个重要开端。其中，《那丢失的……》是迟子建的处女作，主要是写一个名叫杜若的女孩，在毕业要离开学校的时刻重又回到她曾生活多年的宿舍，回忆起过往和舍友们生活的种种。女孩们那种亲密无间的友谊，各自的梦想，即将踏入社会时所迎来的现实与心理的种种变化，在杜若的回忆中逐一显现。这篇小说情节性并不强，更像是一首后青春期的诗——是回忆之诗，但也朝向未来开放。它带着许多作家的早期写作都有的那种炽热和纯真，尤其是对友谊的书写颇为动人，然而从文学性的角度来看，它的问题也是明显的。多年后，在《我们的源头》一文中，迟子建曾对这篇作品的创作过程有所回顾并有如下的自我认知："现在看来，那只是一篇极一般的表达善良愿望的带有浓郁抒情格调的作品，但它对于我走上创作道路却因为具有纪念性而占有特殊的位置。"[2] 也许是考虑这篇作品的意义更多是私人层面的，多年后，在出版对迟子建来说非常有代表性的四卷本《迟子建短篇小说编年》时，《那丢失的……》并没有收入其中，《沉睡的大固其固》则成为书中发表时间最早的作品。

对于理解迟子建的文学世界而言，更具个人文学史意义乃至整体文学史意义的开端，应该是一九八六年，迟子建的第一部中篇小说《北极村童话》在《人民文学》第2期发表。这篇小说主要从一个七八岁大的女孩的视角展开叙述，从"我"坐船被送到北极村的姥姥家开始写起。对于这段寄居生活，"我"原本很是委屈，但很快就发现这一片新天地有很多迷人的所在：在姥姥家的大木刻楞房子中，"我"和姥姥睡一个被窝，对姥姥所讲的"净是鬼和神"的故事既害怕又着

1　程德培：《魂系彼岸的此岸叙事——论迟子建的小说》，收入程德培等著：《批评史中的作家》，上海文艺出版社2014年版，第234页。

2　迟子建：《我们的源头》，《锁在深处的蜜》，第9页。

迷。这一新天地里还有可以捉蚂蚱、蝈蝈的菜园，有忠诚的、被叫作傻子的狗，有和"我"年纪相仿的玩伴，有迷人的月光和极光，有带有神秘色彩的苏联老奶奶……在北极村，"我"度过了许多欢乐的时光，也逐渐开始知道很多并不美好的、令人感到难过的事情：猴姥年轻时曾被逼与日本军官睡觉，多次寻死不成，原本极爱干净的她从此变得邋里邋遢；大舅已客死他乡，姥爷因不想让姥姥知道而苦苦守住秘密，内心的伤悲也无从说出；苏联老奶奶的丈夫在政治运动中因胆小而带着儿子出逃，扔下她一人独自生活，让她在寂静中走向生命的终结……这一短篇小说名为"北极村童话"，其中所描述的世界，却并非如童话那般美好。

迟子建开始动笔写作《北极村童话》是在一九八四年，其时她刚刚二十出头。和许多作家的早期作品一样，《北极村童话》同样具有显而易见的经验切身性，甚至小说的主人公就和迟子建一样小名都叫迎灯——多年后，有的喜欢迟子建作品的读者则自称是"灯迷"。《北极村童话》也带有写作的早期风格的特征：一种情感宣泄式的写作，并无太多文体方面的考虑，也没有很自觉的技艺层面的追求，"只是信马由缰地追忆难以忘怀的童年生活，只觉得很多人的人和事都往笔端冒，于是写了外婆就想起了湿漉漉的夏日晚霞，写了马蜂窝又想起了苏联老奶奶，写了舅舅又想起了大黄狗，写了大雪又想起了江水，不知不觉地，这篇小说有了长度"[1]。这种并非十分自觉的写作，却为迟子建的写作开启了一个新的世界。在《北极村童话》发表近三十年后，韩春燕在一篇文章中写道："迟子建当年以一篇《北极村童话》登上文坛，这篇小说在迟子建后来三十年的创作生涯中，成为一种神秘的召唤文本，使迟子建几乎所有的小说都体现出一种在不同路径上回归它的努力。"[2] 这是一个很值得注意的论断。如果以解释学作为方法，以迟子建的整体创作作为视野来对《北极村童话》进行一种部分与整体的、解释学循环式的考察，会发现这一中篇处女作确实意义非凡。北方极地的风景与风俗，边界多族群的人生与人心，草蛇灰线般的历史脉络，小说、童话、传奇等多种艺术因素的融汇，充满爱与温情的叙事伦理，富有灵性、神性的动物与植物……迟子建的写作母题、典型风格、文学元素与文学能力，日后为评者所反复论及的种种，似乎都萌芽于这一作品。而迟子建往后的写作，要么是对其写作母题进行扩展与深化，要么是让其创作风格变得更为清晰，要么是这些基本元素得到进一步

1　迟子建：《北极村童话·自序》，人民文学出版社 2013 年版，第 1 页。
2　韩春燕：《神性与魔性：迟子建〈群山之巅〉的魅性世界》，《当代作家评论》2015 年第 6 期。

的发挥，要么是文学能力得到进一步的张扬，由此而形成一篇又一篇的作品，这一篇又一篇的作品又共同构成一个日益丰厚的文学世界。在这个过程中，变化并不是没有，例外也并不是没有，然而，这种种的变化与例外，也只有放置在这个大脉络所构成的参照系中才能更好地理解；这种种的变化和例外，似乎又是迟子建的人生经历、写作之路与运思方式的合乎逻辑的展开。

借由《北极村童话》这种本真的写作，迟子建也得以发现了她的自我，并经由对自我的凝视而逐渐认识自我得以形成的那个世界。"我对人生最初的认识，完全是从自然界的一些变化而感悟来的。比如我从早衰的植物身上看到了生命的脆弱，同时我也从另一个侧面看到了生命的从容。因为许多衰亡了的植物，在转年的春天又会焕发出勃勃生机，看上去比前一年似乎更加有朝气。"[1] 而在与更多的人，与更多的动物与植物，与更多的可见与不可见的事物的遇合中，其自我也在成长，日益变得丰厚。

在《北极村童话》之后，迟子建又发表了《没有夏天了》《奇寒》《遥渡相思》《旧土地》《没有月亮的抱月湾》《在低洼处》《北国一片苍茫》中短篇小说。一九九〇年在《人民文学》发表的中篇小说《原始风景》，则是迟子建个人写作史上又一具有重要意义的节点。就题材而言，《原始风景》和《北极村童话》有相通之处，但不同于《北极村童话》的是，这种写作已不再是近乎本能式的写作，而是蕴含了更为自觉的写作意识，运用了更多彼时流行的表达技巧，也埋藏着更为复杂的内心冲突。

《原始风景》分为上下两部，小说的叙述者是一个写作者，上部主要是"我"追忆童年时的生活和见闻，下部则是写"我"开始读小学、在一个小镇的所见所闻。这部小说有一个创作谈式的引言，里头首先谈到的是这样一种言说的困境："当我想为那块土地写点什么的时候，我才明白胜任这项事情多么困难。许多的往事和生活像鱼骨一样鲠在喉咙里，使我分外难受——我不知道自己应该把它吐掉好还是吞下去好。当我放下笔来，我走在异乡的街头，在黄昏时刻，看着混沌的夕阳下喧闹的市场和如潮的人流，我心底有一种说不出的失落感。我背离遥远的故土，来到五光十色的大都市，我寻求的究竟是什么？真正的阳光和空气离我的生活越来越远，它们远远地隐居幕后，在不知不觉中已经成为我身后的背景，而我则被这背景给推到前台。我站在舞台上，我的面前是庞大的观众，他们等待

1　迟子建：《寒冷的高纬度——我的梦开始的地方》，《锁在深处的蜜》，第64页。

我表演生存的悲剧或者喜剧。可我那一时刻献给观众的唯有无言的沉默和无边的苍凉。"[1] 小说的叙述者和作者并不能等同，这是叙事学理论一再强调的文学常识，然而，《原始风景》里"我"的这种言说困境，和迟子建的实际经历也多少有些关系。在完成《北极村童话》后，迟子建开始离开她所生于斯、长于斯的土地，先后到西北大学作家班、鲁迅文学院作家班参加学习。到西安、北京的这些学习经历，既是空间体验的拓展，又是知识、文学观念与思想观念的映照，这导致迟子建在写作时会经历很多有意无意的变化，甚至是让其自我陷入冲突的状态。对于这些变化，早在一九九二年，戴洪龄曾在一篇题为《〈北极村童话〉与〈原始风景〉》的文章中进行了出色的论述："从纯情歌唱的《北极村童话》到感伤咏叹的《原始风景》，不仅作家的情感世界变得更深入更深沉，同时在创作手法、艺术构思、叙述风格、语言表现力上，也都有所创新……迟子建的创作已经接受了国内外文学多元化思潮的影响，她不知不觉地把一种现代的叙述方式引进了她的小说，她的创作开始出现了多样化的尝试，《原始风景》是她尝试得比较成功的一篇。"[2] 戴洪龄的这篇文章虽然只谈到迟子建的两篇小说，篇幅也并不长，但是其中所蕴含的洞见是广大的。在迟子建的批评史中，这是极其重要的文章，至今仍有强大的生命力。我想接着戴洪龄谈及的话题指出的是，这段学习经历，除了文学观念和叙事方式的影响，实际上也导致作家在写作时内在精神的变化：开始有更自觉的，甚至是过强的读者意识和对话意识。

通过刚才那段引文可以发现，此时迟子建已经开始自觉地把"五光十色的大都市"中的读者作为她写作时需要对话的对象，自觉地意识到自己需要向这一部分读者描述她的故乡，需要向他们讲述故乡的人与事，也需要通过这种描述来让读者理解作为写作者的自己。然而，这种调整并不容易，描述更是困难重重。在那个时刻，写作者的自我和世界都不是稳固的，所以我才会觉得"真正的阳光和空气离我的生活越来越远，它们远远地隐居幕后，在不知不觉中已经成为我身后的背景，而我则被这背景给推到前台。我站在舞台上，我的面前是庞大的观众，他们等待我表演生存的悲剧或者喜剧"。在关于《那丢失的……》《北极村童话》等作品的创作谈中，我们都可以看到，迟子建在写作它们时会有一种言说的欢乐，一种自然流露的愉悦；然而在这里，"我"所拥有的只是巨石压心般的沉重，"我那一时刻献给观众的唯有无言的沉默和无边的苍凉"。这个"我"未必是迟子

---

1 迟子建：《原始风景》，《北极村童话》，人民文学出版社2013年版，第255页。

2 戴洪龄：《〈北极村童话〉与〈原始风景〉》，《文艺评论》1992年第1期。

建的作家自我，上述感受也未必是她写作《原始风景》时的真实感受，然而，在那样的一个时期，恰好安排了这样的一个讲述者，也多少能看出迟子建在写作时对这种冲突是蛮有感触的。

如戴洪龄所分析的，从《北极村童话》到《原始风景》，这里头有新观念的融入，有新的写作手法的尝试，有许多方面的"进步"，然而，其中也有许多的新问题。不同类型的生活体验的冲突，还有读者意识和对话意识的增强，使得迟子建在描述故乡时和之前有了非常大的变化，那就是原始风景的发现。柄谷行人在谈论日本现代文学的起源时，认为风景的发现有一个认识论前提，"风景不是由对所谓外界有关心的人，而是通过背对外界的'内在的人'发现的"[1]。而在迟子建的写作中，原始风景的发现亦有它的认识论前提——五光十色的大都市所代表的现代文明开始对作家的创作构成冲击。《原始风景》是一个在冲击下写就的文本。经由大都市所代表的现代文明的强光照射，"风景"的原始性才得以凸显出来。"原始风景"和"风景"的区别在于，风景是中性的、客观的描述，原始风景则蕴含着价值判断。事实也正是如此。细读文本可以发现，在描述同样的童年记忆或风景时，比之于《北极村童话》，《原始风景》的态度和描述方式有了明显的变化。我们能感受到一种非常不自然的、不和谐的因素在，甚至能感受非常明显的冲突。比如小说中曾这样写到一个寡妇的哭声，"她的哭声像歌声样婉转悠扬，那里面夹杂着一句半句的哭诉，像配乐诗朗诵一样，我常常听得笑出声来"[2]。小说中还曾这样写到"我"对野菜的回忆，"如今我回忆起野菜就像刚刚听完一场交响乐，心中的情绪仍然停留在某一乐章的旋律之中。野菜以无与伦比的妖冶的美态永久地令我销魂。它身上散发着的气息是一顶年岁已久的情人的草帽的沉香，它的姿容是春天在太阳底下最强烈的一次绚烂的曝光，它的眼睛是春天最美丽的泪水。它的落落寡欢，独立不羁，处于山野的野性风味像夏日的窗口一样永远地为我所眷恋"[3]。北方大地上的一个寡妇的哭声像配乐诗朗诵一样，"我"回忆起野菜就像刚刚听完一场交响乐，这样的描述是高度陌生化的，但也是怪异的。尤其是关于野菜的描述，感觉不像是在写野菜，而是在描述隐喻意义上的野玫瑰，或是在描述卡门似的野性女郎。这种种描述，都诉诸都市文明中的

---

1 柄谷行人：《日本现代文学的起源》，赵京华译，生活·读书·新知三联书店 2003 年版，第 52 页。
2 迟子建：《原始风景》，第 296 页。
3 迟子建：《原始风景》，第 296-297 页。

事物，在描述的过程中，都市文明是占主导地位的；"我"是在自觉和不自觉地借用都市文明的思维方式、话语系统来观察、描述、评判原始风景。《原始风景》中所写的一切虽然和《北极村童话》中的一切并无根本性的差异，但是立场和角度已大不相同。在《北极村童话》中，"我"是在用一种带着爱的、充满依恋的眼光去看，去听，去认识，是用一种确信的口吻去描述；在《原始风景》中，"我"的态度却是更为复杂的，里头也有爱和依恋，却有了更多的批判的意识和眼光，仿佛那是一个田园牧歌式的世界，却又是一个需要启蒙的、被现代文明意识照亮的世界。这里头，包含着矛盾重重的情感；描述者的情绪、态度和立场，也充满巨大的不确定。因此，小说开头的那段引言其实是无比真实的。小说的引言，正文，甚至包括小说的题目，都说明写作者的自我处在一种冲突的状态。

这种言说的困难，在这之后很长一段时间里对迟子建的写作产生了重要的影响。她开始着力进行多方面的尝试和探索。她会继续尝试更好地描述和理解"原始风景"，比如《向着白夜旅行》。小说从"我"收到"两封关怀来信"写起，其中一封先是介绍了土拉固的天气、环境与风景，然后"笔锋一转漫不经心却又是精心炮制地"汇报了"我"的前夫马孔多带着新欢到土拉固短住，然后一起前往新疆喀什的消息。另一封则是读者来信，"我"本来"盼望着从中看到赞许的话使自己改变心情"，却想不到那只是一个恶作剧：匿名者从洛阳寄来了十三张纸，前十二张都是空白的，第十三张纸上则是"六个歪歪扭扭的字带着一个古怪的惊叹号"——"祝你经期愉快！"在连书本也无法让"我"镇静的情形下，马孔多竟然出现了，于是"我"决定和他一起去漠河北极村看白夜。这一趟"向着白夜的旅行"，其奇崛之处，除了白夜这一神奇的自然景观，还在于与"我"同行的是马孔多的灵魂。看过白夜后回到哈尔滨收到"又两封关怀来信"我才知道，马孔多已经去世了。这同样是一个具有探索性的文本。此外，迟子建还尝试描述与原始风景对立的那些风景，也就是都市文明的风景。在一九九〇年代，她进一步离开了她所熟悉的题材领域，写作了一部名为《晨钟响彻黄昏》的都市知识分子题材的小说，试图揭示都市生活的种种问题，还有知识分子的困境，在批判中求索存在的意义。或许是因为这并不是她所熟悉的领域，这一类的书写在当时也大多还处于探索时期，《晨钟响彻黄昏》是一个比《原始风景》更具有冲突气息的文本。

对于一个作家来说，异质生活、异质文明、异质观念的冲击可能是良性的，也可能是恶性的。当它构成作家创作的参照系时，是与作家自我进行平等对话的他者时，这种影响是良性的。而当它的冲击过大，大到足以覆盖或吞噬作家的自我时，这种影响就是恶性的。它会构成一个认识装置和言说装置，仿佛作家的思和言必须完全遵从装置的种种设定才是合法、合理与合情的。虽然有着这样那样的风险，对于一个作家来说，领受这种种的冲击又是必须的。不经过这个阶段，一个作家的写作很难走向阔大；不经过知识、观念与思想的碰撞，还有文体、题材等的探索，一个作家的文学能力也难以得到发展。在这个过程中，作家所能做到的，或许就是对认识装置和言说装置保持警惕，发现被植入装置后也尽快拆除它或打破它。经历一些失败的时刻也许是无可避免的，这并不要紧，要紧的是从失败中自觉，努力锻造一个更为强大的自我。

作为一个作家，迟子建也经历了并且经受住了这样的冲击。对于如何处理这种自我和他人、题材和风格等关系，迟子建后来逐渐有了自己的心得，找到了自己的方法。在二〇〇九年法兰克福国际书展上，迟子建曾以"作家的那扇窗"为题做了一个演讲。她在演讲中谈道："作家的洞察力和想象力，决定了他们会把什么样的风景拉入笔下，他们总要描摹最熟悉的风景，书写最熟悉的人和事。可是一成不变的风景，哪怕它再绚丽，也会让人产生审美疲劳，所以，适当地看看不同的风景，对作家来讲是重要的。"[1] 看看陌生的风景，可以让作家获得一双重新审视风景的慧眼；迟子建又强调："一个作家既要有开放的心态，又要适时地'封闭'自己。也就是说，风景看得太多、太满，感受了太多的喧哗，也不利于创作。而且，真正的风景，最终是留在心底的风景。而能留在我们心底的风景，注定是我们收回目光、低下头来的一瞬，从心海里渐渐浮现的风景。"[2] 如何把握开放和封闭的"度"——程度与角度，的确是一个作家文学能力和文学定力的重要体现。回到迟子建的小说创作，会发现，她对这些问题的克服，比她讲述这一风景的辩证法要早不少。起码在二〇〇〇年前后写作《伪满洲国》，尤其是二〇〇五年写作《额尔古纳河右岸》的时候，迟子建已经完全从这种冲击中走出，获得了更大的文学能力和更强的文学定力。她已经能无比自如从容地处理自我与他者、故乡与他乡、民族与世界、地方与全球、借鉴与创造等问题，能够坚定而自信地去建造属于她的文学世界。在那样的时刻，世界在她眼中可以很大，也可以很小——"当我童年在故乡北极村生活的时候，因为不知道'山外有山、天外有天'，我认定世界就北极村这么大。当我成年以后到过了许多地方，见到了更多

1　迟子建：《作家的那扇窗》，《锁在深处的蜜》，第30页。

2　迟子建：《作家的那扇窗》，第31页。

的人和更绚丽的风景之后，我回过头来一想，世界其实还是那么大，它只是一个小小的北极村。"[1]

二　万物有灵与万物有情

在谈及迟子建的文学世界时，很多中国研究者和批评家都会注意到其中万物有灵的特点，感觉到一种神秘气息。那是一个充满比喻、象征和意义的世界。

万物有灵的确是迟子建的文学世界的一大特点，在写创作谈，也包括接受马东主持的《文化访谈录》采访时，迟子建本人也反复提及这一点。万物有灵可指涉多方面的意蕴，比如认为自然现象或存在物中存在神灵，带有神秘属性，有时也指一切物体都具有生命、感觉与思维能力。这是一种带有原始气息的思维方式，也是一种诗性智慧，如弗雷泽所说的："在原始人看来，整个世界都是有生命的，花草树木也不例外。它们跟人一样都有灵魂，从而也像对人一样地对待它们。"[2]　在萨满文化影响较为深远的东北，万物有灵的观念一直颇为盛行，在大兴安岭出生和长大的迟子建对此也从小就耳濡目染，深受影响："我的故乡因为遥远而人迹罕至。它容纳了太多的神话和传说，所以在我的记忆中房屋、牛栏、猪舍、菜园、坟茔、山川河流、日月星辰等等，无一不沾染它们的色彩和气韵。我笔下的人物显然也无法逃脱它们的笼罩。我所理解的活生生的人不是庸常所指的按现实规律生活的人，而是被神灵之光包围的人。"[3]

有待进一步指出的是，万物有灵的观念既影响了迟子建，也影响了其他的东北作家，甚至可以说，万物有灵是不少东北作家在写作时普遍共享的观念。[4]　对于迟子建的写作而言，更为根本的特点在于，她认同万物有灵论，又把万物有灵论导向了万物有情论。

1　迟子建：《寒冷的高纬度——我的梦开始的地方》，第 70 页。
2　弗雷泽：《金枝》，汪培基、徐育新、张泽石译，商务印书馆 2012 年版，第 189 页。
3　迟子建：《谁饮天河之水》，《原来姹紫嫣红开遍》，浙江文艺出版社 2016 年版，第 135 页。
4　闫秋红的学术专著《现代东北文学与萨满教文化》对此有较为细致的梳理，在当代作家刘庆的长篇小说《唇典》中也能看到类似的观念演绎。同样是写萨满的世界，刘庆的《唇典》和迟子建的《额尔古纳河右岸》所描述的都是万物有灵的世界，但不同于《唇典》的是，迟子建在《额尔古纳河右岸》中将万物有灵引向了万物有情。具体论述或事例可参见闫秋红：《现代东北文学与萨满教文化》，暨南大学出版社 2012 年版；刘庆：《唇典》，作家出版社 2017 年版。

有灵的世界本身包含着多重的可能，比如灵有善恶之分，正如人性有善恶之分一样。而在迟子建的文学世界中，万物更多是带着善意，甚至是爱意。

在《北极村童话》中，迟子建曾写到一条极有灵性的狗，它是"迎灯"在北极村极其重要的玩伴。在"迎灯"乘船要离开北极村时，它也跳进了江里。最终，"它带着沉重的锁链，带着仅仅因为咬了一个人而被终生束缚的怨恨，更带着它没有消泯的天质和对一个幼小孩子的忠诚，回到了黑龙江的怀抱"[1]。二〇〇二年前后，迟子建则开始从一条狗的视角去写世态人心，并由此完成了一部长篇小说，也就是《越过云层的晴朗》。"佛家认为万事万物皆有灵性。我相信这一点，所以用一条狗来做'叙述者'。"[2] 相比于人的视角，《狗》的视角是陌生化的，就此去看人世，会发现人类更为残忍无情，反而是狗更有悲悯之心，也更重情义。《一匹马两个人》在叙述视角的设置上颇为巧妙，它采用的是一个第三人称的叙述视角，却同时呈现人和马的心灵世界，让读者得以同时知晓人和马内心的喜怒哀乐。就说马的吧，"在马的心目中，云彩是有生命的，它们应该有居住之所。大地上离云最近的，就是山了，云彩住在里面最方便的了"[3]。这匹马有诗意的心灵，很善良。它虽然不能用语言和人交流，却能听懂人的话，也能付诸行动表达它的所思所想，有灵且有情。

万物有灵与万物有情的观念，在《额尔古纳河右岸》中有更为细致、更为全面的书写与展现。小说中的鄂温克族人也信奉万物有灵，认为动物、植物，山川、河流，甚至动物、植物的一部分，都是有灵的。相通的灵性，使得人与动物、植物和事物之间具有一种紧密的关联。比如人、神、兽之间可以互相转换。叙述者"我"曾讲过一个关于黑熊的传说，那是"我"父亲告诉"我"的，"他说熊的前世是人，只因犯了罪，上天才让它变成兽，用四条腿走路。不过有的时候，它仍能做出人的样子，直着身子走路"[4]。小说里还讲述了这样一个故事：拉吉达的祖父在一个月圆之夜，发现人们的睡姿是千姿百态的——有的像老虎一样卧着，有的像蛇一样盘着，还有的像蹲仓的熊一样蹲立着。这意味着，他们在月圆的日子显了形；通过他们的睡姿可以看出他们前世是什么，有的是熊托生的，有的是虎，是蛇，是兔子，等等。

1　迟子建：《北极村童话》，《北极村童话》，第48页。
2　迟子建：《越过云层的晴朗》，人民文学出版社2013年版，第330页。
3　迟子建：《一匹马两个人》，《花瓣饭》，人民文学出版社2012年版，第184页。
4　迟子建：《额尔古纳河右岸》，人民文学出版社2013年版，第91页。

这个万物有灵的世界，同时是一个守恒的世界。小说中曾写道，"我"姐姐列娜有一年生病，是尼都萨满来给她跳神才把她救回来，与此同时，一只灰色的驯鹿仔代替她死去，去了黑暗的世界。这种人与其他事物之间恒常的相通，也使得人和其他生物之间更多地体现为一种平等关系。人和驯鹿之间的关系就是如此。对于鄂温克人来说，驯鹿是极其重要的，他们对驯鹿有一种特殊的爱。小说中写道：

> 它们吃东西很爱惜，它们从草地走过，是一边行走一边轻轻啃着青草的，所以那草地总是毫发未损的样子，该绿还是绿的。它们吃桦树和柳树的叶子，也是啃几口就离开，那树依然枝叶茂盛。它们渴了夏季喝河水，冬季则吃雪。只要你在它们的颈下拴上铃铛，它们走到哪里你都不用担心，狼会被那响声吓走，而你会从风儿送来的鹿铃声中，知道它们在哪里。

> 驯鹿一定是神赐予我们的，没有它们，就没有我们。虽然它曾经带走了我的亲人，但我还是那么爱它。看不到它们的眼睛，就像白天看不到太阳，夜晚看不到星星样，会让人在心底发出叹息的。[1]

这一段描写，既表达了鄂温克族人对驯鹿的爱，也说明了在"我"的眼中，驯鹿有其独特的灵性。就像人类爱驯鹿一样，驯鹿爱植物，对植物带有感情，所以吃东西的时候非常怜惜。人和驯鹿同属于一个充满灵性的自然，一个充满爱的、有情的自然。

除了驯鹿、马与狗这样的动物，迟子建笔下的植物也具有灵性，有其独特的性格。小说中有这样的关于剥白桦树的细节："因为剥的都是树干，所以脱去了树皮的白桦树在被剥的那一年是光着身子的，次年，它的颜色变得灰黑，仿佛是穿上了一条深色裤子。然而又过了一两年，被剥的地方就会生出新鲜的嫩皮，它又给自己穿上耀眼的白袍子了。所以我觉得白桦树是个好裁缝，它能自己给自己做衣裳穿。"[2] 在这里，白桦树是高度拟人化的，也富有灵性，仿佛懂得像人类一样安排自己的生活，像人类一样懂得穿着打扮。

在迟子建的文学世界中，山川也同样有性格，有情感：

1　迟子建：《额尔古纳河右岸》，第19页。
2　迟子建：《额尔古纳河右岸》，第40页。

如果把我们生活着的额尔古纳河右岸比喻为一个顶天立地的巨人的话，那么那些大大小小的河流就是巨人身上纵横交织的血管，而它的骨骼，就是由众多的山峦构成的。那些山属于大兴安岭山脉。

　　我这一生见过多少座山，已经记不得了。在我眼中，额尔古纳河右岸的每一座山，都是闪烁在大地上的一颗星星。这些星星在春夏季节是绿色的，秋天是金黄色的，而到了冬天则是银白色的。我爱它们。它们跟人一样，也有自己的性格和体态。有的山矮小而圆润，像是一个个倒扣着的瓦盆；有的山挺拔而清秀地连绵在一起，看上去就像驯鹿伸出的美丽犄角。山上的树，在我眼中就是一团连着一团的血肉。[1]

　　即便是琴、镜子船这样通常被现代人视为无生命的物，在迟子建的文学世界中也有其灵性。琴是有灵性的，能够与人相应和，与人息息相关，"人有什么样的心情，它也会是什么样的心情"[2]。《额尔古纳河右岸》写到在"我"最初和镜子相遇时，"镜子里反射着暖融融的阳光、洁白的云朵和绿色的山峦，那小圆镜子，似要被春光撑破的样子，那么的饱满，又那么的湿润和明亮！"[3] 在和人一起经历许多事情后，镜子就像眼睛一样，变得更具灵性，更通人情——"这面镜子看过我们的山、树木、白云、河流和一张张女人的脸，它是我们生活中的一只眼睛，我怎么能眼睁睁地看着达吉亚娜戳瞎它呢！"[4] 船也是有灵的，似乎也有它的性格："那条河流很狭窄，水也不深，林克就像揪出一个偷懒的孩子似的，把掩藏在河边草丛中的桦皮船拽出来，推到河水上。"[5] 诸如此类的例子，在《额尔古纳河右岸》，也包括在迟子建的其他小说中还有很多很多。

　　在迟子建的文学世界中，也并非所有的动物都是良善的，正如不是所有的人都是善良的一样，也有无情的人和无情的动物。在《额尔古纳河右岸》里，狼就是一种可怕而可恶的动物，达西当年正是因为和狼搏斗而失去一条腿，许多年后则因为再次和狼搏斗而失去生命。而一个"我"并不怎么喜欢的人物，在"我"看来，"是跟着驯鹿群的一条母狼"[6]。这些可怕、可恶的动物也有灵，却未必有

1　迟子建：《额尔古纳河右岸》，第 199 页。

2　迟子建：《额尔古纳河右岸》，第 237 页。

3　迟子建：《额尔古纳河右岸》，第 38 页。

4　迟子建：《额尔古纳河右岸》，第 38-39 页。

5　迟子建：《额尔古纳河右岸》，第 42 页。

6　迟子建：《额尔古纳河右岸》，第 14 页。

情。不过，这样的动物毕竟是少数，大多数的动物、植物，都是有灵而有情。

在迟子建的小说中，万物有灵之所以可以导向万物有情，在于这些动物、植物具有一种爱的能力，也在于各种无生命之物被赋予了一种爱愿，迟子建也有能力让这种爱愿变得可信而动人——在经过现代主义和后现代主义的洗礼后，这样的文学能力是稀缺而宝贵的。

从万物有灵到万物有情，还是一个意义生成的过程，是一个不断为生活世界赋魅的过程。这样的时刻是如此的多，由此，小说中的世界亦是一个有情的世界。一草一木、一事一物，也包括世界瞬间的变化，都关乎情感。就以一块红色的布为例吧，你看，"它确实像一片晚霞，而且是雨后的晚霞，那么的活泼和新鲜，我们都以为是神灵显现了！如果不是娜杰什卡埋怨娜拉的声音传来，没人认为那是一块布"[1]。红布是有情的，晚霞也是有情的，而朝霞，朝霞何尝不是如此："蓝眼睛的吉兰特一出世，额格都亚耶吐血不止，三天后就上天了。据说他离世的那天，朝霞把东方映得红通通的，想必他把吐出的鲜血也带了去。"[2] 还得再说说驯鹿。驯鹿当然是有灵而有情的，就连驯鹿的颜色也让"我"产生情感的共鸣："过去的驯鹿主要是灰色和褐色，现在却有多种颜色——灰褐色、灰黑色、白色和花色等。而我最喜欢白色的，白色的驯鹿在我眼中就是飘拂在大地上的云朵。"[3] 小说中曾写到驯鹿在遇到瘟疫后，尼都萨满并没有能够通过自身的神力来终止瘟疫的蔓延，很多的驯鹿在瘟疫中死去。林克则带其中体质比较好的驯鹿躲过一劫，"大家把林克当成了英雄。他看上去更加瘦削，但他的眼睛很亮很亮，仿佛那些死去的驯鹿的目光都凝聚在他的眼睛中了"[4]。在这里，爱与死的关系如此紧密，人和驯鹿的关系如此紧密。

这样的表述方式，在迟子建的小说中随处可见，尤其是在《额尔古纳河右岸》中。这是迟子建最擅长的语言，当它被用来描述北方大地上的事物时，它又是最为本真的且最为贴切的语言。这样的语言，能给读者带来一种感觉的愉悦，仿佛人的感官也相互贯通了。它又是一种富有意义的语言，喻示人与其生存的自然，乃至于整个世界，是一种唇齿相依、血肉相连般的关系，而非格格不入或可以截然两分的关系。这样的语言，也是通灵的语言，是有情的语言。这样的语言

1　迟子建：《额尔古纳河右岸》，第 82 页。

2　迟子建：《额尔古纳河右岸》，第 17 页。

3　迟子建：《额尔古纳河右岸》，第 18 页。

4　迟子建：《额尔古纳河右岸》，第 54 页。

最终建立了一个和谐而美好的世界，一个可以诗意地栖居的世界。

三 爱与神的共同体

迟子建的长篇小说《额尔古纳河右岸》《伪满洲国》《群山之巅》《白雪乌鸦》，中篇小说《北极村童话》《世界上所有的夜晚》《鸭如花》《布基兰小站的腊八夜》《踏着月光的行板》，还有短篇小说《北国一片苍茫》《盲人报摊》《亲亲土豆》《清水洗尘》，等等，都是优秀的、有经典气质的作品。对于理解迟子建的文学世界，它们都是不可或缺的。如果要从她的这些作品，甚至是所有的作品中选出最能体现其人文理想与写作理念的一部，我会选择《额尔古纳河右岸》。

《额尔古纳河右岸》主要写一个正在日渐走向衰亡的鄂温克族支系的百年历史，以文字的方式重建了这一驯鹿部落的生活形态。驯鹿鄂温克人通常以家庭为单位，或是以血缘关系为主组成乌力楞，过着游牧的生活。他们集体打猎，平均分配猎物和生活必需品，并以萨满信仰、各种风俗仪式为中心建立其精神世界和意义世界。《额尔古纳河右岸》对这种生活方式进行了相当细致的书写，以充满诗性的语言构建并呈现了一个爱与神的共同体。

这里所说的同共体，主要取自社会学家滕尼斯的概念和定义。在滕尼斯看来，共同体和社会是一对对立的概念，用以指称两种不同的社会关系和人类结合的生活形态。两者的本质区别在于，前者包含着"真实的与有机的生命"，后者则是"想象的与机械的构造"。共同体中的生活是亲密的，共同体成员之间痛痒相关，契合度非常高。社会的特点则是切断一切的自然纽带，以绝对独立的人类个体为基本单元，社会中的生活则具有公共性，以契约和利益为基础。就起源来看，共同体的形成要比社会要早，"共同体是古老的；相反，无论作为事物还是名称，社会却是新的"[1]。共同体和社会分别对应于古代和近现代的总体文化形态，古希腊-罗马的城邦、中世纪的日耳曼封建王国、早期近代的自由城镇，都可以视为共同体的历史原型，而近现代以来的商业社会和国家，则是社会的历史原型。社会从共同体中产生并逐渐凌驾于后者之上，但在具体的历史进程中，共同体和社会并非绝对的彼此替代关系，"一方面，共同体的时代的整个发展是逐渐向着社会过渡；而另一方面，共同体的力量尽管在日益减弱，但它还保留在社

1　滕尼斯：《共同体与社会》，张巍卓译，商务印书馆 2019 年版，第 70-71 页。

会的时代里，而且它依然是社群生活的实在品质"[1]。现代社会和现代民族国家中依然保留着共同体的组织方式，尤其是在一些较为边远的、现代性的介入相对有限的地区，社会生活仍旧是以共同体的形式加以组织的。

《额尔古纳河右岸》中的鄂温克族人，在很长一段时间里正是以共同体的形式存在着。正如秋浦等人在《鄂温克人的原始社会形态》一书中所指出的，一直到二十世纪六十年代，中国境内的鄂温克族人依然保持着原始的社会结构和平等互助的道德原则。在滕尼斯看来，一切共同体有三个不同的要素，即血缘、地缘与精神，由此而形成亲属、邻里与友谊这三种关系，形成血缘共同体、地域共同体和精神共同体三种共同体的形式。其中精神的共同体建立在共同的事业或天职的基础上，因而也就建立在共同的信仰的基础上。共同体有着多种多样的类型，有家族、氏族、宗族、部族这样的血缘共同体，也有乡村社团这样的地缘共同体或地域共同体，还有行会、协会这样的精神共同体，或是以民族为单元的民族共同体。它们各自有着不同的活动形式和组织结构；这些共同体形态，又都植根于家庭。家庭内在的母性气质和父性气质是塑造共同体关系的原初要素，这些要素以不同的比例和组合方式塑造了不同的共同体形态。[2]《额尔古纳河右岸》中也涉及多种的共同体组织形式，并且这些形式是交错地存在的，既有额尔古纳河右岸这样的地域共同体，有乌力楞这样的血缘共同体，又包含着鄂温克族、鄂伦春族为中心的民族共同体和萨满信仰为中心的精神共同体。

有机性是共同体的重要特征之一，"只有当任何现实的东西（Alles Wirkliche）能被人想象成联系着整个现实，并且它的性质与运动被整个现实决定时，它才是有机的（organisch）事物"[3]。对于《额尔古纳河右岸》中的共同体世界来说，万物有灵的萨满信仰，以及与此相关的一系列习俗、习惯，起到非常重要的作用，是这个共同体的有机性的直接根源。万物有灵这一感知世界、理解世界的方式，则是萨满信仰的基础。

在《额尔古纳河右岸》中，这个共同体世界除了是万物有灵的世界，也是一个为爱所充盈的世界；共同体成员之间，具有鲜明的互助意识和团体精神。这和鄂温克人实际的社会生活状况不无关系。在莫兰看来，"共同体的根源深深植于生命世界……远古社会中，共同体伦理在语言和意识中涌现出来，通过共同的祖

1　滕尼斯：《共同体与社会》，第 463 页。
2　参见滕尼斯：《共同体与社会》，第 376-377 页。
3　滕尼斯：《共同体与社会》，第 71 页。

先神话自我加强和证明，而对共同体神灵的崇拜将其成员兄弟般地联合起来。它的各种互助的守则，包括对规定和禁忌的服从，深深地刻在人们的精神中"[1]。在鄂温克族人的生活世界里，长期以来也存在着莫兰所说的一系列的行为规范和伦理规范，鄂温克族人称之为"敖教尔"，指的是古老的传统或祖先传下来的习惯。"敖教尔"代表着全体成员的利益，因而大家都必须严格遵守。鄂温克人的"敖教尔"要求个人的行动一定要注意到集体的利益。比如在进行狩猎时，就有这样的考虑他人的一些习惯——猎人在打到猎物之后，务必把地上的血迹与污物清理干净，否则将被别人视为不道德的行为。原因在于，不把血迹和污物清理干净，别的野兽在嗅到后会远远避开，这样其他人就会很难猎获野兽。又比如在分配猎物时，对于同一"乌力楞"中的老者、寡妇、孤儿，都要分给他们一些兽肉或皮毛，这是每个"乌力楞"成员应尽的责任和义务。甚至打中野兽的人必须把猎物中最好的部分分给别人，自己不仅只拿很少的一部分，而且还是很差的那部分。这种习惯也是每个鄂温克人所必须遵守的。以诸如此类的习惯为基础，鄂温克族人相应地形成了他们的道德规范，认为帮助别人、关心别人、把好处与方便让给别人，是高尚的道德品质。若是反其道而行之，则被视为是可耻的。甚至在进行交换时，他们也没有多少私人意识。这在鄂温克族人对商人的概念中有所反映。他们称商人为"安达"，其原意是"义兄弟们""朋友们"；原因在于，在原始社会的状态下，交换和互相赠送之间并无区别，所以把交换的对方看作是朋友。[2]

从打猎、分配猎物的习惯等可以看出，鄂温克人的生活习惯与行事方式，也包括他们的道德规范，都带有明显的共同体的性质。在社会中，利己主义是相当普遍的，"仿佛每个人都在为所有人的利益服务，每个人都把彼此看作与自己等同的人，但实际上每个人想的都是自己，而且每个人同所有其他的人对立，他只关心自己的重要性和自己将获得的利益。当某人向另一个人提供令后者适意的东西时，他至少会期待乃至于要求收到一个等值的东西；因此，他会权衡自己给予的服务、恭维以及礼物等，看看它们是否能满足了自己希望的效果"[3]。共同体中的生活却与此不同，"在共同体中，对物的共同关系是次要的问题，与其说物是用来被交换的，不如说它用来被人共同地占有、共同地享受"[4]。

1　莫兰：《伦理》，于硕译，学林出版社2017年版，第217页。
2　参见秋浦等：《鄂温克人的原始社会形态》，中华书局1980年版，第68—69页。
3　滕尼斯：《共同体与社会》，第151页。
4　滕尼斯：《共同体与社会》，第152页。

鄂温克族人的这些行为方式更是一种爱的体现——对共同体成员的爱，也包括对共同体本身的爱。在《额尔古纳河右岸》中，这种共同体的爱与责任，最为集中地体现在尼都萨满和妮浩萨满身上。在乌丙安看来，萨满"把所有类似宗教职能的特点都融于己身，既是天神的代言人，又是精灵的替身；既代表人们许下心愿，又为人们排忧解难。他们中的大多数就是人们中的一员，并不完全脱离生产。他们在萨满世界中是人又是神，是他们在放任癫狂的情绪下，用萨满巫术支配着这个世界的方方面面"[1]。这种"是人又是神"的特质，在《额尔古纳河右岸》中的尼都萨满和妮浩萨满身上都有鲜明的体现。作为人，他们渴求爱情，渴望生儿育女，而作为能沟通人、神与灵的萨满，他们对共同体、在部落中也担负着重要的责任。比如在共同体的成员生病时，他们必须尽力救人。尼都萨满和妮浩萨满都是这么做的。妮浩萨满尤其如此。虽然知道每次救活一个人她都可能会失去一个孩子，但是她依然选择救人。这既是在承担自己作为萨满对族群的神圣责任，更是因为妮浩心中有一种浩大的爱。

其他成员对于共同体也是如此。在《额尔古纳河右岸》中，虽然也有像马粪包这样自私的、自我的个体，但是毕竟是少数，而且马粪包后来也被感化了，大多数人在大多时候都很有公心。譬如妮浩的丈夫鲁尼在面临个人之爱与共同体之爱的冲突时，内心是非常痛苦的，"鲁尼满怀怜爱地把妮浩抱在怀中，用手轻轻抚摩她的头发，是那么的温存和忧伤。我明白，他既希望我们的氏族有一个新萨满，又不愿看到自己所爱的人被神灵左右时所遭受的那种肉体上的痛苦"[2]。而鲁尼和妮浩一样，常常会为了共同体之爱而牺牲个人之爱。

鄂温克人信仰萨满教，信仰万物有灵。这些信仰，也为共同体秩序的形成起到了重要的作用。神在这个共同体世界中具有很高的地位。萨满教主张多神论而非一神论，众多的神与灵都参与设定世界秩序，也为正义、伦理立法，由此而形成神圣秩序。在这个万物有灵的世界中，人只是自然共同体中的一员，诸神，还有众多的灵，与人一同存在于自然秩序当中。神之外的万物之间则相对平等，通常是互爱的关系。万物有灵的信仰，也包括带有神性的萨满，都使得迟子建笔下的共同体世界具有神性色彩。由此，小说中所描绘的鄂温克族人所组成的部落，是一个爱与神的共同体，额尔古纳河右岸则是天地神人共属一体的世界。

这个爱与神的共同体的形成，有其现实根源，也经由迟子建的诗性语言与诗

1　　乌丙安：《萨满信仰研究》，长春出版社 2014 年版，第 6 页。

2　　迟子建：《额尔古纳河右岸》，第 139 页。

性智慧而得到强化、深化与美化。比如说，在迟子建的笔下，萨满都是充满爱的，是善良的，《额尔古纳河右岸》中的萨满是如此，《布基兰小站的腊八夜》中的萨满也同样如此。在历史世界和现实世界中，情况却并非完全如此。就世界范围来看，有的人会认为萨满巫师是令人心惊胆战的，萨满如果要伤害或者杀死某个人，可以通过制作邪恶的雪人的方式来捕获对方的灵魂。萨满可能会作恶，可以是邪恶的。[1] 东北萨满也分为白萨满、黑萨满，俗称"白勃额"与"黑勃额"，"白勃额是代表善神灵为人们祝福求吉的助力，黑勃额是代表恶神灵、依靠恶灵给人们带来灾害的异己者"[2]。就小说而言，同样是写东北萨满信仰，刘庆的长篇小说《唇典》中的萨满就与迟子建笔下的萨满就非常不一样，《唇典》的主人公满斗是一个命定的萨满，却逃避成为萨满，用一生来拒绝成为萨满的命运。

妮浩和尼都这两个萨满的形象，寄寓着迟子建的爱愿——"我写萨满时内心洋溢着一股激情，我觉得，萨满就是理想主义和浪漫主义的化身，这也契合我骨子里的东西。所以我写那两个萨满的时候，能够把自己融进去。萨满通过歌舞与灵魂沟通，那种喜悦和悲苦是生活在大自然中的我所能够体会到的。"[3] 尽管如此，迟子建也并没有回避或无视这个共同体所存在的问题，也承认那是一个并非尽善尽美的世界。外在自然环境的变化，包括现代性的入侵，使得他们的生存变得非常困难。疾病、瘟疫等各种天灾人祸，一直对他们的生存构成挑战：林克是被雷电击中而死亡；达西曾为保护驯鹿而赤手空拳地和饿狼搏斗，腿却因被狼咬断了一条而成为瘸子，后来在和狼的另一场搏斗中死去……迟子建还注意到共同体的风俗与习惯并非尽善尽美。《额尔古纳河右岸》中写到，尼都萨满和林克曾经同时爱上了达马拉，达马拉对他们也都喜欢，后来嫁给了林克。林克去世后，达马拉和尼都萨满虽然彼此相爱，却不能在一起，只能在孤独中老去。因为按照氏族的规矩，若是哥哥死后，弟弟可以娶嫂子做妻子；若是弟弟死了，哥哥却不能娶弟媳为妻。小说中多次借"我"之口对这"陈旧的规矩"提出疑问和反思。在"我"即将出嫁的时候，达马拉取了一团火给我，"那个瞬间我抱着她哭了。我突然觉得她是那么的可怜，那么的孤单！我们抵制她和尼都萨满的情感，也许是罪过的。因为虽然我们维护的是氏族的规矩，可我们实际做的，不正是熄灭她

1　参见彼得·戴维森：《北方的观念：地形、历史和文学想象》，陈薇薇译，生活·读书·新知三联书店 2019 年版，第 9、16 页。

2　乌丙安：《萨满信仰研究》，第 209 页。

3　迟子建、胡殷红：《人类文明进程的尴尬、悲哀与无奈——与迟子建谈长篇新作〈额尔古纳河右岸〉》，《艺术广角》2006 年第 2 期。

心中火焰的勾当吗?！我们让她的心彻底凉了，所以即使她还守着火，过的却是冰冷的日子"[1]。这样的书写，显然是带着情感倾向的。

在《额尔古纳河右岸》中，也包括在她的其他作品中，迟子建时常肯定爱的意义，同时又有一种爱的隐忧。比如极端的爱带来的不是幸福而是痛苦，甚至会酿造爱的悲剧。拉吉米对马伊堪的爱就是如此。马伊堪是拉吉米的养女，如精灵一般漂亮，拉吉米对她非常宠爱，甚至因为过于爱马伊堪而无法接受她嫁人，一再阻止她恋爱。最后马伊堪不堪重负，生下私生子后跳崖自杀，留下私生子陪伴拉吉米。拉吉米并非心里没有爱，只是他并不懂得爱的要义，不懂得爱并非占有，不懂得占有欲过强的爱其实是一种自私的爱，甚至是一种异化了的爱。这种爱具有一种危险的力量。爱可能是医治心灵，是让人类摆脱可怜而可悲的处境的良药，也可能是心灵和精神的毒药，会害人也害己。当人能恰切地运用爱，其人性的光辉就可能显现，甚至是趋于神性；当人错误地运用爱，其恶魔性的一面就可能会显形，占据人的心灵，扭曲人的灵魂。

迟子建还注意到，爱的力量并不是无限的，爱有它自身的困境。爱而不得就是其一。伊芙琳虽然知道她的儿子金得并不喜欢杰芙琳娜，却执意要让他娶杰芙琳娜为妻，理由在于，伊芙琳看了太多爱的悲剧：伊万喜欢娜杰什卡，娜杰什卡却还是带着孩子离开了他；金得原本喜欢妮浩，妮浩却嫁给了鲁尼。正是这种越是爱却越是得不到的困境，使得伊芙琳做了错误的选择。

《额尔古纳河右岸》中的共同体世界，并不是一个尽善尽美的世界，却又是最为接近迟子建的理想世界的世界；《额尔古纳河右岸》的写作，可以说是迟子建个人的人文理想和写作实践的最为极致的一次表达。在这部作品获得茅盾文学奖后，迟子建曾在一次采访中谈道："写作《额尔古纳河右岸》的时候，那种状态是一种难以言传的美好，进入了一种特别松弛又特别迷人的境界，所以我是不忍心把它写完。写完以后有一种特别地失落的感觉，觉得我跟这样一群人告别了。而这样一群人，我塑造的这样一群人，可能是我最想相处的人，我是不忍告别的。那样的一种环境，也是我不想背离的环境。"[2] 作为一个有个人的文学理想与生活理想，希望"为文学"和"为人生"能够通而为一的作家，构建一个有爱的、充满神性的共同体，是她的生活愿望，也是文学愿望。迟子建也证明了她有此能力，她的作品就是最好的证明。可是，迟子建并没有将此愿望过于理想化，

1　迟子建：《额尔古纳河右岸》，第100页。
2　此为迟子建在接受中央电视台《人物》栏目的访谈时的发言，2011年播出。

并没有因此造成对文学世界与生活世界的简化。在《额尔古纳河右岸》中，迟子建以诗性语言和诗性智慧建构了一个爱与神的共同体，在这个共同体世界中，人和自然处于一种亲密的状态。而这个爱与神的共同体，又处在日渐衰落甚至是解体的过程中。整部小说的写作，既是一个"想象的共同体"得以构建的过程，又是迟子建为之而唱的一曲悠长的挽歌。对于小说中的鄂温克族人来说，下山是根本的转变，意味着生活性质和组织方式的根本变化，也就是从共同体转向社会。在这个过程中，不只是组织形式和生成方式的转变，也是宗教精神逐渐消亡的过程，是个体精神中神性、灵性逐渐丧失的过程，也是复合的文化走向衰亡的过程。

四　地方与世界，历史与当下

《额尔古纳河右岸》所写的虽然是大兴安岭地区鄂温克族一个部落的历史，具有鲜明的地方色彩，但是迟子建在创作这部作品时，眼光并不局限于地方，而是具有一种世界历史视野的意识，蕴涵着世界视野内人类文明进程的思索。

二〇〇五年，在《额尔古纳河右岸》完稿后，迟子建曾写了一篇题为《从山峦到海洋》的文章，讲述了《额尔古纳河右岸》的创作缘起和写作过程。她在里面写到，一部作品的诞生，就像一棵树的诞生一样，需要机缘和条件；《额尔古纳河右岸》的特别之处在于，它是先有了泥土，然后才有种子。迟子建所说的"泥土"，指的是她出生、长大的那片土地的历史与当下所给她的记忆和经验；"种子"则与朋友寄来的关于鄂温克族画家柳芭的经历的报道、鄂温克族人下乡定居事件，还有迟子建到澳大利亚与爱尔兰等地访问的见闻等有关。在前往澳洲土著人聚集的达尔文市短住时，迟子建遇见了很多"四肢枯细、肚子微腆、肤色黝黑的土著人"，"他们聚集在一起，坐在草地上饮酒歌唱。那低沉的歌声就像盘旋着的海鸥一样，在喧嚣的海涛声中若隐若现。当地人说，澳洲政府对土著人实行了多项优惠政策，他们有特殊的生活补贴，但他们进城以后，把那些钱都挥霍到酒馆和赌场中了，他们仍然时常回到山林的部落中，过着割舍不下的老日子。我在达尔文的街头，看见的土著人不是坐在骄阳下的公交车站的长椅前打盹儿，就是席地而坐在商业区的街道上，在画布上描画他们部落的图腾以换取微薄的收入。更有甚者，他们有的倚靠在店铺的门窗前，向往来的游人伸出乞讨的手"。[1]

1　迟子建：《额尔古纳河右岸》，第295、297页。

这些澳洲土著人的遭遇，和鄂温克人下山后的经历有很多相通之处。尤其是他们的精神世界都有一种自然性，他们都曾生活在共同体当中，却又都经受了从共同体到社会的转折。自然是他们的共同体的存在根基，离开所生活的自然，意味着精神根基的丧失；对于很多人来说，尤其是对于那些已经在共同体中完成其深层心理建构的个体来说，要接受新的情感结构、意义结构和生活方式是非常困难的。即使他们在物质生活上得到更好的安置，有房子可住，有家可归，内心却仍旧可能处于无地彷徨的状态。

　　除了经受文明转折的人们，那些由现代文明培育起来的，从小就谙熟现代社会生活规则的人，也未尝不会陷入这种无地彷徨、紧张焦虑的状态。一方面，"现代的人都是断根的人。'断根'（Entwurzelung）借用自德国思想家马克斯·韦伯的术语，形容人在文化意义上被连根拔起，永久地失去了和曾经养育自己的那片土地的联系。社会学家用'双重脱嵌'（double disembedding）来描述现代人的这种处境——一方面永久地离开了自己过去的故乡，另一方面却无法融入现在生活的地方。以往人们觉得这是对进城务工人员生活的典型描述，但现在我发现，几乎每个人都在经历这种'双重脱嵌'。更进一步说，现代人都是游牧民族——就像游牧民族逐水草而居一样，现代人跟着工作和生存机会不断迁徙，居无定所，永失故土。"[1] 另一方面，在现代社会中，人类个体虽然获得了比以前要远为广阔的选择自由，但同时也得承担更大的责任。个人可以为自己而活，也时常得承受由此而来的种种孤单，"社会的理论构想出一个由人组成的圈子，就像共同体一样，人们以和平的方式一起生活和居住，但是在此，他们实质上并非结合在一起，而是彼此分离。在共同体里，尽管存在着种种分离的因素，但人们保持着结合，社会则与之相反，虽然其中存在着种种结合的因素，人们却保持着分离。因而在社会里，不会产生源于一个先天的、必然存在的统一体的行动。因此，只要行动通过个体产生，那么个体也就不会在自身之中表达统一体的意志和精神，同样，在这里也不会出现那种为了联合体的利益恰如为了自己的利益般的行动。在这个地方，每个人都只是为了自己，并且每个人都处于同所有人对立的紧张状态"[2]。同样在《从山峦到海洋》一文中，迟子建还提到她访问爱尔兰时的一个见闻，写到这种紧张焦虑的状态："我住在都柏林一条繁华的酒吧街上，每至深夜，酒吧营业到高潮的时候，砌着青石方砖的街道上，就有众多的人从酒吧中

1　郁喆隽：《未来焦虑与历史意识》，《书城》2020年第2期。
2　滕尼斯：《共同体与社会》，第129页。

络绎而出，他们无所顾忌地叫喊、歌唱、拥吻，直至凌晨。我几乎每个夜晚都会被扰醒……他们大约都是被现代文明的滚滚车轮碾碎了心灵、为此而困惑和痛苦着的人！只有丧失了丰饶内心生活的人，才会呈现出这样一种生活状态。"[1]

由此可见，现代文明本身所造成的疏离感，世界范围内普遍存在的"无地彷徨""在而不属于"的状态，"这股弥漫全球的文明的冷漠"和"人世间最深重的凄风苦雨"（迟子建语）[2]，正是《额尔古纳河右岸》得以成其所是的"种子"。这并不是一部只有地域关怀的作品，不只是提供一种地方知识，也是在思考，一个现代性与后现代性在全球逐渐扩张的时代，一些跟不上这种发展步伐的共同体、部族与个体何去何从的问题，里头更蕴含着对现代文明的深层反思。

不管是从中国范围来看还是从全球范围来看，共同体式的生活正在消逝，社会却在逐渐形成并日益走向繁荣，是文明进程的总路线。对此，迟子建有着清醒的认识。她承认这是历史行进的必然趋势，有其合理的一面，可是她也注意到这一历史进程所付出的代价。她认为自己的写作具有"向后看"的特征，也有志于为日渐消逝的种种留下见证式的书写。《额尔古纳河右岸》《布基兰小站的腊八夜》都关注那些已经有稳固的情感结构和心理基础，难以进行自我调整，进而实现从共同体到社会的转型的个体和族群。另外，人和自然的非亲和化和对象化，是由共同体式的生存到社会式的生存的一个后果，是一个全球性的进程。迟子建在构思这样一部作品时，已经蕴含着这样一种对总体的文化转折与文化危机的思考；而这样的思考和描绘，并没有随着《额尔古纳河右岸》的完成而结束，而是在《群山之巅》《候鸟的勇敢》等作品中得到了延续和扩展。

在《额尔古纳河右岸》中，迟子建曾这样运用过候鸟的意象："两年以后，那些定居在激流乡的各个部落的人，果然因为驯鹿的原因，又像回归的候鸟一样，一批接着一批地回到山上。看来旧生活还是春天。"[3] 多年后，她又写了一部题为《候鸟的勇敢》的中篇小说。在里面，迟子建写到了另一种意义上的"候鸟人"。他们根据时令的变化如候鸟一般迁移，却失去了对自然的爱与敬畏，由此而遭到自然的报复。他们所信奉的，是机械论的自然法则和功利主义，竭尽全力地追求物质财富和享乐，追求特权。他们虽然名为"候鸟人"，却算不上是自然之子，而是自然的敌人。从写作技艺的层面来看，《候鸟的勇敢》的完成度和艺

1　迟子建：《额尔古纳河右岸》，第 298 页。

2　迟子建：《额尔古纳河右岸》，第 246 页。

3　迟子建：《额尔古纳河右岸》，第 240 页。

术水准和《额尔古纳河右岸》存在不少距离，但这两部作品在思想层面上仍可以互为参照，并且一脉相承。

《额尔古纳河右岸》描绘了一种正在走向消亡的、共同体式的生活方式，描述了鄂温克族人逐渐去自然化的过程，也藉由这种书写照亮了现代社会的缺失，为理解当下的生活提供了反思的视角，为现代人重构其伦理品性和生活方式提供了精神参照。《额尔古纳河右岸》中的鄂温克族人一度生活在一个万物有灵的世界之中。万物之所以有灵，固然和自身的物性有关，更在于物与物、物与自然的相互契合，相互应和。《额尔古纳河右岸》中曾写到，考虑到山上的环境恶劣，医疗条件不好，政府曾开始动员族人下山到激流乡定居。他们担心驯鹿不能适应，汉族干部觉得驯鹿是动物，不会像人那么娇气，鲁尼却觉得，驯鹿在山中采食的东西有上百种，只让它们吃草和树枝就会没有灵性，甚至会死亡。哈谢也觉得："我们的驯鹿，它们夏天走路时踩着露珠，吃东西时身边有花朵和蝴蝶伴着，喝水时能看着水里的游鱼；冬天呢，它们扒开积雪吃苔藓的时候，还能看到埋藏在雪下的红豆，听到小鸟的叫声，猪怎么能跟它相比呢！"[1] 人其实也同样如此。小说中还写到在做健康普查时，"我"对以听诊器为象征的现代医学抱怀疑的态度，"我是不相信那个冰凉的、圆圆的铁家伙能听出我的病。在我看来，风能听出我的病，流水能听出我的病，月光也能听出我的病。病是埋藏在我胸口中的秘密之花。我这一辈子，从来没有进卫生院看过一次病。我郁闷了，就去风中站上一刻，它会吹散我心底的愁云；我心烦了，就到河畔去听听流水的声音，它们会立刻给我带来安宁的心境。我这一生能健康地活到九十岁，证明我没有选错医生，我的医生就是清风流水，日月星辰"[2]。这样的认知方式，有过于诗化、过于浪漫的成分，可是一旦如《候鸟的勇敢》中所描述的那样，对自然完全失去敬畏，视自然为可供肆意利用的对象，误以为人类是万物的主人，人类也会陷入一种可怕而可悲的境地。正如莫兰所强调的，人类"不能以化约或割裂的方式去对待人与自然的关系。人类是一种地球与生物圈的实体。既是自然的又是超自然的人类，产生于生机勃勃的、物质的大自然，又因为文化、思想及意识而与之隔离，人应该在大自然中返本归源，充实精神"[3]。

作为一个作家，迟子建有其鲜明的而独特的人文理念，致力于以诗性文字建

---

1 迟子建：《额尔古纳河右岸》，第 241 页。

2 迟子建：《额尔古纳河右岸》，第 241 页。

3 莫兰：《伦理》，第 238 页。

立属于她的爱与神的共同体。她的写作又不是架空式的，而是深深地扎根于她所生于斯、长于斯的东北大地，具有鲜明的在地性。

迟子建在写作中一直注视着东北大地的历史流变与现实流变，先后写作了《伪满洲国》《白雪乌鸦》等历史题材小说。东北在中国近现代史上是一个复杂的所在，"东北是传统'关外'应许之地，却也是中国现代性的黑暗之心，迟子建笔下的世界是地域文明的创造，也是创伤。19世纪末，成千上万的移民来此垦殖，同时引来日本和俄国势力竞相角逐。东北文化根底不深，却经历着无比剧烈的动荡。而在此之外的是大山大水，是草原，是冰雪，仿佛只有庞大的自然律动才能解决或包容一切"[1]。具体到迟子建的出生地和成长地漠河北极村，也包括她后来定居的哈尔滨也同样如此。漠河位于大兴安岭北部，与内蒙古额尔古纳市接壤，也与俄罗斯隔江相望。这里是汉、满、蒙、鄂温克、鄂伦春、赫哲、锡伯、朝鲜等民族的聚居地，又与俄国人在文化、经济有诸多往来，在政治上也有复杂的交叠。哈尔滨地处中国东北地区、东北亚中心地带，是中国东北北部政治、经济、文化中心，也深受俄国文化影响。

迟子建的写作，极其重视这种地域历史的复杂性。她的都市题材的中篇小说《晚安玫瑰》《起舞》《黄鸡白酒》，共同构成"哈尔滨三部曲"。其中《晚安玫瑰》所写的正是二十世纪初流亡到哈尔滨的犹太人的经历。他们的遭遇引起了迟子建的情感震荡，因此她在小说中塑造了吉莲娜这个人物。吉莲娜也可以与《北极村童话》中的苏联老奶奶等人构成一个人物谱系。在长达七十万字的长篇小说《伪满洲国》中，迟子建更是把伪满洲国从一九三二年成立到一九四五年灭亡这一段无法忘却的复杂历史作为书写对象，而且如王彬彬所言："这十三四年间，在被日本人牢牢控制着的伪满洲国里人民的生活状况，远比任何一种简单化的想象都要复杂得多，混沌得多。那是一种难以言说的生活状态。而迟子建以七十万字的言说，表现了伪满洲国人民生活的难以言说性。我以为，这是这部长篇小说最独特的价值所在。"[2]《白雪乌鸦》则以20世纪初东北遭遇鼠疫这一历史事件为切入点，演绎不同国族、不同阶层、不同身份的人在危机时刻的恐惧或不惧、无义或大义、无情或有情，还有他们所经历的各种无从化约、无从概括的复杂处境。对诸如此类的历史题材的处理，也足以证明迟子建的写作突破了女性写作通常的界限与局限。在地方与世界、历史与当下的多重视野的交织中，迟子建通过

1　王德威：《我们与鹤的距离——评迟子建〈候鸟的勇敢〉》，《当代文坛》2020年第1期。

2　王彬彬：《论迟子建长篇小说〈伪满洲国〉》，《当代文坛》2019年第3期。

她的文学书写构建了一个独特的北方世界。它有着曲折的、多重的、多皱褶的历史，也有着多样的、充满无限可能的现实；它携带着苍凉的气息，充满喧哗和骚动，却又充满爱，流露温情，富有灵性与神性；它述说存在的危机，也呵护大地万物的生机。

迟子建试图以她的人文理念来克服社会的现代性危机，通过构建一个基于人们经验的共同情感、带有伦理意向的文学世界来应对现代世界的种种问题。她有能力从地方出发，走向中国，抵达世界，再以此反观中国和地方，也有能力由特殊抵达普遍，实现两者的融合。在三十多年的创作中，她的写作技法日益精湛，写作风格逐渐清晰，叙事版图逐步扩大，叙事伦理更见睿智。她有得天独厚的写作根据地，也有能力创造一个属于自己的文学世界。她所生活的世界造就了她，她也以她的文字回报了她所生活的世界。她是命定的作家，上帝厚爱她。

（《扬子江文学评论》2020 年第 3 期）

吴舒洁 北京大学文学博士，厦门大学台湾研究院文学所助理教授。曾应邀前往台湾大学、日本爱知大学客座访问。主要研究领域为中国左翼文学、台湾文学等。著有《知识分子与"大众化"革命（1937—1949）：以丁玲、赵树理的写作实践为中心》。在《文学评论》《读书》《文艺理论研究》《中国现代文学研究丛刊》等核心期刊与境外学术刊物发表论文二十余篇。曾获首届"陈映真思想与创作论文奖"二等奖。

世界的中国："东方弱小民族"与左翼视野的重构[1]
——以胡风译《山灵》为中心

1936 年，胡风编译的《山灵》[2] 由上海文化生活出版社出版。这部短篇小说集收录了朝鲜和中国台湾的 7 篇小说，除了附录的《薄命》，其余 6 篇皆是胡风从日文转译。这些日本的"外地文学"，经胡风的译介以"东方弱小民族文学"之名集中亮相。已有学者细密考察出《山灵》各篇从日本到中国的脉络转化[3]，然而并未进一步探究《山灵》的译介与 20 世纪 30 年代中国左翼文化政治的关联。胡风在《山灵》的序言中写到，翻译这些小说是为了"介绍他们底生活实相"，"当作作品看的优点或缺点底指摘，在这里反而是不关紧要了"[4]，可见其并不侧重于审美价值，而是意在引介异民族的生活经验。那么，为什么是"东方弱小民族"？

对于中国来说，左翼运动的国际主义联结突出地表现为东亚地区的革命"连带"。近年来，30 年代东亚左翼文化的交往沟通渐为学界所重视。本文引入东方弱小民族的视野，则是尝试在一种中心-边缘的不均衡结构中观察东亚革命共同

1　本文系国家社科基金项目"马克思主义社会形态理论与中国历史发展进程研究"（18BZS008）阶段性研究成果。

2　该短篇集中收有朝鲜作家张赫宙的同题小说《山灵》，为避免混淆，文中以"《山灵》（小说）"指代此同题小说，以"《山灵》"指代整本短篇集。

3　参见柳书琴：《〈送报伕〉在中国：〈山灵〉与杨逵小说的接受》，《台湾文学学报》2016 年 12 月第 29 期；白春燕：《东亚文学场域的文本流动：胡风译〈山灵〉》，《中国现代文学》2017 年 12 月第 32 期；许俊雅：《关于胡风译作〈山灵〉的几个问题》，陈思和、王德威编：《史料与阐释·贰零壹壹卷合刊本》，复旦大学出版社 2013 年版。

4　胡风：《〈山灵〉·序》，文化生活出版社 1936 年版。

体的生成机制，不仅关注其间的共感、连锁，也强调主体转换过程中所产生的冲突和区隔。日本帝国主义的扩张打破了既有的东亚民族国家疆界，使得抵抗的主体无法局限于"国家"的内部去构想。东方弱小民族其实构成了中国知识分子的一种认识中介，它在列宁主义的帝国－殖民地思考中重新发展出左翼的民族论述与想象，从而组织起了一个在世界与中国、民族内部与外部之间多重换喻、延展的意义空间。

日本马克思主义者尾崎秀实在"七七事变"后指出，中国正在生成的民族抗战主体，将是日本"东亚协同体"理论最大的挑战。[1] 尾崎从中国"民族的动向"中看到了东亚各民族——包括日本的解放与变革的可能性，这一观察显然不仅仅是在民族主义的层面展开的，而是以民族为基轴去思考东亚内部的对抗原理以及共同解放的路径。《山灵》的译介过程同样体现了这种"民族的动向"，它以文学翻译的形式表达着 30 年代对于革命主体的新的探索。这一文本自然不足以充分回答如此复杂的历史课题，然而它或可为我们提供一个线索，在其所关联的知识网络与政治条件中，重探 30 年代左翼运动的思想遗产。

一　作为"世界知识"的弱小民族问题

《山灵》所收各篇小说，都是胡风 1935 年至 1936 年间从日文转译的[2]，相继发表于《世界知识》《译文》《国闻周报》《时事类编》《集成》等刊物上。这些刊物除了《译文》是文学刊物，其他都是综合时事类刊物，并且涵盖了国共两个系统。30 年代中期，弱小民族议题成为横跨各知识领域与文化阵营的热点议题。大量介绍弱小民族历史与现状的社科类著译出版[3]，而弱小民族文学的译介也蔚

1　尾崎秀实：「"東亜協同体"の理念とその成立の客観基礎」，『尾崎秀実著作集』（第 2 卷），勁草書房 1977 年版，第 309–318 页。

2　各篇的日文出处如下：《山灵》（小说）译自改造社出版的短篇集《叫做权的男子》；《上坟去的男子》译自《改造》1935 年 8 月号；《初阵》译自《文学评论》1935 年 4 月临时增刊新人推荐号；《声》译自《文学评论》1935 年 11 月号；《送报伕》译自《文学评论》1934 年 10 月号；《牛车》译自《文学评论》1935 年 1 月号。

3　如郑昶编《世界弱小民族问题》（中华书局 1936 年版），张肇融《弱小民族与国际》（正中书局 1936 年版），吴清友、张弼合著《亚洲弱小民族剪影》（生活书店 1937 年版）等。

然成风[1]。胡风自述《山灵》的翻译缘起，也是因为《世界知识》正在分期译介弱小民族的小说[2]。可以看到，弱小民族文学在 30 年代的登场，不完全是文学翻译的选择，更是作为一种崭新的知识实践参与到"世界知识"的重构中。

1931 年九一八事变的爆发使中国卷入了世界性战争的准备中。一方面，持久的世界性经济危机使"一战"后形成的国际关系体系正在崩解，另一方面，随着帝国主义侵略的加深，殖民地半殖民地国家纷纷爆发反抗斗争，形成了世界性的民族解放运动浪潮。帝国主义与殖民地半殖民地的尖锐矛盾正在重新定义着民族、国家、世界等一系列近代政治观念。在殖民瓜分的格局中，"中国"的同一性想象已无法再维持旧有的内部视角。借用胡愈之为《世界知识》撰写的《创刊辞》中所提出的问题："中国是'世界的中国'了。世界却又是一个什么世界呢？"[3] 这一发问，既是对近代中国所形成的世界想象和民族话语的重新检视，更是在全新的国内外战争局势中对中国的"位置"的重新确认。

弱小民族话语提供了这样一种视野重构的可能。弱小民族作为 20 世纪国际秩序的产物，同时也包含了突破这一秩序的因子。这一概念在晚清民初兴起之时，并没有受限于民族-国家的政治框架，它常常游移于弱种、小国、少数民族、被压迫民族、殖民地等指涉之间，也因此形成了充满差异的话语脉络与政治立场。20 世纪上半叶中国的弱小民族话语大致可以归纳为三条脉络。其一是亚洲主义与无政府主义运动[4]。其二则是以民族自决权为诉求的威尔逊主义。威尔逊对"平等秩序"的构想是以欧洲的民族和领土关系为蓝图的，在他看来落后的亚洲无法施行民族自决，也不能激发出民族主义精神。[5] 列宁主义则提供了一条完全不同的道路。列宁认为东方问题充分暴露出了帝国主义体系的不均衡性[6]，而"亚洲

1　有关弱小民族文学的译介情况，参见宋炳辉：《弱小民族文学的译介与 20 世纪中国文学的民族意识》，博士学位论文，复旦大学中文系，2004 年。

2　《世界知识》自第 1 卷开始分 12 期（1934.9—1935.3）连载了徐懋庸翻译的苏联作家拉弗莱涅夫的长篇小说《伊特勒共和国》，该小说讽刺批判了西方帝国主义对弱小民族的压迫。《世界知识》从第 2 卷（1935.3）开始，每期译介一篇弱小民族的短篇小说，主要来自爱尔兰、捷克、保加利亚、罗马尼亚等欧洲国家和地区。

3　胡愈之：《创刊辞》，《世界知识》1934 年 1 卷 1 号。

4　参见梁展：《世界主义、种族革命与〈共产党宣言〉中译文的诞生——以〈天义〉〈衡报〉的社会主义宣传为中心》，《外国文学评论》2016 年第 4 期；桑兵：《世界主义与民族主义：孙中山对新文化派的回应》，《近代史研究》2003 年第 2 期。

5　参见埃雷斯·马内拉：《1919：中国、印度、埃及、韩国、威尔逊主义及民族自决的起点》，吴润璿译，八旗文化出版社 2018 年版。

6　列宁：《论民族自决权》，《列宁选集》第 2 卷，人民出版社 1995 年版，第 517-520 页。

的觉醒"将颠覆帝国主义的霸权秩序[1]。

因此，关键并不在于界定弱小民族在政治实体上的确切所指，而在于如何发现弱小民族之"弱"对于现代世界秩序的意义。在 30 年代的弱小民族讨论中，国共各方阵营在相当程度上共享着帝国主义、世界资本主义、殖民地、被压迫民族乃至被压迫阶级等语词，弱小民族也已相对固定地指称殖民地半殖民地，然而根本分歧正在于是否把弱小民族视作一个撬动帝国主义体系的支点。国民党官方继续把希望寄托于"民族国际"，意图在共产国际与国际联盟之外建立起所谓保障弱小民族主权的普世性联盟。而左翼阵营则在列宁主义的脉络下展开了全面的"世界知识"讨论，这种"知识"不仅仅是概念术语的集合，更是通过对世界史的时空关系的重组，形塑新的政治共同体意识。

胡风所提及的《世界知识》即在这场知识实践中扮演了重要角色。这份国际时事类杂志集结了胡愈之、张仲实、金仲华、陈翰笙等一批"左联""社联"的知识分子[2]，其宗旨乃是"引导读者以马克思主义的观点从国际形势的角度来看待中国的局势"[3]。胡愈之撰写的《创刊辞》清晰地体现了历史唯物主义的世界史观。该文指出，虽然 30 年代中期的世界局势常被比拟于一战爆发的前夜，但历史循环的表象之下其实是"资本帝国主义"逐渐显露其本质的线性发展。"世界"从来就不是稳固的共同体，它的发展动力同时也是导致其崩溃的动力。[4] 爆发点就是因远东战争而激起的"殖民地弱小民族"的反抗。[5]

因此，"世界的中国"以及东方弱小民族问题就不仅是一种空间坐标的锚定，更是对世界近代史发展阶段的认知。这种在历史时间中把握空间矛盾的讨论方式，很大程度上得益于 30 年代初中国马克思主义史学所奠基的知识体系。经过中国社会史和社会性质论战，中共史学家们确认了中国"半殖民地半封建"的社会性质，从而将中国纳入了普遍性的世界历史分期中。唯物史观的引入也使历史叙

---

1 关于列宁主义与"东方问题"的思考，参见汪晖：《十月的预言与危机（中）——为纪念1917 年俄国革命 100 周年而作》，《文艺理论与批评》2017 年第 1 期。

2 《世界知识》虽然不是左翼文化组织系统下的刊物，但几位核心作者同时也是左翼文化团体"苏联之友"社的成员，与"文委""文总"来往密切。参见孔海珠：《"文总"与左翼文化运动》，上海人民出版社 2016 年版，第 28 页。

3 白桦：《金仲华传》，文汇出版社 2013 年版，第 47 页。

4 胡愈之：《创刊辞》。

5 胡愈之：《创刊辞》。

事与社会科学、政治运动交织构成了一种总体性的讨论视野[1]，弱小民族问题的展开，包括胡风对于弱小民族文学的阐释，都是基于这样的总体性认识。作为世界历史的转捩点，东方弱小民族成为"世界知识"的重点认识对象。《世界知识》于 1936 年 5 卷 1 号开设了"亚洲弱小民族剪影"栏目，每期介绍一个亚洲弱小民族。[2] 帝国势力的交替羁绊与弱小民族的抵抗运动构成了两幅重叠的亚洲近代性图景，在"历史的社会解释"[3] 所建立的亚洲认同中，亚洲弱小民族被重新理解为特定的政治经济共同体，而不再是文明论中被给定的弱者。

马克思主义经济学家吴清友，也是《世界知识》的主要撰稿者之一，如此热情洋溢地宣布着东方弱小民族的世界史意义：

> 这里有奴隶和农奴，也有资本和地主……这里是一切帝国主义者的生命线，这里是垂死的资本主义之续命汤，这里是国际帝国主义矛盾的纽结，这里也是被压迫民族与压迫民族最后决斗的战场。[4]

东方弱小民族在社会形态上的层叠性与扭曲性，使"东方"在世界史进程中表现为一种异质时态。而在革命的时间轴上，"东方"又喻示着即将来临的未来。"世界资本主义体系的总危机目前明显地反映在殖民地和半殖民地的起义和革命上"[5]，其中中国革命作为"世界社会主义革命"的一环，"在整个帝国主义体系中打开了一个大缺口"[6]。"亚洲的觉醒"成为可期的时间尺度，也进一步强化了

---

1 阿里夫·德里克：《革命与历史：中国马克思主义历史学的起源，1919—1937》，翁贺凯译，江苏人民出版社 2005 年版，第 12—13 页。

2 该栏目介绍了中国台湾、朝鲜、菲律宾、马来西亚、暹罗（泰国）、越南、缅甸、印度、阿富汗、伊朗、伊拉克、巴勒斯坦、叙利亚等地，最后结集为《亚洲弱小民族剪影》一书，1937 年由生活书店出版。

3 德里克在讨论 30 年代的史学变革时指出："'解释历史'这一称呼含蓄地意味着从社会结构对历史进行解释，因而，'历史的社会解释'传达了新史学观的基本要旨。在 30 年代，这一观念超出了马克思主义史学家的圈子，而直指中国史学思想的重新定位。"《革命与历史：中国马克思主义历史学的起源，1919—1937》，第 215 页。

4 吴清友：《帝国主义与东方弱小民族——为五卅惨案十周年而作》，《新中华杂志》1936 年第 3 卷第 10 期。

5 《国际形势和共产国际的任务》，戴隆斌主编：《国际共产主义运动历史文献·共产国际第六次代表大会文献（4）》，中央编译出版社 2013 年版，第 338 页。

6 《共产国际纲领》，《国际共产主义运动历史文献·共产国际第六次代表大会文献（4）》，第 280 页。

东方弱小民族相互依存、相互界定的一体性。

二 从"劳动者文学"到"弱小民族文学"

1935 年下半年，共产国际"七大"提出了建立世界反法西斯统一战线的要求，包括殖民地、半殖民地的反帝人民阵线。根据这一指示，中共发布了"八一宣言"，呼吁建立抗日民族统一战线，"十大纲领"中有一条就是联合一切反帝国主义的民众，包括日本国内劳苦民众、朝鲜和中国台湾民众作为友军。[1] 加藤哲郎认为共产国际的反帝人民阵线决议，意味着无产阶级革命的世界性想象开始向以民族革命为中心的斗争目标上偏移。[2] 胡风在回忆录里谈到，翻译《山灵》是"做了一件好像是完成政治任务的工作"[3]，其实也是在这种革命形势的转换中寻求新的论述方向。如前所述，当时除了日本的区域性帝国主义，世界范围内传统主权国家的强弱对抗也正在重新整合成各个政治经济集团之间的竞争与合作[4]，区域霸权的兴起，相应地也迫使弱小民族的解放问题必须跳出单一的民族国家政治框架，以新的"民族意识"置换受条约体系所有限的"民族主义"。

面对日本的"泛亚细亚主义"帝国话语[5]，民族的情感经验同样需要在一种更大的空间政治内汇聚、流动。胡风独特的留日经历为其关注东方弱小民族问题提供了重要的思想背景，而其与"左联"的疏离关系，也产生出了不同于组织化实践的政治能动性。胡风于 1934 年 10 月辞去"左联"工作成为职业作家，从《山灵》的选目与译介时间可知，他几乎是同步且精准地捕捉到了日本普罗文学

1 《中国苏维埃政府、中国共产党中央为抗日救国告全体同胞书》（八一宣言），中央档案馆编：《中共中央文件选集》第 10 册，中共中央党校出版社 1991 年版，第 742 页。

2 加藤哲郎：「コミンテルンの世界像」，转引自田中仁：《20 世纪 30 年代的中国政治史：中国共产党的危机与再生》，赵永东等译，天津社会科学院出版社 2007 年版，第 79 页。

3 胡风：《回忆录》，《胡风全集》第 7 卷，湖北人民出版社 1999 年版，第 318 页。

4 此时德国也在试图建立一种区别于国际法主权国家的区域霸权，以对抗英美代表的"普世的、无空间"的国际法秩序。参见章永乐：《威尔逊主义的退潮与门罗主义的再解释——区域霸权与全球霸权的空间观念之争》，《探索与争鸣》2019 年第 3 期。

5 三谷太一郎将日本在亚洲的殖民体制描述为一种"地区主义"的"新国际秩序意识形态"，这种地区主义一方面赋予"东亚"以对抗欧美"帝国主义"的意义，另一方面又否定了包括中国在内的日本殖民统治地区的"民族主义"抵抗。其政治实验的产物即是"伪满洲国"这一无法用国际法解释的怪胎。参见三谷太一郎：《日本的"近代"是什么——问题史的考察》，曹永洁译，社会科学文献出版社 2019 年版，第 203-206 页。

的热点。[1] 当时"左联"的组织工作几近瘫痪，在国际主义的连带上也无积极作为[2]，然而胡风和鲁迅始终保持着与日共和共产国际的间接联系[3]。与共产国际所判断的"全世界都到了革命高潮"不同，胡风从日本经验看到的却是革命接连的失败，"连存在都很困难"[4]。共产国际-日本-中国之间的语境转换，暴露出了革命的世界想象所遭遇的不均质现实，而对于胡风来说，日本左翼斗争的"实相"与中国革命文学运动"空而无实的假象"[5] 更是构成了鲜明的反差。

事实上，《山灵》中的各篇作品首先就是作为革命失败的产物登上日本文坛的。1933 年日共发表"转向"声明后，日本左翼运动迅速溃败。在接下来被称作"文艺复兴"的时期里，殖民地文学开始受到日本文坛的青睐。一方面，中国台湾、朝鲜等"殖民地人所写的殖民地文学"因其独特的异文化题材——"地方色彩"，迎合了人们从政治向"纯文学"回归的阅读期待。另一方面，所谓的殖民地文学在日本文坛也被视为普罗文学的支系[6]。"帝国-殖民地"关系视角的展开，以东亚间的"勤劳大众"想象取代了激进的阶级反抗话语。然而，这种同质性的"劳动者文学"的命名，也遮蔽了殖民地（非日本民族）真实的民族主义政治和阶级矛盾，最终为"东洋文学"的版图所吸纳。

身处半殖民地中国的胡风，没有挪用日本文坛的"劳动者文学"概念而是重新命名为"弱小民族文学"，从中可隐约感到他对于东亚革命共同体的寄望，不在于抽象的阶级联合，而是更看重民族精神的共振。日本系狱期间，胡风曾听到

1　胡风 1933 年回国后曾在中山文化教育馆的《时事类编》工作，其间翻译了日本的各种时政论文，也翻译了《普罗科学》《读书》《文化集团》《唯物论研究》等日本左翼杂志上的文章。这些文章都是在原杂志发表后很短时间内就翻译过来，可见胡风读书之快与惊人的精力和勤奋。参见千野拓政：《关于胡风生平考证二题》，马蹄疾译，《新文学史料》1991 年第 2 期。

2　鲁迅在 1935 年一封致胡风的信中提到，"左联"已经久未回复共产国际代表萧三的来信。胡风对此注释说明："我离开了左联职务后，左联不但不理鲁迅，向国际作家同盟也不写信报告工作了。"见胡风：《鲁迅书信注释——涉及我和与我有关的情况·第一信》，《胡风全集》第 7 卷，第 19-20 页。

3　日共溃散后，日共党员宫木菊夫到中国找到胡风，请他帮其转递一封信到共产国际。信件经鲁迅帮忙得以送达，宫木菊夫也受鲁迅资助在上海居住了半年。见胡风：《鲁迅书信注释——涉及我和与我有关的情况·第三信》，《胡风全集》第 7 卷，第 24-25 页。

4　胡风：《回忆录》，第 308 页。

5　胡风：《回忆录》，第 311 页。

6　中根隆行：《文艺复兴期的殖民地文学：宗主国文坛中的多元文化主义》，吴佩珍主编：《中心到边陲的重轨与分轨：日本帝国与台湾文学·文化研究》（下册），台大出版中心 2012 年版。

隔壁监房里传来台湾青年的哭声，这哭声使他不禁念出了"狂人弱冠自台湾，暗泣如羊夜正阑"的诗句，却再也接不下去了，"因为，我无论如何也体验不到忍受了几十年亡国奴生活的屈辱和痛苦，因而就无法把那种感情表现出来"[1]。直至身处同样的亡国危机中，读到了杨逵和吕赫若的小说，胡风才终于对殖民地台湾的悲惨生活有了实感性的共鸣，也因此决定提笔翻译给中国大陆的读者[2]。

革命的失败也生成了新的革命契机——在殖民求生、求解放的意志里，埋藏着胡风所看重的"革命斗争的血脉"[3]。《山灵》中分量最重的作家当属朝鲜作家张赫宙，这颇能代表胡风对弱小民族文学的理解。1932 年，张赫宙因小说《饿鬼道》入选《改造》杂志的有奖征文后，一跃而成为殖民地日语作家的典范，但他从来没有参与过普罗文学运动，最多只能被视为"同路人"作家，1937 年以后甚至逐渐转变为亲日作家。1935 年，胡风曾译介藤田和夫所写的《日本普罗文学最近的问题》，文中提及殖民地出现了两个新作家：朝鲜的草刈六郎和中国台湾的杨逵，并且指出，虽然此前已有朝鲜作家张赫宙作为代表，但"普罗列塔利亚倾向是稀薄的"[4]。可见胡风对于张赫宙的立场是有所了解的[5]，却仍收录了他两篇小说，而没有选译普罗色彩更鲜明的草刈六郎[6]。

在小说《山灵》初译介于《世界知识》时，胡风写了一段"后记"：

> 张赫宙是在日本文坛上最活跃的朝鲜作家，在改造社出有创作集。本篇就是从那里译出的。一个家庭底破灭的经过，一个少女底哀史，这里面映着朝鲜农民底悲剧的命运。作者是一个自由主义的作家，他写的是一首低音的哀歌，但这悲哀是从那里来的，他也明白地指出了。从这种悲惨的生活里面涌出的热流，在作者底其他的作品如《饿鬼道》和新人李北鸣等底作品里也可以看到的。[7]

1　胡风：《纪念赖和先生》，《胡风全集》第 7 卷，第 153 页。

2　胡风：《纪念赖和先生》，第 154 页。

3　胡风：《回忆录》，第 311 页。

4　藤田和夫：《日本普罗文学最近的问题》，方楫（胡风）译，《木屑文丛》1935 年第 1 辑。

5　但胡风后来在《回忆录》中又称自己并不知道张赫宙是不是革命作家，见胡风：《回忆录》，第 320 页。

6　草刈六郎当时还是默默无名的新人，其代表作有《发展》。他不像杨逵等人均已通过征文投稿为文坛所关注，但德永直称其为"殖民地底层阶级最诚实的代言者"。参见中根隆行：《文艺复兴期的殖民地文学：宗主国文坛中的多元文化主义》。

7　张赫宙：《山灵》，马荒（胡风）译，《世界知识》1935 年第 2 卷第 10 号，第 555 页。

这段话里明确提到了张赫宙是"一个自由主义的作家",但胡风没有拘泥于作家的政治立场,仍肯定其能够抓住"火田民"这一普遍现象,"明白地指出了"朝鲜农民在殖民地资本主义经济下必然破产的命运。这种肯定的态度其实与当时日本左翼文坛的评价颇有出入。不少日本左翼评论家批评张赫宙过于倚重"异国情调",相比之下,杨逵等新人朴素、直观的笔法才更真实地反映了殖民地"特殊的生活"。[1] 正如山口守所指出的,张赫宙与杨逵的差异性不断被讨论,意味着帝国-殖民地的文学制度仍然作用于日本普罗文学家们的观念中,他们通过推崇殖民地文学的朴素来"想象/创造"无产阶级的共通感,但也因此忽视了殖民地文学的民族性。[2] 然而在胡风那里,弱小民族文学所具有的生活实相,始终不是作为他者的景观存在,而是内在于中国的现实:

> 我还记得,这些翻译差不多都是偷空在深夜中进行的。四周静寂,市声远去了,只偶尔听到卖零吃的小贩底凄弱的叫声。渐渐地我走进了作品里的人物中间,被压在他们忍受着的那个庞大的魔掌下面,同他们一起痛苦,挣扎,有时候甚至觉得好像整个世界正在从我底周围陷落下去一样。[3]

这些"真正充溢着弱小民族底劫灰姿态"[4] 的作品,使胡风看到了一种民族现实的基底,那是剥落了喧嚣与修辞的普通民众的生存状态。胡风从张赫宙的"低音的哀歌"中所感受到的"热流",贯穿了朝鲜和中国彼此映照的民族实相,而新的革命主体必然是生成于这一东亚近代史的写真中的。

对于张赫宙的转向,尾崎秀树的反思或许可以提供一个参照。尾崎说:"作为日本人的我们,没有批判张赫宙的资格。这不仅仅是因为我们曾是支配国的一员,更是因为我们对作为将他们逼到这种地步的文学家的责任尚无自觉。"[5] 尾崎没有站在一个绝对正义的左翼立场去谴责张赫宙,而是从其堕落的选择中看到了

1　山口守:「想像/創造される植民地—楊逵と張赫宙」,吴密察等编:『記憶する台湾—帝国との相剋』,東京大学出版社 2005 年版。

2　山口守:「想像/創造される植民地—楊逵と張赫宙」。

3　胡风:《〈山灵〉·序》。

4　《〈山灵〉广告》,《胡风全集补遗》,湖北人民出版社 2014 年版,第 164 页。

5　尾崎秀树:《殖民地文学的伤痕——序言兼备忘录》,《旧殖民地文学的研究》,人间出版社 2004 年版,第 5 页。

"我们"与帝国-殖民体制的共犯结构。正是这种对于主体边界和限定性的自觉，才得以逼问出左翼文学所应承担的历史责任。胡风在1942年写下的长诗《海路历程》中，深刻地描述了这种东亚内部民族主体的复杂认同。作者拟想了一名因向往革命来到日本的"半殖民地的支那女子"，当她目睹"工人、学生、教师、小从业员……"等"天皇的草民""在劳动、穷苦、受骗里挣扎"时，"亲人似地/分享了他们的悲喜"。但主人公随即从这种共情中惊醒，意识到自己不过是一个"看客的陌生人"，因为她并没有和朝鲜人、中国台湾人一样，与日本的底层民众共同处于天皇制的支配下。这一外在的他者处境直到"满洲事变""上海事件"爆发后才得以改变[1]。胡风在这里批判——也是自我批判了革命者对于阶级痛苦的空泛感应与同情，只有置身于中国的民族境遇中，他才发现了东亚弱小民族彼此之间的历史关系，也由此理解了张赫宙与"我们"的相通。

三　东方弱小民族的近代与"我们"

胡风在总结《译文》杂志的翻译工作时特别指出，《译文》介绍的作家差不多全部是属于"广义上的近代（由市民社会发生期起到衰落）的，有许多还是现代的以及现存的。离得更近也就更能够和我们的悲喜相通"[2]。胡风所看重的这种市民社会的近代性，其实也就是现代资本主义的历史进程，这一特征在《山灵》中尤为突出。《山灵》所收各篇，既有《牛车》《山灵》（小说）等反映殖民地农业生产全面溃败的小说，也有《送报伕》《初阵》这样表现工人生活与工厂斗争的篇目，更有《上坟去的男子》《声》等对革命者故事的正面描写。佃农、自耕农、商人、工人、"日本物""机械奴"……这些小说中频频出现的近代经济术语和近代事物，说明了东方弱小民族是如何被近代性所定义的：这是遍布着工人失业、农民和手工业者破产的殖民地畸形的近代景观。在日本帝国的经济统合体制中，阶级压迫不仅发生于各民族内部，也跨越了民族的界限。《山灵》（小说）中的朝鲜无地农民正是同时遭受着本国地主、中国商人和日本殖民者的重重掠夺，

1　胡风：《海路历程》，《胡风全集》第1卷，第388—397页。
2　胡风：《翻译工作与〈译文〉》，《胡风全集》第2卷，第215页。

这种盘根错节的剥削关系，正是东亚"布洛克经济"[1] 的生动写照。

如果说鲁迅在 20 世纪初对弱小民族文学的赞颂迸发出强烈的浪漫主义精神，那么胡风对《山灵》的译介则充满了现实主义的省思。在《摩罗诗力说》中，鲁迅将诗人之"声"与弱小民族的反抗之心视为同一，"声"因其"度时劫而入人心"，显现着绝对的民族精神。到了胡风那里，民族精神从普遍性话语变成了一种特定历史时空的产物。社会科学的分析视野提出了东方弱小民族的问题，也重构了关于民族的想象方式。有研究者对比《牛车》的不同中译本指出，胡风的译文往往删去小说中枝蔓的情感描摹，整合行文以简洁直接地突出社会压迫的主题。[2] 如此虽然损失了小说对于台湾乡土生活的生动表现力，但也更清晰地再现了弱小民族被卷入的近代性生产关系。

竹内好在战后批评日本文学的"近代主义"是"不将民族纳入自己的思路中，或者说将其排除在外"，这种排除的机制同样运作于日本无产阶级文学运动中。[3] 但竹内好的"民族"并不指向东亚民族间的支配与被支配关系。对于胡风来说，东亚的近代打破了关于近代的普遍性想象，正是在民族对民族的抵抗中，弱小民族作为一个"整体"的意义才浮现出来。一个东亚特有的近代问题即是"同文同种"的解体。《山灵》特别收入了台湾作家杨华的《薄命》作为"附录"，"为的是使中国读者看一看这不能发育完全的或者说被压萎了形态的语言文字，得到一个触目惊心的机会"[4]。《薄命》直接转载自台湾的新文学杂志《台湾文艺》，原文即是用中文写成。同为台湾作家（杨逵、吕赫若、杨华），却因扭曲的历史而形成相异的语言形态，而胡风与他们同为中国作家，也不得不借助"翻

1　布洛克经济（bloc economics）是 20 世纪 30 年代"世界知识"中的一个重要概念，也称作集团经济或区划经济。在资本主义第三期阶段，帝国主义为了摆脱经济危机而加强了对殖民地与独立国家的经济控制，带有一定的封锁性。由此形成了五大集团经济：英国集团、美国集团、苏联集团、日本集团、欧洲集团。参见邢墨卿编：《新名词词典》，上海新生命书局 1934 年版。

2　刘恒兴：《〈牛车〉在满洲国——论吕赫若小说的首次译介与大连文坛》，《台湾文学研究学报》2018 年第 27 期。

3　竹内好：《近代主义与民族问题》，徐明真译，铃木将久校，贺照田、高士明主编：《人间思想第八辑：如何民族·怎样国家》，人间出版社 2018 年版，第 29-30 页。

4　胡风：《〈山灵〉·序》。

译"才能了解彼此的生活经验[1]。"同文同种"的亚洲主义幻象早已成为帝国殖民扩张的帮凶，《山灵》作为一个翻译文本的出现，本身就揭穿了这一语言共同体的虚相。

因此，胡风翻译《山灵》的目的在于把"外国"的故事"读成了自己们底事情"[2]，这种互文对读的基础就不能简单以相似的"亡国感"论之。《山灵》在东亚弱小民族之间的换喻类比打开了民族内外的边界，朝鲜和中国台湾的实相中所铭刻的近代性，也规定了"中华民族"新的含义，民族危机的表述同时也是对于近代民族主体的再造。正如朝鲜普罗文学组织"卡普"领导人金斗镕所说，东亚的"同文性"在近代演变为东亚弱小民族唇齿相依的共同体，旧的朝鲜民族主义文学已经失去其进步性，"现在背负着朝鲜弱小民族的将来而屹立着的就只有普罗文学了"[3]。《山灵》短篇集无疑正是这样一种普罗文学的文本。

在这个意义上，"东亚弱小民族"与"中华民族"具有了内在一致的思想构造。正如东亚弱小民族作为世界史"薄弱环节"的存在，中华民族内在于这一"薄弱环节"的同时，也发现了自己内部的"薄弱环节"。在日本帝国主义的侵略下，台湾、东北、华北这些中国的"内部"，与"外部"的朝鲜渐次成为了一体。在弱小民族的视野中，中国人才更加意识到了民族内部的不均衡性以及内外交叠的半殖民地图。就像鲁迅在为《生死场》所作序中发出的感慨，英租界"和闸北相距不过四五里，就是一个这么不同的世界，——我们又怎么会想到哈尔滨"[4]。地缘政治对于时空的分割重塑了国人的世界观，也侵入、动摇着关于民族的整体化想象。"我们活在这样的地方，我们活在这样的时代"[5]，这种具体的当下感如何转化为对于民族全体命运的思考，用什么样的方式去理解"关外"的东北正在经历的现实？

王富仁将"东北作家群"的重新发现视作理解 30 年代左翼文学的重要线索，

1　1945 年台湾光复后，杨逵拿到胡风托人转交的《送报伕》后，马上把胡风的译文和日文原版进行对照排版，于 1946 年以《新闻配达夫》为名在台湾出版。受胡风的启发，杨逵也开始采用中日对照的方式译介现代文学作品，使台湾读者能够通过这些双语读本学习中文。参见横地刚：《南天之虹——把二二八事件刻在版画上的人》，陆平舟译，人间出版社 2002 年版，第 171 页。

2　胡风：《〈山灵〉·序》。

3　金斗镕：《站在一条战线上》，《文学界》1936 年 1 卷 3 号。

4　鲁迅：《萧红作〈生死场〉序》，《鲁迅全集》第 6 卷，人民文学出版社 2005 年版，第 422 页。

5　鲁迅：《且介亭杂文·附记》，《鲁迅全集》第 6 卷，第 216 页。

"他们表现着自己，同时也在表现着我们的民族"[1]。这种边缘和全体的辩证关系，正如鲁迅所言，"显示着中国的一份和全部，现在和未来，死路与活路"[2]。1935 年胡风经鲁迅介绍认识了萧军、萧红，这也正是他着手翻译《山灵》之际。《送报伕》译载于《世界知识》时胡风写了一段前记，认为这是"台湾底中国人民被日本帝国主义统治了四十年以后第一次用文艺作品底形式将自己的生活报告于世界的呼声"，而它应使读者记起，"现在东北四省的人民又遇着台湾人民的那种同样的命运了"[3]。同年，胡风为萧红《生死场》作后记，几乎是用着与《山灵》序言同样的笔调：

> 这写的只是哈尔滨附近的一个偏僻的村庄，而且是觉醒的最初的阶段，然而这里面是真实的受难的中国农民，是真实的野生的奋起。[4]

胡风在《山灵》的广告里说，这些殖民地的大众"过的是怎样的生活？他们那里有没有文学？近，而且'同文'，但我们一向都并不知道"[5]。东北更是与"我们"同在"一国"之内，然而他们的"野生"状态同样被认为不应有文学。1937 年，胡风在一篇文章中再次谈到了无人关注的东北人民的"实生活"，由此强调"艺术和实人生的一致"[6]。弱小民族的文学、东北的文学，那些"例外"的文学，生成于政治经济权利被完全剥夺的"劫灰底状态"，以"生活的实相"破坏着现代文学的生产制度，也改写了革命文学对于阶级/国家/民族/大众等政治概念的设定。从朝鲜到中国台湾和东北，从边疆、关外到内陆腹地，在"一份"到"全部"的多重转换过程中，革命文学才得以逐渐克服观念论，直面最基本的求生意识，进而充分贯通对于多种时空体的政治感觉，在知识、思想与现实的综合判断感受中寻找真实的革命主体与革命动力。

1　王富仁：《端木蕻良》，商务印书馆 2008 年版，第 32 页。
2　鲁迅：《田军作〈八月的乡村〉序》，《鲁迅全集》第 6 卷，第 295 页。
3　杨逵：《送报伕》，胡风译，《世界知识》1935 年 2 卷 6 号，第 320 页。
4　胡风：《〈生死场〉后记》，《胡风全集》第 2 卷，第 432 页。
5　《〈山灵〉广告》，《胡风全集补遗》，第 164 页。
6　胡风：《略论文学无门》，《胡风全集》第 2 卷，第 426–430 页。

结语

1936 年，胡风写下了《武藏野之歌》，诗中深情回忆了留日期间 "我们" 共同战斗的岁月：

> 在高而且蓝的武藏野的天空下面
> 你告诉了我一个朝鲜小兄弟的话：
> ……
> 武藏野的天空依然是高而且蓝的吧，
> 我们的那些日子活在我的心里，
> 那些日子里的故事活在我的心里。[1]

这首诗据说是为纪念日本的左翼同志青山（山室静）所作[2]。诗中的 "我" 虽未曾直接与朝鲜的同志携手战斗，却在武藏野监狱共同的天空下，经由日本同志的转述感受到了 "我们" 的连结。胡风在民族的危机时刻写下了这首诗，"心情总算有了定向，如箭之向敌"[3]。弱小民族的 "我们" 在世界革命的想象中被赋形，却是在民族革命斗争中才成长为真实的联合体。朝鲜被日本吞并后，中国东北地区成为朝鲜移民的一个迁居地，同时也是朝鲜共产主义者反日斗争的海外根据地。对抗于日本帝国主义向壁虚造的 "五族协和"，由民族革命所带动的另一种区域主义迅速集结，从满洲省委到东北抗日联军，中国与朝鲜的革命者并肩作战，创造了民族间的新型组织形态[4]。"关外" 这一民族国家边界的模糊地带，以及中国的各部边疆，浓缩着最深重的民族压迫与民族剥削，这种特殊经验使弱小民族的 "我们" 清晰地表现为民族解放的主体，同时又超越了民族国家的政治地理疆域。

1　胡风：《武藏野之歌》，《胡风全集》第 1 卷，第 55-56 页。
2　近藤龍哉：「胡風研究ノート（1）：その理論形成期についての伝記的考察」，『東洋文化研究所紀要』第 75 册，東京大学東洋文化研究所 1978 年版。
3　胡风：《野花与箭·题记》，《胡风全集》第 1 卷，第 4 页。
4　关于 20 世纪 30 年代朝鲜人在东北的共产主义运动，参见李鸿文：《30 年代朝鲜共产主义者在中国东北》，东北师范大学出版社 1996 年版。

正如霍布斯鲍姆对 30 年代国际间的战争与冲突作出的概括，这已不能单纯地由国与国之间的竞争抗衡得到解释，"必须从一种国际全面性、并且属人民与人民间的意识之争来解释"[1]。20 世纪以降的各种共同体构想，从来没有像 30 年代弱小民族反帝反殖斗争中形成的"我们"一样，既如"箭之向敌"般站立于真实的历史结构中，又在全体（民族与国际）的战斗和生活里"无限地广大"，"无限地丰富"[2]。民族不仅被作为科学认知的对象，更以其广阔的人民性生产着持久的革命激情。1939 年，毛泽东在《中国革命与中国共产党》中就是将这种民族政治的再发现视作革命的起点："认清中国的国情，乃是认清一切革命问题的基本根据。""中华民族"被定义于地缘政治与世界史的社会形态所组成的坐标中，革命既是半封建半殖民地中国的瓦解，也将推动一个新的民族主体的诞生[3]。在与帝国主义相对抗的政治关系里，关于中国/中华民族的认识和想象向内和向外同时运动起来，在解体与重生的并行中汇聚、创造出新的革命局势。今天对于东亚弱小民族视野的复活，也是在这个意义上去重新理解 20 世纪中国人民战争与人民政治的历史逻辑。

（《文学评论》2020 年第 6 期）

1　艾瑞克·霍布斯邦：《极端的年代 1914—1991》（上），郑明萱译，麦田出版公司 1996 年版，第 214 页。

2　胡风：《民族革命战争与文艺》，《胡风全集》第 2 卷，第 341 页。

3　毛泽东等：《中国革命与中国共产党》，《共产党人》1940 年第 4、5 期。

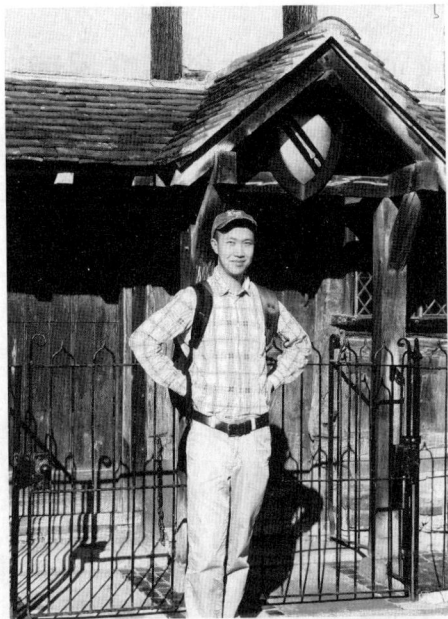

　　张　劢　复旦大学文学博士，浙江工业大学人文学院副教授，浙江省高校中青年学科带头人，浙江省之江青年社科学者，中国鲁迅研究会理事。研究领域为中国现当代文学、中外文学比较等。在《文学评论》《文艺研究》《中国现代文学研究丛刊》《文艺争鸣》《南方文坛》《中国比较文学》《鲁迅研究月刊》《民族文学研究》等刊物发表论文四十余篇，有十余篇论文为《新华文摘》《人大复印资料》转载、文摘。出版专著《情感和形式：中国当代小说中的知识分子叙事》。

论"五四"作家对霍普特曼《沉钟》的"创造性误读"
——以鲁迅、沉钟社为中心

"五四"时期的新文学社团沉钟社以"沉钟"命名，标明自身的艺术追求；而鲁迅也将"死也得在水底里用自己的脚敲出洪大的钟声"[1] 这一意象，作为对沉钟社创作品格的隐喻，这些均被文学史家视为源自德国戏剧家霍普特曼《沉钟》(*Die versunkene Glocke*) 的影响。然而，细读象征剧《沉钟》，我们却会发现"五四"时期的作家对这一剧作的理解其实是一种"创造性误读"。"沉钟""深渊撞钟"这一系列喻象，原本在剧中只是用来喻示传统生活方式的死而不僵，但在鲁迅与沉钟社同人的读解中，却转化为全新的意境。

法国比较文学学者罗贝尔·埃斯卡尔皮曾运用"创造性误读"这一术语，指称读者对作品的阐释与作家本意之间可能存在的歧义。他指出："读者的意念和作者的意念并不互相吻合，并不互相沟通，但在这两种意念之间可以互不相悖。这就是说，读者可以在作品中找到自己所希望的东西，而作者原来却并未明确表示愿意赋予作品这种东西，甚至可以是从来也没有想过。"[2] 将鲁迅与沉钟社对"沉钟"意象的理解放置于德国象征剧《沉钟》东渐中国的背景下详加考察，恰会发现这一"误读"背后的创造性，拓展、丰富了原剧固有的象征蕴涵。

1　鲁迅：《〈中国新文学大系〉小说二集序》，《鲁迅全集》第 6 卷，人民文学出版社 1981 年版，第 244 页。

2　罗贝尔·埃斯卡尔皮：《文学社会学》，符锦勇译，上海译文出版社 1988 年版，第 136 页。美国批评家哈罗德·布鲁姆也曾使用这一概念来分析诗的影响史。参阅《影响的焦虑》，徐文博译，江苏教育出版社 2006 年版，第 31 页。

一 "五四"作家接受霍普特曼及其《沉钟》的思想氛围

"五四"时期译介西方文学的方式往往是"拿来主义"式的,因此,霍普特曼在此时进入中国文坛可谓顺理成章。1912 年,霍普特曼获得诺贝尔文学奖,遂在彼时以西学为参照系的语境下,为文学革命的倡导者视为欧洲文学的巅峰与"五四"新文学的榜样。陈独秀曾呼唤在中国文坛应出现类似于霍普特曼这样的伟大作家:"吾国文学界豪杰之士,有自负为中国之雨果、左拉、歌德、霍普特曼、狄更斯、王尔德者乎?"[1] 而且他在首度推崇霍普特曼时,就直接说明了自己关注这位作家的重点。他认为"现代欧洲文坛第一推重者,厥唯剧本",而霍普特曼作为德国"作剧名家"之代表意义,主要是其剧作"实现于剧场,感触人生愈切也",他还援引霍普特曼等作家的创作为例,着重介绍了现代以来欧洲文学艺术"由理想主义再变而为写实主义"的主导趋势。[2] 这依稀透露出新文学草创时期,西方文学接受者尤为注重"为人生"的宗旨与现实主义的创作方法。正是上述思想氛围,促使"五四"新文学倡导者与霍普特曼的自然主义剧作产生了共鸣。准确地说,是接受者基于自身的文化背景、思维模式、审美趣味所理解的自然主义美学精神与创作方法,使他们认同霍普特曼的自然主义剧作。

在《新文学现实主义的流变》一书中,温儒敏曾特辟"'自然主义'的借用"一节,详细分析"五四"时期"人生派"理论家提倡自然主义的必然性与合理性:一是因为彼时尚未厘清其与现实主义之间的区别,二是缘于他们认同欧洲自然主义思潮"并非对现实主义的反拨,相反,与现实主义有很多相通之处"[3]。他们如此费心将自然主义归属于广义上的现实主义,皆因彼时的中国尚处在内忧外患之中,毫无功利目的的文学对中国作家来说显得过于奢侈,因而更推崇强调文学的实际功用的现实主义美学。

霍普特曼早期创作的自然主义剧本,如《织工》《运货车夫海斯区尔》等,在"五四"时期译介至中国就发生在这一背景下。1922 年,"人生派"领袖沈雁冰在介绍霍普特曼的自然主义作品时特意强调:自然主义与现实主义皆源自"哲

1 陈独秀:《文学革命论》,《新青年》1917 年 2 月第 2 卷第 6 号。
2 陈独秀:《现代欧洲文艺史谭》,《青年杂志》1915 年 11 月第 1 卷第 3 号。
3 温儒敏:《新文学现实主义的流变》,北京大学出版社 1988 年版,第 42 页。

学上的唯物论"，霍普特曼于此思想之外，"又加了社会主义的思想"，"自然派作品里的主人翁大都是意志薄弱不能反抗环境，而终为环境压碎的人"；而霍氏剧作却"注重在环境"[1]，并不断反抗环境。一言以蔽之，霍普特曼的自然主义剧作对于试图用文学改良社会的中国作家来说可堪"借用"。与霍普特曼艺术上所谓渗有现实主义倾向的自然主义风格相比，其思想中"为人生"、特别是"同情于劳动阶级"的内容[2]，似乎更为"五四"新文学的倡导者看重。不过细读文本，霍普特曼对劳动阶级的同情，表现在他以极度客观（或自然主义）的方式，描写那些被侮辱与被损害者在非人环境下的遭遇，唯其毫不流露主观情感，遂于无声处蕴涵着大悲悯。如同他在珂勒惠支画册上写下的文字："你的无声的描线，侵人心髓，如一种惨苦的呼声：希腊和罗马时候都没有听到过的呼声。"[3] 然而，霍普特曼自然主义叙事之繁复、琐碎，包括那些力透纸背之"审丑"，则大抵为中国"五四"时期的接受者忽略不计。他们大都化繁为简，直接将目光聚焦于剧作家将普罗大众推上戏剧舞台这一创举之现实意义。当时有研究者就指出，"无产阶级生活的描写"，"是这篇《织工》开的例"[4]，在舞台上塑造了劳工群像；而《日出之前》则"指明了当时德国工人阶级所处的历史阶段"。霍普特曼的作品虽不乏黑暗的描写，"但是因为是'日出之前'"[5]，仍可想见剧作家所预示的光明前景。

　　恰是《织工》题材的难能可贵，增强了这部自然主义作品的历史厚度，遂使得中国的翻译家首先选择将该剧译介到中文世界。继沈雁冰 1922 年 6 月在《小说月报》上密集发表四篇文章，运用社会学批评方法评介霍普特曼剧作的意义后，在随之而来的郑振铎、钱杏邨、赵景深等人对霍普特曼的评说中，亦可嗅出大致相通的同情劳动阶级的立场或气息。这种对霍普特曼的理解，影响了包括巴金在内的众多文学青年。自然，局限于特定的时代，作为"穷人的诗人"的霍普特曼在描写底层劳工生活的同时[6]，对人性的呈现方式，对博爱的神性的呼唤，则被

1　　希真：《霍普德曼的自然主义作品》，《小说月报》1922 年 6 月第 13 卷第 6 号。

2　　希真：《霍普德曼的自然主义作品》。

3　　霍普特曼：《珂勒惠支画册题辞》，转引自鲁迅：《〈凯绥·珂勒惠支版画选集〉序目》，《鲁迅全集》第 6 卷，第 470 页。

4　　希真：《霍普德曼传》，《小说月报》1922 年 6 月第 13 卷第 6 号。

5　　茅盾：《西洋文学通论》，复旦大学出版社 2004 年版，第 125 页。

6　　范大灿：《德国文学史》第 4 卷，译林出版社 2008 年版，第 19 页。

那些更关注剧作如何"对资本主义倍加痛击"[1] 的中国读者所忽略。至于太阳社的钱杏邨责难霍普特曼"不是真正的站在普罗列塔利亚的阵线里的作家"[2]，则从一个更加激进的视角，揭示了那个时代偏执于某种单一的文学价值取向的历史氛围。

19 世纪 90 年代以降，德国工人运动逐渐走向低迷。而"一战"后，德国的进步知识者开始丧失对既有欧洲文明的信心。霍普特曼也经历了这一精神蜕变，他难耐思想界的寂寥、沉闷，声称"德国人的民族感像一口破钟，我要用锤子敲它，可是它发不出声音"[3]，遂选择在这一时期鸣响"沉钟"，转向象征剧的创作。《沉钟》的诞生就标志着霍普特曼创作基调与风格的剧变：从现实书写转向象征、抒情，从科学实验转向唯美、神秘，从关注身外转向检点内心，从物质世界转向精神世界……一言以蔽之，从自然主义转向新浪漫主义。

悉心爬梳《沉钟》在中国的接受史，我们会发现虽然这部剧作标志着霍普特曼转向新浪漫主义，但习于现实主义审美典律的"五四"作家仍对其进行了"创造性"的读解。深谙新浪漫主义文学是欧洲文学最新发展趋势的沈雁冰，在肯定了霍普特曼"从冷酷的客观主义解放到冷烈的主观主义，实是文学的一步前进"[4] 的同时，更指出《沉钟》诚然是理想的，但霍氏"决不肯甘心偷安自匿于理想主义大旗的底下。他的《沉钟》不是他厌弃自然主义的表示"，"所谓新浪漫运动的，在表面上似乎是自然主义的反动，其实却是自然主义的帮手"；"剧中情节虽然是怪诞不经的，但剧中人物都是逼真实在的人"。他还反复强调，霍氏以《沉钟》为代表的"许多新浪漫作品都是以自然主义的技术为根柢的"，"是经过自然主义洗礼的浪漫剧"[5]。沈雁冰显然还是觉得更青睐"自然主义"或广义的现实主义更适合彼时的中国作家，因此论及霍普特曼的创作转向时，不忘强调新浪漫主义要以"自然主义的技术为根柢"。

即便是极力倡导浪漫主义的郭沫若，虽然一度还声称要以"新罗曼主义"作

1　陈嘏：《十九世纪末德国文坛代表者——滋德曼及郝卜特曼》，《东方杂志》1920 年 8 月第17 卷第 16 号。

2　钱杏邨：《霍甫特曼的戏剧》，《现代小说》1929 年 12 月第 3 卷第 3 期。

3　宁瑛：《沉钟·作者小传》，袁可嘉、董衡巽、郑克鲁选编：《外国现代派作品选》第 1 册（上），上海文艺出版社 1980 年版，第 294 页。

4　雁冰：《为新文学研究者进一解》，《改造》1920 年 9 月第 3 卷第 1 号。

5　希真：《霍普特曼传》。

为刚成立的创造社的"主要方针"[1]，但恰如其同人诠解的，"无论怎样提倡"，其主旨依然在于是否"反映了当时中国的现实"[2]。在谈到自己1919年创作的童话诗剧《黎明》时，郭沫若坦承该剧是从霍普特曼的《沉钟》里得到启示后创作的[3]。《黎明》通过一对新儿女的觉醒，讴歌天地的新生与海日的新造。如果说《沉钟》更多地指向未来，殚精竭力地寻索固有观念之外的神秘主义，如同尼采所称"骑在象征背上驰向一切真理"[4]；那么《黎明》则更多地着力于比附现实，传播清浅单纯、无须破译的明码信息：如以巨蚌之壳比喻束缚身心的封建牢笼，以蚌壳中跳出的一对儿女比喻先觉者，而黎明的太阳则喻示"五四"精神所带来的光明。

沈雁冰、郭沫若作为"五四"新文学的两大旗手，一个矢志将新浪漫主义收编为现实主义的"帮手"，一个努力筛除、过滤新浪漫主义中的神秘主义因素，尝试将其创造性地转换为"积极浪漫主义"。这一现象曲折透露出，与《织工》被奉为普罗文学与现实主义理论的典范之作相比，新浪漫主义风格的《沉钟》多少显得有些不合时宜。恰是沉钟社的出现，方使得霍普特曼的《沉钟》在"五四"新文学的接受语境中产生了最为重要且深远的意义。

二 沉钟社对象征剧《沉钟》的接受

1924年初，冯至、杨晦、陈翔鹤、陈炜谟等四位青年相聚于北京大学，因对域外文学的共同迷恋，很快成了朝夕与共、亲密无间的文友。他们通过德文原版或英译本阅读了霍普特曼的《沉钟》，感动于该剧的魅力，遂将所创刊物以"沉钟"命名。值得注意的是，当事人回忆采用"沉钟"这一刊名的用意以及表述对该剧核心意象、意境的理解时，却出现了微妙的差异。

陈翔鹤谈到借用霍普特曼《沉钟》的寓意时，他的阐释独具一种热到发冷的沉静、低调："我们想，为纯文艺而出版的刊物的原故，就纵然向深渊里往下更

1　陶晶孙：《创造三年》，《风雨谈》1944年第9期。
2　郑伯奇：《略谈创造社的文学活动》，《文艺报》1959年4月26日第8期。
3　郭沫若：《儿童文学之管见》，赵景深编：《童话评论》，新文化书社1924年版，第195页。
4　转引自周国平：《一个哲学家的诗——〈尼采诗集〉译后》，《读书》1986年第7期。

沉没一点，和再潜藏一点也是可以的"[1]。冯至似乎并不认同这一诠解。那历史性的时刻在他的记忆中若有天启：1925 年夏，在一个"暮色苍茫，天际有一个巨大的流星滑过"的时分，受远方钟声的启示，他遂提议取名"沉钟"，并得到其余三人的共鸣。而采用"沉钟"作刊名，用意并非"刊物将要像亨利所铸的钟那样，刚一完成就沉入湖底，刊物的编辑者将与亨利同命运。而是认为，正如那位评论家所说的，从事文艺工作，必须在生活上有所放弃，有所牺牲，要努力把沉入湖底的钟撞响"[2]。许是境由情生，杨晦的回忆除却将时间从夏日移至"一个初秋的凄凉的薄暮"，依稀见出自身"凄凉""寂寞""苦闷"心境的移情，大致与冯至的追述相辅相成："远远的传来了几声晚钟，我听着好像是来自水底，好像是有一个披头散发的妇人在那里敲击着。我于是受了电击一般"[3]。

然而，沉钟社同人只是遥闻钟声响，却无心细辨钟声由谁而鸣以及原著里两口钟迥异的象征内涵。在霍普特曼笔下，那口"沉下去的钟儿已非为向上天呼吁而作的东西"，"钟儿搀入了假货"，故将其称作"老钟"，恨不能"把那个坏钟打得粉碎"；而海因里希（旧译"亨利"）一心重铸的那口钟却是"挂在隔绝人世的自由高空"的"山顶之钟"，是"心钟""太阳的钟"[4]。前者可谓传统之钟，后者则是未来之钟。恰如时人诠释的："沉钟代表旧道德，而新钟即代表新道德。"[5] 霍普特曼借助这一意象，象征铸钟人高远的理想、信仰与生命方向。

霍普特曼的《沉钟》以旧钟坠落，铸钟人妻子玛格达自沉湖底，以其僵手敲响沉钟，海因里希遂尾随沉沦，喻示传统生活方式回光返照，纠缠不休之魔力；而与此相应，林中女妖罗登德兰则倾其爱情激励海氏重铸新钟。女主人公罗登德兰便是海因里希以及作者"梦中的女孩"，所谓"我的许多梦中最美丽的人儿"。她善歌、善笑、善愁、善撒娇，是"可爱的精灵""自然的精灵""光明的精灵"，"张起深红的风帆"，满溢着如花的生命芬芳。如果说那怨女节妇可谓旧道德的殉葬品，那么罗登德兰则是连通梦幻与现实的新理想的信使，是新浪漫主义的诗化意象。她甘愿将自己的声音、灵魂也一并铸入新钟，"和太阳祭祀日的黄金相结合"，恰意味着剧作家勉力重铸的新的信仰，不只是理念的产物，也是诗

---

1 陈翔鹤：《关于"沉钟社"的过去现在及将来》，《现代》1933 年 10 月第 3 卷第 6 期。

2 冯至：《回忆〈沉钟〉》，《冯至全集》第 4 卷，河北教育出版社 1999 年版，第 337 页。

3 杨晦：《沉钟》，吴泰昌编：《杨晦选集》，上海文艺出版社 1987 年版，第 478 页。

4 霍普特曼：《沉钟》，谢炳文译，《外国现代派作品选》第 1 册（上），第 295–382 页。文中《沉钟》引文均出自此书。

5 谢六逸：《近代名著百种·沉钟》，《小说月报》1927 年 1 月第 18 卷第 1 号。

的收获。霍普特曼将剧名题为"沉钟",确实包含了"沉"自然主义之"钟",另铸新浪漫主义之"钟"这一层含义。中国研究者在谈到这部剧作时,曾准确地指出霍普特曼的"自然主义失败了,因以新钟来比喻新艺术的理想"[1]。值得注意的是,剧名中的"沉"字本应是动词,是创作主体的主动行为,但在沉钟社等"五四"作家的印象式读解中,却每每将"沉"字读作形容词,平添了几分对传统人生范式的伤逝、追怀之意。

自然,上述观点以及对沉钟社"死也得在水底里用自己的脚敲出洪大的钟声"的"沉钟"精神的定名[2],只是一种化繁为简的概括,历史本身要复杂得多。实质上,沉钟社同人在执意撞钟的同时,并未完全排除"若是撞不响需要另铸新钟"[3]的可能性,曾经崇奉"艺术至上"的他们,也并非从一开始便有意轻慢"象征艺术的林中仙女"罗登德兰。尽管在此后的日子里,他们随着时代潮流的变化,愈益讳言所摄取的"'世纪末'的果汁"[4],然而当他们借"沉钟"之名标明自身的艺术志向时,作品的新浪漫主义内核便不可避免对他们的创作产生一定的影响。

一般而言,接受影响的初始阶段多少会带有仿效的成分,在沉钟社的早期作品中,隐约可辨对《沉钟》的悉心临摹。最典型的莫如冯至的《河上》。这部作品移植了《沉钟》梦幻诗剧的艺术形式,其构思、主要人物关系乃至主题都与霍普特曼的剧作有着相似之处。该诗剧的题材取自中国古典诗词。开首的题辞和结尾的附注,悉心交代了该剧的传统渊源:

> 蒹葭苍苍,白露为霜,
> 所谓伊人,在水一方;
> 溯洄从之,道阻且长,
> 溯游从之,宛在水中央。
>
> ——《诗经·秦风·蒹葭章》

[附注]《古今注》:"朝鲜津卒霍里子高晨起刺船。有一白首狂夫,披发

1　谢六逸:《近代名著百种·沉钟》。
2　鲁迅:《〈中国新文学大系〉小说二集序》,第244页。
3　冯至:《回忆〈沉钟〉》,第337页。
4　鲁迅:《〈中国新文学大系〉小说二集序》,第243页。

提壶，乱流而渡。其妻随而止之；不及，遂堕河而死。妻援箜篌而鼓之，作
'公无渡河' 之曲，声甚凄怆。曲终，亦投河而死⋯⋯"（引自《古诗源》）[1]

耐人寻味的是，剧中 "援箜篌而鼓" 者系东方狂夫之妻，而狂夫迷恋的 "在水一
方" 的 "伊人" 则被冯至改写为手持西洋七弦竖琴的河妖，暗示着她的 "他者"
属性。这一改写透露出冯至欲以古诗新编的方式向新浪漫主义风格的诗剧《沉
钟》敬礼。

这两部作品的主要人物设置，也有着较为明显的对应关系：青年狂夫对应铸
钟师，河妖对应林妖罗登德兰，同样招魂不得、投河自尽的狂夫之妻对应铸钟师
的妻子⋯⋯与《沉钟》中铸钟师 "情愿舍弃身子" 为罗登德兰 "奋斗"，甚至不
惜背离世俗社会一样，青年狂夫为追求那在水一方、若隐若现的少女幻影，亦不
惜舍家弃妻，划船逆流而上，终致触礁倾覆而亡。而霍普特曼与冯至对 "幽幻的
精灵" 的塑造也多有契合：罗登德兰的 "年龄在少女与处女之间"，河妖亦是
"十六七岁" 的女郎；罗登德兰可谓 "天父从遥远的春里，折下的开放的花儿"
之精灵，河妖则是 "春姊" 遗其 "海棠花一般妩媚" 的 "花魂" ⋯⋯正是两位
作者对其年龄的刻意交代，凸显了 "梦中的女孩" 原型那永不长大的符号性以及
"在水一方" 的彼岸性。故与其将两部剧作中主要人物的关系读作情爱纠葛，不
如视为灵与肉、美与真、彼岸与此岸、艺术与人生亘古如斯的两难抉择或双向论
辩。而从审美层面看，这也恰是新浪漫主义与世俗写实主义之间的对话：倘若说
《织工》影响了中国作家对自然主义的理解，使得他们的作品开拓了史诗的广度，
那么《沉钟》则使冯至等新文学作家的创作有望步入现代神话的境界，并借此
"补救写实主义丰肉弱灵之弊" [2]。

以上比较呈示了冯至与《沉钟》所表征的新浪漫主义在同样寂寥、沉闷的时
代氛围中的 "相遇" 与 "相契"。然而，即便在二者的蜜月期，彼此间也不无裂
隙，故最终还是因着各自不同的国情而相互疏离。《河上》虽说是冯至向其师从
的霍普特曼递交的一份习作，内中却不失 "自己的魂灵" [3]。该剧在欧陆象征剧
式的象征、唯美中，融了中国古诗原型的写意、空灵；而对新浪漫主义理想追
求的渐次幻灭，最终还是促使冯至回归本民族崇实尚质的文化心理。

1　冯至：《河上》，《冯至全集》第 2 卷，第 220-235 页。文中《河上》引文均出自此书。

2　雁冰：《〈欧美新文学最近之趋势〉书后》，《东方杂志》1920 年 9 月第 17 卷第 18 号。

3　鲁迅：《〈中国新文学大系〉小说二集序》，第 242 页。

这一分歧在《沉钟》与《河上》的结尾中表现得尤为明显。《沉钟》中，海因里希虽一度被其妻混合着亲情与泪水的道德伦理感化，临死前却复归罗登德兰的怀里，在后者的激吻中憧憬"高高天上，太阳的钟响了"。而《河上》却终以青年狂夫被其"淑雅"的妻子招魂作结。在东方传统中，后者隶属于"贤妻良母"乃至"地母"原型，表征着恒常人生与文化原乡之温柔陷阱，即便狂放不羁如狂夫者，一旦背离也依然"惊悸不宁"。社会条件与文化背景决定了中国文学中很难出现欧洲意义上的神学浪漫主义。故此，东方狂夫至死未能追随海因里希的脚步，"登上至高无上的阶梯"，遥听太阳的钟响。原因无他：作者深恐隔绝人世，"严重地脱离现实"[1]。

归根结底，沉钟社同人的艺术追求，目标不在天空，而在地上；不在梦境，而在现世；可以"沉思"，却无暇如德意志诗人般玄想；可以"为艺术"，但最终目的则是"为人生"。于是，沉钟社不仅搁置了如象征剧《沉钟》那般不无虚幻的梦想，亦警觉于自身多少存在着的颓废情调，转而从铸钟师那"充满着工作和创造的急迫的欲望"里汲取力量。在《沉钟》周刊第一期的刊头，他们还借用英国作家吉辛的话作为题词："而且我要你们一齐都证实……/我要工作啊，一直到我死之一日。"[2] 冯至曾这样阐释这句题词："为崇高的理想而严肃工作。"[3] 于是，这些年轻作家严肃地表现自我、社会，努力从事创作、翻译……这凸显出沉钟社勉力使新浪漫主义美学"现实化"，使那超拔于天际的精神还原到对现实人生的追求。由此可见，虽然沉钟社同人的文学理想未泯，却不再张扬，不再恣肆地抒情，其创作渐近一种沉思默祷式的境界。

三　鲁迅的创造性解读

鲁迅在《〈中国新文学大系〉小说二集序》中对沉钟社同人做出了极高的评价，堪称沉钟社的导师与心契神会的知己。在鲁迅的思想中，霍普特曼笔下的铸钟师超越人世，多少有点近似逃避现实。因此，他觉得与其希望沉钟社青年追随铸钟师"登上至高无上的阶梯"，不如呼唤他们回归人间。

1　冯至：《自传》，《冯至全集》第 12 卷，第 608 页。

2　《题词》，《沉钟》1925 年 10 月 10 日第 1 期。

3　冯至：《回忆〈沉钟〉》，第 338 页。

在散文诗集《野草》中，鲁迅写下了这样一段关于沉钟社青年的火热文字："我愿意在无形无色的鲜血淋漓的粗暴上接吻。漂渺的名园中，奇花盛开着，红颜的静女正在超然无事地逍遥，鹤唳一声，白云郁然而起……。这自然使人神往的罢，然而我总记得我活在人间。""青年的魂灵屹立在我眼前，他们已经粗暴了，或者将要粗暴了，然而我爱这些流血和隐痛的魂灵，因为他使我觉得是在人间，是在人间活着。"[1] 文中列举的"漂渺的名园"、盛开的奇花、"红颜的静女"之类的喻象固然使人企慕，如同《沉钟》里那神秘的山林、欢歌的太阳鸟、如花似梦的少女那般对铸钟师具有无比的诱惑力，然而鲁迅却更看重、激赏沉钟社成员对这类"超然无事"的"逍遥"境界的最终背离。正是由于这些作家曾对虚无缥缈的奇境"神往"不已，故而当他们勉力抵拒诱惑时，不得不"粗暴"以对，直至"鲜血淋漓"。因此，他们才会对"沉钟"这个意象，做出了"死也得在水底里用自己的脚敲出洪大的钟声"这样的解读。

以鲁迅为代表的"五四"作家对霍普特曼的理解，又一次印证了史家关于接受者与作品的"释义性接触"每每"导致某种原有观念形态的抗拒或改变"的见解[2]。有感于欧洲文明的轰毁，更痛心于好以人言冒充神意的德国教会使既有信仰（其象征物即剧中的钟楼）的基座"已经是一半倾颓一半烧毁"，甚至殃及那口旧钟与铸钟师，霍普特曼笔下的海因里希把新的基础"安置在高处——用新的基础来建造新的教堂"、新的钟。当那"花卉的教堂中的大理石的厅堂里，发出唤醒世间的雷声时"，"所有人类的胸中的冰块都会融解起来，而一切憎恶，郁闷，愤懑，苦痛和烦恼，统统会融合起来变成热的泪。这样我们全体便走向十字架那边"。细究该剧文本，霍普特曼虽深受原始基督教思想的影响，但其化身铸钟师欲倾心重造的，实质上是一口试图唤醒德意志民族的精神之钟、心灵之钟、神性之钟。对这一理念，沈雁冰的诠释却不尽准确，他说："自从那个实在的钟沉在湖底，冶匠的霍普特曼方逃到想象的世界，不造实在的为人类用的钟，而造想象的为神用的钟了。"[3] 这似乎是在对霍普特曼脱离现实提出批评。而鲁迅也觉得那口高悬天际、"隔绝人世"的钟显得虚无缥缈。源于对"革命的浪漫谛克"情调的抵触，对彼时思想家空许的"圆满快乐"的"黄金世界"充满怀疑，鲁迅认为霍普特曼的理想、憧憬与所谓的"黄金世界"有同构性，"无论怎么写得光

---

1 鲁迅：《一觉》，《鲁迅全集》第 2 卷，第 223、224 页。

2 乐黛云：《转型时期的新要求》，《读书》1991 年第 2 期。

3 希真：《霍普特曼的象征主义作品》，《小说月报》1922 年 6 月第 13 卷第 6 号。

明，终究是一个梦，空头的梦"[1]。

故而，鲁迅即便像铸钟师那样，感到被"黑暗的势力"扼住咽喉，也不奢求"太阳的钟"能恩赐一点光明，如同他对沉钟社青年此时心境的体察与理解："即使寻到一点光明，'径一周三'，却更分明的看见了周围的无涯际的黑暗"[2]。虽然霍普特曼本意是将"沉钟"视作浊世俗物，鲁迅在解读中却将那口俗世之钟改写为现实之钟、人间之钟，寄愿沉钟为现实社会而敲响，纵然沦为"沉钟"，亦虽沉犹鸣。在某种意义上，后者较之重铸天际之钟更加不易。即便到了20世纪30年代，鲁迅仍然没有改变更看重"沉钟"的初衷，论及沉钟社时，他写下了这样的文字："那《沉钟》就在这风沙澒洞中，深深地在人海的底里寂寞地鸣动"[3]；"向外，在摄取异域的营养，向内，在挖掘自己的魂灵，要发见心里的眼睛和喉舌，来凝视这世界，将真和美歌唱给寂寞的人们"；沉钟社"好像真要如吉辛的话，工作到死掉之一日；如'沉钟'的铸造者，死也得在水底里用自己的脚敲出洪大的钟声"[4]。

值得注意的是，一贯持论严谨的鲁迅竟然"窜改"了《沉钟》的基本情节，将撞钟者由死去的弃妇置换为铸钟师，或许是因为他觉得玛格达无力承担起民族精神这一沉重的内涵，选择让更强壮的海因里希敲响沉钟，以此表达反抗绝望的雄浑音响。霍普特曼笔下的"沉钟"，遂转变为中国作家笔下的诗化意境。如果说识者曾从鲁迅置身于茫茫旷野、四顾无人的意象中读出"大寂寞"，从"肩住黑暗的闸门"读出身心震裂的"大痛苦"[5]，那么"死也得在水底里用自己的脚敲出洪大的钟声"这一意象恰可呈现鲁迅内心深处的"大震颤"。似乎鲁迅晚年身处"无物之阵"、因腹背受敌而始终"横站"之际，从该意象中发掘出置之死地而后生的希望的诗意，并将其作为彼时文坛"最坚韧，最诚实，挣扎得最久的"[6] 沉钟社品格的象征。

在对"沉钟"意象的全新解读中，最引人注目的是鲁迅在评价沉钟社时使用了其既有思想话语中习用的"挣扎"一词。竹内好曾深入分析过鲁迅笔下的"挣扎"。在《鲁迅》一书中，竹内好称："他（鲁迅——引者注）喜欢使用的'挣

1　鲁迅：《听说梦》，《鲁迅全集》第4卷，第468页。

2　鲁迅：《〈中国新文学大系〉小说二集序》，第243页。

3　鲁迅：《一觉》，《鲁迅全集》第2卷，第224页。

4　鲁迅：《〈中国新文学大系〉小说二集序》，第244页。

5　参阅胡风：《致梅志》，《胡风遗稿》，山东友谊出版社1998年版，第11页。

6　鲁迅：《〈中国新文学大系〉小说二集序》，第244页。

扎'这个词所表现的强烈而凄怆的活法，如果从中抛开自由意志的死，我是很难理解的。""'挣扎'这个中文词汇有忍耐、承受、拼死打熬等意思。我以为是解读鲁迅精神的一个重要线索，也就不时地照原样引用。如果按照现在的用词法，勉强译成日文的话，那么近于'抵抗'这个词。"[1] 故而，与其说鲁迅以及沉钟社青年被动地为剧中人物深渊撞钟的行为所感染，不如说他们从中发现了自己生命"挣扎"的先在体验。于是在此象喻中倾注了自身含情带血的主体意识，激活了霍普特曼剧中原有的僵硬形象。终其一生，鲁迅都在理想与现实的两极对立中执着于后者，其立场在晚年愈发坚定。如果说霍普特曼的另铸"太阳的钟"表征着企慕出离此岸至彼岸、出离肉体至灵境、出离"有限到无限"[2] 之寓意，那么鲁迅对《沉钟》的读解、改写乃至寄意"沉钟"，却意味着力图把彼岸拉回此在，将精神血肉化，将无限置于有限的框架内。虽说是反其意而读之，却于"创造性误读"中生出新的意味。

很难辨明，是鲁迅"死也得在水底里用自己的脚敲出洪大的钟声"的归纳，最终激活、定义了沉钟社的潜在精神，抑或是沉钟社在自我命名时早已于有意无意间隐含了"要努力撞响沉钟"[3] 这一层意蕴。二者间如此默契，齐力完成了对霍普特曼本意的改写，虽然向度有异，却最终殊途同归。这一命名与定义意味着，鲁迅与沉钟社同人皆有所预感：他们的文学主张及所办刊物将如"入无人的旷野"[4]，听者或"有的睡眠，有的搞死，有的流散"[5]。我们与其惊诧于他们的未卜先知，不如顿悟在水底绝望地敲钟恰是彼时一切严肃的创作者别无选择的悲剧性宿命。于是，"死也得在水底里用自己的脚敲出洪大的钟声"这样的倔强姿态，便成为鲁迅、沉钟社等"五四"作家在"无声的中国"留下的最惊心动魄的声响。

（《文艺研究》2020 年第 5 期）

---

1 竹内好：《鲁迅》，《近代的超克》，李冬木、赵京华、孙歌译，生活·读书·新知三联书店 2005 年版，第 9 页。

2 霍普特曼：《新德国文学的新倾向》，元枚译，《小说月报》1922 年 12 月第 13 卷第 12 号。

3 冯至：《回忆〈沉钟〉》，第 337 页。

4 冯至：《致杨晦（1925 年 11 月 3 日）》，《冯至全集》第 12 卷，第 68 页。

5 鲁迅：《〈中国新文学大系〉小说二集序》，第 244 页。

　　张　静　复旦大学文学博士，上海师范大学中文系副教授。曾任北京大学中文系访问学者、美国纽约市立大学研究生院访问学者、英国剑桥大学访问学生。研究方向为中外文学关系。在《文学评论》《文艺研究》《中国现代文学研究丛刊》《中国比较文学》等刊物发表论文十余篇，并多次被人大复印资料转载。

基于同情的浪漫认同

——论雪莱传记在 20 世纪 20—40 年代中国的接受

引　言

　　1931 年 11 月 19 日，诗人徐志摩因飞机失事在山东阳山遇难，年仅 35 岁。他的早逝引起了世人的悲痛，朋友们在《大公报》上连续发表纪念文章，将其誉为同样早逝的英国 19 世纪浪漫主义诗人雪莱。叶公超指出，徐志摩的"死于飞翔"与雪莱的"葬身大海"都"别有超逸的风度"，两位诗人具有极大的相似性："他和雪莱一样，尽管一面不满于人生，不满于自己，而目前的存在却依然充溢了勃勃的生气和不败的兴致。"[1] 一周之后的文章《吊诗哲——徐志摩先生》更直接将两位诗人相提并论："英国有雪莱，我国有徐君，这是我们自豪的地方。"[2] 作为主编的吴宓也赋悼诗一首："牛津花园几经巡。檀德雪莱仰素因。殉道殉情完世业，依新依旧共诗神。"他在诗后特别指出："如世共以徐君拟雪莱（Shelley），徐君亦以此自许。"他还提醒读者，自己也是视雪莱为偶像的人，表示"予与徐君思想性情境遇阅历显然不同。然论生涯末迹，鸿爪雪泥，亦不无一二相合之处"[3]。两周之后，《大公报》上出现了另一种声音。杨丙辰发表的《大诗人—天

1　叶公超：《志摩的风趣》，《大公报》（天津版）1931 年 11 月 30 日。

2　唐二酉：《吊诗哲——徐志摩先生》，《大公报》（天津版）1931 年 12 月 5 日。

3　吴宓：《挽徐志摩君》，《大公报》（天津版）1931 年 12 月 14 日。

才—徐志摩—和他的朋友们》一文，明显带有讽刺、挖苦之意，但也较为精准地指出，无论是对新诗的见解还是写诗的才华，徐志摩都算不上世界上第一流的大诗人[1]。这种严厉批评让徐志摩的朋友无法忍受，纷纷出来打起"笔战"。然而在论战中，人们对徐志摩的判断也逐渐公正、客观。唐诚指出，仔细检视杨丙辰的判断不难发现，这与徐志摩在《猛虎集》"序言"中的论调相似。诗人从未认为自己可以跻身于但丁、莎士比亚、歌德之列，因此从创作而言，"志摩的朋友们把他比作雪莱，虽然有几分相像，恐怕也有点过分"[2]。可见，当时的评论家们最终认为徐志摩和雪莱的相似并不在"为诗"，而是在"为人"。

除了徐志摩，越来越多的中国诗人和作家加入或者被放置到了"像雪莱"的行列。20世纪30年代，诗人于赓虞在文章中写道："我喜爱雪莱，就如同喜爱我自己……他被许多人崇拜着。我叙述他的事迹，可以使我在这茫茫的大自然里觉醒，从黑暗的地狱挣扎，在绝望里看到熹微的晨光。"[3] 作家沈从文曾向林徽因倾诉自己在婚后的感情困扰，后者写信给好友费正清夫妇说："他（沈从文——引者注）使自己陷入这样一种感情纠葛，像任何一个初出茅庐的小青年一样，对这种事陷于绝望。他的诗人气质造了他自己的反，使他对生活和其中的冲突茫然不知所措，这使我想到雪莱，也回想起志摩与他世俗苦痛的拼搏。"[4] 吴宓在1936年的文章中公开以雪莱的情感经历为榜样，来审视自己的人生："我的 Harriet 幸未投河自尽；我所追求眷恋的 Mary，却未成为 Mrs. Shelley……是的，种种都合适，只是我的 Mary 未免使我失望。"[5] 从徐志摩、吴宓、于赓虞、沈从文等人身上，我们可以看到某种相似性，这种使他们被放置于"像雪莱"的人物谱系中。那么，在当时这些身份、背景、性格等方面不尽相同的文人身上，到底是什么使他们成为像"像雪莱"的人？雪莱这个名字在当时的语境中到底意味着什么，又是如何被塑造而成的？

在20世纪二三十年代的中国语境下，诗人雪莱作为浪漫的生活方式、人生态

1　在杨丙辰看来，真正的天才诗人必须具有以下三个方面：富有创造性的幻想力、热烈真挚的情感和一点灵明的判断力，而这些是徐志摩所缺少的。参见杨丙辰：《大诗人—天才—徐志摩—和他的朋友们》，《大公报》（天津版）1932年1月11日。

2　唐诚：《我对于徐志摩的认识》，《大公报》（天津版）1932年2月1日。

3　于赓虞：《"雪莱的婚姻"小引》，《青年界》1932年3月第2卷第1期。

4　林徽因：《致费正清、费慰梅·一（1934年）》，梁从诚编：《林徽因文集·文学卷》，百花文艺出版社1999年版，第354页。

5　吴宓：《徐志摩与雪莱》，《宇宙风》1936年3月第12期。文中提到的 Harriet 和 Mary 是雪莱的两任妻子。

度和价值观念的代表，契合了"五四"新人追求自由解放和浪漫爱情的潮流，为他们追求浪漫的爱情生活提供了仿效资源。[1] 事实上，与描述这个现象相比，挖掘出这个生成机制背后的来龙去脉更为重要。雪莱在现代中国的形象不是天然存在的，虽然诗人大量的抒情诗作品都不同程度地表达着"自我"，但真正使读者了解他的"为人"，是经由大量传记作品的译介完成的。这些传记作品的传播与20年代起开始倡导的自然主义批评观对传记研究的关注紧密相连。随后的三四十年代，众多创作于欧洲不同时期的雪莱传记被翻译或介绍进中国。这些不同版本的雪莱传记中，流传最广、影响最大的当属法国作家安德烈·莫洛亚（André Maurois, 1885—1967）1923 年出版的《爱俪儿：雪莱传》（*Ariel*, *ou La vie de Shelley*，以下简称《雪莱传》）[2]。这部传记是西方"新传记"创作思潮的代表作，事实上，对《雪莱传》的关注与译介伴随着西方新传记作品和理论在中国的译介潮流。因此，雪莱传记在中国的译介以及诗人浪漫偶像形象的生成，因多种因素的耦合，成了一个略显复杂的问题，本文将从新传记在中国、雪莱传记在西方的生成以及雪莱传记在中国的接受等三个具有逻辑关系的内容依次展开讨论。

一 传记研究与写作的新视野：新传记观在中国的译介

1922 年，文学研究会成员郑振铎在《文学旬刊》第 52 期中介绍了法国 19 世纪自然主义批评家圣伯夫的观点，认为研究作品除了把作家的全部著作都看过外，还"必须进而观察作家的家庭"，同时"他所受的世间的影响也须研究"。[3] 他还在《文学大纲》中指出，圣伯夫的文学批评方法是想建立一种像生物学一样的批评家的科学。[4] 圣伯夫文艺思想深受孔德实证论的影响。为了使文学摆脱古典主义批评的束缚，他主张将实证论应用于文学批评，提倡采用肖像批评和传记

---

1 关于此问题的讨论，参见张静：《一个浪漫诗人的偶像效应——二三十年代中国诗人对雪莱婚恋的讨论与效仿》，《中国现代文学研究丛刊》2009 年第 2 期。

2 André Maurois, *Ariel*, *ou La vie de Shelley*, Paris：Grasset, 1923. 英译本为 André Maurois, *Ariel*, *The Life of Shelley*, trans. Ella D'Arcy, New York：D. Appleton, 1924。

3 郑振铎：《圣皮韦（Sainte Beuve）的自然主义批评论》，《文学旬刊》1922 年 11 月第 52 期。郑振铎将圣伯夫译为圣皮韦。

4 郑振铎：《文学大纲：第三十一章，十九世纪的法国诗歌》，《小说月报》1926 年 8 月第 17 卷第 8 期。

批评的方法。他指出："在文学批评和文学史方面，我觉得没有任何阅读能比写得好的伟人传记更能娱人，更有趣味，更富于各种教益的了。"[1] 在他看来，阅读和分析传记是最好的进入批评的途径。事实上，圣伯夫主张将作家与作品放在同等重要的位置去认识、审查和批评，这不仅是对文学批评科学性的追求，也是对人道主义的认同，更是对作品、作家之间存在紧密关系的确信[2]。虽然圣伯夫的理论后来被普鲁斯特批判[3]，但正如郑振铎所言，"这（圣伯夫的批评方法——引者注）当然是一件很伟大，也许竟是不可能的工作，所以他终于没有成功。但他的影响却是极大的；他开创了后来的写实主义的大路，并为泰耐（Taine）的老师。至今还有许多人在接踵的用圣皮韦的方法去研究某个文学家，去批评某部作品的"[4]。

贺麦晓指出，中国传统的批评观念中，对于作者的了解是通过其作品完成的，而在以圣伯夫为代表的自然主义批评家手中，关于作者的系统研究则成了独立的科学。因此，这种批评方法对当时中国的读者及批评家来说，具有很强的吸引力。当读者读了报刊上的作品，希望了解作家的思想时，就会产生对传记的需求。事实上，这种需求很多时候并不是为了对作品进行客观的阐释或分析，而是为了增加审美体验，甚至阅读传记也是为了寻找与偶像有关的资源。而对当时的批评家来说，赋予批评以科学的权威和客观性显得尤为重要。因此，各个文学团体都对自然主义批评家圣伯夫很感兴趣[5]。在此后很长一段时间，报刊上大量刊载各种传记作品，而对雪莱传记的译介，便处于这股潮流中。胡适曾经感叹：

1　圣勃夫：《皮埃尔·高乃依》，《圣勃夫文学批评文选》，范希衡译，南京大学出版社 2016 年版，第 160 页。

2　参见许钧：《肖像批评及其当代启示——读范希衡译〈圣勃夫文学批评文选〉》，《文艺研究》2017 年第 5 期。

3　普鲁斯特认为："进行艺术创造的不是社会实践中的人，而是人的'第二自我'或所谓深在的自我，因此他否定圣伯夫的理论出发点：作家的生平是作品形成的内在依据，实际上也是彻底否定法国十九世纪实证主义的批评原则，为此后兴起的法国新批评开辟了道路。"（王道乾：《译者附言》，普鲁斯特：《驳圣伯夫》，王道乾译，上海译文出版社 2007 年版，第 263 页）关于此问题的讨论，参见刘晖：《从圣伯夫出发——普鲁斯特驳圣伯夫之考证》，《外国文学评论》2008 年第 1 期；钱翰：《法国文学史的建立 ——从圣伯夫到朗松》，《法国研究》2013 年第 3 期。

4　郑振铎：《文学大纲：第三十一章，十九世纪的法国诗歌》。

5　参见贺麦晓：《文体问题——现代中国的文学社团和文学杂志（1911—1937）》，陈太胜译，北京大学出版社 2016 年版，第 201 页。

"传记是中国文学里最不发达的一门。"[1] 郁达夫也坦陈："经过了二千余年，中国的传记，非但没有新样的出现，并且还范围日狭，终于变成了千篇一律，歌功颂德，死后沉沉的照例文字；所以我们现在要求有一种新的解放的传记文学出现，来代替这刻板的旧式的行传之类。"[2] 这种"不在事实的详尽记载……也不在示人以好例恶例，而成为道德的教条"的传记文学以"英国去世不久的 Giles Lytton Strachey，法国 André Mauris 和德国 Emil Ludwig 的三人"[3] 为代表。

斯特拉奇（Lytton Strachey，1880—1932）是英国新传记文学的奠基人。他的《维多利亚时代名人传》（*Eminent Victoriana*，1918）标志着新传记时代的到来。梁遇春曾撰文介绍新传记文学的发展[4]。在 1932 年纪念斯特拉奇去世的文章中，他将其新传记观概括为两点："保存相当的简洁——凡是多余的全要排斥，只把有意义的收罗进来——是写传记的人们第一个责任。其次就是维持自己精神上的自由；他的义务不是去恭维，却是把他所认为事实的真相暴露出来。"[5] 斯特拉奇的创作对前一阶段英国维多利亚时期的传记写作是一种反拨。当时通行的传记写法，是在传主去世后，将其生平和书信合编为厚厚的两卷，"里头堆积了大量食而未化的材料，风格杂乱，口气上赞誉过多，令人生厌；更不像样的是，缺乏对材料的精选，缺乏客观性，缺乏精心的构思"[6]。而传主通常被表现为具有完美品性，个个都是"高尚、正直、朴素而严谨……几乎总是戴着大礼帽，穿着礼服，比真人还要高大，而将他们展现出来的方式却变得越来越笨拙、生硬"[7]。而斯特拉奇的传记创作消解了维多利亚社会文化的英雄神话。因此，梁遇春认为他是一个"英雄破坏者"（iconoclast）[8]。

斯特拉奇好友弗吉尼亚·伍尔芙 1927 年发表了《新传记》（New Biography）

1　胡适：《〈南通张季直先生传记〉序》，《吴淞月刊》1930 年 1 月第 4 期。

2　郁达夫：《什么是传记文学?》，傅东华编：《文学百题》，生活书店 1935 年版，第 240 页。

3　郁达夫：《什么是传记文学?》，第 242 页。

4　春（梁遇春）：《新传记文学谭：德国之卢德伟格、法国之莫尔亚、英国之施特拉齐》，《新月》1929 年 5 月第 2 卷第 3 号。

5　秋心（梁遇春）：《Giles Lytton Strachey（1880—1932）》，《新月》1932 年 10 月第 4 卷第 3 期。

6　斯特拉奇：《前言》，《维多利亚时代四名人传》，逢珍译，花城出版社 2003 年版，第 2-3 页。

7　弗吉尼亚·伍尔芙：《新派传记》，张军学译，《伍尔芙随笔全集》第 4 卷，王义国、黄梅等译，中国社会科学出版社 2001 年版，第 1702 页。

8　秋心（梁遇春）：《Giles Lytton Strachey（1880—1932）》。

一文，指出 20 世纪初由于科学革命的发展，人与人之间的关系发生了深刻的变化，而新传记便是在科学与心理学的长足发展、小说艺术的进步以及第一次世界大战的冲击下发生的。这其实是从属于现代主义的新观念。然而，在对新传记产生这一事实达成共识后，困扰传记理论家的难题就出现了：

> 传记的问题一分为二，清晰地展现在我们面前：一方面是真实性，另一方面是人的品性。假如我们把真实性看作是某种坚如磐石的东西，把人格看作是捉摸不定的彩虹，因而认为传记的目的就是把二者天衣无缝地融为一体，那我们就得承认，传记问题是一个棘手的问题。[1]

在伍尔芙看来，新传记是将传记写作看作艺术，这虽然突破了维多利亚时代传统传记的范式，但也把这一文体引向了一个危险的境地，稍有不慎，便会和小说混淆在一起，因为"事实的真实性"（truth of fact）和"虚构的真实性"（truth of fiction）是互不相容的。[2] 伍尔芙提出的这个危险，对新传记作家来说确实是一个困扰，而法国作家莫洛亚却试图用自己的理论和创作解决这个难题。

1928 年 6 月 25 日的《大公报·文学副刊》刊登的《论传记文学》一文认为，现在的新传记的作者实际上是"藉他人之传记为自我之表现，见乎某人一生之际遇性格或理想有类与己"，就像中国旧语所谓"借他人之酒杯，浇自己心中之块垒"。[3] 该文根据莫洛亚当年 1 月发表在美国《耶鲁评论》（Yale Review）上的《现代传记》（"Modern Biography"）一文译介而成[4]。同一年，莫洛亚前往英国剑桥大学三一学院进行演讲，之后六篇讲演稿结集出版，取名《传记面面观》

---

1 弗吉尼亚·伍尔芙：《新派传记》，第 1700 页。

2 Virginia Woolf, "The New Biography". in *Biography as an Art*: *Selected Criticism* 1560—1960. ed. James L. Clifford, New York：Oxford University Press, 1962, p. 127.

3 《论传记文学》，《大公报》（天津版）1928 年 6 月 25 日。

4 莫洛亚完成了《雪莱传》等传记作品后，1927 年受邀前往美国进行演讲并发表了这篇文章。该文的译文除了《大公报》上的译介外，在 40 年代还有过两个译文，分别为《现代的传记文学》（黎生译，《杂志》1943 年 11 月第 12 卷第 2 期）和《新传记文学论》（赵玄武译，《华北作家月报》1943 年 8 月第 8 期）。在后者的译文后注明该文根据日本英文刊物《世界时潮》中的文章译介而来，原文作者为法国现代名传记作家。

（*Aspects of Biography*）[1]。莫洛亚结合自己的创作，从理论上推进了斯特拉奇和伍尔芙二人的新传记观。他首先同意伍尔芙提出的人类在 20 世纪初发生了重大的变化，也认同斯特拉奇的传记写作方法，但提出另外三点：第一，传记要避免道德的判断；第二，传记是作者的一种表达；第三，传记是艺术与科学的结合，这一点是他对于伍尔芙疑惑的解答。他采用了花岗岩和彩虹的比喻，认为"一副美丽的肖像，既可以是形神兼备的写照，也可以同时是对真实的艺术移植。真实像磐石一样坚硬，个性像彩虹一样轻盈，这样说是非常准确的"[2]。他强调的是，传记既可以作为艺术，也可以作为科学，二者是可以调和的。莫洛亚后来用大量创作实践着自己的传记观，但显然并未完全赢得伍尔芙的认同。后者在 1939 年的《传记文学的艺术》（*The Art of Biography*）一文中，仍然认为"传记作家是一个工艺家（craftsman），不是艺术家（artist）；他的作品也不是文艺作品，只是近似于此的东西吧（罢）了"[3]。不过，在伍尔芙看来，虽然传记与最伟大的小说和诗歌相比稍逊一筹，但也具有极其宝贵的价值[4]。

郁达夫在《什么是传记文学?》一文的结尾处，将莫洛亚的《雪莱传》看作"新的解放的传记文学"的典范，认为这部传记"完全把 Shelley 一生的史实小说化了（,）而且又化到了恰到好处"[5]，希望用它代替中国传统的"刻板的旧式的行传之类"。在当时的中国语境下，不论历史学家还是文学家，在介绍新传记的文章中都推崇莫洛亚的《雪莱传》。时任浙江大学史地系教授的任美锷在《莫洛亚著传记文学两种》一文中指出，在艰苦抗战的背景下，在倡导建立"健全完美的国家观念和民族思想"的同时，要把"史地教育趣味化和大众化"，鼓励"新

1　莫洛亚在序言中写道："E. M. 福斯特先生在前一年作了他的讲演，将它们取名为'小说面面观'（*Aspects of the Novel*），因此，仿照他的榜样，我选择了这样互补的题目，但并不试图回顾这种文学形式的历史。"André Maurois, "Preface", *Aspects of Biography*, New York：D. Appleton & Company, 1929, p. VII）译文参考安德烈·莫洛亚：《传记面面观》，陈苍多译，（台北）商务印书馆 1986 年版，第 1 页。

2　André Maurois, *Aspects of Biography*, 1929, p. 38.

3　伍尔芙夫人：《论传记文学》，天虹译，《改进》1944 年 3 月第 9 卷第 1 期，第 13 页。为便于理解，正文中的英文单词为引者所加。

4　伍尔芙认为原因在于"传记作家对于刺激想象力一事所尽的力实在超过任何一位诗人或小说家——除了最伟大的以外。因为能够紧张热烈到使我们感到现实味的诗人和小说家为数不多。而传记作家呢，只要是尊重事实的，差不多每一个都会使我们得到比一桩新的事实多得多的东西。他们能给我们有创造力的事实、滋养丰富的事实，富于暗示性和新生力的事实"（吴尔芙夫人：《论传记文学》）。

5　郁达夫：《什么是传记文学?》，第 243 页。

游记和新传记"的创作，而合乎标准的新传记是莫洛亚的作品，在中国尚没有类似作品。[1] 许君远在《论传记文学》一文中认为，建立"民族文学"应该多写"表彰民族英雄"的传记文学。而在 20 世纪新传记的潮流中，特别提到要学习斯特拉奇和莫洛亚的创作，他们"都是从大处着眼，小处入手，从日常生活中把被传者的人格特癖，竭力刻划入微，使读者从小地方获得整个英雄的本色"[2]。由此可见，莫洛亚的《雪莱传》在中国的译介与接受，不仅发生在"雪莱热"的背景下，也应被历史地还原至新传记的译介潮流中。

二　浪漫偶像形象的生成：雪莱传记在西方的发展

1935 年的《黄钟》杂志上发表了日本作家鹤见祐辅的《纯情诗人雪莱》一文。事实上，在 20 世纪三四十年代，中文报刊上大量译介了鹤见祐辅的传记作品及讨论新传记的文章，其中的理论观点大多来自斯特拉奇、伍尔芙以及莫洛亚[3]。作为《拜伦传》的作者，鹤见祐辅对拜伦和雪莱二人进行了比较，他认为"对于雪莱，女人是有如天使般的憧憬的对象，而对于摆伦（即拜伦——引者注），则是安慰的目的物"[4]。钟敬文在鹤见祐辅《拜伦传》中文版序言中强调了这个观点，并进一步指出两人的差异在于雪莱"天真和慈悲"，而拜伦却"傲慢而缺少情理"："我们并不是不知道，拜伦所遭受的家庭、异性和社会底冷遇及虐待是那么深重。但是，他那种过于矫激的行为，总很容易驱使我们底同情和爱，更倾注到雪莱那样天真率直的人物身上去。我们耽爱质朴而不喜欢矫情。"[5] 值得注意的是，这段话客观上解释了为什么拜伦的名声在西方要大过雪莱，而当时中国读者对后者的传记兴趣更大。那么，雪莱是如何被塑造成"天真率直"的形象的？这要从他在西方的传记历史说起。

1　任美锷：《莫洛亚著传记文学两种》，《思想与时代》1942 年第 8 期。

2　许君远：《论传记文学》，《东方杂志》1943 年第 3 期。

3　鹤见祐辅关于传记的理论和创作在当时中国很多报刊上刊载，如《传记的意义》（岂哉译，《宇宙风》1937 年第 51、52、53、54 期）、《论传记文学》（之良译，《东方文化》1943 年 2 月第 2 卷第 2 期）、《青年与传记》（司马奋译，《现代周报》1945 年第 1、2 期）。

4　鹤见祐辅：《纯情诗人雪莱》，开元译，《黄钟》1935 年 9 月第 7 卷第 5 期。

5　钟敬文：《序》，鹤见祐辅：《拜伦传》，陈秋子（陈秋帆）译，远方书店 1944 年版，第 5 页。

与一觉醒来突然发现自己已经名满欧洲的好友拜伦相比,雪莱在去世前并不是一个有很大名声的诗人。虽然他创作了许多作品,但大部分在生前不曾出版。1822年,未满30岁的诗人突然溺水而亡,这令人震惊,也给他蒙上了神秘的面纱。他的第二任妻子玛丽·雪莱以及好友在其死后不遗余力地热情介绍[1],为雪莱声名的传播起到了决定性的作用。到了维多利亚时期,英国的出版业发展迅速,诗人的名声随着他的作品的整理和出版开始逐渐增长。当时重要的评论家乔治·吉尔菲兰(George Gilfillan, 1813—1878)、弗朗西斯·汤姆森(Francis Thompson, 1859—1907)、威廉姆·麦克·罗赛蒂(William Michael Rossetti, 1829—1919)等人开始评论诗人的生平和作品。吉尔菲兰称雪莱为"永远的孩子"(eternal child),认为诗人对世界、爱情、友谊等都充满了天真的幻想[2],这成为很多评论家认同的观点。汤姆森就认为雪莱是"一个生在成人世界的、被施了魔法的孩子"[3]。

1887年,学者爱德华·道顿(Edward Dowden, 1843—1913)得到雪莱家族的授权,完成了两卷本的《雪莱生平》(*The Life of Percy Bysshe Shelley*),成为当时最权威的雪莱传记,影响深远。作为典型的维多利亚时期的作品,该书不仅对传主的生平进行了翔实的记录,同时也竭力塑造出其完美品格。道顿将雪莱抛弃第一任妻子哈丽雅特、与玛丽私奔等被认为不符合道德的行为进行了合理化,这激起了很多评论者的不满。1894年8月,美国作家马克·吐温(署名Samuel Langhorne Clemens)在《北美书评》(*North American Review*)上发表评论,称道顿的传记是用于粉饰的"虚构传记故事"[4]。他指出雪莱在一生中总是同时喜欢两个女人,"在恳求哈丽雅特把冷却了的爱心重新点燃起来之后,诗人突然间就一

---

1 雪莱生前的好友麦德文(Thomas Medwin, 1788—1869)的《雪莱回忆录》(*Memoir of Percy Bysshe Shelley*, 1833)、霍格(Thomas Jefferson Hogg, 1792—1862)未完成的《雪莱传》(*The Life of Percy Bysshe Shlley*, 1858),特洛尼(Edward John Trelawny, 1792—1881)的《回忆雪莱和拜伦的最后时光》(*Recollections of the Last Days of Shelley and Byron*, 1859)以及李·亨特(Leigh Hunt, 1784—1859)和皮科克(Thomas Love Peacock, 1785—1886)等同时代人的纪念文章都帮助世人更加了解雪莱。

2 George Gilfillan, *A Gallery of Literary Portraits*, Edinburgh: William Tait, 1845, p. 89.

3 汤姆森在文中举例说,雪莱经常被看到做一些徒劳无功的小游戏,比如他喜欢玩纸船。这是一种像孩子一样的行为,而不是通常被称作幼稚的活动。也就是说,这是没有目的的琐事,却是天才儿童独具的充满想象力的探索活动。所以雪莱在生活中,就像一个被放大了的孩子。Cf. Francis Thompson: *Shelley: An Essay*, London: Burns and Oates, 1914.

4 马克·吐温:《为哈丽雅特·雪莱声辩》,孙骊译,《马克·吐温十九卷集》第17卷,河北教育出版社2002年版,第250页。

下子深深地陷入了对玛丽·葛德文的热烈爱情之中"[1]。正是被诗人突然遗弃，才导致哈丽雅特自杀。因此，马克·吐温认为传记作家不应该粉饰雪莱的生平，而是要客观、真实地呈现他的生活，即使有污点，那也是人性的一部分，并不妨碍他依然是一位伟大的诗人[2]。

这一时期英国重要的诗人和评论家马修·阿诺德也对道顿的传记不满。雪莱违反道德的生活在阿诺德看来使其无法成为第一流的诗人[3]。在《雪莱》（1888）一文中，他指出道顿的雪莱传记充满了过多的对诗人行为的辩解和臆测，对传主来说并无任何益处。他在文末总结说，雪莱本人"并不是一个精神完全正常的人……现实生活中的雪莱只是一个美丽光辉的幻象，没有任何效果，也没有任何的影响"[4]，因此他对诗人给出了那个著名的论断："一个美丽而不起作用的安琪儿，在真空中徒然拍打着他那闪着星光的银色翅膀"[5]。阿诺德的评价曾经在很长一段时期主宰了评论家对雪莱的看法，也被认为是对诗人有力的批评。然而，阿诺德的这种看法其实既不新鲜，也不奇怪，它只是一种从传统而来的态度。有研究者就指出，"从雪莱夫人开始，她便将雪莱塑造为一个天使，李·亨特继续了这种观念，麦德文也进行了确认；后来霍格的传记表明雪莱是'徒劳的'（inef-fectual）；其他人又强调了他的'虚幻'（airy）和'缥缈'（ethereal）。阿诺德的这个评价是以警句的形式对六十年来观点的结晶；是修辞上的夸张，而非带有偏见的攻击"[6]。

进入20世纪，沃特·培克（Walter Edwin Peck，1891—1954）所著的传记

1　马克·吐温：《为哈丽雅特·雪莱声辩》，第293页。

2　马克·吐温：《为哈丽雅特·雪莱声辩》，第299页。

3　在阿诺德（又译"安诺德"）的诗学理论中，道德是很重要的一环，他认为诗就是对生活的批评，"诗人的伟大，在于把观念有力而美丽地应用到生活上，——应用到怎样生活的这样一个问题上……违反道德观念的诗，就是违反生活的诗"（马太·安诺德：《评华滋华斯》，《安诺德文学评论选集——"评荷驶诗的译本"及其他》，殷葆瑹译，人民文学出版社1958年版，第140—141页）。

4　Matthew Arnold, "Shelley", in Essays in Criticism（Second Series），London：Macmillan and Co., Limited, 1903, p. 251.

5　Matthew Arnold, "Shelley", in Essays in Criticism（Second Series），London：Macmillan and Co., Limited, 1903, pp. 251-252. 本文首次发表在1888年1月的《十九世纪》（The Nineteenth Century）上。译文参考了王佐良的《英国浪漫主义诗歌史》（人民文学出版社1991年版，第204页）。

6　Clement Dunbar, "Introduction", in A Bibliography of Shelley Studies：1823—1950, Folkestone：Dawson Publishing, 1976, p. XL.

《雪莱：他的作品和生活》（*Shelley：His Life and Work*，1927）在伦敦出版，里面增添了以往传记中没有的细节，却过于琐碎。而1923年莫洛亚创作的新传记作品《爱俪儿：雪莱传》，采用小说笔法的传记写作使雪莱的故事更富戏剧性并为世界读者所知，这部传记也成了被大众阅读最多、流传最广的雪莱传记。

法国作家为何要写一本关于英国诗人的传记呢？莫洛亚并不能提供新的资料，他"当初真的是感到一种非常强烈的需要，想要写这本传记吗？如果是这样的话，隐藏在这种欲望之后的秘密泉源是什么"[1]？身为作者的莫洛亚对这些问题进行了自问自答。他认为自己在和雪莱相似的年纪，在哲学和政治观念上有过相似的问题和困惑，而更为重要的是，叙述雪莱的故事，也正是在抚慰自己内心的创痛：

> 我认为他（雪莱——引者注）的这些挫折和我自己的挫折性质相同。当然，他的一生比我的一生优雅和伟大一百倍，但我知道，在同样的情况下以及在同样的年纪阶段，我也会犯跟他同样的错误。在我的心中，一种生动的同情之需要，取代了年轻的自傲和自信，同时我也发现雪莱在丧子之后接近人生终点时的种种迹象。是的，我确实感觉到：将他一生的故事叙说出来，就某种程度而言将是对自己的一种解脱。[2]

因此，莫洛亚阅读了此前关于雪莱的大部分书籍、传记和信札。他将这部雪莱传记作为艺术品来进行创作，他找到了，或者说塑造了诗人生命中的主旋律——"水"：

> 在雪莱的一生中，水的主题支配了整个"交响曲"。我们首先发现这位年轻的伊东学校学生在一条河的堤岸旁做梦；他以后在一条河上放下了他脆弱而象征性的纸船；然后，他的生命消渡在船上；他的第一位妻子哈丽特溺水而死，而一种水似的死亡幻象困扰读者很长的时间，然后实际的溺死事件才发生，好像命运之神从童年起就一直把雪莱引向史培吉亚海湾。[3]

莫洛亚为了自我表达而创作《雪莱传》，用伍尔芙的话来说，他是"把通常需要

1　安德烈·莫洛亚：《传记面面观》，第91页。
2　安德烈·莫洛亚：《传记面面观》，第91-92页。
3　安德烈·莫洛亚：《传记面面观》，第55-56页。

写成两卷本的雪莱传记蒸馏成了一篇小小说的长度。但篇幅的缩减只是内在变化的外部表征。重要的是传记的观点也完全改变了"[1]。也就是说。莫洛亚将雪莱当作一个真实的人来塑造，根据自己的要求选取传主的生命片段，通过叙述其痛苦来消化自己的困惑。与小说等虚构艺术形式不同的是，莫洛亚的材料是真实的，但传主对他来说是一种自我表达的工具。

从雪莱传记的写作脉络来看，莫洛亚延续了雪莱是一个"不起作用的安琪儿"的传统形象。他从传主的青少年时期写起，在整个传记中，诗人从始至终都是孩子，没有长大。也许诗人的生命短暂，他确实没有机会成长。然而，在生命的最后阶段，写作未完成的诗剧《生命的凯旋》（1822）时的雪莱，对生命的理解已经与以往不同。诗剧一开始，诗人描写了地狱的景象。人们在狂奔，"生命战车"开过来，其后有许多囚徒，都已经被生活征服。剧中的卢梭自称"我已爱过恨过怕过痛苦过，/作过而且活过"，"生命战车"没有放过他，最后他问："那么，生命是什么?"[2]雪莱的生命终结了，诗剧也中断了。无法判定诗人是否在炼狱中进行了自我逼问，他是否会在想象中找到最终的答案。但显然，此时的他已经不再是莫洛亚笔下那个"永远的孩子"。

三　对西方诗人的浪漫想象：雪莱传记在中国的译介

为了介绍新近在伦敦出版的培克的雪莱传，1928年10月29日的《大公报》刊登了《雪莱新传》一文。这篇没有署名的文章指出，雪莱的"抒情诗在世界文学中居极高之地位。已为国人所熟悉……然其丰富浪漫之一生，其时代、其人格、其天才、其交游、其恋爱，诚可为传记之最佳之材料"[3]。诚如文中所言，雪莱传记中关于诗人的人格、朋友、婚姻爱情等几个方面，都为中国读者所感兴趣。

《雪莱新传》一文指出道顿的传记"其详博诚不可及，而文字干枯冷酷"，但徐祖正在1926年《语丝》中关于雪莱的介绍，参考的便是这本传记。他认为"许丽（即雪莱——引者注）之对于婚姻，内抱一个理想。似乎是凡爱尽即当离弃，

1　伍尔芙：《新派传记》，第1703页。

2　雪莱：《生命的凯旋》，江枫译，江枫主编：《雪莱全集》第3卷，河北教育出版社2000年版，第251、270页。

3　《雪莱新传》，《大公报》（天津版）1928年10月29日。

有爱不妨相悦"[1]，因此，诗人离开前妻爱上玛丽，是合情合理的。而1928年
《小说月报》上发表的《雪莱不是美丽的天使》一文，则是赵景深根据培克的传
记撰写而成的，认为雪莱抛弃前妻是"突然的，自私的，熟虑的。哈莱特觉得活
在世上没趣便只好自杀"，因此诗人应该担负这个杀妻的罪名。[2] 1929年《北新》
上连载的《论雪莱》引用英格盆（Roger Ingpen，1867—1936）的观点认为，雪莱
所渴望的是"爱情，不是婚姻"[3]。孙席珍参考多种资料编撰而成的《雪莱生
活》，翔实地记录了诗人的生活经历[4]，他同样认为诗人的感情发展是合乎情理
的，即使后来发生前妻跳河自杀，与诗人也并无什么关联[5]。

可见，在20世纪20年代，尽管有赵景深这样将雪莱视为"杀妻"凶手的译
介者，但主流观点仍将雪莱视作勇敢追求爱情的偶像。正是雪莱身上的这种较为
复杂的婚恋关系，才使得他成为传记写作的好材料，作者可以借阐释他的故事来
表达观点，疏解心中的郁闷。需要指出的是，这一时期对于西方不同时期的雪莱
传记都有译介，但内容大多是片段式的，真正被完整翻译的雪莱传记，当属莫洛
亚的《雪莱传》。

这部被于赓虞称为"处处有诱人的魔力"[6] 的传记于1931年4月作为徐志摩
主编的"新文艺丛书"中的一种，由上海中华书局出版，这是该传记第一个完整
的中文译本。译者李惟建是女作家庐隐的丈夫，也是新月派成员，曾经在1928年
翻译过雪莱的《云雀曲》。李惟建依据的是1924年英国女作家艾拉·达西所译的
该传记英译本，并将这部传记的标题译为"爱俪儿"。莫洛亚用这个词为自己的

---

1   徐祖正：《译诗一首》，《语丝》1926年3月15日。
2   赵景深：《雪莱不是美丽的天使》，《小说月报》1928年1月10日第19卷第1期。
3   Robert Lynd：《雪莱》，梁遇春译，《北新》1929年6月16日第3卷第11号。
4   孙席珍主要参考《雪莱生平》（*Life of Percy Bysshe Shelley*）一书，该书是由威廉·夏普
     （William Sharp，1855—1905）为伦敦司各特出版公司出版的"伟大作家"（Great Writers）
     系列中的一本，1887年出版。他还参考了《雪莱和他爱的女人们》（*Shelley, and the Women
     He Loved*），这是一本流行读物，是美国20世纪初流行的"小蓝皮书"（Little Blue Books）
     中的一本。该书插图来自理查德·加奈特（Richard Garnett，1835—1906）和埃德蒙德·高
     斯（Edmund Gosse，1849—1928）合著的《插图英国文学史》（English Literature: *An Illus-
     trated Record*），这是20世纪初最常用的英国文学史。需要指出的是，孙席珍并未参考莫洛
     亚的《雪莱传》。参见孙席珍编著：《雪莱生活》（序），世界书局1929年版，第1页。
5   孙席珍编著：《雪莱生活》，第53-54页。
6   于赓虞曾撰文宣布自己要出版名为《雪莱婚姻》的小传，他表示自己的大部分资料都来源
     于莫洛亚的雪莱传："André-Maurois 以其委曲婉转的笔调，把雪莱的一生当作一首抒情诗
     那样去描绘，处处有诱人的魔力。"（于赓虞：《"雪莱底婚姻"小引》）

雪莱传命名，充满了隐喻意味："爱俪儿"（Ariel）原本是莎士比亚戏剧《暴风雨》中被公爵普洛斯帕罗所驱使的精灵的名字。公爵在剧终时告别魔法的独白，常被看作是莎士比亚本人即将离开伦敦舞台时的心声，因此，《暴风雨》时常被视为莎士比亚的告别之作。雪莱给自己在意大利的小船即取名为"爱俪儿"[1]，不幸的是，他正是乘坐这艘小船葬身大海，这艘小船在某种意义上承载了他与人世的告别。宋淇曾读到这个译本，认为虽然李惟建是个诗人，但"译得并不高明"；同时，他指出此传记固化了阿诺德所强调的雪莱是"一个美丽而不起作用的安琪儿"的形象，原因在于莫洛亚师承斯特拉奇，"有时不免夸张和歪曲原来事实，以求增强效果，结果读来并不像传记，而是像一卷小说，读完后更容易产生雪莱非尘世中人的印象"[2]。然而，莫洛亚一直抗拒将自己的传记称为小说。即便如此，后世的评论家仍然指出，"如果说'传记小说'（biographie romancée）的提法有违作者初衷，那么称作'富有小说情趣的传记'（biographie romanesque）尚不至于太违作者本意"[3]。事实上，《雪莱传》确实是"富有小说情趣的传记"，它以诗意的语言和充满隐喻的结构，塑造出一个浪漫虚幻并远离尘世的天使形象。

赵家璧在1931年的《良友》杂志上发表的《克拉小姐与两诗人》一文节译自莫洛亚的《雪莱传》。克拉小姐全名是克拉·克莱蒙特（Clara Clairmont，1798—1879），她是玛丽没有血缘关系的妹妹。当年雪莱爱上玛丽并私奔时，她是"私奔的随从者"。克拉始终爱着雪莱，随时准备成为玛丽的替代者，但后来一度被玛丽赶出家门。她转而追求拜伦，并生下了一个女儿。文章写道，年迈的她在去世前一年，被问到此生到底有没有经历过爱情时，她说当初和拜伦之间只是被后者炫耀，并非爱情，而自己终其一生都"死心塌地的爱着他（雪莱——引者注）"[4]。这是一个极度感伤又略显造作的结尾，也是莫洛亚《雪莱传》的结尾。这一与小说情节类似的设置，很可能受到英国作家亨利·詹姆士的小说《阿斯朋文稿》（*The Aspern Papers*，1888）的启发。40年代，詹姆士的小说被译为《诗人

1　雪莱为了纪念与拜伦的友谊原本要将这艘船命名为"唐·璜"，但在拜伦的女儿（即拜伦和玛丽的妹妹所生的女儿）不幸身故后，他只要想起拜伦的一切都憎恨极了。因此，将小船的名字改为"爱俪儿"。

2　林以亮（宋淇）：《雪莱——西洋文学漫谈之三》，《人人文学》1955年5月第10期。

3　罗新璋：《编选者序》，《莫洛亚研究》，漓江出版社1988年版，第14页。

4　赵家璧：《克拉小姐与两诗人》，《良友》1931年3月第55期。

的信件》，卞之琳在其序言中认为小说的原型是雪莱[1]。

　　莫洛亚《雪莱传》的第二个完整译本，由译者魏华灼完成于1937年6月，但直到1941年4月才由上海商务印书馆出版。魏华灼在《译者序》中认为，作为"新派传记作家"的莫洛亚"制造了一件艺术品"[2]，文笔流畅，塑造的传主性格鲜明，使得当时看惯实录式传记的读者觉得耳目一新。传记第二编讲述了传主饱受争议的婚姻生活、如何离开英国去往意大利以及如何葬身大海。雪莱在意大利经历了复杂的感情纠葛，除了玛丽和克拉外，他还先后爱上了比萨修道院里的埃米莉亚（Emilia）和邻居爱德华·威廉斯的妻子。事实上，莫洛亚根据历史留存的书信资料进行加工，并根据自己的理解处理了雪莱的这两段婚外情。首先，他将诗人与埃米莉亚的感情发展置于他对妻子玛丽的失望当中：

> 　　她（埃米莉亚——引者注）在那幽暗的会客室中一经出现，雪莱就觉得他自己一见倾心。爱并不激发他肉体上的欲望，只是使他感到对他所爱的人作自我牺牲的志愿……他早已相信在玛利身上发现了那种神秘的爱……这要算第一次，一个实际的女子符合了雪莱的幻象。但是，和她终日相处，不免发现她有许多特点，很不符合神性……最糟的是，他现在认识她过于深切，在她身上已经不能获得鼓励他思想的刺激。
>
> 　　反之，在最美丽的神秘的挨密利阿身上，他却能够实现他的全部心灵，因为他并不了解她。在这意大利的尼寺中，他终究发现了那种可爱的暂时的幻象，这幻象是他从孩提时即已开始追求的，他几次以为自己已经擒住这幻象，却又终归消灭，而在他面前只留下一个血与肉的女子，她只擅长伤害他的敏感的心灵。[3]

诗人在这种感情的激荡中，创作了长诗《心之灵》（1821），宣告了他的爱情观："……我不认为/每人只该从人世中找到一位/情人或友伴，而其余的尽管美丽/和

1　卞之琳在《序》中指出："这本小说，起因于当年在佛罗伦斯听说了雪莱的情人，克莱蒙小姐（Miss Clairmont，传为拜伦生过孩子，最后自认因负气而与他结合，始终只爱雪莱的），居然尚在人世，就住在当地，又听说了一个美国雪莱迷曾经设法向她租房间住，以便获得雪莱文件，而终于无成。"（卞之琳：《序》，亨利·詹姆士：《诗人的信件》，于绍方译，人生出版社1945年版，第4页。）

2　魏华灼：《译者序》，莫洛亚：《雪莱传》，魏华灼译，商务印书馆1945年版，第3页。

3　莫洛亚：《雪莱传》，魏华灼译，商务印书馆1945年版，第207-208页。

智慧，也该被冷落和忘记——/……真正的爱情不同于黄金和泥土，/它不怕分给别人，越给越丰富。"[1] 但得知埃米莉亚已经出嫁，伤心之余，他在玛丽写给友人的信中附上了这么几句话："我认为，人总是有所爱的，爱这或爱那，本是人之常情。但我得承认，对一个有血有肉的人来说，犯错误是在所难免的。而我的过错就在于，欲在一堆尘俗的行尸走肉里寻求一个也许会永存不朽的形象。"[2] 然而，诗人对于爱情的寻求是无止境的。在对玛丽的失望以及新爱人离去后，雪莱又将自己的感情投射在邻居的妻子珍妮身上。从前哈丽雅特让诗人伤心的时候，他在玛丽身上找到了安慰，而现在，在珍妮的眼中，他看到了一种幻影，这"无疑是他前世所熟识而且爱过的"[3]。他为此写下了多首经典的情诗[4]。

莫洛亚的《雪莱传》在中国流传甚广，诗人被看作可资效仿的浪漫偶像，一位不顾世俗与道德习俗的牵绊而不懈追求浪漫爱情的诗人。然而，莫洛亚却曾坦承，传记中对雪莱的浪漫塑造有讽刺和嘲笑的成分。他将此解释为针对自己，要去除自己心中的浪漫[5]。这一点在之前的中国译介者和读者眼中一直被忽略，而身处战时中国的魏华灼也许正和经历过"一战"的莫洛亚有相通之处，他指出了传记中流露出的嘲讽："我们读着这本书，为什么这样的受感动呢？固然也因为雪莱的生活富于诗意，可是我们又何忍忽视了作者雕琢这件艺术品的辛苦和才力呵！他的笔下，时刻带着轻微的讽刺和深切的同情，这正是雪莱那种不切实际的生活所必然激起来的反应。"[6] 这段本是赞美传记作者的话，仔细读来却意味深长。译者看到了传记中的浪漫生活是"不切实际"的，也看到了传记作者在其过度渲染出的雪莱与道德背道而驰的爱情中包含着讽刺的味道。

此外，逐渐接受马克思主义的中国读者开始意识到，莫洛亚《雪莱传》塑造了浪漫的、柏拉图主义的雪莱，却回避了政治的、革命的雪莱。1943 年，徐迟在

1　雪莱：《心之灵》，《雪莱抒情诗选》，查良铮译，人民文学出版社 1958 年版，第 248 页。
2　参见安·莫洛亚：《雪莱传》，谭立德、郑其行译，上海文艺出版社 1981 年版，第 238、245 页。为了方便后文的讨论，与魏华灼译本比较之后，本处引用 1981 年版的《雪莱传》译本。
3　莫洛亚：《雪莱传》，魏华灼译，商务印书馆 1945 年版，第 237 页。
4　珍妮·威廉斯是爱德华·威廉斯（Edward Ellerker Williams, 1793—1822）的妻子，两人私奔至意大利期间结识了拜伦和雪莱等人。爱德华和雪莱一起乘船时溺水而亡。雪莱写给珍妮的情诗，包括《致——（有个字过分被人们玷污）》《致珍妮：邀请》《致珍妮：回忆》《致珍妮：并赠吉他》等。后来珍妮与雪莱的好友霍格生活在一起。
5　安德烈·莫洛亚：《传记面面观》，第 92 页。
6　魏华灼：《译者序》，第 4 页。

长篇评论《雪莱欣赏》中，直言不认可莫洛亚对传主的塑造：他虽然把一位"出身望族的抒情诗人雪莱所应该有的风度，美丽地写了出来"，"但仿佛使人感觉到诗人雪莱只是如此的浪漫不羁"，无法使读者了解"为什么哲人说他（雪莱——引者注）是'一个一直到骨头里都是革命的'诗人"[1]。徐迟认为这是莫洛亚对雪莱的遮蔽。文中提及的哲人的话，指的是马克思关于雪莱的说法，即"这些人惋惜雪莱在二十九岁就死了，因为他是一个真正的革命家，而且永远是社会主义的急先锋"[2]。徐迟对莫洛亚《雪莱传》进行批评并强调诗人和社会现实的关联的看法，可以说代表了 40 年代中国文坛的主流趋向。此时，浪漫的偶像雪莱已经无法成为译介者关注的焦点，在战火硝烟中，讨论爱情观过于不合时宜，而马克思所说的那个"真正的革命家"才是时代的需要。

结语

1934 年，《中国评论》（*China Critic*）第 7 卷中连载了温源宁关于人物传记的专栏，后来结集出版，取名 *Imperfect Understanding*。钱锺书在书评中将其译为"不够知己"，认为温源宁的书写于斯特拉奇开创的新传记之后，不免受这些理论的影响。在《徐志摩———一个孩子》一文开头，温源宁写道：

> 雪莱的恋爱事件是人尽皆知的。在维多利亚时代人的眼光里，莫不引为惊愕。Matthew Arnold 是那样的喜欢评论文学的，或者对或者不对，但当他一涉及雪莱的性爱关系，便弄出大笑话来。但是后世却另替雪莱加一番定论，把他从淤泥中洗净，并且把他改变成了莎士比亚剧中之爱俪儿 Ariel——如一只蝴蝶，在花丛中翻飞，像一种细嫩轻柔天空中的生物，又美丽又天真。雪莱的 Epipsychidion 是一篇理想的爱人的歌，他爱的不是这一个女人或者那一个女人，而只是在一个女人玉貌声音里见出他理想美人的反映来。[3]

---

1 徐迟：《雪莱欣赏》，雪莱：《明天——雪莱抒情诗选》，徐迟译，雅典书屋 1943 年版，第 141 页。

2 艾威林、艾琳娜：《社会主义者雪莱》，转引自马克思、恩格斯：《马克思恩格斯论文学与艺术》下，人民文学出版社 1982 年版，第 136 页注释 1。

3 温源宁：《徐志摩——一个孩子》，张自疑译，《人间世》1934 年第 6 期。

在温源宁看来，阿诺德能够理解文学但无法理解雪莱的感情生活，而莫洛亚是把诗人从"淤泥中洗净"，将其塑造为天使的人。莫洛亚在传记中将雪莱的爱情观解释为他爱的并非具体的人而是"理想美人的反映"，正是在这一点上，温源宁将雪莱和徐志摩联系在一起："不错，志摩和女人的关系是完全和雪莱一样，也许有女子以为志摩曾经爱过她，实则他仅仅爱着他自己内在的理想的美的幻像。"他认为"志摩之为人，比志摩之为诗更伟大"[1]，因为他和雪莱一样，终其一生都像一个孩子，有一颗赤子之心。温源宁的观点得到了许多人的认同。钱锺书则语带幽默地讽刺了那场徐志摩是否像雪莱的争论中各方的观点："徐志摩先生既死，没有常识的人捧他是雪莱，引起没有幽默的人骂他不是歌德"，而事实上"志摩先生的恋爱极像雪莱"。[2] 罗家伦在《忆志摩》一文中也认为徐志摩是一个天真的孩子，他的下意识中藏着一个雪莱，不知不觉地想要模仿他。[3]

从 1905 年雪莱画像刊登在梁启超于日本主办的杂志《新小说》中开始，雪莱作为一个西方诗人的形象便出现在了现代中国人的视野中。"五四"新文化运动开始，伴随着传记批评在中国的流行，诗人在西方不同时期的传记开始被关注与译介，特别是莫洛亚的《雪莱传》被广泛译介，使诗人的婚姻爱情故事得以完整、直接地呈现在读者面前。可以说，在 20 世纪二三十年代，追求像雪莱那样的爱情和婚姻成了一种潮流。一方面，这契合了当时的新文人希望摆脱旧传统婚姻制度的束缚，进而追求自由爱情的理想；另一方面，传记中塑造出的爱情观代表着一种普遍存在于浪漫主义者身上的特质。这些中国新文学作家同情浪漫的雪莱，其实暗含着一种自我认同。而到了 40 年代，处于战火纷飞中的中国文人必须要面对充满苦难的社会现实，他们抛弃了或者说收起了对浪漫雪莱的迷恋，希冀的是"真正的革命家""社会主义的急先锋"这样的榜样，而这也成为此后雪莱在中国最为突出的形象。

（《文艺研究》2020 年第 5 期）

1　温源宁：《徐志摩——一个孩子》。
2　中书君（钱锺书）：《书评：不够知己》，《人间世》1935 年第 29 期。
3　罗家伦：《忆志摩》，《逝者如斯集》，商务印书馆 2015 年版，第 183 页。

陈培浩　文学博士，青年评论家，中国作协会员，中国现代文学馆第八届客座研究员，福建师范大学文学院副教授。在《文学评论》《中国现代文学研究丛刊》《当代作家评论》《南方文坛》《上海文学》《花城》《天涯》等刊物发表论文几十篇。出版《歌谣与中国新诗》《互文与魔镜》《穿越词语的丛林》等著作多部。曾获《当代作家评论》《中国当代文学研究》年度论文奖等奖项。

"当代文学"："重写"的故事

  人们常常忘记了一个概念得以成立背后的观念装置，某种意义上，离开相应的观念装置，任何概念都是无法理解的。比如"当代文学"，在中国大陆似乎是一个不言而喻的概念，但在欧洲、日韩甚至港澳台地区，其内涵就显得颇为模糊，也缺乏成为一门学科的可能。这些地区的读者对于何谓"中国当代文学"经常是一头雾水。因此，"中国当代文学"是一个必须打进引号里的概念，我们不仅要问"它是什么"，更要问"它是怎么来的"。多年前，洪子诚先生就试图回答这个问题。在《"当代文学"的概念》这篇文章中，洪先生敏锐地发现："从 50 年代后期开始，'新文学'的概念迅速被'现代文学'所取代，以'现代文学史'命名的著作纷纷出现。与此同时，一批冠以'当代文学史'或'新中国文学'名称的评述 1949 年以后大陆文学的著作，也应运而生。""当时的文学界赋予这两个概念不同的含义，当文学界用'现代文学'来取代'新文学'时，事实上是在建立一种文学史'时期'的划分方式，是在为当时所要确立的文学规范体系，通过对文学史的'重写'来提出依据。"[1] 因此，"当代文学"并非在时间上自然承接"现代文学"出现的命名，它们是同一逻辑的产物。洪子诚指出，从"新文学"到"现代文学/当代文学"的命名转变中，镶嵌着从毛泽东《新民主主义论》中转换而来的"多层的'文学等级'划分"。换言之，"新民主主义论"是塑造 1949 年之后"当代文学"这一概念的装置性话语。"新民主主义论"将中国的社会进程作了"旧民主主义社会""新民主主义社会""社会主义社会"的三分法描述，这三种社会形态在文学上各有对应。五四以来的"新文学"被视为

---

1 洪子诚：《"当代文学"的概念》，《文学评论》1998 年第 6 期。

旧民主主义社会的对应文学形态。在 1949 年中华人民共和国成立，特别是 1956 年社会主义改造宣告完成以后，新民主主义性质的文学无疑不再适应于社会主义社会的新要求了。因此，"当代文学" 从其发生的语境看，是包含着鲜明的等级秩序的，"当代文学" 作为以无产阶级为主体的社会主义文学，被认为理所当然地高于 "现代文学"；或者说，"当代文学" 这一概念的提出，正是为了对这种等级秩序做出学术上乃至学科上的确认。

"当代文学" 已经七十年，在不同阶段这一概念具有不同的内涵所指和质的规定性。就其发生语境，它指发生在特定 "社会主义" 历史语境下的文学；进入 20 世纪 80 年代以后，随着 50—70 年代 "一体化" 的文学体制被打破，"当代文学" 也随之发生重大转型；而今天的读者谈的 "当代文学"，越来越用以泛指 1949 年以来的中国文学，或更窄化为 "当下文学"，或具有 "当代性的文学"。某种意义上，"当代文学史" 就是一部不断被 "重写" 的文学史。"当代文学" 这一命名便是对 "新文学" 学术逻辑的重写，而 80 年代的 "重写文学史" 又是对 50—70 年代以 "人民文学" 为核心的 "当代文学" 的重写；90 年代以来，"重写'重写文学史'" 的呼声和实践此起彼伏。讲述 "当代文学" 内部这个 "重写" 的故事，可彰显 "当代文学" 内部 "人的文学" 与 "人民文学" 这组矛盾催生的递进、断裂和转型，并进一步思考 "重写" 的伦理。

一

1988 年 7 月，《上海文论》邀请当时的青年学者陈思和、王晓明在该刊主持 "重写文学史" 栏目，该专栏从 1988 年第 4 期持续至 1989 年第 6 期，广邀评论者对现当代文学领域重要作家赵树理、柳青、郭小川、丁玲、茅盾、曹禺、胡风、何其芳及重要作品《子夜》《青春之歌》《女神》，重要流派 "鸳鸯蝴蝶派" "新感觉派" 进行重评。这便是当代文学史上著名的 "重写文学史" 事件。

将《上海文论》的 "重写文学史" 事件作为 "当代文学" 的标志性节点，不是因为它得出了什么确凿不移的结论，或是拿出了什么影响深远的文学史著，而是因为它既关联着 "当代文学" 一系列 "重写" 实践，又勾连着 "当代文学" 转型时刻内在的辩驳和喧哗。这个栏目并不满足于作家作品重评这个层面，而是上升到 "重写文学史" 的高度。这是因为，在世人的眼光中，重评作品代表的是一家之言，而"重写文学史"代表的则是改天换地和盖棺定论。"文学史"始终是一种具有权威性和权力意味的知识形式。陈思和、王晓明他们用"重写文学史"来命名栏目，不是因为他们托大不知天高地厚，而是他们就站在80年代以来"当代文学"转型的延长线上。七八十年代之交的文学断裂和审美转型吁求着理论上的总结，并最终要求以"文学史"形式给"新的崛起"以合法性确认。因此，用当下的话说，陈思和、王晓明的"重写文学史"栏目，不是"一个人在战斗"。

可以放入"重写文学史"谱系的首先是1985年由黄子平、陈平原、钱理群三位北大学者提出的"20世纪中国文学"概念。1985年常被视为"当代文学"上具有界碑性意义的年份，这一年文学界的"寻根文学"、哲学界的"美学热"和美术界的"85新潮"集结出场，文学研究界同样不甘落后，贡献了一个影响至今的概念——"20世纪中国文学"。"20世纪中国文学"基于系统论和"世界主义"想象，要求打破既定的"近代文学""现代文学""当代文学"的学科区隔，将"20世纪中国文学"视为一个"由古代中国文学向现代中国文学转变、过渡并最终完成的进程，一个中国文学走向并汇入'世界文学'总体格局的进程"，把"世界文学中的中国文学""改造民族灵魂的总主题""'悲凉'的美感特征""艺术思维的现代化"作为"20世纪中国文学"的总体特征。[1]这个概念的提出，可谓别开新声、振聋发聩、应者如潮！如果说50年代中后期，文学史研究界通过将"新文学"拆分为"现代文学/当代文学"两个阶段而建立"当代文学"相对于"现代文学"的价值优先性的话；那么1985年提出的"20世纪中国文学"则通过拆除"现代文学"和"当代文学"之间的学科藩篱来重置文学内部的价值坐标。新启蒙、现代派和"人的文学"被凸显出来，而左翼革命文学话语则被边缘化了。

与"20世纪中国文学"有着相似"打通"思路的还有陈思和的"新文学整体观"，区别在于，陈思和"整体观"打通的是"现代文学"和"当代文学"，而黄子平三位学者则把"近代文学"一起打通，这就牵涉到新文学的起点问题，"20世纪中国文学"这一概念不但把1949年作为"当代文学"的开端意义绕开了，同时也将"五四"作为新文学的起点意义也绕过了。80年代初政治气候虽然乍暖还寒，但蛰伏在艺术界却是一股坚韧的人心思变的氛围。这种变一点一滴，却水滴石穿。七八十年代之交的朦胧诗潮，北岛的"告诉你吧，世界/我不相

1　黄子平、陈平原、钱理群：《论二十世纪中国文学》，《文学评论》1985年第5期。

信!""在没有英雄的年代里，我只想做一个人"呼应着历史和社会的转折而成一时之强音。"朦胧诗"最初是来自反对者的污名化命名，孰料却在文学时势浩浩荡荡的斗转星移中，剔尽了污名成分，反成了对一种新审美的命名。时势如此，连敌人的子弹都变成了新审美草船借来的箭矢。

文学时势常常左右着人们的反应和思考。在50—70年代的"社会主义文学"语境中，现代主义被视为颓废、落伍的文学形式，是不健康的资产阶级情调的流露。因此，1958年，走进新时代的冯至公开忏悔自己40年代具有现代主义基因的《十四行集》"只表达了小资产阶级知识青年的一些稀薄的、廉价的哀愁，很少接触到广大人民的苦难和斗争"[1]。但在80年代初，即使在偏于正统派的老诗人徐迟（60年代曾任《诗刊》副主编）那里，"现代派"也在"现代化"的掩护下找到了合法性出口："不管怎样，我们将实现社会主义的四个现代化，并且到那时候将出现我们现代派思想感情的文学艺术。"[2] 曾经被进化论话语扫进历史垃圾堆的"现代主义"，在80年代的正统论述中借壳还魂，在彼时正当其时的社会"现代化"话语的掩护下枯木逢春。

在《重读八十年代》一书中，朱伟特别提到了80年代文学星空中的这些星星：1980年、1981年、1982年，《北京文学》发表了汪曾祺的《受戒》《大淖纪事》和《故里杂记》。1984年《上海文学》发表了阿城的《棋王》；《收获》发表了邓友梅的《烟壶》。1985年，《上海文学》发表了马原的《冈底斯的诱惑》；《中国作家》发表了莫言的《透明的红萝卜》；《人民文学》发表了韩少功的《爸爸爸》、刘索拉的《你别无选择》、阿城的《孩子王》、徐星的《无主题变奏》；《收获》发表了张贤亮的《男人的一半是女人》、马原的《西海无帆船》、莫言的《球状闪电》、王蒙的《活动变人形》。1986年，《人民文学》发表了莫言的《红高粱》；《十月》《上海文学》《钟山》分别发表了王安忆的"三恋"：《小城之恋》《荒山之恋》和《锦绣谷之恋》。1987年，《北京文学》发表了余华的《十八岁出门远行》；《收获》发表了苏童的《1934的逃亡》。1988年，《北京文学》发表余华的《现实一种》……波兰女诗人辛波斯卡《种种可能》一诗写道："我偏爱很多此处没有提及的事物，/胜过很多我也没有说到的事物。"诚然，列举就是遗漏。无数名字以不在场的形式呼应着在场，共同构成了80年代审美转型过程中那种场的氛围。

1　冯至：《西郊集·后记》，作家出版社1958年版。

2　徐迟：《现代化与现代派》，《外国文学研究》1982年第1期。

事实上，早在 80 年代初，王蒙就通过《布礼》《蝴蝶》《春之声》《夜的眼》等小说，引起了一股"现代派""意识流"和艺术创新的争论。1982 年，花城出版社出版了《现代小说技巧初探》一书，是年 3 月，读罢此书的冯骥才在写给李陀的信中说："我急急渴渴要告诉你，我像喝了一大杯味醇的通化葡萄酒那样"，"在目前'现代小说'这块园地还很少有人涉足的情况下，好像在空旷寂寞的天空，忽然放上去一只漂漂亮亮的风筝，多么叫人高兴！"[1] 这是一个时代的心声。

这种新的审美转型，蛰伏着、涌动着，要求着理论上的辩护和正名。80 年代初，在文艺理论界也在努力别求新声。钱谷融 50 年代受到批判的"文学是人学"获得正名，"人学"重新成了备受热捧的话题。80 年代影响最大的文学理论思想当属刘再复的"性格组合论"和"主体性"理论，刘再复在理论上重新确认了写作者面对世界和时代发声的自主性和能动性。这是 80 年代理论界对"文学是人学"的有力延伸："人学"之"人"，既在于写作者必须是一个独立于形形色色庞然大物的"主体"，还在于这个"主体"必须有能力写出丰富、复杂的组合性性格。这些都是对以往"二结合""三突出""高大全"的文艺原则的理论"重写"。没有 80 年代热烈蓬勃、一浪高过一浪的崭新写作实践，没有文学理论上新的阐释和论述，就不可能有"重写文学史"近于盖棺定论的底气。

经常被提到的，作为"重写文学史"先声，在 80 年代大陆产生巨大影响的二部文学史著——司马长风的《中国新文学史》和夏志清的《中国现代小说史》，特别是后者，被旷新年认为"构成了大陆 80 年代以来'重写文学史'的最重要动力"。有趣的是，"20 世纪中国文学"和"重写文学史"虽然引发争议，以及一些老一辈学者的批评，比如王瑶就质疑"20 世纪中国文学"的提出者为什么刻意不提或少提"左翼文学"，然而这种理论创新却又得到了这些前辈学者私底下的支持。据陈思和回忆，"重写文学史"栏目出来后，"编辑部怕得罪老先生，就去北京开了个座谈会，结果老先生非常支持，王瑶先生、唐弢先生，包括我们的老师贾植芳、钱谷融、徐中玉都站出来支持，那么我们就放心了"[2]。这是颇有意味的。我想说的是，"重写文学史"并非一个偶然事件，它内在于 80 年代的社会场域，像一只思想的船只停泊于 80 年代的文学水域，随着 80 年代整体观念水位的上升而在 80 年代末呼之欲出。

1　冯骥才：《中国文学需要"现代派"》，《上海文学》1982 年第 8 期。
2　陈思和、杨庆祥：《知识分子精神与"重写文学史"》，《当代文坛》2009 年第 5 期。

二

　　然而，"重写"的故事并未结束。80 年代通过"重写文学史"确立的新启蒙话语在接下来的 90 年代和新世纪遭到了新的理论挑战，从而显示了"人的文学"和"人民文学"这组矛盾的博弈依然缠绕在"当代文学"内部。

　　进入 90 年代，中国社会再次面临巨大的转型，社会历史语境的变迁，使新启蒙话语迅速从人文学者倚仗的知识资源变成了被审视和反思的对象。发生在 90 年代初的人文精神大讨论，显见了彼时知识界在社会转型来临之际的迷惘和新知识话语的出场。在这场讨论中，一些秉持后现代知识话语的青年学者开始登场。作为当年的新锐学者，陈晓明的知识背景迥然有别于 80 年代主流，他非常自觉地将"人文精神"作为一种叙事和话语来看待："人文关怀、终极价值等等，不过是知识分子讲述的一种话语，与其说这是出于对现实的特别关切或勇于承担文化的道义责任，不如说是他倾向于讲述这种话语，倾向于认同这种知识。在这里，知识谱系学本身被人们遗忘，说话的'人'被认为是起决定支配作用的主体。"[1] 在此论述中，80 年代那种统一的整全的"人"终结了，代替为各种分层化话语的塑造物。另一位当年的后学才俊张颐武则将人文精神视为"最后的神话"，他对"人文精神"疾呼者无视"'知识'的有限性"，以为"任何学者只要具有了'人文精神'，就能穿透'遮蔽'，无限地掌握世界"[2] 的本质论神话提出尖锐的质疑。这种在当时一般读者看来不无艰涩的后学知识方法如今已经成为学界主流，而这批携带着后学理论武器登临学术界的新锐学者日后也如鱼得水风光无限。

　　90 年代现当代文学界有一部书以其新的知识方法迅速获得影响力，这便是唐小兵主编的《再解读：大众文艺与意识形态》。这部文集收录了刘再复、林岗、唐小兵、刘禾、黄子平、戴锦华、孟悦、贺桂梅、李杨等学者对左翼大众文艺的重读文章，并贯穿了一种具有方法论意义的"再解读"立场："不再是单纯地解释现象或是满足于发生学似的叙述，也不再是归纳意义或总结特征，而是要揭示

1　陈晓明：《人文关怀：一种知识与叙事》，《人文精神寻思录》，文汇出版社 1996 年版。

2　张颐武：《人文精神：最后的神话》，《人文精神寻思录》，第 138 页。

出历史文本后面的运作机制和意义结构"[1]。从阐释文本意义到解释文本背后的意识形态运作机制的转变，引领了 90 年代以来中国现当代文学研究的方法论转型。在这本文集中，方法转型背后并未显露出明显的价值转向。换言之，"再解读"提供了一种重新靠近在 80 年代视域中严重贬值的左翼大众文艺的学术路径，却并未有为左翼文学重估价值、重申合法性的诉求。然而，在日后的发展中，一种依靠知识考古方法，在方法和价值上反思 80 年代"新启蒙"，为"人民文学"重建合法性的新左翼文学史话语产生了不俗的影响。

某种意义上，我们可以将洪子诚的《中国当代文学史》和陈思和的《中国当代文学史教程》视为 80 年代重写文学史思潮在 90 年代末结出的史著果实。虽然这二部史著在方法论上很不相同——洪史明显融合了 90 年代知识转型过程中的很多方法创新，诸如对文学制度研究的重视，对文学社会学和知识考古方法的纳入——但洪史和陈史显然都保留了鲜明的启蒙论立场，这恰是这二部著作被更年轻一代学者所质疑之处。虽然李杨、贺桂梅、旷新年等学者跟洪子诚具有学缘上的师承关系，治学路数受到洪子诚或深或浅的影响，他们对洪子诚文学史研究的贡献也从不否认，但这些学者也并不讳言他们在审美立场上与秉持启蒙论的洪子诚的差异甚至"断裂"。李杨说："洪子诚对许多问题的看法与我们这一代人并不相同。譬如说，他始终怀疑 50—70 年代的文学价值，对我提出的所谓 50—70 年代文学的'文学性'的观点不以为然。虽然一直以 50—70 年代文学为研究对象，在他内心深处，他仍然认为以张爱玲为代表的 40 年代文学成就要比 50—70 年代文学高得多，常被我讥评为有'小资情结'。而且更重要的是，对福柯、德里达等人对历史与文本之间的关系的论述，他也始终心存疑虑。"[2]

2012 年，汪晖教授邀请美国斯坦福大学王斑教授在清华大学作讲座，王斑在分析了赵树理小说后发出这样的质问：究竟赵树理更先锋，还是张爱玲更先锋，赵树理更新潮，还是张爱玲更新潮？站在新左派的立场上，并不难理解王斑教授的逻辑。在他看来，张爱玲在当代文学史上的重新出场，是 80 年代新启蒙话语与90 年代市场化背景下小资话语合谋的结果，正是这种文学逻辑在赵树理和张爱玲之间给出了"土气"和"洋气"的判定，从而掩盖了以赵树理为代表的"社会主

1　唐小兵：《我们怎样想象历史》，《再解读：大众文艺与意识形态》，北京大学出版社 2007 年版。

2　李杨：《为什么关注文学史——从〈问题与方法〉谈当代"文学史转向"》，《南方文坛》2003 年第 6 期。

义文学"那种崭新的现代性探索。事实上,90年代末以来,以李杨、贺桂梅、旷新年、蔡翔等学者为代表对"十七年文学"的研究和对"80年代文学"的知识考古,都包含着一种鲜明的为"社会主义文学"一辩和正名的立场。

这种被称为"新左派"文学史话语的学术路径具有多个理论来源,其中既有福柯的知识谱系学,也有来自日本的竹内好的"作为方法的亚洲"。竹内好的学术思想鼓励人们打破"亚洲/欧洲"的二元对立和以欧洲现代性作为唯一的、普遍的现代化道路的认知,从而在弱势地区的独特性和内在主体性中确立自身的现代性可能。90年代以来,一批中国学者在竹内好那里获得启发,纷纷通过赵树理等中国左翼作家阐发"另类现代性"或"东方现代性",为被80年代启蒙思潮驱逐的社会主义革命文学正名,或者说为中国文学的革命现代性作为一条特殊道路的合法性论辩。竹内好所提倡的那种从对象内部发现主体性的思维对于中国现当代文学的其他方面也产生了诸多启发。以至于,"以某某为方法"在新世纪以来成了一个极其流行的研究思路。

循着重新发现"革命中国"内在主体性的思路,"新左派"学者严重质疑80年代"新启蒙"话语将"社会主义文学"内在复杂性和丰富性一笔勾销的做法。不过,在他们那里,"社会主义文学"常常不仅是研究对象,也是认同的对象。换言之,当他们意识到80年代以来的文学同样是某种意识形态塑造的结果时,他们在价值立场上更愿意回到"社会主义文学"那里。即使在所谓的"文学性"上,他们也否认"80年代文学"高于"社会主义文学"。因为,在他们看来,并没有纯粹客观的"文学性",不存在作为化外之地的"文学本身"。换言之,对文学与文化政治关联的强调使他们已经对韦勒克和沃伦在《文学理论》中做出的文学内外区分嗤之以鼻,这个理论曾经深刻地塑造了80年代的文学认知。说到"文学性","新左派"学者很可能马上会以"谁的文学性"反诘,他们的学术实践也因此构成了对80年代"重写文学史"的再次"重写"。

问题在于,不同时代的"文学性"观念固然是其时代的奠基性话语和文化逻辑的产物,但不同时代的"文学性"难道断然没有一种可沟通性存在吗?当今的学术场域,启蒙论和新左翼的文学立场无法相互说服,文学标准看似多元实则混乱。后现代主义话语的加入使得"确定性"被严重质疑,在消解霸权的同时,其实把审美的标准也一并放弃了。今天,混乱失调可以假去中心化之名大行其道;语言肿瘤又可以假先锋实验的幌子招摇撞骗。"当代文学"的"重写",以及"重写之重写"的故事,最迫切的提问在于:来自不同文化逻辑的文学观,该如何在更长的时段和更大的历史视野中求得汇入汉语"伟大传统"的可能？

三

90年代以来，有二个在中国影响巨大的概念需要我们重新打量。其一是福柯的话语。90年代以来，福柯的"话语"理论不仅作为理论工具普遍地运用于中国大陆学界的各种文化分析中，更是作为一种思维方法被广泛接受。福柯突破了语言学对"话语"的简单定义，而将"话语"视为"一组陈述，这组陈述为谈论或表征有关某一历史时刻的特有话题提供一种语言和方法"。"话语"通过语言实现了对"知识"的生产。福柯"话语"理论打破了传统透明的意义观，传统理论认为"意义"是存在于事物自身的，而"话语"理论则认为知识和意义都是特定文化逻辑下被建构和生产出来的。这种构成主义意义观某种意义上戳破了80年代"新启蒙"的"主体论"神话，"主体"并非天然如此，福柯著名的判断：不是人在言说"话语"，而是"话语"在言说人。福柯试图揭示：人并没有控制"话语"的主体性，相反，人不过是"话语"形塑的结果。与福柯的"话语"理论具有异曲同工之妙的是日本学者柄谷行人在《日本现代文学的起源》中提出的"认识装置"的概念。柄谷行人认为，任何被自明化的"风景"背后都顽固地存在着被抹去起源的"认识装置"。柄谷行人这部研究日本现代文学的著作之所以在新世纪以来的中国学界产生了巨大影响，很大部分原因就在于其的思维方法与寻求学术转型的中国学界产生共鸣。不妨这样说，"认识装置"是"话语"理论化入文学史研究的结果。它提醒研究者从表面的"风景"后撤，去寻找被时间和历史切断、掩盖的蛛丝马迹，其启发性是不言而喻的。

今天看来，这种基于"构成主义"的认识论，带来的并非只有洞见和启发，它给中国学界带来的最大困惑在于：当我们将所有"意义"都指认为某种"文化逻辑"的建构结果时，已经在某种意义上抹平了"意义"之间的差别，也搁置了评价和整合不同"文化逻辑"的可能性。

新世纪以来，技术迭代加速了社会的转型，每一次转型都携带着新的文化逻辑对文学现场发出"重写"的要求，甚至到了城头变幻大王旗的程度。问题在于，每一次"重写"都不彻底，只是多种新旧文化逻辑盘根错节、相互对峙和驳诘，看似千原并立、千灯互照，实则镜城里魔影重叠，小径交叉而难觅去路。今天的这种文化语境和症候，要求我们综合"面向未来"和"面向传统"二种眼光，探寻"重写"的伦理。

90年代以来"当代文学"的再次重写，在很大程度上是以后现代主义为方法的，这种方法质疑"意义"的一元论，发见了"新启蒙"背后的话语建构性，转而为"社会主义文学"辩护。无疑，这是一种学术的创新和推进。悖论在于，对"新启蒙"的祛魅还同时伴随着以复杂的学术包装对"革命中国"的复魅。换言之，学术语言和范式推进了，审美立场却翻烙饼式地回到了从前。"重写"常常受制于很多当下性的文化动机，诸如被创新之狗追赶着的学术焦虑，诸如种种体制性的利益推动。但"重写"能否在此之外，依然葆有一种相对超然的长时段眼光呢？"重写"能否超脱于"人民文学/人的文学""现实主义/现代主义""写什么/怎么写"这些短时段的二元框架，把不同时段的局限和洞见都包含在内，拟定出一份更兼容并蓄的遗产呢？

回到上面王斑教授的质问，赵树理和张爱玲究竟谁更新潮一点呢？我的看法是，我们何必一定要回答这个问题。这个提问已经牢牢地将思域设定在"人民文学"和"人的文学"的二元对立中，站在"人民文学"的文化坐标中，使用"人民语言"的赵树理代表了一种先进"方向"；而站在"新启蒙"或"小资"的文化逻辑中，书写生命"华美袍子里的虱子"更有高级感。这样一来，非此即彼，可否换另一种提问方式？比如说，以百年甚至千年的视野看，哪些"现当代文学"会留下来？站在"传统"的视野，"当代文学"将如何与江河壮阔的汉语文学传统相衔接？站在"未来"的视野，"当代文学"将提供何种被时间珍重的价值？立于此在，却从过去看到未来，这或许是"重写"该具备的文化襟怀。有意义的"重写"不是一次次地制造"断裂"，却变着花样回到过去；有意义的"重写"该深刻地切入"当代性"的焦虑，为当代创造一个真正的增量；有意义的"重写"面向未来的变局和可能，却不斩断历史连续性，而把"未来"融汇进生生不息的浩大传统中去。

"人的文学"和"人民文学"，"启蒙"和"革命"博弈至今，我们突然发现："人学"和"人民学"的争执不过是中国文化现代性的左右手互搏，它们居然来自同一文化肌体。韩少功先生在最近一篇文章《人民学与自我学》中有趣地将这二个命题关联在一起。在他看来，"自我学"和"人民学"都是"人学"的一种路线，二者构成了一体两面："真正伟大的自我，无不富含人民的经验、情感、智慧、愿望以及血肉相联感同身受的'大我'关切；同样道理，真正伟大的人民，也必由一个个独立、自由、强健、活泼、富有创造性的自我所组成。"我愿意把韩少功的文章当成对王斑的提问的隔空回答。我们何必在张爱玲和赵树理身上决一高下呢？更富建设性的"重写"应该寻找把他们文学道路中的"自我学"和"人民学"融合到一起的可能。事实又何尝不是如此？写作《长恨歌》的王安忆常常被归入90年代小资的"自我学"吧，但陈思和却读出了《长恨歌》里对王琦瑶们的"反讽"，并指认了王安忆写作与"左翼文学"总体性的关联；韩少功作为寻根文学的代表，应属于"新启蒙"吧，但他却在90年代成为著名的文化左派。真正有创造力的写作者，总是被"当下性"的关切所指引，并努力超脱于标签和潮流的规限。同样，有创造力的研究，绝不应满足于为学术而学术的颠覆和断裂。站在更远的立场看，"人的文学"和"人民文学"并非对手，或者说，社会的快速转型已经为它们创造出共同的新对手。

进入新世纪以后，由于文学语境的变化，洪子诚先生多次感慨"当代文学"已经终结，李云雷的说法则是"新文学的终结"。作为当下文学的"当代文学"当然还在无限地顺延下去，可是那种以"人学"为核心，包含着"自我学"和"人民学"的一体两面的精神立场的文学已经在当下成为一种绝对的边缘语言，一种社会学小语种。消费社会下无所不在的资本运作和技术神话所催生的速朽文本和碎片阅读已经成为主流。此时，再站在"革命"或"启蒙"的任一立场上进行"重写"都显得如此荒诞。从未有一个时刻如当下这样，人文学遭遇了这样的危机，最糟糕的结果不在于"文学"的定义被改写，大量类型化的泛文化产品占据了以往"文学"的空间，人们将幽微、丰富和辽阔的精神体验视为"人文主义"神话甚或骗局；而在于人本身很可能从根本上被人工智能所取代。悖论的是，这正是将技术神学化的当代人孜孜不倦地探索并为之欢呼的。

人学和科学之间攻防的实质是：科学不断探索用技术取代人的可能性，而人学始终要使科学被囿限于为人服务的边界中。事实是，今天的人学正在节节败退，科学正在改写人对于人不可被改写部分的认知。在这个被称为未来已来的时代，在这个技术神话已把人类引上一条不知所终的旅途的时代，真正的文学必须再次捍卫人学的尊严，以抵抗未来路上那头斯芬克斯怪兽。因此，"重写"便不意味着与过去的简单决裂，而是把现在汇入由无数过去构成的传统中。这个来自T. S. 艾略特的观点，依然启示着我们。

（《上海文学》2020年第2期）

　　徐　刚　北京大学文学博士，中国社会科学院文学研究所副研究员，兼任中国现代文学馆特邀研究员。主要从事中国当代文学史及理论批评研究。著有《想象城市的方法》《后革命时代的焦虑》《小说如何切入现实》等专著多部。

"生产的城市"、共同体与社会主义新城
——1950 至 1970 年代工业题材小说的城市想象

  在现代中国的历史脉络中，"城市"的暧昧性不言自明。它一方面被指认为一种负面的压迫力量，暗含着腐朽和堕落的意味；另一方面也指涉现代化和工业化的前景，表征着建设现代工业国家的崇高理想。于是，将"消费城市"转变成"生产城市"[1]，便成了中国共产党进入城市，掌握国家政权之后，展开社会主义想象的当然举措。然而，这种"生产城市"的建构却并非一句空洞的意识形态口号，而是实实在在的政治实践，即它必须诉诸工业化的城市建设。在此之中，中国现代资本主义"总体性"的压迫与奴役，连同"消费城市"的"胜景"，一道被打上罪恶的烙印。在论及这个话题时，《剑桥中华人民共和国史》这样写道："中国共产党决心从根本上改变中国城市的特征，而不单纯是从资本主义向社会主义的转变的问题。中国新的领导人想摆脱上述种种城市罪恶，重建新型的城市——稳定的、生产性的、平等的、斯巴达式的（艰苦朴素的）、具有高度组织性的、各行各业紧密结合的、经济上可靠的地方；减少犯罪、腐败、失业和其他

---

1 "消费城市"与"生产城市"亦是马克斯·韦伯在梳理"城市的概念与类型"时提出的一组概念。但在韦伯那里，"消费城市"被视为那些以其"各种类型大消费者的存在（尽管其收入来源各异）"，而"对当地工业生产者及商人的营利机会具有举足轻重的地位"的城市；而"生产城市"则指的是那些"人口及其购买力的增加取决于建于当地（提供城外所需物资）的工厂、制造厂或家内工业"的"近代的类型"的城市。因此，与本文所论及的"消费城市""生产城市"有着不尽相同的内涵。参见马克斯·韦伯：《非正当性的支配——城市的类型学》，康乐、简惠美译，广西师范大学出版社 2005 年版，第 6-7 页。

城市顽疾。"[1] 这种"生产性的""新型的城市",当然指的就是在"消费城市"之外,建设社会主义"工业化城市"。

这种庄重的"历史祈愿"早在中国共产党人接管城市之前就已经发出。毛泽东在1944年的一次讲话中曾这样强调:"中国落后的原因,主要的是没有新式工业。日本帝国主义为什么敢于这样地欺负中国,就是因为中国没有强大的工业,它欺负我们的落后。"因此,"要打倒日本帝国主义,必需有工业;要中国的民族独立有巩固的保障,就必需工业化。我们共产党是要努力于中国的工业化的"。[2] 在这一年的另外一个场合,毛泽东再次指出:"新民主主义社会的基础是机器,不是手工。我们现在还没有获得机器,所以我们还没有胜利。如果我们永远不能获得机器,我们就永远不能胜利,我们就要灭亡。现在的农村是暂时的根据地,不是也不能是整个中国民主社会的主要基础。由农业基础到工业基础,正是我们革命的任务。"[3] 于是,当革命的胜负逐渐明朗,历史的转折在1949年的春天已然来临时,《人民日报》便开始郑重地讨论"变消费城市为生产城市"[4] 的紧迫问题。这里明显的政治诉求在于,只有将中国从落后的农业国转变为现代工业国家,才能巩固新生的革命政权,使广大人民得到彻底的翻身和解放。其中暗含的意识形态差异也是极为鲜明的:积贫积弱的旧中国城市具有消费性的寄生和剥削属性,象征着资本主义总体性的压迫和罪恶,而人民政权下的"社会主义城市",则理应"与建立在对工人阶级残酷剥削基础上的资本主义城市有着本质不同",因为"在社会主义城市中,一切建设都是为劳动人民的利益服务的。保证劳动者物质文化生活水平的不断提高,是社会主义城市的基本特征"[5]。于是,当1949年的七届二中全会,中国共产党正式将工作重点由乡村转移到城市的时候,一切工作便都显得顺理成章了。此时,毛泽东再次强调了"现代化工业"在国民经济中的决定性作用。在他看来,"管理和建设城市中最中心的问题是管好工厂、发展生产的问题,而如何依靠工人,则是管好工厂、发展生产的关键,也是管好城

1 R. 麦克法夸尔、费正清编:《剑桥中华人民共和国史》(中国革命内部的革命:1966—1982年),中国社会科学出版社1998年版,第713页。

2 毛泽东:《共产党是要努力于中国的工业化的》(一九四四年五月二十二日),《毛泽东文集》第3卷,人民出版社1996年版,第46页。

3 毛泽东:《给秦邦宪的信》(一九四四年八月三十一日),《毛泽东文集》第3卷,第207页。

4 《人民日报》于1949年3月17日发表社论《把消费城市变成生产城市》,1949年4月2日又发文《如何变消费城市为生产城市》。

5 《贯彻重点建设城市的方针》,《人民日报》(社论)1954年8月11日,第1版。

市的关键"。因此必须"把军队变成工作队"[1]，"必须用极大的努力去学会管理城市和建设城市"。这显然意味着，在接下来的文学生活中，作为国家理想的"生产城市"将被寄予厚望，而关于它们的文学想象将被充分展现在这一时期的工业题材小说之中。

一　城市的消费与生产

提起中国近现代以来的城市文学，相当多的研究者都会把目光锁定在民国时期的上海之上。从20世纪30年代的"新感觉派"小说到40年代的张爱玲、苏青笔下的市民生活，"海派"与"市民小说"的传统伴随上海城市文学的历史一同被建构。而作为"罪恶的渊薮"，都市的消费和娱乐（腐蚀）特征亦被左翼的"城市入侵者"列为亟待清除的对象。正如李欧梵在《上海摩登》中所考察的，"上海"这个城市的名字在英语中成了"一个贬义动词"，它的意思是"被鸦片变得麻木不仁，随后被卖给需要人手的海船"，或者是"用欺骗或暴力发动一场打斗"。"这种流行的负面形象在某种意义上又被中国左翼作家和后来的共产党学者强化了，它们同样把这个城市看成罪恶的渊薮，外国'治外法权'所辖治的极端荒淫又猖獗的帝国主义地盘，一个被全体爱国主义者所不齿的城市。"[2] 作为中国近代殖民主义的耻辱标记，旧城市的繁华所裹挟的民族主义创伤，深深地刻入城市的肌理之中。正是在这个意义上，与其说都市上海被看成是"具有吸引力的现代商业、工业和娱乐业中心"，毋宁将其视为"腐朽文明"的代表。因此当新的"人民的中国"在砸碎旧社会的锁链之后拔地而起时，"消费城市"的屈辱与悲情也终将在"历史清淤"的实践中被一一荡涤。于是，上海也将和许多殖民城市一道，连同它们眩惑的消费魅影"迅速从1949年后的中国文化图绘上消失或被边缘化"[3]。

正如研究者所言，消费其实有两种，一种是生产性的消费，另一种则是非生产性的消费。前者指的是"一个简单的基本的生产活动状况"，而后者则表现为

1　毛泽东：《把军队变成工作队》（1949年2月8日），《毛泽东选集》第4卷，人民出版社1991年版，第1405页。

2　李欧梵：《上海摩登——一种新都市文化在中国1930—1945》，毛尖译，北京大学出版社2001年版，第4页。

3　转引自孙绍谊：《想象的城市——文学、电影和视觉上海（1927—1937）》（引言），复旦大学出版社2009年版。

"非生产性的耗费，比如"奢侈、哀悼、战争、宗教膜拜、豪华墓碑的建造、游戏、奇观、艺术、反常性行为"[1]，消费的负面意义不言而喻。而在新中国的历史实践中，消费只是作为消耗和浪费的负面意义而存在，因而被视为生产的巨大威胁。这种"意识形态的负面位置"的形成，无疑要追溯到上海的"魔都"意象和殖民地历史，以及由此而生的"消费城市"的颓废罪恶和民族主义创伤。在《现代的诱惑》一书中，史书美曾指出了上海的"半殖民地"特性，以及由此而来的政治文化领域内的"碎片化状态"与"中国知识分子的多元化追求"之间的关系。在他看来，"消费文化的边界清晰地标志出上海特定的文化氛围，突出了上海作为典型的半殖民地城市的性质。上海现代主义中突出的商品崇拜现象反映出：这个半殖民城市是色情和颓废的游乐场，本身只具有消费性而并不具有生产性"[2]。他借用杜赞奇的观点，指出"半殖民地"知识分子对消费主义的艳羡，与"殖民意识形态"笼罩下"现代性批判"的缺席密切相关。他进而指出，正是缺乏一种民族主义式的"抵抗"意识，才造就了"对现代性的'彻底'批判"在中国的缺席，"取而代之的是对于现代性的不懈追求"[3]。毫无疑问，这种"抵抗"的缺席恰恰需要左翼激进主义予以疗救。正像弗朗兹·法农在《全世界受苦的人》中指出的："摧毁殖民地世界是恰好取消一个地带，把它埋在泥土的最深处或把它驱逐出领土。"[4] 这种慷慨激昂的口号无疑与民族主义立场息息相关。而在中国共产党那里，"自20世纪30年代至70年代晚期的民族主义想象中"，同样会将上海这座城市引发的"相似的嫌恶感""视作是民族耻辱和殖民剥削的象

---

1 乔治·巴塔耶：《耗费的观念》，汪民安编：《色情、耗费与普遍经济：乔治·巴塔耶文选》，吉林人民出版社2003年版，第27页。

2 史书美：《现代的诱惑：书写半殖民地中国的现代主义（1917—1937）》，何恬译，江苏人民出版社2007年版，第304页。

3 史书美：《现代的诱惑：书写半殖民地中国的现代主义（1917—1937）》，第178页。杜赞奇将现代中国缺乏对（西方）现代性之强烈批判的原因归结为殖民控制的间接性。在印度，与殖民意识形态的充分遭遇催生了像甘地这样的人，他们创造了一整套反现代和非现代的话语。但是，中国与殖民意识形态的遭遇却呈现为另一种形态："在中国，帝国主义的存在当然受到普遍痛恨，反帝则是20世纪前50年中国一切政治运动的核心。但是，在中国大多数地区，由于没有形成制度化的殖民主义，因此，这意味着无论对殖民者还是对被殖民者来说，都没有像印度或其他沦为直接殖民地的国家那样强烈的殖民主义意识形态。反帝主要是在政治经济层面上，从人民的自我认识中根除帝国主义意识形态的影响并非当务之急。"参见杜赞奇：《从民族国家拯救历史：民族主义话语与中国现代史研究》，王宪明、高继美等译，江苏人民出版社2008年版，第224页。

4 弗朗兹·法农：《全世界受苦的人》，万冰译，译林出版社2005年版，第7页。

征"。用史书美的话说，"共产党致力于减少殖民主义的痕迹，即便不推倒那些殖民主义的建筑，也要对其市民进行极端的意识形态改造"[1]。左翼的城市批判其实就是在此无产阶级立场和民族主义意识紧密勾连中，呼唤出城市的"力"与"美"，从而一扫消费主义的颓靡。在此之中，"机械的颂赞"作为一种疗救的方式，成为左翼城市救赎和文化批判的动力所在。

其实早在 20 世纪 30 年代，茅盾就曾对城市"生产"与"消费"的对立提出了质疑。在《都市文学》一文中，茅盾对上海的城市发展有着明确区分，这"不是工业的生产的上海"，而是"百货商店的跳舞场电影院咖啡馆的娱乐的消费的上海"。"上海大发展了，但是畸形的发展，生产缩小，消费膨胀！"接着，这位左翼作家对当时的都市文学提出了尖锐批评，认为"消费和享乐"已然成为"我们的都市文学的主要色调"。在当时的都市文学中，"大多数的人物是有闲阶级的消费者，阔少爷，大学生，以至流浪的知识分子；大多数人物活动的场所是咖啡店，电影院，公园；跳舞场的爵士音乐代替了工场中机械的喧闹，霞飞路上的彳亍代替了码头上的忙碌"[2]。在几乎写于同时的另一篇文章中，茅盾这样谈道："我们有许多描写'都市生活'的作品，但是这些作品的题材多半是咖啡馆里青年男女的浪漫史，亭子间里失业知识分子的悲哀牢骚，公园里林荫下长椅上的绵绵情话；没有那都市大动脉的机械！"在他的未来展望中，城市的形象是这样被勾勒的："也许在不远的将来，机械将以主角的身份闯上我们这文坛罢，那么，我希望对于机械本身有颂赞而不是憎恨！"[3] 这种"机械的颂赞"背后，表明了茅盾对"消费城市"所造就的"资本主义泥坑"的拒绝，也潜藏着这位左翼作家对工业化城市的"力"与"美"的呼唤[4]。这种呼唤伴随着明确的意识形态诉求和疗救民族创伤的渴念，在 1949 年之后的工业题材文学中得到了鲜明呈现。

1　史书美：《现代的诱惑：书写半殖民地中国的现代主义（1917—1937）》，第 264 页。

2　茅盾：《都市文学》，《申报月刊》1933 年 5 月 15 日第 2 卷第 5 期。

3　茅盾：《机械的颂赞》，《申报月刊》1933 年 4 月 15 日第 2 卷第 4 期。

4　对此，有研究者指出，"茅盾理想中的城市是以机械化为主的工业发达的城市，而不是消费的、商业占主导地位的城市，这表明茅盾对工业文明的肯定"。在其看来，茅盾在《乡村杂景》中对火车充满神秘和诗情画意的描写，在《少年印刷工》中通过印刷工赵元生表现对于大机器的向往和赞美之情，都是对此的表现。参见陈晓兰：《文学中的巴黎与上海——以左拉和茅盾为例》，广西师范大学出版社 2006 年版，第 172-173 页。

二　工业化城市的"力"与"美"

由于某种半殖民地的特性，在 1949 年以前的城市文学中，工业题材都是"缺席"的。尽管茅盾在《"现代化"的话》一文中，曾描绘过"中国轻工业的要塞"——杨树浦一家中国纱厂的生产景观。他用诗情的笔触描画了机器和"花衣"工厂的细节："黝黑晶亮、蹲着的巨人似的机器，伸长了粗胳膊"[1]，但是这种对机器的赞美之中，明显包含着茅盾深沉的民族主义感情。因为对他而言，机器固然很美，"但是上海林立的纱厂和烟囱并不是中国人的，而是日本人的，是日本对中国进行经济侵略的见证，上海并未工业化、现代化。他呼唤中国民族工业发达，走上真正现代化的道路"[2]。而与这种"匮乏"相伴随的，必然是屈辱和批判。因此，彼时的工业题材文学多表现为民族主义式的城市批判。比如，在一本题为《春风沉醉的晚上》的"1919—1949 工业题材短篇小说选"中，编者就曾试图编选出"新民主主义革命时期的工业题材短篇小说选"。该选集收入了丁玲的《消息》、欧阳山的《七年忌》、草明的《倾跌》《没有了牙齿的》、肖军的《货船》、楼适夷的《盐场》、康濯的《工人张飞虎》，以及雷加的《鳝鱼》等若干短篇小说。用编者的话说，通过这部小说集，"我们可以看到新民主主义革命历史时期中，中国工人阶级的一些生活状况和精神面貌，也可以看到当时社会生活的某些本质方面。这些小说，对于当代工业题材的专业作家以及工人业余作家，在思想和艺术上都有一定的借鉴意义"[3]。严格说来，这些反映工人阶级生活状况的小说，很难归入"工业题材"和城市小说的行列，尤其是像郁达夫的《春风沉醉的晚上》这种以城市边缘人、贫民窟的劳动妇女为写作对象的小说，仅仅是在小说结尾之处听到了"工厂的汽笛"，就将其归入"工业题材"，显得有些不合时宜。

在这个意义上，我们来回答洪子诚先生有关十七年城市书写被严格窄化为"'工业题材'创作"，"并没有取得预期的成绩"，而且"大多显得乏味，即使是

1　茅盾：《"现代化"的话》，《申报月刊》1933 年 7 月 15 日第 2 卷第 7 期。

2　陈晓兰：《文学中的巴黎与上海——以左拉和茅盾为例》，广西师范大学出版社 2006 年版，第 173-174 页。

3　参见郁达夫等：《春风沉醉的晚上——1919—1949 工业题材短篇小说选》（前言），工人出版社 1984 年版。

出自有经验的作家手里"[1] 的问题时，其回应便显得合情合理。因为在此之中，工业题材小说的出现，在某种程度上意味着左翼文学理想的实现，即城市的"力"与"美"的呈现。对于 1949 年之后的工业题材文学而言，"力"与"美"的选择，与新中国成立之初倒向苏联的建设策略有关，即与导向重工业的生产倾向有关，体现了落后社会主义国家的急迫与焦虑。重工业的"当务之急"，使得 1949 年以后的工业题材文学多集中在矿山、钢铁等"要害部门"。比如草明的《火车头》和杜鹏程的《在和平的日子里》就表现了铁路工人开天辟地的劳动热情；周立波的《铁水奔流》、艾芜的《百炼成钢》、草明的《乘风破浪》、胡万春的《钢铁世家》和程树榛的《钢铁巨人》等，都集中呈现了钢铁工人忘我的生产斗争场面，萧军的《五月的矿山》、周良思的《飞雪迎春》和李云德的《沸腾的群山》则叙述了矿山工人的壮志豪情；而张天民的《创业》讲述的则是石油工人的创业精神；此外，还有其它工业战线上各行各业的车间文学，比如刘彦林的《东风浩荡》（制药厂），李良杰、俞云泉的《较量》（生产车间），雷加的《潜力》三部曲（造纸厂），以及焦祖尧的《总工程师和他的女儿》（动力机厂）等。

在这些反映"作为'领导阶级'的工人的劳动和生活，工厂、矿山、建设工地的矛盾斗争"的小说中，城市工业生产成了重要的表现对象。而此中尤为重要的是钢铁的形象及其文学意义。就小说而言，钢铁不仅与国防建设有着密切关联，更是"力"与"美"的表征，是国族生命力的隐喻。1949 年 6 月，刘少奇在论述新中国的财政经济政策时指出：中国要工业化，路只有两条：一是帝国主义，一是社会主义。因此，表明新中国初期处于"恢复时期"的工业建设，其中钢铁工业是新中国工业化建设中优先发展的基础工业。在此值得一提的是，钢铁这一现代化意象所包含的政治隐喻，突出地体现在"超英赶美"这一口号的民族主义立场和意识形态争辩之上。"超英赶美"被认为是毛泽东发动"大跃进"的动机之一，当时有着"以钢为纲""三个元帅""两个先行"的说法，其中的"三个元帅"指的便是钢铁、机械和粮食；"两个先行"亦指钢铁与机械。为此，宋庆龄曾这样描述鞍山钢铁厂的伟大形象："在东北，历史最悠久而且最著名的工业也许要算鞍山钢铁公司了。当我们在参观这座庞大的钢铁工厂的时候，那种有组织的社会生产给我无限的激动，使我口噤不能说话。我不由得憧憬着中国人民的前途，正如钢铁一样的锻炼……钢从巨大的桶里倾出，喷射出硕大无比的火

1　洪子诚：《中国当代文学史》，北京大学出版社 1999 年版，第 131 页。

花，照耀了满天。我心里不由得想到：'这是中国的生命力'。"[1] 于是，现代化不可避免地被国家理解成为工业化，而重工业也开始成为国家钦定的文学题材。这些无疑都规约着当时作家们的城市想象，同时也规约了他们观察城市的立场。

相较于"消费城市"的繁华胜景而言，"生产城市"的简朴外观显然"乏善可陈"。因此在许多研究者看来，城市的消费景观在十七年的文学书写中被工业化所取代，从而顺理成章地"失去了不少审美内涵"。然而即便如此，其工业化的旨归连同其世俗魅力的呈现，依然使得"生产的城市"焕发出远胜乡村的吸引力。比如在《创业史》《金光大道》等农村题材小说中，主要人物常常在两种价值选择之间纠结徘徊："国家工业化"，还是"农村集体化"？这双重的合法性令人无法抉择。在此之中，城市总是对农村青年构成了"致命的诱惑"[2]。当然，这种"诱惑"或许与左翼文学传统中农村题材作家对城市的"狭隘"想象有关，即在不经意的城市抗拒中誓死捍卫一种朴素的乡村本位主义。然而，在工业题材文学中，这种捍卫显然出现了某种程度的松动，即城市的合法性逐渐开始显现。比如，在《百炼成钢》里的张福全那里，都市娱乐的吸引力便值得重视，它们显然远胜乡下"午饭后躺在树荫底下，惬意地睡一觉"的悠闲生活。此外，"低矮的房屋，晚上到亮不亮的油灯"，也让他觉得闷气，而"村里人尊敬、羡慕的眼光"，终于让他感受到了工人阶级的无上光荣。作为城市工人，张福全却难以克服身上残存的农民弱点，而物质主义的欲望则左右着自己的价值选择，由此沉浸在"工人已成为国家的领导阶级"的算计之中。与张福全不同，同样来自农村的城市工人秦德贵、李少祥，则似乎在"社会主义新人"的意识形态构想中从容屏蔽了城市物质主义的侵蚀。较之张福全，秦德贵、李少祥的思想认识更加纯粹，某种程度上可以说，他们就是工业题材文学一直呼唤的"城市里的梁生宝"和"工厂里的高大泉"，其坚定的价值选择特别耐人寻味。

在《创业史》《三里湾》等农村题材小说中，乡下人对城市的向往总是被当作

1　宋庆龄：《新中国向前迈进——东北旅行印象记》，《人民日报》1951年5月1日第2版。

2　《创业史》中的徐改霞报考国棉三厂这一献身国家工业化的"崇高思想"中，就夹杂着对城市物质文化的迷恋，"她似乎是追求工资奉养寡母的乡村闺女，她似乎是很希望嫁给一个在城市生活的小伙子。结婚对她，似乎只不过是每月几十块人民币，一双红皮鞋和一条时髦的灯芯绒窄腿裤子的集中表现而已！"与此类似，《金光大道》（第一部）中的朱铁汉后悔没和高大泉一起去北京，"我那会儿要是和他一块儿去北京，春节工厂放假，往戏园子、电影院一坐，多美！"另外，高大泉的"北京之行"也常常被人误解为"走的另一条发家的道儿，留在北京当长期工人"。

某种物质主义的追求而给予负面的评价，但在《百炼成钢》《乘风破浪》等工业题材小说中，这种城市物质主义的合法性却得到了极大改善，尽管城市的欲望在反面人物身上仍然偶有表现，但这里的价值选择似乎开始表现出城乡兼顾的特点来。比如在《乘风破浪》中，面对即将进城的李少祥，小兰倾诉了自己的担忧，并透露出对城市生活的艳羡："人家说城里的水和乡下的不一样，人们喝了城里的水，就不喜欢乡下，只喜欢城里，把乡下忘记啦。"然而，我们的主人公李少祥终究留下了对乡土的承诺："城里的水喝上十担、一百担，也不会变心。"他的选择当然得到了李大爷的支持，在此，后者形象显然代表着乡土文明的"守夜人"[1]的角色，"乡下人去建设祖国，工业化，这是好事，少祥他们这些孩子会好好干的"[2]。于是在此，城市的负面形象逐渐隐去，尽管这种城乡伦理的价值焦虑依然存在。

至此，工业题材文学中的城市形象，终究开始焕然一新了。城市的现代性面向不断彰显，它不再是"蹲在暝色中，闪着千百只小眼睛似的灯火"的"怪兽"，而是"宽大的柏油马路"，"林园似的学校"和"云烟冲天的工厂"组成的"童话的国度"。这个"童话的国度"不禁令那些进城的招工农民充满了希望，作为城市的新主人，他们投身国家工业化的伟大豪情，终究开始遮蔽城乡二元背景中事关金钱、身份和地位的"差异政治"。于是我们看到，在《我们夫妇之间》《上海的早晨》等小说中作为消费主义遗迹出现的城市生活空间，逐渐被工业题材文学中的"公园""工厂礼堂"和"工人俱乐部"等新的，也是更"卫生的"娱乐空间所取代。而一派不同于以往的城市新特征也开始被建构出来，它们牢牢地将城市建立在勤俭和美德，抑制消费，并且张扬劳动与生产的基础之上。这种新型的"生产的城市"显然不同于既有的城市类型划分，而看上去更像是一种"扩大了的乡村"。以至于理论家詹姆逊这样评价1949年至"文革"时期中国的城市改造，"他（毛泽东）愿意中国拥有和发达国家同样的生产力和科技水平（超英赶美），却同时希望将现代生产方式、现代科技所附带的社会后果——经济、金融和政治体制、生活方式、伦理道德、文化及审美意识形态等——拒之门外。虽然这种现代化模式推行了很短的时间就显出了其乌托邦的性质，但它毕竟支配了20世纪50年代至70年代间的中国社会发展。其间，中国工业产值大幅提高，国家致力于现代化，却用行政管理方式和手段代替经济方式和手段，干预、限制其自主性，因此，尽管此时中国社会城市化比

1　参见杨庆祥对路遥《人生》中德顺老汉形象的分析。杨庆祥：《路遥的多元美学谱系——以〈人生〉为原点》，《文学评论》2020年第5期。

2　草明：《乘风破浪》，《草明文集》第4卷，光明日报出版社1992年版，第978页。

例较历史有相当的提升，城市人口激增，但城市的性质，却更多地回到前现代形态（即以行政和军事为中心的形态）"。正如他所言，这种"前现代"的城市将"乡下的乏味，农村的愚昧"保留了下来，并且"转移到一种不同的城市，一种不同的社会现实"[1] 之中。这种新的城市建构显然与新中国之初匮乏的物质条件密切相关，背后显示出的是改造"消费城市"的坚定信念。

三 共同体与社会主义新城

按照马克斯·韦伯的理解，仅仅拥有共同的种族或语言，还算不上是"共同体"，只有让社会成员在某种方式上互相联系，在他们之间产生一种的社会关系，进而感觉到共同的生存境况与后果，这才会出现所谓的"共同体"。进一步说，只有让社会成员在实践上频繁互动、紧密联系，情感上彼此认同、相互守望，共同体内部的美好感觉才能得以维系。相反，共同体的解体则与社会联系纽带的断裂密切相关。对此，韦伯实际上提出了"共同体化"与"社会化"这一组概念。所谓的"共同体化"，指的是一种主观上感觉到参与者们共同属性的团体，这种共同属性可以建立在某种情感的基础上，也可以建立在传统的血缘关系上。而"社会化"指的是将社会行为的调节建立在理性的利益平衡与利益结合之上的团体[2]。显然，这一组"共同体化"和"社会化"的概念来源于社会学家费迪南德·滕尼斯在其名著《共同体与社会》中对人类社会群体形态的描述。滕尼斯认为，"共同体"具有极强的内聚力，但社群内个体的特性及诉求往往淹没在集体意识之中；而"社会"组织的结构要素具有鲜明的个体化倾向，但群体内部彼此间的联系却较为松散。同样，这种"共同体"和"社会"之间的对立，亦可以用"礼俗社会"与"法理社会"这一对概念来理解[3]。

以韦伯的社会学思想来看，"共同体化"与"社会化"是截然相反的两个过程，现代化无疑指的是后者，这是一个不断去情感和去传统的"社会化"过程。在这个"社会化"的过程之中，原有的"共同体"不断趋于瓦解，只留下人们对

1　弗雷德里克·詹姆逊：《文化转向》，胡亚敏译，中国社会科学出版社 2000 年版，第 68 页。
2　马克斯·韦伯：《经济与社会》（上卷），林荣远译，商务印书馆 1997 年版，第 70—72 页。
3　费迪南德·滕尼斯：《礼俗社会与法理社会》，汪民安、陈永国、张云鹏主编：《现代性基本读本》上，河南大学出版社 2005 年版，第 57—69 页。

昔日脉脉温情的怀念。这就像齐格蒙特·鲍曼在《共同体》一书中所描述的，"共同体总是好东西"，总会给人留下许多美好的感觉：温馨、友善、相互依靠、彼此信赖。但令人遗憾的是，在现代社会之中，"'共同体'意味着的并不是一种我们可以获得和享受的世界，而是一种我们热切希望栖息、希望重新拥有的世界……今天，'共同体'成了失去的天堂——但它又是一个我们热切希望重归其中的天堂，因而我们在狂热地寻找着可以把我们带到那一天堂的道路——的别名"[1]。在城市化的历史进程之中，原有的乡村宗法制度逐渐消失，整个社会在一种"祛魅"的过程中不断消解共同体的边界。在此之中，乡村的血缘联系，社区的邻里温情和一切集体主义的凝聚力都开始烟消云散，而新的"法理社会"所崇尚的则是个人主义基础上的理性与自我持存。就像马克思所说的，"资产阶级撕下了罩在家庭关系上的温情脉脉的面纱，把这种关系变成了纯粹的金钱关系"，"一切坚固的东西都烟消云散了"，这无疑是现代性的馈赠。

中国的社会主义革命，也伴随着一个从"礼俗社会"向"法理社会"转型的过程。然而对于社会主义中国而言，现代化（社会化或城市化）的过程则似乎有着更为复杂的轨迹，毋宁说体现出汪晖、李杨等人所指出的"反现代的现代性"特征，反映到城市建设上则突出地表现在要在城市里建设一个共同体社会。尽管中国共产党在1958年掀起的城乡人民公社化运动遭到历史学家们的诸多质疑，但在冷战的历史氛围之中，人民公社以其自身的方式将国家经济效益与社会共同体的政治认同感的提高融为一体，又确实有着极其特殊的意义。

以文学的方式讲述城市共同体的故事，在"大跃进"时期的文学创作中并不鲜见。沈浮等编剧的电影文学剧本《万紫千红总是春》便是以"一九五八年"为叙事背景，讲述了一个上海里弄的家庭妇女如何在"大跃进"运动中"走出家庭"的故事。电影（也是在生活中）的核心情节是所谓的"里弄生产组"。在蔡翔先生看来，这一生产组，不仅承担了为国营工厂加工的任务，同时它所赋予的劳动权利也有着"解放妇女"[2]的重要意义。与小说《李双双小传》中农村合作社的叙事情节相似，以城市合作社运作情况为背景的《万紫千红总是春》也展现了合作社与个人之间的矛盾问题，从而在"城市共同体"之中别开生面地提出了一个"家庭妇女参不参加建设社会主义的问题"。小说以叙事的形式展现了"城

1　齐格蒙特·鲍曼：《共同体》，欧阳景根译，江苏人民出版社2003年版，第1-4页。

2　参见蔡翔：《革命/叙述：中国社会主义文学-文化想象（1949—1966）》，北京大学出版社2010年版，第五章第四节。

市共同体"与个人社会之间的矛盾。其中主要讲到了郑宝卿、蔡桂贞夫妇之间就是否参加集体劳动所产生的矛盾。故事中,丈夫郑宝卿处处体现出对私人生活的强调,"不吃食堂,家里的事不能耽误,晚上回家不许过九点钟"。妻子蔡桂贞则与之相反,体现出"舍小家,顾大家"的集体主义热情。当然故事最后,个人和集体之间的矛盾通过生产的发展得到了妥善解决,以证明在城市共同体之中,家庭生活服从于集体生产的代价是值得的。在此,工厂不仅是一个营利性的企业,更成功扮演了一个营造社会共同体的政治空间。不仅仅是《万紫千红总是春》,20世纪50年代至70年代的其他工业题材作品中,工厂不仅组织企业生产,还自行组织托儿所、公共食堂、学校等,这些制度形式将工人们的生产与日常生活紧密联系在一起,而建构出一个城市共同体社会。尽管现在看来,"企业办社会"的方式在意识形态转型的80年代遭受诸多质疑,但在此共同体之中,工厂所创造出的凝聚感和认同感却是不可忽视的政治力量。从个人角度来说,集体生活固然侵占了个人的生活空间,但集体的庇护却奇迹般地具有激发个人主观能动性和劳动热情的重要功能。就这一点来看,特定年代的政治实践与文学想象,值得我们重新思索。

(《东吴学术》2020年第6期)

  曾　攀　复旦大学文学博士，苏州大学文学博士后，《南方文坛》杂志编辑部主任，中国现代文学馆客座研究员。在《南方文坛》《扬子江文学评论》《小说评论》《现代中文学刊》《文艺争鸣》《当代文坛》《中国当代文学研究》《上海文化》《上海文学》《文艺报》《中国艺术报》等发表文章近百篇，文章多次被《人大复印资料》《社会科学文摘》等全文转载。曾获广西文艺花山奖、广西文艺评论年度奖、《广西文学》年度评论奖等奖项。著有《跨文化视野下的晚清小说叙事——以上海及晚近中国现代性的展开为中心》《人间集——文学与历史的生活世界》《面向世界的对话者——乐黛云传》等，参与主编《广西多民族文学经典（1958—2018）》《百年广西多民族文学大系（1919—2019）》等丛书。

“今日批评家”与当代中国文学

一　关于“今日批评家”

　　一时代有一时代之文学，必然也有一时代的批评与批评家。《南方文坛》的“今日批评家”栏目，便是紧扣当下之历史，聚焦一时代之文学、文学批评与批评家的重要形态。“今日”不仅仅是年龄概念，而且沉浸于中国文化的当代语境，切入文学现场，关注批评前沿，同时具备历史感与当代性。长久以来，《南方文坛》杂志持之以恒地关注青年批评家的成长，尤其在 1998 年开设“今日批评家”栏目以来，更是在中国当代文学批评界独树一帜。贺绍俊指出，《南方文坛》“催生了中国新生代批评家的成长与成熟”[1]，并且始终活跃在当代中国文学的场域之中，“由默默无闻的、经济上陷入困境的‘边地小刊’，成为‘中国文坛的批评重镇’（《文艺报》2000 年 10 月 31 日），其脚踏实地又充满生机的成长历程，正显示了主办者充足的能量和容量”[2]。在当代文学与批评的艰难转型之际，《南方文坛》迎难而上，立于时代潮头，历经风浪而日久弥坚，“所以当人们要总结近十来年的当代文学实绩时，就有必要翻开《南方文坛》。从一页页的‘记录在案’中，人们也得出了‘中国文坛最具影响力的文论园地之一’和‘中国文坛的批评

---

[1]　贺绍俊：《〈南方文坛〉与广西师大出版社强强联合意义非凡》，《文艺报》2000 年 10 月 31 日。

[2]　邵燕君：《南方有嘉木》，《文艺报》2006 年 6 月 15 日。

重镇'等充满惊叹和褒誉的结论"[1]。陈晓明则提及，"这份刊物已经成为当今中国文坛最有活力的批评和理论建构的重要阵地"[2]。无论是"重镇"还是"阵地"，都不是单枪匹马可以实现的，需要批评家的不断集结以及针对当代文学的持续关切，正如陈建功所言，"广西的文学评论刊物《南方文坛》，团结和吸引了全国一批实力派批评家，成为我国文学评论界的权威性阵地"[3]。而这样的评价背后，与"今日批评家"栏目的精心设置及其一以贯之的赓续密不可分。

具体而言，"今日批评家"由五个部分构成：其一为批评家的批评观，这是批评宣言的直接陈述，篇幅不长，但如匕首般短促有力，呈现的是一位批评家对当下文学及批评状况的基本观念与直接反应，并在文末附上当期批评家的学术小档案；其二是最能体现批评家能力与水平的学术文章，洋洋洒洒，观点新颖，逻辑严密，作者的才情能力得以淋漓尽致地发挥出来；其三是批评家印象记，以他者的眼光，描绘批评家的肖像印迹，灵动有趣，多使批评家从故纸堆或理论场中释放出来，一个鲜活的个体如在眼前；其四是针对批评家的综合评述，这是对其研究生涯与批评实践的集中论述，以学术的态度，梳理批评家的学术轨迹，叙其特性，评其得失；不仅如此，《南方文坛》还在杂志封二彩页通过图片的形式，直观展现批评主体的风采。

这个延续了二十多年的经典栏目，形成了一种"集束性"的专辑形式，全方位地集中展示批评家的文学态度、批评观念与学问襟怀。黄发有提出："集束性'评论专辑'通过立体的、多角度的交叉透视，较为全面地展示研究对象的丰富性和复杂性，有利于激活创造性的批评实践，促进审美互动与思想交流。《南方文坛》1998 年设立的'今日批评家'栏目，采用的也是专辑形式，但是其聚焦对象不再是作家，而是通常被忽略的批评家。这个栏目既提升了刊物的品位和文化影响力，而且通过对新锐批评家的关注，推动了当代文学批评的发展。"[4] 那么，问题的关键在于，《南方文坛》的"今日批评家"栏目，是如何与当代中国文学紧密互动的？其如何汇聚批评的力量，构建批评的话语，营造批评的空间，以鲜明的姿态和立场，推动当代文学与理论批评的发展进程？

1　贺绍俊：《〈南方文坛〉：为当代文学创造新的关键词》，《光明日报》2006 年 6 月 9 日。

2　陈晓明：《有一种性格和精神的广西文学》，《文艺报》2006 年 6 月 15 日。

3　陈建功：《勇敢的推广 谦虚的请教》，《文艺报》2006 年 6 月 15 日。

4　黄发有：《"今日批评家"的特色与意义》，《扬子江文学评论》2015 年第 5 期。

二 共振与争鸣

《南方文坛》的"今日批评家"栏目迄今为止推出了一百多位批评家，其中的大部分后来都成为了活跃于当代中国文学与批评领域的中流砥柱。在这个过程中，"今日批评家"栏目扮演了一种辨识、见证与培育的角色，体现了刊物的眼光、识见与视野，更为重要的，是刊物编辑的判断力，那是基于历史与时代的认知，是对当代文学及文学批评发展方向的预见。尤其栏目从90年代开始设定延续，那是一个悬而未决的变动时期，"特别是20世纪90年代中后期，商品经济的冲击，文学的边缘化，使得各地都试图拿文学开刀，一些地方为了短期效益，不惜牺牲文学理论刊物"。文学何去何从不得而知，这考验的是一本文学批评期刊的坚韧与坚定，"《南方文坛》顶住了市场的压力，在嘈杂的市场上发出了尖锐的声音，成了当代中国少数几家文学理论的权威刊物，对当代中国文学批评来说，《南方文坛》功不可没"[1]。尤其是在这个过程中，"'今日批评家'栏目催生了90年代青年批评家的成熟"[2]。可以说，"今日批评家"对批评家群体的塑造，对抗的是时代之踟蹰与文学之混沌，通过推动批评家的集结，促生文学与批评的自觉，重新锚定当代文学的信念与价值。

"今日批评家"的代际特征是非常明显的，因为一位具有独特个性与批评自觉的批评家的崭露头角，需要建立在一定的学术积累与训练上，代际所代表的共同的学养背景、问题观念尤其是他们所面临的时代难题与历史困境，都存在相似性或者至少是某种关联性，从而真正"集结起一批有生气的批评家队伍"[3]，"于是，推介彼时更年轻的新一代批评家成为自觉；于是，'60后'、'70后'乃至'80后'，意气风发，敏锐丰盈；才情思力，深长弥坚。他们以学术新知支撑了《南方文坛》"[4]。在这里，群体性并不是同质化，而是涉足批评的现场，同时回应时代的命题，关切文学当下的命运。一代代的批评家代表着当代中国文学批评的新生势力，并逐渐向中坚力量行进。在他们身上，体现着批评的精神共振，而

1　张柠：《鬼魅广西的文学精灵》，《光明日报》2006年6月9日。

2　见《文艺报》2000年10月31日。

3　见《人民日报》2000年6月17日。

4　张燕玲：《与"今日批评家"结缘》，《文学报》2015年6月4日。

且在共相与殊相的沉淀中，以各自的姿态，实现促进当代中国文学发展的共同旨归。

批评家们出自大江南北，大部分固然来自批评较为活跃的文化中心北京、上海、江浙、广东等地，然而，新疆、宁夏、广西等偏远地区的批评家同样成为"今日批评家"版图的重要构成部分，在批评实践中发出了自己真切而珍贵的声音；其中，女性批评家有 27 位，占了今日批评家近四分之一，这也是在群体性共鸣中凸显不同声部的重要呈现；而且其中的诸多批评家，都秉持着迥异的文学风格、学术立场和批评态度，每个人都各有风度气质。

值得注意的是，这些如今看起来很多都是响当当的批评大家，当年加入"今日批评家"的队列时，仅仅是名不见经传的年轻新锐，"今日批评家"栏目在青年批评家们最需要鼓励的时候添了一把火，给予他们平台施展才华，对年轻的批评家而言，无疑是莫大的鼓舞；再者，杂志本身的风格和立场，反过来也激发了他们的批评观念和前沿意识；更重要的，栏目以至刊物也以虚怀若谷的心态，与新生的批评力量共同成长，见证中国当代文坛的变动与守持，也一起推进中国当代文学批评事业的发展壮大。《南方文坛》也得以由此不断为当代批评界的同仁所认可，实现"相携而行"，共同成长。

2001 年 11 月，20 余位《南方文坛》"今日批评家"栏目推介的青年批评家汇聚广西北海，与前辈批评家谢冕、陈思和、鲁枢元、夏中义、白烨、贺绍俊等对话，共同检讨和反省自己，并总结中国新一代的文学批评，这是"今日批评家"开栏四年后的一次检阅，也是世纪之交青年批评家重要的群体亮相和群体反省。"'今日批评家'年龄从南帆到李洁非往下挪，已经挪到年纪比较轻的一批批评家，他们正是我们 90 年代——一个正值文坛变动时期涌现出来的很优秀的年轻批评家。'今日批评家'实际上是 90 年代文学批评的一个道路、一个规则的清楚展现。它集结起一支如此生气的批评力量，这不是一个一般栏目的问题。"[1] 陈思和站在新世纪的开端，回望 20 世纪末文学批评的变动状态时，提出了一个栏目对批评家的"集结"与发散，这是批评群体及其批评理念的汇聚，同时也是其向外与向上生长的过程。那些当时崭露头角的年轻批评家，正因与当代文学构成了深刻的互文，日后很多都成为了中国当代文学研究与批评的中坚力量。而且，"今日批评家"们在栏目平台上展示之时，也得到了推介者和评述者的推动，其同时也是一个文学的承传过程，从中见出当代文学批评迭代的谱系，溯及批评所烛照

---

1   陈思和：《"今日批评家"的今日批评》，《南方文坛》2002 年第 1 期。

的当代中国文学的发展史与流变史。

如前所述，"今日批评家"聚合性的集体登场，必然引向一种批评的共振；而批评家们不同的学养、立场、个性等，则建立起了争鸣的局面。这种争鸣主要体现为不同代际的话语形态，也代表着不同批评主体在学术理念与批评观点上的碰撞，如2010年首届"今日批评家论坛"即以70后的批评家为中心进行讨论，聚焦当时较为活跃的70后的一代批评群体，对他们的批评自觉以及由此塑就的话语加以研讨；时隔不久，80后开始活跃于文学批评的历史舞台，"今日批评家"栏目开始了80后批评家的集体亮相，并且在《南方文坛》专门开辟专栏，由杨庆祥、金理、黄平三位颇具代表性的80后学者进行对谈与发散，其中的文章结集为《以文学为志业——"80后学人"三人谈》（广西师范大学出版社2015年）。2015年12月23日，《南方文坛》以"批评的初心"为主题，联合北京大学中国诗歌研究院、中国人民大学文学院、广西师范大学出版社，汇聚李敬泽、谢冕、曹文轩、陈晓明、孙郁、程光炜、戴锦华、孟繁华等四代批评家，在北京大学举办该书及《今日批评百家：我的批评观》《网络时代的文学引渡》的首发式，并开展相关的研讨，探究文学批评的初心、现状与可能，李敬泽指出："我同样满怀期待地要读这三位年轻批评家的对话，我不是说用70后、80后、90后、00后的逻辑区谈论问题，而是在杨庆祥、金理、黄平三位批评家的经验中，在他们的身临境遇和学术背景中，理解他们的问题意识和他们独到的发现。"[1] 除此之外，批评家还对文学的未来与使命进行了深入的讨论，如戴锦华提到，"在文明的临界点、文明的突破口上"，文学所能做的，不是单纯的"抵抗和坚持"，"在这个时刻，一个高度自觉的、原创性的应对成为必须"[2]。不仅如此，随着时间进入21世纪的第二个十年，可以预见的是，90后的一代批评家开始不断涌现，而"今日批评家"也将开始新的集结。不得不说的是，这样的代际固然是一种划分的方式，其内部却并非同质与同一的，当中不同的生长方式与言说姿态，经常胀破代际的框囿，向外寻求更为广阔的呼应。而不同代际之间的差异与龃龉就更为显著了，时常在多元的争论与观念的差异中，构筑不同的话语结构，开拓出迥异的批评空间。这便是争鸣的价值所在，"今日批评家"的意义就在于容纳不同的

1　《批评的初心——〈我的批评观〉〈网络时代的文学引渡〉〈以文学为志业〉北京首发沙龙纪要》，《南方文坛》2016年第2期。

2　《批评的初心——〈我的批评观〉〈网络时代的文学引渡〉〈以文学为志业〉北京首发沙龙纪要》。

声音并且协助使其扩散，从而将共鸣与争鸣同时召唤出来，以一种兼收并蓄的胸怀，回应当代中国文学的常与变。

三　前沿与开放

翻开《南方文坛》，目录页的"人文理想·前沿批评"八字理念赫然在目，这是一本学术期刊的办刊理念，人文理想代表着一本杂志的立意与品质；而前沿批评，则意味着杂志的风格、趋向与偏好。前沿阵地是一本杂志的立场和定位，而人文理想则将其品位加以推进与不断提升。"今日批评家"之名，事实上意味着"前沿"与"开放"的结合。所谓前沿，并不是说简单的紧跟文学的趋势与批评的潮流，其一方面关切文学发展的最新现象与重要文本，介入文学的当代痛点；另一方面则塑造和建构一种前沿，针对当代文学的最新动向，生产出新的批评话题与批评话语。"'今日批评家'栏目推出的批评家有朝气又有实力，他们已经成为当代文学批评领域的中坚力量。他们的出现与成长至少有两个显见的意义：第一，它表明随着文学的创作的不断发展，批评新人正在健康成长；第二，新一代批评家更能适应多元格局的文化时代，更能理解层出不穷的文化现象，在解读市场经济下的文化、多元文化下的文学，可能发挥更为有利的作用。"[1] "今日批评家"立意追求的历史的共振与时代的共鸣，需要建立在本身的开放态度的基础上，进而形成批评话语的开放式建构，这是批评家能够真正发出声音的关键所在，以理论回应当下的难题，以文学映射生活的困境，更以批评介入历史的命题。值得一提的是，所谓前沿，还有一种非常重要的层面，那就是批评的预见性与前瞻性，也就是说其并不是在一种思潮或现象涌现了以后才加以关注，也不是后知后觉追求时髦的即时性切入，而是以自身的判断力，识别文学的当代走向与未来趋势，将自身演化为一种话语生产与价值创造的批评装置。

而所谓开放，则主要包括以下几个层面。其一是区域与范围的开放。"今日批评家"阵容中的来自五湖四海的批评家，栏目立足南方，放眼全国，甚至从"译介与研究"等项目的设置来看，《南方文坛》的研究版图更是扩大至了全球范围，以海外中国文学研究为契机，形成了更宏大的气度与气象；而今日批评家的视野与胸襟，其必不是狭隘与偏激的，而具有一种包容，装得下文学的沉与浮，

1　白烨:《"今日批评家"的今日批评》,《南方文坛》2002 年第 1 期。

以理解的心态面对历史的同与异，最终做出自身的判断和取舍。

其二，"开放"意味着一个杂志的兼容并包。"《南方文坛》身处岭南边陲，要想使这个中国文学批评版图，少些遗珠之憾，是艰难而永无止境的。我们唯有尽可能以多种渠道发掘新锐，寻找那些活跃在文学现场、颇具潜质的才俊文章，哪怕泼辣新鲜的批评文字出自在读博士，只要他面对文学现场有足够的真诚和个性，足够的敏感和活力，即使修为和学理有所欠缺；而栏目的包容性也须有足够的宽度与敏锐度，并因真切的爱心、责任与支持而散发温度"[1]。不同的批评风格，甚至有着尖锐对立的不同立场的批评家得以汇聚，为当代中国文学发出洪亮而坚实的声音。

其三，批评的开放性还体现在批评观念的流变与批评主体的进阶。当代中国文学的发展日新月异，也给文学批评不断提出新的问题，因而，批评的理论与批评的话语不是一成不变的，需要随着历史时间的推移与文学现场的变迁而做出及时而适切的回应，与此同时也遵循文学批评的变动规律，审视自身内部的守持与衍化。

其四，开放的批评还意味着批评话语的传播，对"今日批评家"进行多样化的呈现，同样也意味着一种新的展开与生成。《南方文坛》针对今日批评家的栏目文章，结集出版了《今日批评百家：我的批评观》《今日批评百家：批评家印象记》等著作。前者汇聚了1998年至2015年《南方文坛》"今日批评家"栏目的96位批评家，如南帆、孟繁华、陈晓明、戴锦华、李敬泽、吴义勤、施战军、张新颖、郜元宝、邵燕君、毛尖、杨庆祥等，呈现他们彼时秉承的批评观念，为当代批评的发展历史留下显豁的注脚；后者收入"今日批评家"栏目当期其他名家状写该批评家的印象记113篇，这是栏目最为活泼灵动的文字，对于全方位地了解批评家及批评家群体起着突出的作用。2019年11月9日，由上海市新闻出版局、上海市作家协会、中共上海市黄浦区委宣传部主办，《南方文坛》和思南公馆联合承办了"开放的文学批评——《我的批评观》《批评家印象记》分享会"，"今天的思南读书会是举办六年以来嘉宾阵容最强大的一次，基本上把整个上海非常重要的批评家都请到了今天的现场"[2]，这一期的思南读书会得到了海派批评家们的大力支持，也获得了广大专业的与业余的读者的一致好评。随后，

1　张燕玲：《与"今日批评家"结缘》。

2　《开放的文学批评——〈我的批评观〉〈批评家印象记〉分享会纪要》，《南方文坛》2020年第1期。

《我的批评观》入围了华文好书榜的评选，逐渐形成了在业内的影响力，也令"今日批评家"的声音得以再次回旋在当代文学的批评场域之中。

四 深耕与辐射

正如一开始时所提出的，"今日批评家"栏目以自身的预见判断力，不是在批评家们成熟了再去摘下现成的果实，而是拿出眼光，去发现批评家，并细心呵护，一同成长。如青年批评家金理所言："在我心目当中《南方文坛》这一刊物有点像现代文学史上的一些名刊，不是那种面面俱到的刊物，它有自己非常独特的风格，也携带着张燕玲老师自己的烙印。用今天的一句话来形容，我觉得张燕玲老师是我们的批评界的养成系教母，她不是等你硕果累累已经成熟了负责来采果子，她不是这样的，她是陪伴和见证你的成长。"由此可见一个栏目与一本杂志的用心、用力与用情。在其中，用心与用力是容易理解的，因为办杂志确乎需要持久的热情与活力，一个意图关注学术前沿的学术期刊尤为如此；而用情则意味着，一个杂志与一个栏目，"永远是在陪伴你，一起成长，包容你的缺陷，这种包容、陪伴也使得你自己不敢松懈，永远往一个更好的方向去发现"[1]。著名学者谢冕也曾提出，"这个栏目体现了《南方文坛》的爱心，这个爱心非常重要，现在作家层出不穷地出现，可批评家的出现非常难，需要我们的爱护"[2]。可见，一本杂志的耕耘，不是一朝一夕，更不是一蹴而就的，而是长年累月的坚持，在繁琐的编辑日常中，交付心力，倾注感情，于文学历史中披沙拣金，汇聚成塔。

当"今日批评家"栏目逐渐构筑其自身的影响力之时，其价值也逐步从内部满溢而出，形成新的意义形态，也辐射出了新的批评价值。可以断言的是，"今日批评家"栏目是国内期刊坚持时间较长，涉及面较广，也是较有影响力的栏目，如陈思和所说："一个杂志两三年做一件事很有意义，而中断了就是中断了。但是只要你能持之以恒地坚持下去，可能一开始大家好像比较陌生，但是一代代做下去，大家就会记得你。"[3]《南方文坛》正是以其坚韧与守持，将"今日批评家"的栏目经营成中国当代文学批评的一种生产装置，以此为中心，不断催生新

1　《开放的文学批评——〈我的批评观〉〈批评家印象记〉分享会纪要》。

2　谢冕：《"今日批评家"的今日批评》，《南方文坛》2002 年第 1 期。

3　《开放的文学批评——〈我的批评观〉〈批评家印象记〉分享会纪要》。

的批评主体，也不断设造出新的可能性。

这样的可能性就体现在以"今日批评家"为基础建造起来的不同的批评样态和话语空间之中。其一是"今日批评家"论坛的举办，这出于《南方文坛》与中国现代文学馆等学术单位的紧密合作，这在本文第五部分将有详细论述，此不赘述。其二是每年举办青年批评家培训班，以前沿的文学和批评话题，启迪和培育广西本土批评家，邀请名家授课，举行学员研讨及改稿会等，值得一提的是，虽是培训班，但依旧秉持"今日"之批评的理念，追求一种前沿性与时代性，为不同声部的批评声音提供有益的空间，使广西的批评力量从本土走向全国，从边缘朝向中心。其三是《南方文坛》与《人民文学》共同举办的青年作家批评家论坛，这是具有全国影响力的文学期刊与批评期刊的强强联合，每届评出当年最具影响力的作家与批评家，这同样是"今日批评家"的新的延伸，对每一年的文学作品与批评实践做出总结和表彰，同时还在论坛上举行作家与批评家的对话，这无疑是文学创作与批评形态的丰富呈现，为当代文学营造一种多元空间，其中得以容纳不同的声音，以回应当代中国文学与文化发展的复杂曲折。除此之外，则是《南方文坛》对各级各类文学作品研讨会的组织与参与，讨论文坛现象，汇集批评声音，探究作品得失，让"今日"之批评始终在场。

深耕之后的辐射，使得"今日批评家"不断走在前沿并走向深化。而围绕着《南方文坛》杂志栏目的结集出版，则是以更为集中的方式，将文学批评的众声喧哗辘集成深远而有力的辐射能量，《南方批评书系》《南方论丛》《今日批评百家》等颇具影响力的著作出版，是这方面的重要体现。如 2019 年出版的《批评家印象记》，主编张燕玲为该书撰写了后记《相携而行》，其中简要介绍了栏目缘起和发展之后，提到"这些篇什，肖人肖事，鲜活如见，文字生动，令人会心会意之余，无不感念于名家同道间相携而行的文学传统，并心生敬意；而且，以如此灵动鲜活的文字，形成文学名家间文学观念与文化精神的对话，颇具才情，很是精彩"[1]。不得不说，批评家印象记的集中展示，有益于回溯当代中国批评史的不同时刻，激活批评的传统，促成与当代中国文学更为有效的对话和互文。

由此可见，"今日批评家"及其围绕此栏目打造的一系列论坛研讨、著作出版、批评培训、评奖选优等，在当代中国批评发展史中形成了一种立体的批评话语，以共振与争鸣的姿态回应时代命题，始终保持前沿与开放的批评姿态，并通

---

[1] 张燕玲：《相携而行》，张燕玲、张萍主编：《今日批评百家：批评家印象记》，作家出版社2019 年版，第 556 页。

过深耕与辐射的多元尝试，得以在西南边地建构起具有影响力的批评话语。"《南方文坛》以'今日批评家'为突破口，集中力量打造核心栏目，这确实是一种明智的选择。受到地理环境、编辑力量、办刊经费等条件的限制，四面出击、平均用力往往会分散资源，只有将好钢用在刀刃上，顺应批评潮流的新变化，才能铸造亮点，形成品牌优势。耐人寻思的是，90年代崛起的边地期刊都以精心打造的特色栏目，譬如《山花》的'跨世纪星群'和'自由撰稿人'、《天涯》的'民间语文'和'作家立场'等，在期刊界赢得一席之地。'今日批评家'并不刻意强调刊物的立场和趣味，而是通过作者交相辉映的论说来凸显自己的价值倾向，以学理性和艺术性兼备的精品栏目来征服小众化的、专业性的读者群。"[1] 在这个过程中，"今日批评家"并不是面面俱到的四方散射，而是从一个小的切口进入当代中国文学及文学批评场域，面对文学的当下境况，进行在场式的有的放矢，以集约型的批评汇成更敏锐的批评视野，凝聚更有力的批评主张。

五　边缘与中心

如前所述，围绕着"今日批评家"栏目的综合性与联动性，创生了当代文学的新话题、新元素，从而具备前瞻性的同时，铸造了新的话语空间，从中足以见出一本杂志的策划、经营与实践。更重要的，文学的事功衍化成种种批评的话语，并且不同话语之间构成连贯的链条，环环相扣，不断生发，连缀成种种批评的空间与文化的理念，促成了不同批评话语的众声喧哗。而不同声部的蕴蓄、引导与涌动之处，即成为当代文学批评的中心所在。其中，"今日批评家论坛"无疑是最具代表性的，该论坛至今已成功举办了十届。

第一、二届的"今日批评家论坛"由上海市作协、中国现代文学馆、《南方文坛》联合主办，在上海举行；自第三届始，论坛移师广西，仍由《南方文坛》与中国现代文学馆共同倡导，至今已历十届，并不断向前延伸。如若结合"今日批评家"论坛的主题以及历次论坛讨论中发现和处理的当代文学与批评论题而言，具有如下的特征：一是始终寻求切入当下文学批评实践的现象与问题，如当时最为活跃的70后批评、批评的语境与伦理、新时代的文学视野与地方性叙事等；二是及时针对当下文学现场与文化视野形成批评的声音，当代文学中的国际

1　黄发有：《"今日批评家"的特色与意义》。

视野、当年度文学透露出来的现象与问题、全媒体时代的文学审视等；三是聚焦批评内部的境况与问题，如文学批评自身的感受力与判断力探讨、作为写作的文学批评等。

以 2016 年的第六届"今日批评家论坛"为例，《南方文坛》特邀国内网络文学著名的研究专家、北京大学中文系教授邵燕君及其团队来到广西北海，与此同时，陈建功、孟繁华等传统作家批评家、新生代的青年批评家以及诸多网络作家齐聚一堂，谈论"全媒时代文学价值的发现与阐析"，需要指出的是，彼时的网络文学还没有如当下般如火如荼，但是通过论坛的讨论，在一个南方海滨小城发出声音，与当代中国网络文学研究的风潮形成共振。2017 年，在十九大提出"新时代"的这样一个新的历史境况下，第八届"今日批评家"论坛便以"新时代与文学的总体性视野"为主题，立足"新时代"的时间维度，兼及谈论文学所面临的重要议题"总体性"，以前沿的视野，同时切入当代文学的外部与内部，启发文学与文学批评未来新的可能性。2019 年的第十届"今日批评家"论坛以"新时代的地方性叙事"为主题，围绕的是中国乃至世界文学书写中不可回避的"地方性"问题进行讨论，其同时也是近年来当代中国文学热点问题，而这样的讨论，就发生在中越边境小城崇左。值得注意的是，正如"今日批评家论坛"的旨归"凝聚批评新力量，互启文学新思想"所强调的，力量的集结与思想的碰撞，能够不断冲击旧有的现状与理论，纠正腐朽的陈旧的认知，并且以此启发思想的碰撞，从而建构起所谓的"批评的场域"。而这样的包罗万象的文化场域，却发生在西南边地，不得不说，这是在边缘地域重塑了一个批评的中心。

边缘与中心是一种辩证的关系，在一定的条件下，可以发生转圜甚至逆变。《南方文坛》之所以地处少数民族自治区，却还被誉为"中国文学的批评重镇"，于焉建构起一个"边缘的批评中心"，可以见出，在当代中国文学与批评的场域中，边缘与中心发生了置换。究其原因，在"今日批评家"的苦心经营中，能够听得到最前沿与最扎实的学界声音，并且不同的观念、立场得以于焉发出，形成影响。这俨然生成了一种中国文学批评史的新的发展形态：以边缘的谦逊姿态虚怀若谷，接纳四方的声音，汇聚万象，兼容并包，由此重新设定了文学批评发展的新格局。更值得注意的是，围绕着"今日批评家"所形成的众声喧哗的批评话语，是在与时代的共振中获致自身的价值与生产力的，那是一种持续性的与创造性的理念输出，接续文学的现场感与批评的当代性，将"今日"与"当代"结构成一种复杂多元的对话关系，在批评的时效性与前沿的研究意识中，保持敏感，保持敏锐，最终将当代中国的文学及批评不断推向前进。

结语

总而言之，"今日批评家"秉持共鸣与争鸣并存的理念，集结不同代际的批评家群体，同时又充分展示每位批评家独特的批评个性；回应前沿的文学话题，以开放性的学术姿态，兼容并包，与时并进，站立文学的潮头，也专注理论的前沿；根植于当代中国文学土壤，深耕细作，持之以恒地处理文学的当代困境，输出批评理念，并以丰富立体的批评事功，开辟新的批评场域；最终形成边缘地域的批评中心，将当代中国文学的问题与难题，诉诸多样形态的批评话语，构筑文学与批评的深层互文。

《南方文坛》主编张燕玲提到，"我们知道，一个文论期刊有一种潜在的文艺领衔的职责，它会成为未来的文艺史在形成期的良种库。那么，全媒体时代，进行文学经典化工作的文论期刊，如何为文学史的良种库提供文学良种，为当代文坛提供学术而鲜活的文学现场，催生一代又一代的作家与批评家，为学术生态和社会文化生态做出有效的建设，成了今日文论期刊面临的难度"[1]。可以说，"今日批评家"始终执持难度意识与谦虚姿态，在文学现场与当代批评之间架设桥梁，这个过程不是简单的附着或追踪，而是真正介入中国文学的内部，寻求不同类型的批评声音的共鸣，探索不同批评话语形态的联动，实践一种立体的批评史建构，在文学、文学批评及其传统与传承所实践的真正"相携而行"的对话中，"今日批评家与当代文学有了一个互文的精神通道"[2]。

（《中国当代文学研究》2020 年第 4 期）

---

1 张燕玲：《与"今日批评家"结缘》。
2 张燕玲：《相携而行》，第 556 页。

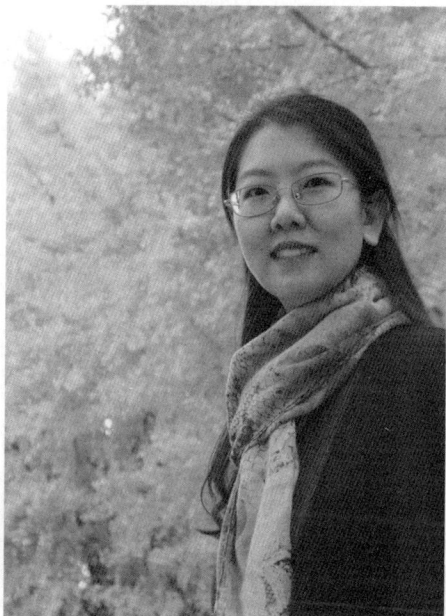

路　杨　北京大学文学博士，北大"博雅"博士后，德国图宾根大学汉学系访问学者，中国现代文学馆客座研究员，中央民族大学文学院讲师。研究领域涉及中国现代文学史、当代文学与文化批评。在《文学评论》《文艺研究》《北京大学学报（哲学社会科学版）》《中国现代文学研究丛刊》《鲁迅研究月刊》《文艺理论与批评》等核心期刊发表论文四十余篇，并有论文被《新华文摘》《人大复印报刊资料》全文转载。曾获评《中国现代文学研究丛刊》年度优秀论文奖、北京大学优秀博士论文、北京大学研究生"学术十杰"称号。

劳者如何 "歌其事"

——论解放区群众文艺的生产机制

　　1944 年春节过后，毛泽东在中共中央宣传委员会召开的宣传工作会议上发表讲话，提出要将 "文化问题" 提上议事日程，强调经济与文化、生产与教育之于军事与战争的建设性意义，甚至将 "文化" 上升到一种具有全局性的位置上："至于文化，它是政治、经济的反映，又指导政治、经济；它反映军事，又指导军事"；"文化是不可少的，任何社会没有文化就建设不起来"。作为文教工作的一项部署，毛泽东肯定了从 1943 年到 1944 年以来迅速发展起来的 "新秧歌"，不仅 "反映新政治、新经济"，还解决了外来知识分子与本地老百姓的隔膜问题，因此应当进一步普及化，在每乡、每区可以不加限制地多组织一些新秧歌队，并提出 "延安的知识分子在今年农历十月，应该纷纷开会研究怎样下去调查和工作" [1]。事实上，从 1943 年 12 月到 1944 年 4 月，以张庚任团长、田方任副团长的鲁艺工作团一直在绥德分区进行大规模的新秧歌活动。但毛泽东这次提出的已经不仅是 "秧歌下乡" 的问题。1944 年 5 月，在延安大学的开学典礼上，毛泽东再次提出 "要教会老百姓闹秧歌、唱歌，要达到每个区有一个秧歌队" [2]。同年 8 月，陕甘宁边区文教筹委会、西北局文委召开联合座谈会，"关于秧歌戏剧问题，周扬提出初步意见，接着大家讨论，一致认为目前戏剧应以普及为主，组织和推

1　毛泽东：《关于陕甘宁边区的文化教育问题》（1944 年 4 月 23 日），《毛泽东文集》第 3 卷，人民出版社 1996 年版，第 109—110、117—118 页。

2　《毛泽东同志指示延大应为抗战及边区政治经济文化建设服务》，《解放日报》1944 年 5 月 31 日。

动群众的秧歌活动，做到每区一个秧歌队，主要由老百姓自己搞，我们下乡去帮助、辅导，去年是'秧歌下乡'，今年是'乡下秧歌'"[1]，并推定周扬草拟关于如何推动"乡下秧歌"的计划，以供下乡的文艺工作者参考。一个月后，周扬又在延安市文教会议上提出了下乡组织秧歌队的四点意见：一要根据乡村原有的文化组织条件，可采取文化台、自乐班、秧歌队等不同形式；二要"以民间艺术家为骨干"，通过当地的学校、读报组、冬学、夜校等基层单位组织秧歌队；三要采取"从下而上"的、自愿的原则，"要不误庄稼"，"不要变成老百姓的负担"；四要剧本自己编，"靠自己编，老乡们自己编的比知识分子编的还要好"，"不要用公家的话写，而用自己的话，想什么，就写什么"[2]。

从"秧歌下乡"到"乡下秧歌"的转变，意味着中国共产党文艺实践的某种有意识的调整。如果说，秧歌剧的教化式动员还是一种自上而下的灌输，那么"乡下秧歌"则试图发掘与激活农民自身的文艺能力与文艺实践的主体性。与之相伴的是知识分子文艺工作者的位置、功能以及工作重心的进一步调整，即从文艺的"创作者"转向文艺的"组织者"，为群众自己的文艺活动提供辅助、供给和技术支持。自 1944 年开始，陕甘宁边区的文艺工作者在延续以往对于民间文艺形式的关注与改造之外，更转向了对于民间自有的文艺人才与文艺组织的发掘，即对于"人"的发现。通过发掘各地方的民间"文教英雄"以及农民自发的文艺活动经验，大量属于农民自己的文艺组织如秧歌队、村剧团、自乐班等得以在陕甘宁、晋察冀、晋绥等多个地区建立起来。应当说，毛泽东对于"文化"工作的高度强调，在某种程度上突破了一元化的经济决定论，"群众文艺"机制指向的恰恰是农民革命者的主观能动性。

一 "刘志仁式的秧歌"与"群众艺术家"

早在 1938 年到 1939 年，陕甘宁边区娱乐改进会、鲁艺的中国民间音乐研究会就已经开始在延安各地进行大规模的民歌采集工作，但如此重视农村本身的文艺娱乐活动、人才及其组织，则是在 1944 年之后才成为边区文艺工作的重心。如

1　艾克恩：《延安文艺运动纪盛》，文化艺术出版社 1987 年版，第 529 页。

2　周扬：《秧歌》，《新华日报》1944 年 11 月 25 日。见李滨荪、胡婉玲、李方元编：《抗日战争时期音乐资料汇集》，西南师范大学出版社 1985 年版，第 437-438 页。

果说民歌搜集还是以知识分子为主体，将民歌作为利用民间形式的研究对象与形式资源，并带有一定"采诗"意味的调查研究与创作准备，那么发掘群众自发的歌唱、秧歌等文艺活动，则是一种以农民为主体，重视其自身对于新的生活与经验的艺术表达的努力。这其实也是柯仲平最初搞民歌搜集时就曾谈到的一个更远的目标："使大众更能自己作歌自己唱，从大众中培养大批的民间歌手"[1]。以李清宇、苏林、瞿维、安波、马可等陕甘宁边区文教会艺术组成员为代表，众多文艺工作者分赴各分区考察民间文教活动，"比较有系统地访问了一些民教英雄、民间艺人与民间艺术团体，得到了许多宝贵的民间音乐研究资料"[2]，并在《解放日报》上，对这些群众文艺活动经验进行了持续的介绍与推广。"劳动诗人"孙万福、"移民歌手"李增正、"练嘴子英雄"拓开科、"木匠歌手"汪庭有、"变工歌手"刘有鸿，以及刘志仁、杜芝栋领导的"新秧歌"、驼耳巷区的"道情班子"、庆阳农民的"新社火"、关中唐将班子的"吆号子"等，都是在这个过程中被发现的。在1944年10月召开的陕甘宁边区第一次文教代表大会上，刘志仁、杜芝栋、景海清、黄润等九位群众秧歌代表不仅被表彰为"文教英雄"，还在文教会艺术组的邀请下介绍了群众秧歌的创作经验和方法，边讲边演唱了《新三恨》（刘志仁）、《表顽固》（汪庭有）、《闹官》、《种棉花》（拓开科）等自编自创的歌曲。一个月后，陕甘宁边区文教大会通过了发展"群众艺术"的决议，提出要以"不误生产与群众自愿"为原则，同时"发展新艺术"与"改造旧艺术"：

> 群众艺术无论新旧，戏剧都是主体，而各种形式的歌剧尤易为群众所欢迎。应该一面在部队、工厂、学校、机关及市镇农村中发展群众中的话剧和新秧歌、新秦腔等活动，一面改造旧秧歌、社火及各种旧戏。其他艺术部门也是如此。应该一面在群众中发展新文学（工农通讯、墙报、黑板报、新的唱本、故事、新的春联等）、新美术（新的年画、木刻、剪纸、新的连环画、画报和画册、新的洋片等）、新音乐（新的歌咏、新的鼓书等）、新舞蹈和新的艺术组织（俱乐部、文化室、文化台、文化棚、展览会、晚会等），一面要团结和教育群众中旧有的说书人、故事家、画匠、剪纸的妇女、小调家、

---

1 柯仲平：《谈中国民歌》，《中国文化》1940年6月第1卷第4期。

2 《中国民间音乐研究会》，《延安文艺大系·文艺史料卷》（上），湖南文艺出版社2015年版，第628页。

练子嘴家、吹鼓手等，使之为人民的新生活服务。[1]

　　由此可见，在"乡下秧歌"这样大型而集中的春节娱乐之外，"群众艺术"的概念拓展到了歌谣、故事、春联、剪纸、唱本、鼓书等工农群众的日常艺术需求与平时娱乐当中。值得注意的是，在改造旧艺术方面，这一决议提出要在"群众中业余的艺人和艺术团体与职业的艺人和艺术团体"之间加以区分，此后的具体实践也确实是从两个方向展开的：一是对民间旧艺人、旧团体如说书艺人、吹鼓手、旧戏班、吹打班的改造；二是在农村旧有的娱乐组织如自乐班、道情班子、社火、秧歌、吆号子等基础上改造和发展出新的文艺组织。

　　在 1944 年这些采集、发掘与表彰工作中，"群众艺术家"[2] 这一新的提法值得重视。与李卜、韩起祥这类以卖唱为生的民间艺人不同，李增正、汪庭有、拓开科这些民间歌手以及刘志仁、杜芝栋这些"自己钻出来的秧歌把式"[3] 都是不脱离生产的农民，以其为中心的新社火、新秧歌、道情班子最初也都是为了解决本村本乡的娱乐需求自愿组织起来的。换言之，对这些群众艺术人才而言，文艺娱乐是一种根植于本乡本土的劳动与生活内部的活动。如果说"改造说书人"还是更偏向于政党借用旧形式、旧媒介来进行新话语、新观念上的输出[4]，那么以刘志仁为代表的这类民间"社火头"与乡村日常生活和本土经验的关系则更加内在化，其实践方式也更为自觉。与基本脱离生产、流动性强的说书艺人不同，"群众艺术家"的提法更强调其与本村本乡的生产、生活之间密切的联系，及其凭借在地方上已有的声望和影响，对于农民文化生活强大的组织能力。关中的社火头刘志仁自 1937 年起开始组织南仓社火，最初只是出于对南仓村本地革命经验的表达创作了新秧歌《张九才造反》，此后便开始了一连串大胆的创造，被周而

1　《陕甘宁边区文教大会关于发展群众艺术的决议》（1944 年 11 月 16 日陕甘宁边区文教大会通过，边区二届二次参议会批准），《解放日报》1945 年 1 月 12 日。

2　鲁艺工作团在总结其 1943 年到 1944 年三个月的下乡经验时就提出要"向群众艺术家学习"。（见《鲁艺工作团经验》，《解放日报》1944 年 3 月 15 日。）

3　文教会艺术组（苏林执笔）：《杜芝栋和镇靖城的秧歌活动》，《解放日报》1944 年 10 月 26 日。

4　可参见张霖：《从旧说书到新文艺——论解放区文学通俗化运动中的民间艺人与知识分子的关系》，《中国现代文学论丛》2007 年第 1 期；孙晓忠：《改造说书人——1944 年延安乡村文化的当代意义》，《文学评论》2008 年第 3 期；罗立桂：《延安民间艺人改造的意义——以文艺"形式"问题为视角的考察》，《文艺理论与批评》2016 年第 1 期。

复称之为"刘志仁式的秧歌"[1]。在当地的社火传统中,"秧歌和故事始终保持着一定的距离,当地群众的传统看法认为只有戏班子在台上演的才叫'剧'",但"为了演得更真,使得群众更喜欢看",刘志仁第一次把"唱秧歌"和"跑故事"结合起来,称之为"新故事",其实正是自发地摸索出了一条"秧歌剧"的创作道路。从1939年到1944年,刘志仁在社火成员和小学教员的配合下,连续创作了《捉汉奸》《放脚》《开荒》《锄草》《救国公粮》等多个秧歌剧,以及《新小放牛》《新十绣》《新三恨》《生产运动》《四季歌》等新编小调。当地群众在新秧歌中看到了自己熟悉的生活与人事,"看到了他们自己的形象,听到了自己心里要说的话",都说:"把现在的实情,用新曲子唱出来,真比听讲美着哩!""刘志仁的社火扎日鬼的,把咱们做庄稼那一行也编了故事!""南仓社火耍的好,旧社火说什么也比不上。"[2]

但从《解放日报》上发表的报道与推介来看,文教会艺术组看重的不仅是刘志仁的创作才能,而且在于其出色的领导与组织能力。1939年,刘志仁就建议本地社火也建立选举制度,进行组织和分工,将旧社火中遗留的罚油制度改为请假,并主动避免与邻村或友区的社火发生冲突。由此,本地社火就再未像旧社火那样因为耍故事相互"压服"而出现过"打捶"事件,也让当地百姓都更愿意加入。在刘志仁的领导下,南仓全村五十余户的"成年和青年人大半参加了耍社火,娃娃们很多都会敲锣打鼓,妇女们也学会了新秧歌,部分男女老幼,都有他们的正当娱乐,所以几年来消灭了抽烟、酗酒、赌博、打捶等不良现象"[3]。更重要的是,在移风易俗之外,刘志仁还积极推动生产,帮助移民,为妇女半日校当教员,为群众编对联写对联,发动群众办起了民办小学和黑板报,在群众中有很高的威信,连年被选为村主任、锄奸委员、拥军代表、评判委员会仲裁员、乡参议员等。由此可见,与劳模运动遵循的典型政治相类,刘志仁其实是在"优秀的群众艺术家""很好的边区公民"以及"很好的共产党员"[4] 三重意义上被树立为群众文艺的典型的,而"刘志仁式的秧歌"恰恰在这三者之间承担了重要的实践功能。通过"新社火"这样集体性的艺术活动方式,以及在教唱歌谣、写对联、黑板报这样的日常文化生活中,刘志仁以新娱乐、新民俗更新了乡村旧有的

1　周而复:《边区的群众文艺运动》,《群众》1945年3月8日第10卷第3、4期。

2　文教会艺术组(马可、清宇执笔):《刘志仁和南仓社火》,《解放日报》1944年10月24日。

3　文教会艺术组(马可、清宇执笔):《刘志仁和南仓社火》。

4　文教会艺术组(马可、清宇执笔):《刘志仁和南仓社火》。

文化组织形式，正代表了政党所期待的某种兼及文艺能力与政治能力的农民"新人"想象。

二 "《穷人乐》方向"：生活实感与自我教育

与说书艺术在"说"与"听"之间构成的这种单向的接受关系与消费形式不同，社火、秧歌或乡村戏剧构成的是一种可参与的文艺生产空间。关于秧歌和戏剧，用赵树理的话来讲，"在农村中，容人最多的集体娱乐，还要算这两种玩意儿，因此就挤到这二种集团里来"[1]。这种可参与性不仅在于表演者与观众之间的互动，而且在于技巧门槛和组织形式上的开放与自由。秧歌或乡村戏剧的表演空间大，发挥余地多，不像鼓书、快板书一样需要独自记诵大段的唱词，对于掌握唱段的数量、即兴编创韵文的要求也没有那么高[2]。在大场秧歌的传统中，农民观众本就可以随时加入进来一起扭、一起跳；再加上刘志仁、杜芝栋这样的组织者到处应邀去教歌，"打破了旧社火不教人的一套老毛病，不但积极的教人，而且只怕传不出去"[3]，更打开了艺术形式与组织形式上的空间。这都为旨在将农民接受者纳入到艺术创作活动中来的群众文艺运动提供了基础。

与陕甘宁边区 1943 年后才逐渐普及起来的新秧歌运动相比，晋察冀地区的乡村戏剧实践更早也更为自觉。早在延安文艺座谈会召开之前的 1940 年，晋察冀的群众文艺运动就已经开始"组织起来"，以不脱离生产的业余的"村剧团"为主要形式，几乎每个比较大的村庄都有一个；到 1944 年春，"仅就北岳区比较巩固

1　赵树理：《艺术与农村》，《人民日报》1947 年 8 月 15 日。

2　据当时在晋察冀担任冀中文协主任、火线剧社第一任社长王林的记述，他曾遇到一个会唱《韩湘子出家》的说书盲艺人，在王林的追问下说自己会唱《响马传》等四大套书，但不会小段。王林不解地提出《韩湘子出家》也是小段，但盲艺人说："会个十个二十个不能说会。会个一百二百的才能说会。你得说一段书，就来个小段，还不能说重的。"（见王林：《农忙时节，村剧团怎样活动》，《王林文集》第 4 卷，解放军出版社 2009 年版，第 260 页。）作为说书艺人中的佼佼者，李卜、韩起祥的创作才能都非常高超，韩起祥的记忆力非常惊人，会说七十多部中、长篇的书，会弹奏五十多种民间小曲，能唱很多民间小调，还能够自己编写新书。这是其自身独特的天赋，但仍然能够说明旧艺人要靠卖艺为生，必须掌握足够的唱段和艺术技巧。这是一般缺乏创作和表演经验的普通农民难以达到的。

3　文教会艺术组（马可、清宇执笔）：《刘志仁和南仓社火》。

的乡村来说，村剧团的组织还有一千多个，经常进行活动"[1]。其中，阜平高街村剧团创作的《穷人乐》取得了巨大的成功，被晋察冀边区作为"方向"加以推广，也就是解放区文艺中著名的"《穷人乐》方向"。作为解放区文艺中常见的"翻身"故事，《穷人乐》的剧情与主题并不鲜见。事实上，晋察冀边区对于《穷人乐》创作的重视也并不在于内容，而恰恰在于其创作机制本身。《晋察冀日报》在关于"《穷人乐》方向"的决定和社论中，都特别强调高街村剧团在创作过程中的两个核心机制：一是"真人演真事"，演本乡本土的事，"从形式到内容都由群众自己讨论决定"；二是"把创作过程和演出过程结合起来"[2]，集体编写，集体导演。因此，所谓的"《穷人乐》方向"正是要"学习高街村剧团发动群众集体创造的方法"，而"不一定象《穷人乐》一模一样来排演，都要来一个本村人民翻身史"[3]。1947 年 3 月，在中共晋察冀中央局宣传部召开的文艺座谈会上，周扬也高度肯定了"写真人真事"的《穷人乐》方向，并将其推演到《讲话》后的整个文艺方向中去[4]。由此可见，对于考察解放区理想中的"群众文艺"的形式生产机制而言，《穷人乐》的具体创作过程可以说是一个绝佳的个案。

《晋察冀日报》社论详尽地记录下了高街村剧团在创作《穷人乐》过程中的很多细节。从"演什么"到"谁来演"再到"怎么演"，整出剧的编创都是在不断摸索与试验中完成的。当"演出本村的事"与"真人演真事"这两大要点确定下来后，如何具体表演则成为问题。其中有一处细节特别值得玩味：

> 开头，演员的说话、动作表现不自然，常忘台词，戏剧里所需要表演的"过程"，像演春天挨饿的情形，演员却愉快地说着这些事，忘记了当时的情形。但，排上一两回，帮助排戏的同志再一启发，群众重新回到自己所经历

1　沙可夫：《晋察冀新文艺运动发展的道路——点滴经验教训的介绍》，《解放日报》1944 年 7 月 24 日。

2　《中共中央晋察冀分局关于阜平高街村剧团创作的〈穷人乐〉的决定》，《晋察冀日报》1944 年 12 月 23 日。

3　《沿着〈穷人乐〉的方向发展群众文艺运动》（《晋察冀日报》社论），见晋察冀阜平高街村剧团集体创作，张非、汪洋记录：《穷人乐》，韬奋书店 1945 年版，第 89 页。事实上，自《穷人乐》方向被加以推广后，很多村剧团并不理解，"他们往往认为《穷人乐》的方向，就是演出《穷人乐》，就是以穷人翻身的故事编成戏来演"。（见秦兆阳：《实行〈穷人乐〉方向的几个具体问题》，河北省文化厅文化志编辑办公室编：《晋察冀晋冀鲁豫乡村文艺运动史料》，河北省文化厅文化志编辑办公室 1991 年版，第 245 页。）

4　周扬：《谈文艺问题》，《晋察冀日报》增刊 1947 年 5 月 10 日。

的生活中，丰富生动的语言就涌现了，劳动动作也很自然了。例如，排锄苗，开头很拥挤，没法动作，他们就想到实际劳动中是用"雁别翅"的行列的，这非常适合舞台条件。在排战斗与生产结合一场之前，大家已接受了用象征手法表现生活（儿童拨工组担土就只担一根高粱秸），这一场，他们就自动只拿一把镰刀表演收割，用动作表示扎麦个子，扛到场里，一个人割，两个人捆麦个，一个人挑开，三个人就扛起肩膀拉起碌子了。之后是扬场。虽然全场完全是用象征手法，因为劳动动作太纯熟了，演来既真实，又美丽。"打蝗虫"，捉"稻蚕"两场的动作，也有同样的特色。[1]

从不会演到会演，这个细节透露出了一个微妙的转变：当农民演员刻意去记诵台词、学着表演时，反而说话、动作都不自然，忘记了生活中的真实情景；但经过"帮助排戏的同志"的启发，"重新回到自己所经历的生活中"，便能将实际劳动中的动作、队形转化为表演中的形式感。由此可见，村剧团中进行辅助工作的文艺工作者，其实是将一种理念带入到了乡村戏剧的创作当中，即将艺术创作归还到劳动、生活的实际经验当中，再重新将经验艺术化为形式。换言之，这种创作机制既为参与创作的农民提供了一种艺术化地看待生活经验的眼光，又培养了他们将经验象征化、艺术化的能力。正是在这样的排演过程中，演员们逐渐可以根据剧情自己选择最恰当的表现形式。例如，在戏剧高潮时，以唱歌来取代文艺工作者提议的话剧形式，因为他们认为"到吃劲的地方，说话没劲，非唱歌不行"；或是在出现纰漏时，以生活化的反应、情境和玩笑加以巧妙的补救。农民创作者恰恰是从自己生活经验内部自然产生的表达诉求中，为戏剧中的自白、叙事、抒情、插科打诨、舞蹈、歌唱找到了合适的位置，既"把戏演活了"，也"使《穷人乐》一剧，成了话剧、舞蹈、唱歌、快板等的综合形式"[2]。

由此可见，所谓的"真人演真事""自己演自己"，其实只是为农民进入戏剧活动提供了一个有效的入口，但这一方法及其提供的表演真实性其实仅仅是一个最表层的问题。《穷人乐》创作机制的核心在于将艺术还原到劳动和生活内部的经验性与情境感，重视"群众生活"本身所蕴含的丰富的历史内容与艺术可能。秦兆阳将《穷人乐》的创作方法概括为"实事剧"[3]，但就其创作机制而言，也

---

1 《沿着〈穷人乐〉的方向发展群众文艺运动》，第 86 页。

2 《沿着〈穷人乐〉的方向发展群众文艺运动》，第 87 页。

3 秦兆阳：《实行〈穷人乐〉方向的几个具体问题》，第 247 页。

许称为"实感剧"更为贴切。事实上，在解放区文艺承担的政策宣传任务下，乡村戏剧运动很容易为了及时反映"任务观点"而出现公式化和脸谱化的问题，产生大量缺乏形式意味的"观念剧"。但"《穷人乐》方向"蕴含的创作方法则能在客观上对此产生一定的纠偏作用，即以诉诸实际生活的经验、情感和细节的"实感"来克服概念化的问题。

在创作的组织形式上，由于农民们大多不识字，排演时只有提纲没有剧本，但也是由于"不受剧本的限制，每个演员可以发挥自己的创造才能，因此，每一次的排演和演出，都有新的添加和补充，就把一个简单的提纲，变成具有丰富内容的剧了"[1]。这种"把创作过程和演出过程相结合"[2] 的创作方法，实际上也是大部分文化能力不高的农民创作者主要采取的方法，如陕甘宁的庆阳"新社火"创作的秧歌剧《夫妻开荒》《黑牛耕地》《劝二流子务正》《王麻子变工》《懒黄转变》《减租》《种棉》都是这样编写出来的[3]。在某种程度上，这样的创作方式是颇具先锋性的，更近于一种社区戏剧[4] 式的组织形态，即以乡村社群中的农民为主体，知识分子仅提供引导和辅助，以"启发式"代替"注入式"的导演方法[5]，以社群自身的艺术享受与社会赋权为目的。换言之，这种创作机制甚至并不是以演出和娱乐为根本目的，而是伴随着农民对自我、生活的重新认识和感受而展开的自我教育、讨论和共同成长。因此，这样的集体排演过程同时也是在演示一种民主生活形式的雏形，培养农民进行自我表达、组织生活的能力。如张庚在总结边区剧运时所说，"演剧"其实已经和自选村长、自定制度、查岗放哨、

1　《沿着〈穷人乐〉的方向发展群众文艺运动》，第 87 页。
2　《中共中央晋察冀分局关于阜平高街村剧团创作的〈穷人乐〉的决定》。
3　罗琪辉：《庆阳农民的新"社火"》，《解放日报》1944 年 4 月 5 日。
4　作为一组相互联系又有所区别的戏剧概念与形态，"社区戏剧"（Community Theatre）或"社区性戏剧"（Community-Based Theatre）最早出现在 20 世纪美国的 20 至 30 年代，指的是戏剧艺术家在特定社区里和社区成员共同创作的戏剧，它根植于特定社区的历史和现实的文化中，是特定社区文化的独特表达。但对于"社区戏剧"而言，其演职人员与组织人员基本都带有志愿性质。这种戏剧形态汲取了布莱希特、奥古斯特·博奥等戏剧家的思想资源，还经常引入民歌民谣、社区历史故事和即兴表演等元素。（可参见沈亮：《美国非营利性职业戏剧》，上海远东出版社 2014 年版，第 83-99 页。）这里使用"社区戏剧"的提法，仅是出于这种"乡村戏剧"与"社区戏剧"在组织形态、社会功能上的相似之处的一种借用和类比，而非严格意义上的概念界定，解放区的乡村戏剧与美国的社区戏剧运动也尚未见到有史实上的影响关联。
5　关于这一导演方法的转变可参见陈波：《集体导演的经验》，《解放日报》1944 年 12 月 17、18 日。

认字读书一样，"在某些地方，如晋察冀，成为每个村民必尽的义务，或必享的权利"[1] ——既是文化权利，也是政治权利。

对于参与创作的农民演员而言，排戏本身的意义甚至要大于演出；而对属于同一社群的农民观众而言，聚焦于本乡本土和生活实感的乡村戏剧，则构成了一种有效的经验唤起与同伴教育。对于农民自发组织起来的村剧团而言，自演自乐的方式与经验性的实感尽管粗糙，但给农民带来的审美快感和形式新意，其实要远远大于形式上的刻意推敲，当然也要比文艺工作者处理旧形式时的顾虑要少得多，自由得多。在冀中做文协主任和火线剧社社长的王林，在其写于1942年至1943年间的长篇小说《腹地》中，就贯穿着大量关于辛庄村民自发组织村剧团的情境描写，这与冀中农村广泛开展的"戏剧的游击战"[2] 活动有关。在小说中，辛庄村剧团的成立，是因为羡慕邻村成立村剧团后丰富的娱乐活动："一九四一年大普选运动的时候，很多村受了军队新剧团的影响，一个接一个地成立了村剧团"，普选胜利后，各村都在庆祝普选，邻村剧团又被邀请到各村去闹，"眼看着耳听着人家别村的锣鼓喧天，又拉又唱地日夜不停"，一气之下，辛庄干部就联合了村里"爱闹玩意、车子、旱船、高跷、狮子、吹、拉、说、唱，没有不会的"辛鸣皋，成立了自己的村剧团。但是由于只懂一点旧戏，不懂话剧也不会唱八路军的新戏，最后商量就"把旧戏套上新词"，"顺手就用脸面前的事实"编成了"劝选"和"反扫荡"一文一武两出戏，演出的现场更是生气淋漓：

> 演的时候有的穿旧戏古装，有的就穿平常便衣；有的用红绿颜色抹得满脸大红大绿，有的就不化装。会唱的随着胡琴唱——有的是新填的词，有的就囫囵吞枣地唱出了和剧情毫无干连的旧戏词。不会唱的就道白——道白也不像道白，就是日常说话罢了。台词没有剧本做根据，有时打诨取笑，博得观众喝彩，就顺嘴溜下去，自己也收不住了。并且还直和台下熟人嬉笑斗嘴。上演以前，还怕演的时间太短，对不起观众。可是演起来了，从午饭后一直演到天黑，直到台底下孩子娘们喊叫自己人回家吃饭，这才当场用民主的方式，议决收场。演出效果更好，台上台下打成一片。欢笑的声浪，忽起

1　张庚：《剧运的一些成绩和几个问题》，《中国文化》1941年8月20日第3卷第2、3期（合刊）。

2　王林：《开展戏剧的游击战——关于开展冀中农村戏剧运动方式方法的商榷》，《王林文集》第4卷，第238-241页。

忽落，忽低忽扬。[1]

这种"草台班子"式的乡村戏剧虽然没有鲁艺秧歌剧那样精炼的形式，却恰恰在因陋就简之中造就了一种生动泼辣的活力。这种鲜活的生命力既来源于其俯拾皆是的戏剧表达与现实生活之间息息相关的关系，也来源于"台上台下打成一片"、没有界限的互动与参与。实际上，在乡村的日常娱乐活动中，演员与观众、歌者与听众之间的界限本来就没有那么分明，对于农民而言，文艺的创作、表演与欣赏往往是一个合而为一的综合过程。与城市中依托于展览馆、画廊、音乐厅、演奏厅、剧院、戏园等空间的艺术活动不同，亦区别于规制森严的旧戏班，在田间地头、村舍场院都可以展开的群众文艺活动中，农民既是表演者也是欣赏者，既是编创者也是批评家。因此这些文艺活动既是融入到日常生活情境中的社会教育，更延续了自乐班、八音会这类乡村文艺组织"自娱自乐"的传统。正是因此，无论是陕甘宁的"乡下秧歌"、群众歌咏运动，还是晋察冀的乡村戏剧，其组织现实的能力都不逊于"鲁艺家的秧歌"。

王林在《腹地》中特别写到一个在组织村剧团时一直不太热心的"顽固"干部胡金奎，在看了村剧团排好的第一出"劝选"的戏后头一次表了态："你们不是直说这次普选运动，是中国纲鉴上没有过的大事情吗？""可是这件事在纲鉴上要写成大字，在咱本村更是叫后辈孩子们说古的事，假若演戏庆贺不把咱村老辈给留传下来的彩刀彩剪子用上，那可太以地可惜了！"这一提议很快得到了其他人的响应，并马上被运用到了第二出锄奸杀敌的武戏中："对对！把彩刀彩剪子用上！""他们别的村里，哪里会有这好东西！"[2] 胡金奎这个提议包含了相当丰

1　王林:《腹地》，新华书店 1949 年版，第 70-72 页。

2　王林:《腹地》，第 71 页。从第二出武戏的剧情编排（八路军"用刀子剪子扎死了日本鬼，活捉住汉奸，开大会用铡刀铡"）和观众的反应（"铡汉奸的一段，更精彩：鲜血四溅，雪仇解恨，大快人心"）可以推知，"彩刀彩剪子"可能是类似于"扎快活""血社火"一类的民俗技艺，属于古代傩戏的延续。但由于隐秘的化妆技术和传承难度已濒于失传，"血社火"和"彩刀表演"仅在陕西省宝鸡市赤沙镇和安徽省阜南朱寨得以保存，分别列入我国省级与县级非物质文化遗产项目。这些民俗表演大多以惩恶扬善为题材，表演形式血腥恐怖，即以逼真精妙的化妆技术表现铡刀、剪刀、斧头等利器刺入或砍杀恶人身体，寄寓着农民惩治邪魔、保佑平安的愿望。辛庄"反扫荡"的武戏则是以汉奸和日本鬼子这些现实中的敌人取代了民俗表演中的西门庆及其打手这类恶人形象，对于长期处在敌人大扫荡威胁中的冀中乡村而言，这种新式的"彩刀表演"无疑更能起到宣泄情绪、鼓舞民气、大快人心的作用。

富的意味，它显示出：这出戏介入现实的能力不仅在于劝导村里保守的老头老婆们参加选举，还在于让胡金奎这样的干部真切地体认到了"普选"这种让"庄稼人头一回真正登基"的政治生活所具有的历史意义。更重要的是，为了匹配这样的意义感，胡金奎还借重本村引以为傲的民俗技艺为新戏提供了新的形式元素。换言之，乡村戏剧介入现实的方式并不是靠观念化的说教，而是将农民观众吸引到戏剧的创作中来，成为真正的参与者，以形式实践的方式重新体认和组织正处在巨大变革中的现实生活。

三 "劳者歌其事"：文艺与劳动的相互组织

群众文艺的社会教化作用是相当显著的。晋绥地区临离一带的民教馆"除去识字读报，解决纠纷，就是游艺，主要是闹秧歌，有些秧歌班子，成为改造二大流的学校，如罗家坡村剧团，就吸收了个别二大流参加工作，并改造了他"[1]。河曲魏再有的变工队中有十一个"一流子"（即半二流子）、六个二流子，下地时总是散散漫漫，魏再有就联合队员在地里休息时，"你凑一句，我凑一句"，"把变工纪律编成歌子，变工组员一唱歌，就想起纪律来，动弹得更勤快了"。刘有鸿领导的变工队一起编出了歌子《变工好》，不仅把变工的好处"编的有条有理"，还"把务庄稼的细法和生产计划等也编成歌词"；另一首《一户不变工》"词儿编起来没找上小调，村里人就用干板方法念着传开了"[2]。动员生产、改造劳动力、组织变工、移风易俗、"开脑筋"[3]——将政党主导的社会教育转化为"老百姓

1　华纯、韩果、石丁（石丁执笔）：《晋绥剧运之前瞻》，《抗战日报》1944 年 11 月 28 日。

2　田家：《群众歌唱着自己》，《抗战日报》1945 年 2 月 13 日。

3　璧夫：《道蓬庵农村剧团的经验——关于农村剧团方面问题的研究》，梁小岑编：《河南省文化志资料选编第 15 辑冀鲁豫边区文艺专辑》，河南省文化厅文化志编辑室 1989 年版，第 34 页。

教老百姓"的自我教育，本就是中共对群众文艺运动的重要预期[1]。

与外来的秧歌队和宣传队不同的是，乡村文艺组织的在地性以及"文艺创作者/劳动者"身份的统一，将文艺实践与生产实践结合在了一起。阜平各村剧团在配合生产运动演出《全家忙》《耕二余一》《不能靠天吃饭》《开渠》等剧之外，剧团成员本身也积极生产，"在实际工作中起模范作用，如在防旱备荒中演剧之后第二天就挑水播种，群众见了，也跟着干起来"；完成开渠计划后，"群众非常疲累，他们为了庆祝开渠的成功与鼓励群众的情绪，他们又组织了一个晚会，除剧团节目外让群众自由参加，武术梆子秧歌，大闹一宿，五十多龄的老头子也登了台"[2]。关中唐将班子的"吆号子"本来就是锄草劳动过程中的一种集体歌唱形式，既是作为提高生产情绪的劳动号子，又在各个班子之间形成了"斗"唱、"盘道"的对唱与竞赛，实质上是一种与集体劳动相结合的集体娱乐活动。[3] 在冬闲、节庆之外的农忙时节，群众文艺活动将日常化的小形式贯穿在农民的劳动生活当中，既能给生产劳动"提气"，又能在劳动之余为农民"解闷"与"解乏"[4]，而文艺组织中融洽的集体生活氛围也自然促成了集体劳动组织的形成。南仓社火"不仅在耍社火的时候能够团结互助，就是在平时，无形中就形成一个生产互助的组织，在夏收碾场和种麦时，他们都自动的集中起来，帮助一家（劳动力少的就不参加），他们也不计工，也不是非工不还，他们说这是'一块儿划得来'，义气相投"[5]。由于不以营利为目的，不向村民收取费用，村剧团、自乐班、社火本身的经费成为最大的问题，这也就使得文艺组织必须与生产组织结合起来，不仅成员各自不能脱离生产，还要设法以劳动互助的方式"以耕养戏"或"以工养戏"。为解决南仓社火的经费问题，刘志仁"第一个想到用生产

1　张庚在《剧运的一些成绩和问题》一开篇就指出："抗战以来，有了这么一句口头禅：戏剧是宣传教育最有利的武器。"并在具体谈到农村剧团和部队剧团时将戏剧作为社会教育的主要手段："戏剧工作应当和国民教育在地方工作中有同等的重要性，应当把戏剧看做目前社会教育最好最方便的手段之一。从这点来着眼建立自己的领导，建立中心性的方言剧团和地方戏的改良剧团，通过他们的工作，看客观条件的允许，或者来普遍成立村剧团，或者改造及教育地方旧戏班，或者用其他当时来成立老百姓演剧的剧团，这样才能建立地方剧运，进行地方的社会教育。"（见张庚：《剧运的一些成绩和问题》。）

2　曼晴：《晋察冀一年来的乡艺运动》，《新群众》1946 年 11 月 25 日第 3 卷第 1 期。

3　文教会艺术组：《吆号子——介绍关中唐将班子的文化娱乐活动》，《解放日报》1944 年 11 页 10 日。"唐将班子"是关中地区的一种变工组织。

4　王林：《农忙时节，村剧团怎样活动》，《王林文集》第 4 卷，第 262 页。

5　文教会艺术组（马可、清宇执笔）：《刘志仁和南仓社火》。

来解决"，和耍社火的积极分子"打冲锋，开了十六亩义田"；武乡广寒的农民"集体割马兰草，拾荒麻，积作经费，来搞娱乐活动"；高街村剧团、道蓬庵剧团、襄垣剧团则通过开办生产合作社，吸引群众入股，开粉房、做挂面、熬盐、开油房，忙时生产，闲时演剧，不仅解决了自身的经费问题，也带动了当地群众的生产互助[1]。

　　从总体上讲，将娱乐、教育和生产相结合，是群众文艺运动展开的主要方式。文艺与劳动的相互组织，不仅在于文艺创作的主题要以"劳动为根本"[2]，从而在政策宣教的意义上推动生产、改造劳动力与劳动形式，而且在于一种"文艺组织"与"劳动组织"的相互发明。一方面，新社火、秧歌队、自乐班这类农民自己的文艺组织与活动能够生成一种集体生活与集体文化的氛围，以"寓教于乐"的方式在农村社区中展开自我教育，促使集体劳动组织的自然形成；另一方面，解放区的文教工作也致力于"把劳动组织当成文化工作的基础"[3]，依托解放区新型的劳动组织如变工队、妇纺小组、运盐队、放牛小队、合作社来开展文艺活动，在这些劳动组织内部开展识字、读报、教唱歌、写春联、剪纸、闹秧歌等游艺活动。与此相应的是乡村艺术人才与"本地知识分子"[4] 的培养。西北战地服务团在晋察冀边区开办乡村文艺干部训练班，文教会、文救会针对村剧团干部开办的各类长期、短期训练班，以及杜芝栋俱乐部利用冬闲创办的秧歌训练班，都是在培养乡村自己的文艺人才与戏剧干部[5]，进而"利用集体活动的机会，把娱乐、演剧和教育、生产、自卫的各种群众活动结合起来"[6]。

　　这种"一揽子"式的群众运动方式既反映出解放区在革命政治、社会改造与文化实践之间的联动性，也显示出"群众文艺"的生产机制在理解与实践"文学"或"艺术"概念时的特殊性。将文艺活动根植于本乡本土的劳动生活内部，从农民自身的劳动、生活经验和日常情境中发现形式、创造形式，把劳动组织与

<hr>

1　参见文教会艺术组（马可、清宇执笔）：《刘志仁和南仓社火》；赵树理、靳典谟：《秧歌剧本评选小结》，《课本与剧作》1945 年 7 月；璧夫：《道蓬庵农村剧团的经验——关于农村剧团方面问题的研究》，第 36 页。

2　《延安市文教会艺术组秧歌座谈会纪要》，《解放日报》1944 年 10 月 5 日。

3　《关中文教工作的总结》，《解放日报》1944 年 10 月 5 日（全文连载于 10 月 4、5 日两期，引文见 10 月 5 日《解放日报》）。

4　罗迈：《开展大规模的群众文教运动》，《解放日报》1944 年 11 月 20 日。

5　参见张庚：《剧运的一些成绩和几个问题》；剧协：《为创造模范村剧团而斗争》，《晋察冀日报》1942 年 1 月 7 日；文教会艺术组（苏林执笔）：《杜芝栋和镇靖城的秧歌活动》。

6　文教会艺术组（苏林执笔）：《杜芝栋和镇靖城的秧歌活动》。

文艺组织相结合，打破生产劳动与创作劳动之间的现代分工，避免文艺成为脱离于农民劳动、生活而独立存在的少数人的活动甚至特权——"群众文艺"试图构造的是一种劳动、生活与新的政治构想相结合的一体化图景。但需要辨析的是，一方面，群众文艺运动的生产机制本身即内在于"通过'大生产'和整风运动所调动出的新的经济、政治、文化的组织形式与有机关系中"[1]；而另一方面，革命政治面临的战争局势与现实语境一旦发生变化，随着政治策略与实践方向的调整，群众文艺机制所依赖的某种理想性的"土壤"也可能被置换或抽空。

　　抗战胜利后，伴随着国共局势的变化，这一依托中国共产党政治动员网络铺开的群众文艺运动又反过来与各地方陆续展开的土改运动发生了一系列互动与耦合。这也就意味着，群众文艺在抗战时期依托于统一战线建立起来的、相对稳定的文化政治生态将开始面临新的问题。群众文艺运动的创造性在于，它将现代戏剧的实践性与政治性，以及与社会现实对话的能力引入了民间形式，但同时也高度依赖着乡村社群原有的艺术传统、价值根基与文化活力。但伴随着更大语境下整体性变革的峻急降临，革命期待的政治共同体与乡村社群之间的距离，也会越来越清晰地显影出来。此时的"群众文艺"机制不得不被作为某种组织、动员技术抽取出来，以克服这种差别与距离。作为群众政治运动的一部分，"群众文艺"还能否继续构造文艺与劳动生活之间的有机关联？又该如何面对脱离了土地和劳动的翻身者遭遇的主体性危机？[2]　在政治局势与现实结构的复杂变动中，理想性的群众文艺机制也将显现出其内在的悖论性与限度感。

（《文学评论》2020 年第 3 期）

1　程凯：《"群众创造"的经验与问题——以"〈穷人乐〉方向"为案例》，《新人·土地·国家》，台北人间出版社 2016 年版，第 123 页。同时程凯也敏锐地指出，《穷人乐》这一"群众创作"的成功个案一旦被扩大为"方向"，反而会脱离群众经验的现实性，夸大估计群众的自发创造更抑制了乡村戏剧运动原本借助的多种有效资源，反而会导致群众创作的模式化倾向。

2　在土改文艺工作中，"群众文艺"机制为中共的"翻心"实践提供了有效的经验基础与组织形式，但在其运动剧场式的政治动员机制中也暗含了某种难以建立新主体甚至是"去主体"的危机。关于这一问题，可参见拙作：《"斗争"与"劳动"：土改叙事中的"翻心"难题》，《中国现代文学研究丛刊》2019 年第 12 期。

熊　权　北京大学文学博士，北京师范大学博士后，美国杜克大学访问学者，中央民族大学文学院教授。主要研究左翼文学、20 世纪中国革命文学与文化。在《文学评论》《文艺研究》《中国现代文学研究丛刊》《文艺理论与批评》等刊物发表论文多篇。出版论著《"革命加恋爱"现象与左翼文学思潮研究》《想象革命的方法：中国现代作家作品八讲》等 5 种。

彷徨 "家" "国"：土改与孙犁的 "文变"

引论　革命时势转移与作家的内在危机

孙犁的创作生涯经历了早年、晚年两个高峰，形成优美抒情和审丑批判两种截然不同的风貌，以至有 "两个孙犁" 之说。在这两个高峰之间则是近 20 年的辍笔，即孙犁自言 "十年荒于疾病，十年废于遭逢" [1]。学界探讨孙犁 "文变" 大部分强调外在的政治压迫。例如认为孙犁坚守 "五四" 以来的知识分子个性，作为 "多余人" 必然遭受挤压 [2]；或判定孙犁因政治运动冲击倍感焦虑，导致生理加心理的 "病"，所以创作衰竭 [3]。这一类观点批判革命戕害个性、践踏人道尊严，契合 "文革" 后疗救创伤的社会心理，体现了明显的个性/革命或人道/革命的二元对立思路，其影响力不限于孙犁研究，而是很大程度上主导了对 20 世纪 40—50 年代之交这一时段的作家作品研究。

值得注意的是，上述二元冲突论所推崇的 "人道" "个性" 具有特定历史内涵，指向 "五四" 时代从西方引入的现代性话语。"新时期" 以来，知识界有意无意地引以为学术研究的重要标准，某些细节问题却未及推敲。具体到孙犁，虽然笔下多有诗意抒情甚至 "小资产阶级情感、趣味"；但从他的实际经历而言，

1　孙犁：《信稿（二）》，《孙犁全集》第 5 卷，人民文学出版社 2004 年版，第 132 页。

2　杨联芬：《孙犁：革命文学的 "多余人"》，《中国现代文学研究丛刊》1998 年第 4 期。

3　叶君：《论孙犁的 "病"》，《天津师范大学学报》2008 年第 5 期。

却是一个成长于中共抗战队伍的战士作家。抗日战争中，孙犁从游击队员、随军记者和编辑蜕变为职业创作者，其文学观念之形成与晋察冀的抗战形势、文艺政策密切关联；到解放战争时期，他又亲历土改运动、担任工作组干部，文风为之一变。所谓"孙犁的文学观念与价值判断，都深受五四启蒙主义影响，一生坚持人道主义思想与为人生的文学主张"[1]，分明挟带当代"重返五四"的冲动，却未必贴切研究对象本身。考察孙犁生平，他 1933 年才中学毕业，当时新文化运动早已落幕，接受"五四"也只能从鲁迅等作家作品那里隔代"遗传"。对他来说，遗传因子即使深重也深重不过生于斯的冀中乡土、长于斯的华北革命运动。研究孙犁沿用"五四"概念却不细究他亲历抗战、土改的历史，存在明显偏差。另外，正如二元冲突论大力推崇所谓的不随主流、个性独立，孙犁作为"一个有风格的作家"自有强大主体性，他的创作"变法"追根究底还是内在之变。竹内好强调"现代文学本身的悖论或困境"旨在反思简单二元论，指出现代/当代、文学/政治并非彻底断裂而存在不可忽视的"媒介关系"[2]。贺桂梅研究历经现代/当代转折的作家作品，更明确指出了政治压迫说的片面性："不能仅仅用毛泽东话语的控制做为惟一解释，而必须意识到作家在 40 年代的创作状况，他们作为现代文学的主要创作者自身遭遇的困境，以及在转向或停顿过程中的内在逻辑。"[3]

在孙犁研究中，二元冲突论一方面提供了阐释模式，另一方面也留下有待商榷的空间。20 世纪 40—50 年之交处在中华人民共和国建立前后"转折的时代"，正是孙犁"文变"之始。孙犁抗战胜利后返回冀中家乡，在博野县、饶阳县担任土改干部。他一改书写抗战的优美风格而正视现实暗面，先后创作《婚姻》《村歌》《秋千》《女保管》《石猴》《正月》《纪念》《铁木前传》等，堪与丁玲、赵树理的同类题材比肩。然而无论整体的土改文学研究还是作家个体研究，都对此阶段的孙犁重视不够。从已有成果来看，《孙犁在饶阳》一书提供了重要史料[4]，有的研究者分析孙犁土改叙事的"新人""物意象"等颇有启发性[5]。本文通过

1　杨联芬：《孙犁：革命文学的"多余人"》。

2　竹内好：《新颖的赵树理文学》，黄修己编：《赵树理研究资料》，北岳文艺出版社 1985 年版。

3　贺桂梅：《转折的时代——40—50 年代作家研究》，山东教育出版社 2003 年版，第 12 页。

4　何同桂、牛广欣：《孙犁在饶阳》，中国广播电视出版社 2009 年版。

5　相关研究如傅瑛《论孙犁和平时期的小说创作》（《中国现代文学研究丛刊》1998 年第 3 期）、鲁太光《"土改小说"中的新人叙事》（《当代小说中的土地问题》，博士学位论文，北京大学，2013 年）、李华秀《孙犁土改小说中"物"意象及其叙事功能》（《石家庄学院学报》2016 年第 2 期）。

聚焦孙犁的土改及合作化题材，探究其"文变"。相对二元冲突论的立足外因，笔者关注作家遭遇的内在危机。从抗战到土改，中国革命的内容和目标发生了明显变化，社会主义国家意识形态日益发展并冲击乡土中国。孙犁这样生长于农村的知识分子，也因此遭遇精神地震。孙犁固然有"还家"情结、对乡土伦理感同身受；但他又认可中共政府实施的农村改造，由此陷入思想与创作的困境。强调孙犁的内在冲突，意在对话过于借重"个性主义""人道主义"的既定阐释，把研究坐标从西方现代性调整为"革命中国"[1]。孙犁"文变"主要是中国革命时势转移的产物，结合抗战、土改的历史语境解读其人其作尤为重要。

一 "还家"及其问题

历史研究者认为，20世纪中国革命如同"高山滚石"："革命一旦启动，越滚越急，越滚越猛，前一次的成功，会激励后一次的继续；前一次未能实现的目标，后一次会采取更激烈的手段去实现，革命的诉求指数不断提升。"[2] 由于革命的动能和势能往往超人意料及掌控，促使身处其中者不间断地调试、以变求变。随着抗战结束、解放区全面启动土改，孙犁的创作也出现新变。孙犁在"七七事变"爆发后参加河北自卫军，他提及农民参战的想法：

> 农民的乡土观念是很重的。热土难离，更何况抛弃别子。……他们热爱自己的家，自己的父母妻子。他们当兵打仗，正是为了保卫他们。暂时的分别，正是为了将来的团聚。[3]

自幼生长于农村的孙犁对这样的"乡土观念"深以为然，他反复讲述有关还家团聚的故事，对家园眷恋构成其抗战书写的核心："我最喜爱我写的抗日小说，因

---

1 "革命中国"作为一个比喻性说法，"指在中国共产党人的领导之下，所展开的整个20世纪的共产主义的理论思考、社会革命和文化实践"。"革命中国"与"传统中国""现代中国"区别且并立，强调其反传统、反现代的特性。参见蔡翔：《"革命中国"及其相关的文学表述》，《革命/叙述——中国社会主义文学-文化想象》，北京大学出版社2010年版。

2 王奇生：《高山滚石：20世纪中国革命的连续与递进》，《华中师范大学学报（人文社会科学版）》2013年第5期。

3 孙犁：《关于〈荷花淀〉的写作》，《孙犁全集》第5卷，第56页。

为它们是时代、个人的完美真实的结合，我的这一组作品，是对时代和故乡人民的赞歌。"[1] 好不容易盼到战争结束，作家却不禁质疑曾倾注无比热情的"还家"想象，足见心理落差。

1950年孙犁写作《婚姻》，故事发生在抗战胜利之后，却出现了他笔下罕有的"不团圆"。主人公如意和宝年从小一起长大、在抗战中逃难，建立了深厚的感情。战争结束，两人的婚恋却遭到意想不到的阻碍。事情起因是村里分配拆鬼子炮楼剩下的砖，各人都想多分一些，村东、村西成了对立的两派。村长为首的一派看如意竟敢出头反对，便以"反淫乱"为名把她关起来，又撤掉了宝年的民兵职务。宝年家的老人觉得丢脸，反对他们继续往来。小说最后设置了一个开放结局，两个青年人商量去县里告状，要努力争取婚恋自由。《婚姻》里原有预设："打走鬼子做夫妻，这好像是不成问题的"，而孙犁又曾特意申明写"团圆"的意义："如果没有团圆，我将十分不满，生活的希望在哪里？翻身就是时代的大团圆，大归结。"[2] 这样一来，如意和宝年的"不团圆"并非偶然，而成了一个值得探讨的问题。

"打走鬼子做夫妻"不仅是如意、宝年的心愿，尤其反映了萦绕在孙犁心底的"还家"情结。如果把《婚姻》与他同时期的小说《光荣》对读，"不团圆"实在包含大遗憾。《光荣》是孙犁自己最喜欢的作品[3]，讲述了一个"打走鬼子做夫妻"的完美故事。故事从原生、秀梅的少年时代开始。在黄昏的滹沱河滩，两人从逃兵那里缴获了一支枪，秀梅就鼓励原生去参加游击队。漫长的征战岁月中，原生家里包办的媳妇跑了，秀梅一直默默地帮助照料各种家事。终于等到原生胸佩奖章、骑着战马回来的一天，他和秀梅欢欢喜喜要成亲："谁也觉得这两个人要结了婚，是那么美满，就好像雨既然从天上降下来，就一定是要落在地上，那么合理应当。"[4]

类似《光荣》的"合理应当"故事，孙犁反复讲过许多遍，基本情节都是女人支持男人去打仗、等着他胜利归来，不同细节铺叙为一个又一个动人篇章。《荷花淀》描述水生夫妻在月光下话别，因为妻子思念丈夫竟促成了一场歼灭日寇的伏击战。《嘱咐》里水生游击八年后突然归来，水生嫂与丈夫短暂相聚，第

1　孙犁：《文集自序》，《孙犁全集》第10卷，第466页。
2　孙犁：《看过〈王秀鸾〉》，《孙犁全集》第2卷，第474页。
3　孙犁：《答吴泰昌问》，《孙犁全集》第6卷，第8页。
4　孙犁：《光荣》，《孙犁全集》第1卷，第189页。

二天清早就驾着冰床子送他归队。与《光荣》最接近的，还是《风云初记》里春儿与芒种的一段。春儿从逃兵那里得到一支枪，就鼓动爱人芒种背枪投奔游击队。小说描绘春儿送芒种的场景：

> 芒种背上枪，面对着春儿，挺直了身子。春儿又在枪口上拴了一条小红布……两个人一前一后，在街上一走，一群小孩子跟前，跑着跳着，扯扯芒种的褂子，又拉拉他的枪，农民们说："芒种这是吃大锅饭去吗？"
>
> 芒种笑着说："打日本去！"
>
> 妇女们问："春儿干什么也穿得这么新鲜？"
>
> 春儿笑着说："我这是去送当兵的！"[1]

战争是人类巨大的灾难之源，杜甫"三别"之所以流传千古，因为生动而深刻地记录并控诉整个时代的离乱之悲。但孙犁写离别却别有一番生机，那些主动征战的男人、照料家小的女人虽然难免伤感却坚信终有一天胜利团圆，所以显得乐观坚韧。借小说人物的话，孙犁不断强调"还家"信念。水生将要参加游击抗战，他交代水生嫂："千斤的担子你先担吧，打走了鬼子，我回来谢你。"[2] 水生嫂驾着冰床子送水生归队，临别嘱咐：

> 我为什么撑得这么快？为什么着急把你送到战场上去？我是想，你快快去，快快打走了进攻我们的敌人，你才能再快快地回来，和我见面。……记着，好好打仗，快回来，我们等着你的胜利消息。[3]

在孙犁笔下，"我"作为第一人称叙事者也见证了许多为了还家的离别。《投宿》写游击行军途中，"我"偶然借宿在一对年轻夫妻的新房，他们已经先后离家去抗战。对着整洁干净的房子，"我"仿佛看到两个少年的恩爱与坚毅，这里不是人去房空而是虚室以待。与还乡团作战时，"我"和战友驻扎在小鸭家，她的父亲也正在东北作战。"我"把小鸭父亲的信一字一句读给大家听：

1　孙犁：《风云初记》，《孙犁全集》第 4 卷，第 60-61 页。

2　孙犁：《荷花淀》，《孙犁全集》第 1 卷，第 33 页。

3　孙犁：《嘱咐》，《孙犁全集》第 1 卷，第 218、219 页。

上面写着：他在这八九年里，走遍了河北、河南、山西、陕西，现在又开到了冰天雪地的东北；上面写着他爬过多么高的山，渡过多么险的河，现在已经升为营长。上面写着他怎样和日本鬼子作战，现在又和国民党反动派作战；上面写着他们解放了东北多少万苦难的人民，那里的人民十四年经历的是什么样的苦难！上面写着他身体很好，胜利的日子就要到来。[1]

一去八九年，一去千万里，只要还有盼归的家，战士就有永不泯灭的热情。孙犁谈成名作《荷花淀》，也强调其中渗透着既是私人又是公共的思乡情："我在延安的窑洞里一盏油灯下，用自制的墨水和草纸写成这篇小说。……我写出了自己的感情，就是写出了所有离家抗日战士的感情，所有送走自己的儿子、丈夫的人们的感情。"[2] 正因为有"还家"信念作为筋骨，孙犁的抗战小说极少悲惨哀矜。又因为执着"还家"，他很少直书苦难而专注描绘日常安稳，而着意为乱世涂抹一层光亮的底色。

如意、宝年的婚恋意外受阻，分明透露了孙犁的失落心理。《婚姻》原题《一篇关于农村婚姻问题的报告》[3]，可见纪实性。其中农民为争夺拆炮楼剩下的砖滋生事端，充满隐喻意义。打跑鬼子本是老百姓的急迫期望，然而一旦鬼子的炮楼丧失监控效用、变成被分配的战利品，却引发人与人之间的隔阂和倾轧。从孙犁的"还家"叙事链条来看，《婚姻》属于一个"意外"。它打破团圆惯例，以夺利、倾轧之恶质疑了"打完鬼子做夫妻"这一简单却坚定的信念，与《荷花淀》等故事系列形成落差。尽管孙犁自省小说没有写出"土改革命给新婚姻开辟的道路"[4]，然而它连接抗战和战后、反映了作家微妙的心理变化，非常意味深长。

冷眼观察土改平分中的众生相，孙犁笔下那片纯粹、充满人情美的乡土变得模糊而复杂。与《婚姻》类似的是，作家写以土改为背景的《村歌》《石猴》《女保管》等，一旦笔涉财物的占有分配，毫不避讳人性的自私甚至丑恶部分。《村歌》写村民们瞎使用村里公有的牲口，既不限次数也不顾喂养。有的为了完

1　孙犁：《纪念》，《孙犁全集》第 1 卷，第 203-204 页。

2　孙犁：《关于〈荷花淀〉的写作》，《孙犁全集》第 5 卷，第 57 页。

3　《一篇关于农村婚姻问题的报告》发表之后，孙犁收到读者萧来的批评信。为此，他写《对〈一篇关于农村婚姻问题的报告〉的检讨》，与萧来信一起刊登在 1950 年 7 月 28 日《文艺周刊》。1981 年，孙犁将作品改题《婚姻》收入《孙犁文集》，基本保持原貌。

4　孙犁：《对〈一篇关于农村婚姻问题的报告〉的检讨》，《孙犁全集》第 10 卷，第 439 页。

成耕种，连生病的、刚生育完的牛也驱赶下地，还对爱惜不忍的人恶语相向。《石猴》记录了干部随意占用财物造成的恶劣影响。老侯从浮财堆拿了一个石猴做荷包吊坠，这一"随意"导致到处谣传土改工作组乃至边区政府要抢夺农民的斗争果实。《女保管》写村里为保管浮财成立了保管股，路过走过的人见这里供应伙食，不饿也要喝一碗。保管员刘国花只吃自己带的馒头，反倒成了揩油者们嘲笑的对象："人们喝着杂汤面，冲着她喊'模范'。"好不容易等到分配浮财，许多人斤斤计较，弄得一片嘈杂混乱："每个人都记起了老婆孩子的嘱咐，挑选着合适的果实，包括衣服的颜色、身量、价钱。打算子的不断出错，计件数的数了又数，衣裳堆也乱了，踏在脚下，压在屁股底下……"[1]

二 "家园"震荡

与创作中的"还家"情结一致，孙犁抗战胜利后即主动要求返回家乡。他无法意料的是，自己将遭遇现实和精神上双重的"家园难返"。尤其1947年解放区开展土地复查、重新划成分，发起"搬石头"、反"客里空"等整肃风潮，直接影响孙犁及其家庭。冀中乡土社会因土改运动而剧烈震荡，是孙犁"还家"想象被冲击、解构的现实情境。

孙犁描述战后还家的情景，仿佛与《嘱咐》里的水生合体："黄昏进家时，正值老父掩外院柴门，见我，回身抹泪。进屋后，妻子抱小儿向我，说：这就是你爹！这个孩子生下来还没见过我。"[2] 然而，他来不及体味多久还家的喜悦，就卷入了当地的土改运动。时值解放战争爆发，中共政府在解放区全面推行土改，中央局所在的晋察冀区更是重中之重。孙犁返乡，与他笔下的文学人物一样本是战士凯旋。出乎意料的是，他和家人都沦为落伍者甚至反动者。孙犁记录遭批判的一幕：

> 冬，土改会议，气氛甚左。王林组长，本拟先谈孔厥。我以前没有政治经验，不知此次会议的严重性，又急于想知道自己家庭是什么成分，要求先讨论自己，遂陷重围。有些意见，不能接受，说了些感情用事的话。会议僵

1　孙犁：《女保管》，《孙犁全集》第10卷，第32页。
2　孙犁：《〈善闇室纪年〉摘抄》，《孙犁全集》第8卷，第12页。

持不下，遂被"搬石头"，静坐于他室，即隔离也。[1]

这一幕发生在 1947 年冬，正值土改运动偏激化阶段。1946—1948 年期间，解放区土改政策历经了从温和到偏激再到纠偏的曲折过程，局势变化已然超出中共政府的意料和掌控[2]。中共中央局 1946 年颁布《五四指示》，标志着解放区土改全面展开。当时政策比较温和，主张在不侵犯中农、不变动富农土地，适当照顾中小地主的条件下，帮助无地、少地的农民获取土地。政府还一度发行公债，允许拥有较多田地者通过赎买形式保地。然而土改面临"华北难题"，即华北地区是以自耕农为主体的小农社会、土地集中不显著，尤其经历抗战期间的土地改革之后，这里的客观情况不适宜发动全面土改[3]，温和的政策难以进一步推进运动。1947 年召开的全国土地会议颁布《中国土地法大纲》、号召"彻底平分土地"，正是为了大幅度调动民众积极性。以"再发现"地主富农为目标，中共政府采取了土地复查、重新划成分等一系列措施。此后，"查三代""看政治态度""看摊摊大小"等不合理的阶级划分方法变得流行起来，本来受保护的富农甚至中农纷纷被划入地主阶级。中共政府意识到问题严重性之后下力度纠偏，暴力土改浪潮在 1948 年初基本得到控制。

土改政策偏激化的两三年只是历史"弹指一挥间"，对孙犁和家人却不可避免地造成压力和阴影。孙犁急于知道自己家是什么成分，因为已有不好的预感。孙父早年进城经商，抗战爆发后回家务农。经过几十年苦熬，他从商铺学徒升任掌柜，陆续置买田地、车辆和牲口，在当地比较富裕。据与孙犁多有交往的王林描述：

> 他家的房子，是新盖的卧立砖的三合院平顶房，北屋三大间，东西厢房各两大间，门洞大门。门洞外是个大院，院东半个是土具油坊。……如只从房舍上看，在农村称得起是个"财主"。[4]

1　孙犁：《〈善闇室纪年〉摘抄》，《孙犁全集》第 8 卷，第 17 页。

2　关于解放区土改政策的变化不定，大部分研究者认为土改政策之变是中共政府处心积虑、运筹帷幄的结果。杨奎松则认为土改政策在复杂的历史局势中发生不可预料的变化，超出毛泽东、刘少奇等领导人物的掌控。参考杨奎松：《1946—1948 年中共土改政策变动的历史考察》，《开卷有疑》，江西人民出版社 2007 年版。

3　参考李放春：《"华北难题"与土改"阶级斗争"》，《近代史研究》2013 年第 2 期。

4　王端阳：《王林的交代：关于梁斌、孙犁》，《新文学史料》2009 年第 2 期。

为家产所累，孙家在土地复查中被定为"富农"，这一阶级成分在土改偏激化时期意味着莫大灾难。家里的房子拆得只剩三间带耳房的北屋、地被分了出去，连孙犁妻子陪嫁的柜子等物品都被搬走。当时，孙犁自己正在离家不远的博野县参加土改试点，他想回家探望也被怀疑是去通风报信。

孙犁被隔离、"搬石头"，开会时与人争辩不过一个导火索，在当时严查家庭成分的情形之下这本就在所难免。"搬石头"作为一个特定名词，指土改复查、重划成分期间批斗地富出身的党员，这类人被视为革命运动的障碍、压在贫雇农身上"石头"[1]。"搬石头"发展为一时风气，源自刘少奇提出的"党内不纯"问题。刘少奇主持召开全国土地会议期间，强调推进土改需要开展整党活动。他认为抗战时期不经严格审查就接收了很多地主、富农及其子女加入党内，导致地富出身的党员、干部在县以上机关占了优势，必须对地富站在党内反对土地改革的情况引起注意。[2] 晋察冀区列出"搬石头"的具体规则有："干部到村第一步先搬石头，去障碍。村中地主、富农出身的党员干部一律停止党籍，撤销工作，听候群众审查决定，其中比较好者，可保留党籍，但要调到别的地方工作。"[3] "搬石头"原意是整肃干部队伍、进一步调动贫雇农积极性，但严苛的出身检查也导致偏差。以孙犁参加土改实践的饶阳县为例，在运动中被开除党籍和停止党籍的党员998人，后来经查证弄错了656人，占65.7%。[4] 放眼整个晋察冀区，因此被迫停止党籍者有数万人之多。[5] 孙犁无法改变家庭被划为"富农"的命运，他的个人境况也变得岌岌可危。

《秋千》没有收入任何文集，似乎无关紧要。这篇小说不仅来源于孙犁的实际经历而且与他的家庭遭际颇有相似，是值得细读的篇章。小说里的张岗镇面临重新"划成分"，村里有人"追三代"、指认大娟爷爷是一个地主，要把她家打入地富阶级。事实上，大娟家在日本入侵时就破产了，爷爷落下半身不遂、爹娘早

---

1 罗平汉：《土地改革运动史（1946—1948）》，人民出版社2018年版，第310-317页。
2 刘少奇：《在全国土地会议上的报告》（1947年8月20-21日）。参见刘崇文、陈绍畴编：《刘少奇年谱》（下），中央文献出版社1996年版，第90页。
3 《中共晋察冀中央局关于土地会议的总结报告》（1947年11月30日），《晋察冀解放区历史文献选编（1945—1949）》，中央档案馆出版社1998年版，第336页。
4 罗平汉：《土地改革运动史（1946—1948）》，第316页。
5 《中共中央关于土改和政党问题给晋察冀中央局的指示》（1948年2月23日），《中共中央在西柏坡》，河北美术出版社2010年版，第386-387页。

亡，全靠这十多岁的女孩一人支撑。大娟竭力说明自己没过过一天地主生活，有的人还是不依不饶。一向活泼的女孩受到打击，变得沉默离群。主持土改工作的李同志抱着公正处事的态度，仔细打听大娟爷爷早年的情况，终于帮助她家躲过劫难。大娟实有其人，名叫边凤旗。孙犁在饶阳县东张岗村时帮助她的家庭，对应小说的李同志角色。[1] 当大娟家终于被还以清白，李同志申明："我们是要消灭人剥削人的制度。这个制度存在几千年了，你们想想有多少人，在这个制度下面含冤死去，有多少人叫这个制度碾个粉碎？"为强化"剥削"才是划分阶级的正确标准，小说抒写村里女孩荡秋千的欢乐场面时，作家又跳出来发言："正月里，只有剥削过人的家庭，不得欢乐。"大娟一家的遭遇反映了土改中的乱划成分问题，孙犁把批判矛头指向"追三代"这种没有地富也要发现地富的偏激政策。

与家庭被批斗几乎同时，孙犁的创作遭到批判，二者纠结错综。1947 年，孙犁写的几篇白洋淀游记被《冀中导报》集中批判：

> 当我再去白洋淀，写了《一别十年同口镇》、《新安游记》几篇短文，因写错新安街道等事，土改时，联系家庭出身，竟遭批判，定为"客里空"的典型。消息传至乡里，人们不知"客里空"为何物，不只加深老母对我的挂念，也加重了对家庭的斗争。[2]

同口镇、安新县（旧称"新安"）是孙犁入伍前教书、生活的地方，也是名作《荷花淀》所写的平原水乡。孙犁旧地重游写下短文，既有追忆过往又有描绘故乡新貌的意思，不料这一精神还乡也变得暧昧起来。《一别十年同口镇》花了大量笔墨描写农民土改翻身新气象，末尾一段提到陈乔的家庭。孙犁与陈乔原是育德中学同学，后来又一起共事于河北自卫军政府，他重游同口就借宿在陈家。当时陈家被划定为"富农"，但一家人勤劳地以制作卷烟为生。孙犁对之肯定："我想这种家庭生活的进步，很可以告慰我那在远方工作的友人。"[3] 这是寄语离家在外的陈乔，多少也夹杂对自己家庭的情感，却恰恰成了站在错误阶级立场的证据。

《新安游记》记错某条街道方向的细枝末节，落实为"客里空"典型就成了

---

1 《寻访孙犁笔下的喜格儿》，何同桂、牛广欣著：《孙犁在饶阳》，中国广播电视出版社 2009 年版。

2 孙犁：《〈善闇室纪年〉摘抄》，《孙犁全集》第 8 卷，第 14 页。

3 孙犁：《一别十年同口镇》，《孙犁全集》第 2 卷，第 162 页。

一个事关土改政治的严峻问题。孙犁的乡亲固然不知道什么是"客里空"，后世也多不了解它与土改运动的密切关联。反"客里空"运动最先在晋绥根据地兴起，从表面上看是新闻界发动的一场自我批评、自我教育运动，实际上带有浓厚的政治意味、影响力大大超出新闻界。[1] 客里空原是苏联话剧《前线》中的一个人物，他身为记者却为博取眼球制造假新闻，被称为"好吹嘘的人""饶舌者"。《前线》刚被介绍到国内时，客里空作为剧中配角并不引人注意，直到土改复查期间才变得广为人知。中共政府为进一步推动土改，进而检讨运动中"右"的错误。《晋绥日报》因报导地主"献地"信息首当其冲，被批刊登不真实新闻。实际上，新闻是否真实、准确仅作为切入口，批判重点是刊登"献地"内容传达了不正确信号，即夸大地主的自觉性、过分宣传和平土改，属"右"的错误。为了批评和自我批评，《晋绥日报》继而选登《前线》中客里空出场的部分，斥其为"大胆的谎言家和阿谀者，不愿看见祖国战争中真正的英雄们的生活"。此后，"群众要怎么办就怎么办""贫雇农打江山坐江山""贫农团代替党支部"等论调频繁出现在该报的土改宣传中。继晋绥根据地之后，晋察冀、晋冀鲁豫、山东等根据地纷纷学习反"客里空"。延续一年左右的反"客里空"运动，从检查记者、编辑、通讯员的报道失实升级为检查"阶级立场不稳""包庇地富"。许多解放区新闻工作者遭受历史审查，有的人还被扣上"阶级异己分子"的罪名。当时被撤职的编辑人直言，反"客里空"运动是按照"贫雇农路线"整顿通讯员队伍的一个例子。[2] 孙犁返回冀中之后，重要职业身份之一就是新闻媒体人，先后主编《平原杂志》、担任《冀中导报》的记者和编辑。反"客里空"运动为土改推波助澜，整肃像孙犁这样出身地富的新闻从业者，仅仅其中一例。

三　从乡土家园到阶级国家

革命发展到土改阶段，其目标和内涵都趋于复杂，除与国民党作战、动员群众夺取土地等现实斗争之外，更增加了改造农村的建设社会主义体制内容。随着阶级、集体化等意识形态不断渗入乡村社会，破除家庭伦理的浪潮愈发高涨。在

1　参考孔德芳：《对反"客里空"运动的再认识》，硕士学位论文，四川大学，2002 年。

2　康溥泉：《良师教导终身受益》，参见《战斗的号角——从〈抗战日报〉到〈晋绥日报〉的回忆》，山西人民出版社 1985 年版。

352

抗战时期卫国与保家同一，能有效动员农民参战；土改推行的"破家"以立国的理念却再难得其共鸣。孙犁身为中共党员以及政策执行者，一方面尽量学习、理解变得复杂化及激进化的革命；另一方面，眼见国家意识形态解构生动有情的乡土家园，他深感遗憾和不舍。在乡土家园到阶级国家的历史进程中，孙犁彷徨两间，难以适应变局。

孙犁的土改题材正视现实问题，却与所谓"个性""人道"相去甚远。从具体作品来看，孙犁不仅不塑造反抗体制的"个人"，反而寄希望于政府解决问题。《婚姻》里如意、宝年决定告状："明天，我们到县里去说理，我就不信抗战八年多，换不来个婚姻自由！"《石猴》等记录平分的小说尽管暴露人性缺点、提醒政策执行的艰难，但自有李同志、老邴同志等为人廉正、体恤民情，还有保管员刘国花一丝不苟地坚守岗位。他们抵制个人私欲，成就了好的干部形象。特别值得注意的是《秋千》这篇包含孙犁身世之感的小说，采取了相当传统的"洗冤"模式。大娟和她的家庭避免"地富"厄运，李同志心怀同情、细心访查是一方面，真正起决定作用的还是中央及时传达"新精神"：

> 正月里，工作组学习了一九三三年两个文件，读了任弼时同志的报告，李同志又拿到冬学里去讲解，重新讨论了几家的成分。……大娟家有过剥削，是老年间的事了，也没有连续三年，按新精神定成分，她还是农民。[1]

对照历史来看，这里强调了中共纠偏暴力土改的具体作为：一是重新颁布1933年的两个文件《怎样划分阶级》《关于土改斗争中一些问题的决定》，用以规范乱划阶级、乱打乱杀现象。二是任弼时在西北野战军前委扩大会议上发表《土地改革中的几个问题》的讲话，他批判"查三代"等错乱的划成分标准，强调稳定军心民心的重要性。二者都是暴力土改浪潮得以控制的重要关节点。化解大娟家庭还有自家遭遇的不公，孙犁寄托于政策澄清，可见对当政者抱有充分的信心。

认可中共政府的农村改造又时时反顾乡土伦理，身为工作组干部却深刻同情农民观念，才是孙犁真正的难题所在。还在全面土改展开之初，孙犁眼见父亲与政策龃龉就陷入矛盾：

> 那时农村实行合理负担，富裕人家要买公债，又遇上荒年，父亲不愿卖

1　孙犁：《秋千》，《孙犁全集》第10卷，第25页。

地，地是他的性命所在，不能从他手里卖去分毫。他先是动员家里人卖去首饰、衣服、家具，然后又步行到安国县老东家那里，求讨来一批钱，支持过去。他以为这样做很合理，对我详细地描述了他那时的心情和境遇，我只能默默地听着。[1]

父亲以为的"很合理"，儿子看来未必合理。参加抗战以来，孙犁逐步成长为作家、党员，认识到共产革命是政治、经济和社会体制等各方面联动，在赶走侵略者之后更要建立新国家。具体到土改、合作化运动，就是要以劳动合作的阶级共同体取代血缘家族、以社会主义意识形态消灭传统宗法体制，展开为一场以"破家"为前提的革命风暴。按照恩格斯的说法，"以血族团体为基础的旧社会，由于新形成的各社会阶级的冲突而被炸毁；代之而起是组成为国家的新社会……在这种社会中，家庭制度完全受所有制的支配，阶级对立和阶级斗争从此自由开展起来，这种阶级对立和阶级斗争构成了直到今日的全部成文史的内容"[2]。从中国自身的历史来看，以"五四"运动为标志，批判宗族家庭以及相关伦理的斗争从未停歇、愈演愈烈。就像研究者说的那样，"建立在血缘和亲缘之上的'家庭'始终是现代性主体的'他者'"[3]。解放区启动全面土改，正是一个"家""国"冲突的典型时期。

孙犁习得"破家"的道理，却对守"家"的父亲情有所恻。勤俭持家、长宜子孙是老人的一片苦心，推而广之则是"一代人的哲学"：

（父亲）一生所得，除买地五十亩外，在村北盖新房一所。场院设备：牲口棚、草棚、磨棚俱全。为子孙置下产业，死而后已，这是他们这一代人的哲学。[4]

当土改运动不止于"耕者有其田"的经济分配，而上升为废除宗法体制的政治学、重建基层权力主体的社会学，已然大大超出农民的理解范畴。孙犁的父亲作为农民群体的一个缩影，视土地为根本、固守血缘为纽带的家族利益。从土改平

1　孙犁：《父亲的记忆》，《孙犁全集》第 7 卷，第 269-270 页。
2　恩格斯：《家庭、私有制和国家的起源·1884 年第一版序言》，《马克思恩格斯选集》第 4 卷，人民出版社 1995 年版，第 2 页。
3　李杨：《50—70 年代中国文学经典再解读》，山东教育出版社 2003 年版，第 179 页。
4　孙犁：《〈善闇室纪年〉摘抄》，《孙犁全集》第 8 卷，第 15 页。

分，他只看到好不容易得到的土地要拱手送出，辛苦积攒的家产要充公，所以本能地发生抵触。

孙犁更感尴尬的是，他恰恰在国家意识形态日益扩张的当口被托付"家"的责任。孙犁是独子，抗战从军后无法兼顾家里，连自己长子夭亡也没能返回探望。他缺席家庭的岁月，一直由父亲发挥顶梁柱作用。孙父去世的1946年正逢《五四指示》颁布，老人本就身体有病，眼见毕生积累的田地、财富损减难免发生牢骚加重病情。彼时彼境，孙犁是把握土改工作的干部，又是不得不接过家庭重担的儿子。在回忆散文以及自传中，他几次提及父亲之死让他感到前所未有的责任——这是无可逃避的伦理。事实上，孙犁对自己的抛家、忘家心怀愧疚："余少小离家，壮年军伍。虽亦眷恋故土，实少见屋顶炊烟。……回味一生，亲人团聚之情少，生离死别之痛多。"[1] 他晚年写自传小说《无题》，其中老战士死后不能展眉，是为一生未尽责家庭而忏悔痛苦。[2] "家""国"两难，可见一斑。

《铁木前传》作为孙犁辍笔前的最后一部作品，突出反映了他的内在冲突。值得辨析的是，其中并非"个性主义"和革命政治的矛盾[3]，而是肯定中共意识形态前提之下的情理冲突。小说从抗战前一直写到1950年代的农业合作化，时间跨度之长、涉及历史内容之多可见谱写史诗的意图。《铁木前传》的故事主线是铁匠傅老刚、木匠黎老东两家从亲密无间到崩裂隔绝，傅、黎两人的一段对话浓缩了主要矛盾：

> "年轻人进步是好事，"傅老刚劝说着，"亲家，要不是这个世道，你的生活能过得这样好吗？"
>
> "你说的这话对。"黎老东说，"时代是不断前进的，可是，我们过日子，还得按照老理儿才行。"[4]

"进步的时代"与"过日子的老理儿"的对立，象征日益发展的国家意识形态与乡土家园的背离。傅老刚愿意把自己的家当、技术都投入合作组，帮助村里的钻井队打井栽树，是进步地加入了集体建设；黎老东只想打一辆大车跑运输，为儿

1　孙犁：《故园的消失》，《孙犁全集》第9卷，第282页。

2　孙犁：《无题》，《孙犁全集》第9卷，第270页。

3　杨联芬：《孙犁：革命文学的"多余人"》。

4　孙犁：《铁木前传》，《孙犁全集》第2卷，第107页。

子积攒家业，还是秉承勤劳发家的"老理儿"。铁木二匠渐生分歧乃至绝交，他们的儿女六儿、九儿也从两小无猜变得疏远隔阂。六儿长大后迷上美艳动人、懂得享受生活的小满儿，九儿则与积极参加合作化运动的四儿成了同路人。小说第十六章，定格了一幅象征画面：当九儿等热烈商讨打井栽树、改造恶劣环境之时，南面沙岗上却站着另一队人马，以六儿打头，身后跟着小满儿、杨卯儿、黎大傻和他老婆等。他们在吃喝玩乐上搭伙、从不参加集体劳动，更不用说加入生产组及合作社。两种人群对视无言、反向而行，乡土世界一分为二。

孙犁的难题在于不能一分为二。傅老刚、九儿、四儿等在劳动中结合为阶级共同体，无疑代表了先进方向，但众所公认《铁木前传》描写落后分子格外生动。六儿疏懒大方、不务正业，却让老父亲觉得最是亲切贴心。杨卯儿痴憨好色，竟有几分贾宝玉式的混世和天真。小满儿风姿绰约走到村口碾米，引得无数青年围观、两个泼妇打架，一派热闹有味的乡村日常……这些人事违逆意识形态规则，却留下多元有情的乡土家园。所以，九儿一边挥别六儿代表的落伍世界，一边却忍不住时时回想与他青梅竹马的年少时光。她追问情感何以消逝的困惑，连接着孙犁的创作心态："进城以后，人和人的关系，因为地位，或因为别的，发生了在艰难环境中意想不到的变化。我很为这种变化所苦恼。"[1] 孙犁虽然踏入新的时代，仍然难忘原生、秀梅式乡土团圆，那是他自己最喜欢的故事。还有水生嫂和水生、春儿和芒种……这些儿女情长既寄托着淳朴的还家渴望，也象征着作家美好的回忆、承载了他的"白日梦"。傅老刚、黎老东的友情断绝以及他们儿女一代的爱情消亡，则包含不得已的情殇，化为追忆乡土家园的挽歌。有研究者梳理孙犁笔下"革命与乡土"从共融到对抗的变化[2]，其实也说明了革命时势转移的道理。作家在抗战年代诗意抒情，前提是边区政府尊重乡土传统、保护华北小农经济。当田园牧歌转变为挽歌，正是土改运动重建农村基层、贯彻社会主义意识形态之时。

《铁木前传》注定是一部无法完成的作品。从具体情况看，孙犁在写作期间突患重病，只好在医院匆匆补上一个结尾。然而，小说末章的突出问题不在仓促潦草而是罔顾逻辑，暴露出作者无法处理的"病灶"。综观整篇小说，起头于孩子们欣喜地围观铁匠、木匠的做工场景，那时人们生活在一个圆融的、以血缘亲

1　孙犁：《关于〈铁木前传〉的通信》，《孙犁全集》第 5 卷，第 369 页。
2　周维东：《革命与乡土——晋察冀边区的乡村建设与孙犁的小说创作》，《文学评论》2014年第 6 期。

缘为纽带的乡土家园；随着叙事发展，人与人之间分歧、分化直至彻底分道扬镳。扩大观之，这是一部现代国家意识形态打破传统乡土的历史叙事。小说内部的分裂难以弥合，结尾处却"突然"折返童年。这是孙犁情之所至，也为了刻意营造首尾相连的效果。但文本的裂隙欲盖弥彰，"回忆起来，人们的心情永远是畅快活泼的"，无非又一次提醒童年不再、家园难返。《铁木前传》被孙犁视为"不祥之物"，因为文字未完而突患重病，后来在"文革"期间更招致数次抄家；从思想精神方面来说，这篇分裂残缺却丰富多义的小说实为作者一次难与人言的内心危机大爆发。

结语　孙犁的危机及应对

在 20 世纪 80 年代以来的研究中，孙犁主要被定位为一个疏离政治、坚守个性的知识分子。然而后发达国家的文学不论如何个性化、审美化，都不可能脱离其文化和社会倍受冲击的现实境遇[1]。孙犁"文变"与个性主义、人道主义等西方思潮没有直接关联，主要是中国革命时势转移的产物。孙犁本人对"时势"亦相当敏感："作家也如同帝王将相，常常是应运而生的。当然也常常应运而死。"[2]总结赵树理一生的创作，他说过差不多的话：

> 这一作家（赵树理）的陡然兴起，是应大时代的需要产生的，是应运而生，时势造英雄。……是的，每个时代都有它自己的歌手。但是，歌手的时代，有时要成为过去。[3]

评价赵树理时，孙犁多少也有感于自身。他和赵树理都生长于乡土、成名于延安解放区，从抗战到土改再到后来的"文革"又都趋向沉落。察人察己，孙犁看到个人既受时代限定又得时代成全，能做"歌手"有赖二者的耦合。晋察冀战时文艺观与延安体制的"遇合"成就了孙犁早年创作的高峰，《荷花淀》等作品无须

1　弗雷德里克·杰姆逊著：《处于跨国资本主义时代中的第三世界文学》，张京媛译，张京媛主编：《新历史主义与文学批评》，北京大学出版社 1993 年版。
2　孙犁：《读作品记（二）》，《孙犁全集》第 6 卷，第 13 页。
3　孙犁：《谈赵树理》，《孙犁全集》第 5 集，第 110 页。

迎合、将就即抵达"与时代、与个人完美真实的结合",那时的作家属于应运而生。[1] 在 1940—1950 年的转折时代他却难以呼应迅猛变局,土改题材的走板走调直至《铁木前传》难掩分裂、戛然中止,虽非所愿实有不能。

从抗战到土改,从保卫乡土家园到建设阶级国家,孙犁对"现代"、对"国家"只能抵抗着接受。这固然造成负累,但就其整体的创作生涯而言未尝不是一种"回心"。所谓革命"多余人"必然承受悲剧宿命,不过一时一地;在更长的历史时间段中,命运因时势转移而改变。社会主义国家意识形态高歌猛进之时,孙犁辍笔止言,但他将以耕堂文体"复活"。在近 20 年的荒废岁月里,孙犁历经抄家、自杀也持续地读古书、读鲁迅并因情感生活中的通信逐渐恢复书写。[2] 长久沉默炼成他萧肃沉郁的文字风格,确证身处边缘既是顿挫也是应对危机的方法。等到"新时期"流行人道主义,孙犁扣住了潮流节拍:"凡是伟大的作家,都是伟大的人道主义者……把人道主义从文学中拉出去,那文学就没有什么东西了"[3];然而他还有不合时宜的一面,坚称最爱自己的抗日小说,从不后悔参加中国共产党的队伍,强调文学与政治不可分离……在中国革命的连续与递进中,孙犁已然谙习辩证法——革命催促以变求变也让人领会何以不变应万变。在这种意义上,孙犁的"新时期"归来是类似早年高峰的又一次应运而生。

（《文艺理论与批评》2020 年第 3 期）

1　参考熊权:《"革命人"孙犁:"优美"的历史与意识形态》,《文艺研究》2019 年第 2 期。

2　参见刘运峰:《孙犁晚年的一场婚变》,《新文学史料》2014 年第 2 期。

3　孙犁:《文学和生活的路——同〈文艺报〉记者谈话》,《孙犁全集》第 5 卷,第 242 页。

附录一

第九届唐弢青年文学研究奖授奖词

方岩的《文学史幽暗处的高晓声——兼谈当代文学史叙述中的"代表作"问题》，梳理了高晓声的创作历程及其文学史形象的建构问题，由此展开对当代文学史叙述方法的反思，为当代文学史研究提供了新的视角。论文观点敏锐，论证充实，文字简劲。评委会决定授予其第九届"唐弢青年文学研究奖"。

周展安的《"现实"的凸显及其理念化——对"五四运动"思想与文学内在构造的再思考》，在"晚清变革""一战"和"十月革命"的历史脉络中探究"五四运动"的动力机制。进而指出，"现实的凸显"作为重要的理论主张，在此时期内真正的文学现实中，还停留在"概念"和"理念"阶段。作者问题意识明确，视野开阔，论文材料详实，逻辑严密。评委会决定授予其第九届"唐弢青年文学研究奖"。

李蔚超的《社会主义文学教育的试验与试错——记草创阶段的中央文学研究所》，从鲁迅文学院院史档案入手，追溯其前身中央文学研究所的筹建过程，还原社会主义文学教育在草创阶段的复杂过程和背景，对诸多因素在其间的相互生发与牵制进行了细致而中肯的分析。文章论从史出，观点准确，论证严密。评委会决定授予其第九届"唐弢青年文学研究奖"。

陈舒劼的《"长老的二向箔"与马克思的幽灵——新世纪以来中国科幻小说的社会形态想象》，探讨科幻叙事如何处理社会形态与科技能力想象之间的关系，指出科幻小说通常隐含着高科技水平与低社会形态共生的现象，这暴露了科幻作家思想意识的破绽和局限。作者认为，重启马克思主义对未来社会形态的批判想象，并激活这种想象的审美能量，是科幻小说发展的未来方向。论文具有较强的思想性，文本分析精彩独到。评委会决定授予其第九届"唐弢青年文学研究奖"。

张丽华的《文学革命与〈域外小说集〉的经典化》，梳理了《域外小说集》在文学革命的历史背景和话语网络中被重新激活、重新出版、重新评价，以及建构周氏兄弟革命"前史"的过程，以新的视角观察文学革命的内在机制，审视周氏兄弟的晚清经验与"五四"文学的关系，并呈现出参与新文学"经典化"的各种力量之间的复杂博弈。文章材料丰富，论说严密，富于历史感和说服力。评委会决定授予其第九届"唐弢青年文学研究奖"。

附录二

第十届唐弢青年文学研究奖评委会名单
（按姓氏笔画排序）

顾　问：白　烨　孙　郁　刘　臻　张　炯　严家炎　胡　平
　　　　唐若霓　温儒敏
提名委员：王双龙　王兆胜　王秀涛　王春林　王彬彬　朱国华
　　　　　刘　浏　刘跃进　陈子善　陈汉萍　杨　青　吴　亮
　　　　　来颖燕　张燕玲　金　宁　明　江　姜异新　郭　娟
　　　　　贾梦玮　崔庆蕾　崔　柯　韩春燕
评奖委员：丁　帆　王　尧　王晓明　王鸿生　许子东　吴义勤
　　　　　吴　俊　李　洱　陈思和　陈晓明　张清华　汪　晖
　　　　　李敬泽　孟繁华　南　帆　施战军　黄子平　阎晶明
　　　　　程光炜
秘书长：李　洱

附录三

中国现代文学馆唐弢青年文学研究奖评奖章程

一、为纪念唐弢先生对中国现代文学研究事业的卓越贡献、弘扬唐弢先生的学术精神、鼓励青年学者的学术研究，促进中国现当代文学研究与评论的繁荣，根据与唐弢先生亲属就唐弢藏书捐赠达成的协议，中国现代文学馆设立唐弢青年文学研究奖。

二、唐弢青年文学研究奖（以下简称"本奖"）每年评选一届。评选范围为上年1月1日至12月31日在中国大陆地区正式出版的报刊上发表的中国现当代文学研究论文，字数应不少于8000字，作者须为国内（含香港、澳门、台湾地区）45周岁以下的学者。

三、本奖以马克思主义和习近平新时代中国特色社会主义思想为指导，体现唐弢学术精神，奖励在中国现当代文学研究中具有重要价值的学术论文。在注重论文质量的前提下，综合考量作者的学术成绩与发展潜力。

四、中国现代文学馆聘请学术界前辈、唐弢先生亲属及合作方代表担任本奖顾问；设立提名委员会、评奖委员会，由中国现代文学馆馆长办公会决定聘请。设立秘书长、副秘书长和评奖办公室负责评奖事务性工作，相关人员由中国现代文学馆馆长办公会决定。

五、本奖评奖过程分提名和终评两个阶段。

1. 提名。

由各重要学术报刊负责人组成提名委员会，每位委员推荐不超过 4 篇论文。

秘书长和评奖办公室对推荐论文进行审核，确定 20 篇提名论文。

提名论文进行为期 30 天的公示。公示期内，如发现影响提名资格的重要事项，报中国现代文学馆馆长办公会批准，可撤销有关论文的提名资格。

2. 终评

评奖委员会对提名论文进行阅读、讨论，以实名投票方式产生不超过 5 篇获奖论文。

获奖论文需获三分之二以上票数（含三分之二）方可当选。如获奖论文不足 5 篇，可进行附加投票；如经多轮投票未能足额产生获奖论文，经评奖委员会表决，可空缺。

六、获奖论文每篇奖金 3 万元。颁奖日期为每年 3 月。颁奖典礼同时举行唐弢学术论坛。

七、本奖奖金及评选经费由中共宁波市江北区委宣传部资助。

八、本章程由中国现代文学馆负责制定、解释和修订。

中国现代文学馆

2020 年 1 月